文化产业研究 31辑

主编／顾 江

副主编／周 锦 姜照君

CSSCI CNKI 来源

主持单位：
文化和旅游部——南京大学文化和旅游研究基地／
南京大学文化产业发展研究院／
长三角文化产业学会／
国家文化产业研究基地／
南京大学文化产业研究所／
南京大学文化产业发展研究院／
南京大学商学院

南京大学出版社

图书在版编目(CIP)数据

文化产业研究. 31辑 / 顾江主编. — 南京：南京
大学出版社，2022.12
ISBN 978-7-305-26459-7

Ⅰ. ①文… Ⅱ. ①顾… Ⅲ. ①文化产业—世界—文集
Ⅳ. ①G114-53

中国版本图书馆 CIP 数据核字(2022)第 256314 号

出版发行　南京大学出版社
社　　址　南京市汉口路 22 号　　　　邮　编　210093
出 版 人　金鑫荣

书　　名　**文化产业研究 31 辑**
主　　编　顾　江
副 主 编　周　锦　姜照君
责任编辑　束　悦

照　　排　南京南琳图文制作有限公司
印　　刷　江苏凤凰数码印务有限公司
开　　本　787 mm×1092 mm　1/16 开　印张 26.5　字数 472 千
版　　次　2022 年 12 月第 1 版　2022 年 12 月第 1 次印刷
ISBN 978-7-305-26459-7
定　　价　88.00 元

网　　址　http://www.njupco.com
官方微博　http://weibo.com/njupco
官方微信　njupress
销售热线　025-83594756

学术支持单位

文化和旅游部—南京大学文化和旅游研究基地

南京大学长三角文化产业发展研究院

江苏省文化产业学会

江苏文化产业研究基地

南京大学文化产业发展研究所

南京大学商学院

目 录

文化贸易

文化传播

文化遗产

CONTENTS

Industrial Innovation

Cultural Trade

Cultural Transmission

Cultural Heritage

学术前沿

ERG 理论视角下沉浸式展览参观者观展动机与效果研究[*]

ERG 理论视角下沉浸式展览参观者观展动机与效果研究[*]

张　铮　潘懿锟

摘　要：随着各类沉浸式展览井喷式涌现，参观者的观展动机及效果成为评价这种新兴业态发展水平的重要依据。本文基于心理学中的 ERG（生存—关系—成长）理论，采用实证研究方法，回收 200 名沉浸式展览观众的反馈问卷，探究不同观展动机下观众观展效果的区别。研究发现：关系需求和成长需求均能对沉浸程度、主题感悟、正向情绪产生正向影响；成长需求对模型的解释力度大于关系需求，说明成长需求对良好观展效果的作用更重要；持有越强关系需求的观展者倾向拥有更强的负向情绪，但是通过感叹拍照路径后，效应减弱，遮掩效应显著，即感叹拍照有助于缓解因关系需求所带来的负向情绪。本研究为沉浸式展览提供了布展思路的理论参照，帮助策展方和观众思考如何更好地"沉入其中，浸入其内"。

关键词：沉浸式展览；ERG 理论；观展动机

一 引　言

体验是人类历史上的第四种经济提供（PINE 和 GILMORE，1999）。沉浸式产业正是以向消费者提供新奇的浸入体验和交互体验作为卖点，近年来展现出旺盛的生命力。2011 年被视为全球沉浸式产业发展的里程碑式的一年。Punchdrunk 剧团带着改编自《麦克白》的沉浸式戏剧 *Sleep No More* 引发巨大国际反响，至今已上演 2 000 余场。据统计，2018 年全球沉浸式娱乐产业规模已超过 45 亿美金（NeXT SCENE，2019）。

历经十余年的发展，沉浸式产业已经发展出了多个细分类目：沉浸式戏剧、沉

---

* 基金项目：本文系国家社科基金艺术学项目"新型数字文化消费对 Z 世代生活方式的影响研究"（22BH156）的阶段性研究成果。

浸式实景游戏、沉浸式街区……相较于其他项目,沉浸式展览投资相对低、回报周期短、布展空间要求灵活、参观者收费层次覆盖面大,而且展览种类丰富,具有较强的参观者社交属性,因而逐渐走进大众视野,甚至诞生了很多"网红"展览。总体来说,沉浸式展览是一种借助声光电等新兴技术的帮助,让观众穿行在一个沉浸空间里,惊叹于其中的艺术性与精彩景观的展览(NeXT SCENE,2020)。

沉浸式展览的案例很多,如 Meow Wolf 公司 2016 年将废弃保龄球馆改造成可以互动拍照的艺术展馆,命名为"永恒之家"(中国设计之窗,2020);国内的沉浸式展览也方兴未艾。2010 年的上海世博会上,中国馆就曾展出动态版的《清明上河图》;2021 年"画游千里江山——故宫沉浸艺术展"则让观众穿梭于《千里江山图》之中。

然而,质疑的声音也随之产生:沉浸式展览的观展效果到底是"真沉浸"还是空有噱头? 展厅里的"打卡"观众与社交媒体上的"网红展览"称谓,是否使展览失去其核心效果,成为"网红打卡地"?

在此背景下,本文从需求端视角出发,回归参观者观看沉浸式展览的初衷,考察观展动机和效果的学理意义。在现实意义层面,对动机和效果之间的关系进行衡量,可以帮助我们识别大众对沉浸式展览的态度,反思此类展览是否达成了策展初衷。从媒介技术哲学的视角,也可以帮助人们审视沉浸技术,反思沉浸式展览是否已被大众社会奇观化,沦为一种可供消费的空洞符号。

二、文献综述与假设提出

(一)"沉浸"与作为产业的"沉浸"

Csikszentmihalyi(1975)首次提出"心流"的概念,也即"沉浸"概念的前身。后来,他在自己的著作《心流:最优体验心理学》中对心流进行系统性的说明:"心流,即一个人完全沉浸在某种活动当中,无视其他事物存在的状态。"这种心流体验可以出现在几乎任何活动中,不受文化、阶级、年龄、性别的区隔,人人都可以拥有(Csikszentmihalyi,2017)。

将"沉浸"作为产业开始打造及进行研究是近年来的一种新视角。幻境出品的报告(2020)显示,中国市场的沉浸式产业开始于 2013 年的沉浸式演艺《又见平遥》。目前,国内沉浸式产业覆盖 12 大细分产业和 34 类业态,沉浸式体验项目已达到 1 100 项……中国已跻身全球沉浸式产业最为发达的市场之一。

在学术研究中,学者普遍认为,沉浸式产业是指综合运用包括演出者的技艺、技能及各类声光电技术,给消费者营造持续心流体验的产业形态。有学者探讨沉浸式产业兴起的原因,并对产业特征和发展趋势进行总结(龚思颖,2020),也有研究对沉浸式体验的内容和类型进行了系统性的梳理,指出沉浸式体验的意义,并为中国沉浸式产业的发展提出对策(花建、陈清荷,2019)。

对于沉浸式产业及其细分领域,大多研究集中在与艺术相关的领域。比如,有大量的文献从戏剧理论或哲学的角度分析沉浸式戏剧的艺术表现和创新性等(曾涌麟,2020;谢佳珂,2020;韦哲宇,2021)。传播学领域则更加关注其背后的媒介技术所塑造的媒介生态,研究新趋势下的信息传播规律、新的媒介消费行为。一些文章论述了5G、VR、AR、AI等数字技术与沉浸式产业耦合的可能性(江凌,2019),而作为重要叙事主体的博物馆更是借助新媒体技术创造出了沉浸式的叙事空间(王红,刘素仁,2018)。上升到媒介技术哲学层面,沉浸式媒介消解了传统的叙事结构,通过互动凸显人的主体性,以空间为维度,构建出充满“在场感”的虚拟现实媒介传播机制(段鹏、李芊芊,2019)。在众多细分领域中,沉浸式展览制作周期更短,现有种类更丰富,观众接受度和参与度也更高,具有更好的研究价值。目前对于沉浸式展览的研究更多从设计的角度出发,探讨适合的设计方案和技术应用(马晓翔,2012;王红,刘素仁,2018;吴南妮,2019),也有研究聚焦如何运用具身认知理论来优化展览的叙事逻辑(周婧景,2017)。但是,这些研究大多是从供给的角度出发,以质化研究为主。另一端的需求侧没有得到足够的关注,沉浸式展览中游客的需求、行为、体验被忽视,立足于量化手段的实证研究也处在相对空白的阶段。

(二)观展者的动机、行为与效果

理性行动理论探讨了动机与行为之间的关系。该理论由 Fishbein 和 Ajzen 提出,在个体能够进行理性决策的假定上,探讨行为意向与实际行为之间的关系(乐国安、赖凯声、姚琦等,2014)。“态度”被引入社会心理学,是被视为一种试图理解人类行为的解释手段。理性行动理论认为态度有三种基本特征:(1) 态度是习得的;(2) 态度导致某种行为的产生;(3) 行为总是会对事物产生有利或者不利的影响。意图通常被认为是态度的意动部分,反映了一个人想要在特定的时间、特定的情况下针对特定的对象执行特定的行为。当行为意图与行为高度相关时,就可以说行为意图对行为有着决定性的影响(Fishbein 和 Ajzen, 1977)。

有诸多理论针对动机进行阐释。本能论(McDougall, 2015)和驱力理论(Hull, 1943)强调动机“与生俱来”的特质,忽视了人类的能动作用以及背后复杂的社会动机(张爱卿,1996)。在能概括复杂需求的理论中,Alderfer(1969)的 ERG

理论将 Maslow(1981)的 5 种需求层次凝练为 3 种需求：生存需求(Existence)、关系需求(Relatedness)、成长需求(Growth)。ERG 理论与 Maslow 需求层次理论存在三点不同：首先，ERG 理论中的三种需求也存在等级关系，但等级关系并非严格有序；其次，ERG 理论并不假设低阶需求的满足是高阶需求出现的必要条件，而是认为当高阶需求的满足受阻时，人们会倾向于增加自己的低阶需求作为代替；最后，对需求的不同分类体系会导致不同的预测结果。

在参观展会的过程中，受众也会发挥自身的主体性作用，他们的信息解读、观展行为也会对展览的信息传递、展览效果起到不容忽视的影响。Blythe(2010)受到施拉姆传播模式理论的启发，将展会视作一种传播媒介。在这种视角下，沟通是达到目的的一种手段，由人们所产生和使用，以实现他们在日常生活中的目标。沟通不仅仅是一个信息传递的过程，它更是一个从共享信息中构建意义的过程。因此，意义是一种社会建构。而展会通常是展览方和观展者之间的对话，双方在对话之间提炼共同意义。从这个角度来看，展览其实是一种双向传播：策展方安排想要传达的信息，观展者也会主动地寻找和解读信息，并根据自己所得到的信息来安排观展行为，进而影响观展效果。

上述文献让我们看到动机对行为、行为对效果的作用，使得"动机—行为—效果"这一链条拥有了讨论空间。

（三）研究假设的提出

从上述文献可知，不同动机会带来不同结果。在挑选合适的动机理论研究沉浸式展览的观展动机时，虽然学习新知识是观看展览的一部分，但另有社交、放松等其他目的，故内外动机不能较为完整地覆盖整个复杂的观展行为。考虑到 ERG 理论可以简单清晰地区别出观展中的最主要两大动机——社交和学习，尤其三维度中的关系需求涉及人与外界的交互，与传播学的相关理论具有耦合性，目前在两者的结合上尚未出现更多的探索。因此，本文最终选择 ERG 理论开展研究，提出如下假设：

H1 关系需求能够对观展效果产生影响。

H2 成长需求能够对观展效果产生影响。

在观展效果考察中，观众对主题的感悟应被当作重要一环——博物馆可被视作信息传播中心，传递科学知识与精神文化(乐俏俏、杨述厚，2007)，观众评估主要考察展览是否能够有效传递高质量信息(尹凯，2015)。此外，考虑到沉浸式展览强调深度体验，故应将观展时的"沉浸程度"也纳入考量。也有学者从广度转而扩展研究深度，深入田野，探索展览带给观众的个人体验(Everett 和 Barrett，2009；

Katriel,2013)。为了便于研究,这里将个人体验用观展者的情绪状态加以测量。本研究综合考虑,将观展效果拆分为沉浸程度、主题感悟、正向情绪、负向情绪。关系需求与展览内容没有直接关联,过高的社交压力和目的性甚至会影响观众的投入状态,而成长需求有助于建立起观众和展览之间的联系,应当产生更为正面的影响,故提出如下假设:

H1(a) 关系需求对沉浸程度、主题感悟、负向情绪产生正向影响。

H1(b) 关系需求对正向情绪产生负向影响。

H2(a) 成长需求对沉浸程度、主题感悟、正向情绪产生正向影响。

H2(b) 成长需求对负向情绪产生负向影响。

在观展行为方面:熊冰和胡阳飞(2008)将观众行为划分为心理行为和物理行为,并在物理行为中做出采购、学习、娱乐等进一步细分;吕军等(2012)重点关注了参观时间、展品参观率、拍摄行为;李亚晶(2021)将观展过程中的行为划分为拍摄、阅读说明、交谈、从众四种……结合前述文献和本研究的预研究,本文将观展行为拆分成三个维度:展览覆盖、感叹拍照、走神行为。观展者的行为是他们主体性作用的体现,其参观投入、观展方式在一定程度上会影响信息获取的效果。故基于上文提出如下假设:

H3 观展行为在关系需求和负向情绪的关系中具有中介效应。

H3(a) 展览覆盖在关系需求和负向情绪的关系中具有中介效应。

H3(b) 感叹拍照在关系需求和负向情绪的关系中具有中介效应。

H3(c) 走神行为在关系需求和负向情绪的关系中具有中介效应。

H4 观展行为在成长需求和负向情绪的关系中具有中介效应。

H4(a) 展览覆盖在成长需求和负向情绪的关系中具有中介效应。

H4(b) 感叹拍照在成长需求和负向情绪的关系中具有中介效应。

H4(c) 走神行为在成长需求和负向情绪的关系中具有中介效应。

三、研究设计

对于观展动机的衡量,依据 ERG 理论区分为出于关系需求的动机和出于成长需求的动机两大类。因为观看沉浸式展览属于文化消费行为,不属于温饱消费,所以不考虑 ERG 理论中的生存需求。两个类别分别设计 4 个题项,共计 8 个题项,其内部一致性信度为 0.818,KMO 效度为 0.797,适合做相关分析。对量表进行探索性因子分析,旋转结果见表 1。

表 1   观展动机的因子分析

	M	SD	因子一 （关系需求）	因子二 （成长需求）
M1	4.43	1.877	0.866	
M2	4.65	1.747	0.84	
M3	4.02	1.962	0.822	
M4	3.66	2.019	0.789	
M5	5.4	1.287		0.698
M6	5.3	1.396		0.702
M7	5.34	1.426		0.851
M8	5.7	1.208		0.816

注：提取方法为主成分分析法；旋转方法为凯撒正态化最大方差法。

对于观展效果的测量，本研究拆分为 3 个维度：沉浸程度、情绪状态和主题感悟。

在沉浸体验测量中，使用较为广泛的是九因子结构模型（景娟娟，2015）。Jackson 和 Marsh（1996）制定的沉浸体验量表（Flow State Scale，FSS）将沉浸体验拆解为 9 个因子，每个因子下设 4 个小问题。众多学者都使用过该量表在中国本土进行研究（徐晓敏、王进，2006；孙延林、李实、蒋满华等，2000；袁庆华、胡炬波、王裕豪，2009）。本研究在 FSS 量表中选取"专注于手头上的任务"和"时间感的扭曲"这两个维度中的共计 4 个题项，编制李克特七级量表。对于主题感悟，本文自行设计 4 个题项，编制李克特七级量表。

检测对于沉浸程度和主题感悟的有效测量，内部一致性信度为 0.851，KMO 效度为 0.820，适合做相关性分析。对量表进行探索性因子分析，旋转结果如表 2 所示。

表 2   观展效果的因子分析

	M	SD	因子一 （沉浸程度）	因子二 （主题感悟）
I2	5.27	1.242		0.550
I3	5.1	1.489		0.868
I4	5.23	1.358		0.869
T1	5.01	1.509	0.673	
T2	5.28	1.219	0.833	
T3	5.33	1.211	0.818	
T4	5.37	1.245	0.744	

注：提取方法为主成分分析法；旋转方法为凯撒正态化最大方差法。

对于观展后情绪状态,本研究参考 Watson 的正性负性情绪量表(PANAS),对其进行简化,正负情绪各保留 5 个题项,总计 10 个题项。内部一致性为 0.784,KMO 效度为 0.822,适合做相关性分析。

对于观展行为的测量,参考前人研究设计 9 个题项。内部一致性为 0.660,KMO 效度为 0.673,适合做相关分析。对量表进行探索性因子分析,旋转结果见表 3。根据题项的具体内容,将三个因子分别认定为展览覆盖、感叹拍照、走神行为。展览覆盖指尽可能多地参观展品和展区,并在每个区域花费足够多的时间;感叹拍照指针对展品和展览主题进行交流或拍照留念(包含拍摄人像照片);走神行为包括闲谈、玩手机、中途休息等与观展无关的行为。

表 3　观展行为的因子分析

	M	SD	因子一 (展览覆盖)	因子二 (感叹拍照)	因子三 (走神行为)
B1	5.45	1.348	0.709		
B2	5.12	1.451	0.742		
B3	5.59	1.224	0.753		
B4	5.34	1.266		0.542	
B5	5.67	1.212		0.652	
B6	4.65	1.753		0.814	
B7	3.65	1.856			0.817
B8	4.1	1.842			0.798
B9	4.73	1.493			0.768

注:提取方法为主成分分析法;旋转方法为凯撒正态化最大方差法。

四、数据分析

(一)描述性统计

本研究共发放调查问卷 270 份,剔除无效问卷后,共得到有效问卷 200 份,有效问卷回收率为 74.1%。表 4 展示了样本的基本人口统计学信息。

表 4　样本描述性统计

项目	类别	占比/%
性别	男	30.50
	女	69.50

（续表）

项目	类别	占比/%
年龄	18 岁以下	0.50
	18—25 岁	70.00
	26—30 岁	15.50
	31—40 岁	11.00
	41—50 岁	2.00
	51—60 岁	1.00
学历	高中以下	0.50
	高中	3.00
	大专	7.00
	本科	72.50
	硕士	14.50
	博士及以上	2.50
职业	全日制学生	62.50
	已工作人群	36.50
	其他	1.00

表 5 展示了经过因子分析和重新计算之后，各项观展指标的均值和标准差。在观展动机中，出于成长需求产生的动机得分较高（$M=16.678$, $SD=3.209$），整体样本的成长需求强于关系需求（$M=13.931$, $SD=5.320$），且观测值波动较小。在观展行为中，走神行为处于中低等程度（$M=9.879$, $SD=3.327$），展览覆盖（$M=11.869$, $SD=2.272$）和感叹拍照（$M=10.372$, $SD=2.168$）均处于中等程度。在观展效果中，正向情绪的得分（$M=18.025$, $SD=4.034$）显著高于负向情绪（$M=8.875$, $SD=3.977$），主题感悟的分值处于较高程度（$M=16.110$, $SD=3.167$），沉浸程度的分值处于中等程度（$M=11.859$, $SD=2.620$）。

表 5 各项观展指标的描述性统计

指标名称	M	SD
沉浸程度	11.859	2.620
主题感悟	16.110	3.167
正向情绪	18.025	4.034
负向情绪	8.875	3.977
关系需求	13.931	5.320
成长需求	16.678	3.209
展览覆盖	11.869	2.272
感叹拍照	10.372	2.168
走神行为	9.879	3.327

（二）回归分析

对数据进行相关性分析，由表6可知，各关键变量之间在不同的水平上呈显著相关。关系需求与沉浸程度、主题感悟、正向情绪、负向情绪有显著的正相关关系，成长需求与沉浸程度、主题感悟、正向情绪有显著的正相关关系。可以对数据进行回归分析。

表6　相关性报告

指标名称	沉浸程度	主题感悟	正向情感	负向情感	关系需求	成长需求	观展覆盖	拍照感叹	走神行为
沉浸程度	1								
主题感悟	0.525**	1							
正向情感	0.526**	0.597**	1						
负向情感	0.099	0.067	0.112	1					
关系需求	0.313**	0.418**	0.540**	0.233**	1				
成长需求	0.403**	0.691**	0.497**	0.031	0.307**	1			
展览覆盖	0.340**	0.372**	0.301**	0.049	0.253**	0.396**	1		
感叹拍照	0.357**	0.406**	0.358**	0.008	0.569**	0.260**	0.355**	1	
走神行为	0.126	0.075	0.198**	0.194**	0.391**	0.047	0.040	0.230**	1

注：" ** "表示在 0.01 级别（双尾），相关性显著。

以性别、年龄段、学历为控制变量，分别以关系需求、成长需求为自变量，以沉浸程度、主题感悟、正向情绪、负向情绪为因变量，进行回归分析。分析结果如表7所示。

关系需求对沉浸程度（$\beta = 0.159, p < 0.05$）、主题感悟（$\beta = 0.206, p < 0.001$）、正向情绪（$\beta = 0.361, p < 0.001$）、负向情绪（$\beta = 0.213, p < 0.01$）均产生正向影响。成长需求对沉浸程度（$\beta = 0.311, p < 0.001$）、主题感悟（$\beta = 0.602, p < 0.001$）、正向情绪（$\beta = 0.327, p < 0.001$）产生正向影响，未能显著预测负向情绪（$p > 0.05$）。假设 H1(b)、H2(b) 未被证实，假设 H1(a)、H2(a) 成立，并将假设 H1(a) 修正为：关系需求对沉浸程度、主题感悟、正向情绪、负向情绪产生正向影响。

表 7　回归模型

指标名称	模型	预测变量	β	t	R 方	F
沉浸程度	模型 1	性别	−0.001	−0.011	0.099	7.176***
		年龄段	0.312***	4.545		
		学历	−0.024	−0.350		
	模型 2	性别	0.028	0.426	0.232	11.714***
		年龄段	0.179***	2.63		
		学历	0.005	0.073		
		关系需求	0.159*	2.289		
		成长需求	0.311***	4.559		
主题感悟	模型 1	性别	−0.076	−1.101	0.109	8.003***
		年龄段	0.330***	4.827		
		学历	−0.015	−0.224		
	模型 2	性别	−0.012	−0.236	0.534	44.459***
		年龄段	0.102	1.928		
		学历	0.027	0.525		
		关系需求	0.206***	3.810		
		成长需求	0.602***	11.34		
正向情绪	模型 1	性别	0.013	0.193	0.197	16.069***
		年龄段	0.433***	6.676		
		学历	−0.069	−1.065		
	模型 2	性别	0.027	0.486	0.463	33.518***
		年龄段	0.235***	4.134		
		学历	−0.012	−0.223		
		关系需求	0.361***	6.219		
		成长需求	0.327***	5.739		
负向情绪	模型 1	性别	0.160*	2.226	0.041	2.771*
		年龄段	0.060	0.842		
		学历	−0.122	−1.705		
	模型 2	性别	0.138	1.923	0.078	3.303**
		年龄段	0.004	0.055		
		学历	−0.093	−1.305		
		关系需求	0.213**	2.796		
		成长需求	−0.027	−0.368		

注:表中报告的均为标准化系数,"*"表示 $p < 0.05$,"**"表示 $p < 0.01$,"***"表示 $p < 0.001$。

（三）观展行为的中介效应分析

将关系需求作为自变量,感叹拍照作为中介变量,负向情绪作为因变量,使用 process 程序,选择 model 4 进行中介效应分析。在控制了性别、年龄段、学历的情况下,通过 bootstrap 5 000 次样本抽样的中介效应模型,具体数据见表 8 和表 9。

表 8　中介效应:关系需求—感叹拍照—负向情绪

	负向情绪			负向情绪			感叹拍照		
	coeff	se	t	coeff	se	t	coeff	se	t
关系需求	0.228***	0.064	3.575	0.154**	0.055	2.801	0.214***	0.025	8.547
感叹拍照	−0.345*	0.155	−2.225						
性别	1.215*	0.604	2.010	1.230*	0.610	2.014	−0.043	0.279	−0.153
年龄段	0.140	0.344	0.408	−0.006	0.342	−0.018	0.425**	0.156	2.722
学历	−0.470	0.404	−1.163	−0.534	0.407	−1.313	0.187	0.186	1.006
R 方		0.101			0.078			0.352	
F		4.3469***			4.1125**			26.4493***	

注:" * "表示 $p<0.05$," ** "表示 $p<0.01$," *** "表示 $p<0.001$。

表 9　关系需求对负向情绪的直接效应和间接效应

	Effect	BootSE	BootLLCI	BootULCI
间接效应	−0.074	0.034	−0.145	−0.008
直接效应	0.228	0.064	0.102	0.353
总效应	0.154	0.055	0.046	0.262

首先,在直接效应的检验中,关系需求对负向情绪起到显著的正向影响(effect= 0.228)。在控制了性别、年龄段、学历 3 个变量的情况下,关系需求可以正向预测负向情绪(coeff=0.154,$p<0.01$)。其次,在间接效应的检验中,关系需求通过感叹拍照对负向情绪起到显著的负向影响(effect=−0.074)。在控制了 3 个变量的情况下,以关系需求作为自变量,感叹拍照作为因变量,检验其关系,发现关系需求可以正向预测感叹拍照(coeff=0.214,$p<0.001$)。接着,在总效应的检验中,总效应值(effect=0.154)小于直接效应的值,受到了异号间接效应的削弱。在控制了 3 个变量的情况下,将关系需求作为自变量,感叹拍照作为中介变量,负向情绪作为因变量,检验其关系,发现关系需求可以正向预测负向情绪(coeff=0.228,$p<0.001$),感叹拍照可以负向预测负向情绪(coeff=−0.345,$p<0.05$)。

根据温忠麟等(2014)的观点,如图 1 所示,系数 c 显著,则按照中介效应理论。

在此前提下,若 ab 和 c' 同号,则属于部分中介效应;若 ab 和 c' 异号,则属于遮掩效应。温忠麟特别说明,也存在少数情况,即一开始按照中介效应分析模型,但最后比较 ab 和 c' 符号时发现应解释为遮掩情况。本文中,自变量对因变量的直接效应显著,但同时系数的异号又反映出遮掩效应,应当属于上述少见情况。

根据结果可得,假设 H3(a)、H3(c)、H4(a)、H4(b)、H4(c)不成立,对假设 H3(b)进行修正:感叹拍照在关系需求和负向情绪的关系中具有遮掩效应。

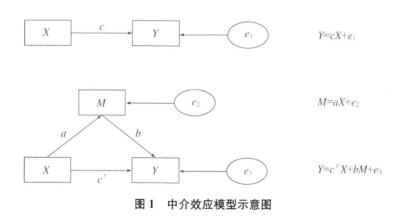

$$Y=cX+e_1$$

$$M=aX+e_2$$

$$Y=c'X+bM+e_3$$

图 1　中介效应模型示意图

五、结论与讨论

(一)观展动机对观展效果的影响

数据结果表明,关系需求和成长需求均能对沉浸程度、主题感悟、正向情绪产生正向影响。成长需求的目标直接针对的是展品本身及其背后所蕴含的主旨,指向性明显,对观展效果的提升起到重要作用。

有趣的是,与假设相反,以社交和展示为要义的关系需求也能够帮助人们更好地投身展览,加强沉浸程度,促进主题感悟。关系需求是人类基本心理需求的重要组成部分。有关沉浸式展览的直接研究较少,而关于心流和沉浸的研究始于体育运动领域。在体育运动领域,有不少研究都着力于社会需求满足对运动员表现的影响。项明强(2013)、朱姣等(2017)的研究都表明,基本心理需要(包括能力需要、自主需要、关系需要)若能被朋友、父母、教师所提供的自主支持感满足,则明显有助于运动锻炼行为的强化和运动幸福感的提升。有进一步的研究表明,关系需要等心理需要的满足能够正向预测学生在体育教学中的自信程度、努力程度和专注度(陈长洲、王红英、任书堂等,2018)。应用到学习教育领域,自我满足理论的有机整合理论认为外部环境是激发个体行动的刺激因素,内在动机和社会环境因素能够提高教育学习的效果(Deci、Vallerand、Pelletier等,1991)。由此推论至沉浸式展览领域。虽然出于关系需求的动机未能直接指向沉浸式展览本身,但是由于观展者内心存在着与社会潮流、与身边社会关系保持步调一致的强烈渴望,期盼着形塑位于"前台"的个人形象,这种动机会在客观上促使其更为认真地获取展览信息,并且与展览环境、同行者产生进一步的深入互动,也会促进思想碰撞。同时,关系需求得以获取满足的幸福感也会给观展者的积极情绪和观展效果带来正向加成。

在两个自变量都能够解释大部分因变量的情况下,通过对比可以发现,多数情况下,成长需求对模型的解释力度要大于关系需求,说明成长需求对良好观展效果的作用更重要。在沉浸程度模型和主题感悟模型中,成长需求对模型结果的影响力都明显大于关系需求($\beta_{关系需求}=0.159,\beta_{成长需求}=0.311,\beta_{成长需求}>\beta_{关系需求}$;$\beta_{关系需求}=0.206,\beta_{成长需求}=0.602,\beta_{成长需求}>\beta_{关系需求}$);在正向情绪模型中,关系需求对模型结果的影响力则略反超成长需求($\beta_{关系需求}=0.361,\beta_{成长需求}=0.327,\beta_{成长需求}<\beta_{关系需求}$)。

现有对观展效果和动机的文献研究较少,但是沉浸程度的强弱、主题领悟的好坏都可以被视为是一种对知识信息的学习和接受,我们可以参考前人在其他学习领域所做的研究。有学者将大学生学习的动机进行分类,并通过实证研究发现关乎内在兴趣、个人发展的动机越高,学生学习就越努力,而追求成绩等工具型动机反而会削弱努力程度(高一虹等,2003)。成长需求的动机直接指向对于个人知识、能力的提升,代表了自主学习的意愿。自主学习能够有效影响学习效果和人的终身发展(庞维国,2001)。从这个角度来看,相较于强调与外界交互的关系需求,指向内在提升的成长需求确实能给沉浸效果和主题感悟带来更强的影响。

(二)感叹拍照的遮掩效应

在线性回归模型中,持有越强关系需求的观展者越倾向于拥有更强烈的负向情绪。在中介效应的模型中,引入感叹拍照作为中介变量,就会发现通过"关系需求—感叹拍照—负向情绪"这条路径,自变量对因变量的总效应减弱,这是由于感叹拍照的间接效应削弱了负向情绪的强度,感叹拍照的遮掩效应显著。

对展品本身的拍照是对展览的认可和记录,对展品的感叹和讨论会促进观展人之间的观点交流,进而加深对展览的参与度,获得更为积极的情绪。但在展览中拍摄人像照片可以缓解负向情绪,该结果似乎有悖于常规认知。以往有媒体批评道,部分沉浸式展览只是打着技术噱头的"幻灯片展",缺乏实际内涵,并且沉浸式展览沦为网红拍照打卡地,拍照变成程序,发朋友圈成为炫耀的手段(蒋肖斌,

2021)。除却形式主义的问题以外,部分沉浸式展览商业化意味浓重,以明星和流量强化了拍照和消费的双重属性(李昭莹,2021)。

学界关于拍照的讨论或许提供了另一种解读视角。随着手机摄像的兴起,个人摄影的门槛得以极大降低,各式日常生活都纳入了记录范围中,家庭记忆的功能逐渐延伸为公共社交平台上的社会交往功能(任晓敏,2014)。在拍照这一自我景观拍摄和分享在社交媒体的过程中,个体试图与群体风格保持步调一致,这就意味着自我和他者产生了互动(吴斯,2020)。"拍照打卡"在新媒体语境下多指运用新媒体的手段在时空中留下属于自己的印记。在大众传播的时代,"打卡"这一概念已渗入日常生活的肌理中。这种行为强调了网络虚拟空间和现实实体空间的融合,身体、时间、地点达成三者的叠加重合,呈现出人嵌入环境的整体性影像(孙玮,2020)。换言之,拍摄自己和展品、环境的交互照片,可以被视作挖掘了个人体验中的社会成分,加强了个人与社会之间的联系(潘忠党,2014)。

结合本次研究的数据结果,笔者认为,关系需求会让人在观展过程中时刻受到社交压力的影响,容易产生负向情绪,而无法全身心投入展览中,收获沉浸式观展效果。感叹拍照行为虽然本身具有社交属性,但是却在客观上通过讨论展览和拍摄展览照片的形式促使人从表演的压力中抽离出来,投入对展品的欣赏和对主题的体悟中。当观众与展览装置站在一起时,他也就主动完成了人与环境的嵌套。当影像定格了嵌套的瞬间,他也可以在往后的时空中再次拾起此刻的个人体验。这些正向反馈都有助于缓解负向情绪的产生。

六、建议与反思

我国"十四五"规划指出:"实施文化产业数字化战略,加快发展新型文化企业、文化业态、文化消费模式,壮大数字创意、网络视听、数字出版、数字娱乐、线上演播等产业……推进沉浸式视频、云转播等应用。"从《千里江山图》到"凡·高展",从简单布景到声光电的多维度结合,从谨慎尝试到现在的多个城市纷纷涌现,沉浸式展览这一新兴的展览形式正在以飞快的脚步向前发展。在从供给角度研究展览布置和商业运作模式的时候,也不能忽视作为一体两面的需求端——参观者,这样才能让沉浸式展览真正做到"沉入其中,浸入其内"。

基于前文分析,本文为沉浸式展览产业的发展提出如下建议。策展方应当:① 挖掘精神内涵,深耕主题深度。在策划展览时不能片面追求形式的猎奇,而要更多打磨展品质量,精雕背后的精神内核。② 创新展览设计,加强交互体验。以展览主题作为基本点,创造尽可能多的交互点,达成人与技术、人与展览的双向互动。对于消费者而言:① 提升文化消费素养。树立正确的文化消费观念,扩充人文社科知识背景,筛选优质的展览项目。② 积极开展正向互动。无论是和同行人交谈、拍摄展览照片,甚至是拍摄精美的人像照片,都能为人和媒介技术环境提供某种交互方式,将人"拉入"或者"嵌套"其中,达成有机共生。

由于诸多限制,本研究尚存一定不足。第一,相比大众娱乐方式而言,沉浸式展览尚属于小众,因此研究时采用滚雪球抽样,未来仍需通过概率抽样对结论进行推广性的进一步验证。第二,受疫情影响,最后一轮大规模发放问卷只能在线上进行,缺失线下在展览现场获取的样本。线上填写者由于不是观展后立即填写问卷,时间上的延后对问卷的填写效果提出了挑战。第三,现有沉浸式展览市场仍处于成长阶段,质量良莠不齐,不同质量的沉浸式展览带给观众的效果可能是不同的,今后的研究需要对沉浸式展览做出更加细致的划分。因此,未来的研究应挖掘在不同情境下动机与观展效果之间的深层次关系。

参考文献

[1] PINE B J, GILMORE J H. The experience economy[M]. Boston:Harvard Business School Press,1999.

[2] NeXT SCENE. 2019 年沉浸式设计行业年度报告[R]. 美国:NeXT SCENE, 2019.

[3] NeXT SCENE. 2020 年沉浸式设计行业年度报告[R]. 美国:NeXT SCENE, 2020.

[4] 中国设计之窗. 专访 Meow Wolf 艺术团体:神奇的沉浸世界[EB/OL]. (2020 - 08 - 19) [2022 - 05 - 20]. http://www. 333cn. com/shejizixun/202034/43495_171252. html.

[5] CSIKZENTMIHALYI M, CSIKSZENTMIHALYI I. Beyond boredom and anxiety: The experience of play in work and games[M]. San Francisco:Jossey-Bass, 1975.

[6] 米哈里·契克森米哈赖. 心流最优体验心理学[M]. 张定绮,译. 北京:中信出版集团股份有限公司,2017.

[7] 上海幻境文化传播有限公司. 2020 沉浸中国产业发展白皮书[R]. 上海:上海幻境文化传播有限公司,2020.

[8] 龚思颖. 论沉浸产业的兴起与发展[J]. 商业经济研究,2020(20):174 - 177.

[9] 花建,陈清荷. 沉浸式体验:文化与科技融合的新业态[J]. 上海财经大学学报,2019,21 (5):18 - 32.

[10] 曾涌麟. 对单空间沉浸式戏剧的探索 《偷心晚宴》创作谈[J]. 中国戏剧,2020(7):

82－83.

[11] 谢佳珂.交错与变幻:沉浸式戏剧的特征分析:以《不眠之夜》为例[J].当代戏剧,2020 (5):18－21.

[12] 韦哲宇."沉浸式"的消费与革新:当代戏剧观演关系批判[J].戏剧艺术,2021(1): 82－92.

[13] 江凌.论5G时代数字技术场景中的沉浸式艺术[J].山东大学学报(哲学社会科学版),2019(6):47－57.

[14] 王红,刘素仁.沉浸与叙事:新媒体影像技术下的博物馆文化沉浸式体验设计研究[J].艺术百家,2018,34(4):161－169.

[15] 段鹏,李芊芊.叙事·主体·空间:虚拟现实技术下沉浸媒介传播机制与效果探究[J].现代传播:中国传媒大学学报,2019(4):89－95.

[16] 马晓翔.新媒体装置艺术的观念与形式研究[D].南京:南京艺术学院,2012.

[17] 吴南妮.沉浸式虚拟现实交互艺术设计研究[D].北京:中央美术学院,2019.

[18] 周婧景.具身认知理论:深化博物馆展览阐释的新探索:以美国9·11国家纪念博物馆为例[J].东南文化,2017(2):109－114.

[19] 乐国安,赖凯声,姚琦,等.理性行动:社会认同整合性集体行动模型[J].心理学探新, 2014,34(2):158－165.

[20] FISHBEIN M, AJZEN I. Belief, attitude, intention, and behavior:An introduction to theory and research[J]. Philosophy and Rhetoric, 1977, 10(2): 130－132.

[21] MCDOUGALL W. An introduction to social psychology[M]. Psychology Press, 2015.

[22] HULL C L. Principles of behavior, an introduction to behavior theory[M]. New York, London: D. Appleton-Century Company, Incorporated, 1943.

[23] 张爱卿.论人类行为的动机:一种新的动机理论构理[J].华东师范大学学报(教育科学版),1996(1):71－80.

[24] ALDERFER C P. An empirical test of a new theory of human needs[J]. Organizational Behavior and Human Performance, 1969, 4(2): 142－175.

[25] MASLOW A H. Motivation and personality[M]. Prabhat Prakashan, 1981.

[26] BLYTHE J. Trade fairs as communication: A new model[J]. Journal of Business & Industrial Marketing, 2010, 25(1/2): 57－62.

[27] 乐悄悄,杨述厚.从受众角度探析博物馆的信息传播功能[J].世纪桥,2007(3):96,99.

[28] 尹凯.博物馆观众研究议题:概念、理论与实践[J].东南文化,2015(6):112－118.

[29] EVERETT M, BARRETT M S. Investigating sustained visitor/museum relationships: Employing narrative research in the field of museum visitor studies[J]. Visitor Studies, 2009, 12(1):

2-15.

[30] KATRIEL T. Performing the past：A study of Israeli settlement museums[M]. Routledge，2013.

[31] 熊冰,胡阳飞.展会观众观展行为分析[J].考试周刊,2008(41):235-236.

[32] 吕军,左豪瑞,李慧颖,等.湖北省博物馆观众行为调查报告[J].东南文化,2012(3):115-122.

[33] 李亚晶.博物馆观众行为研究[D].北京:中国社会科学院大学,2021.

[34] 景娟娟.国外沉浸体验研究述评[J].心理技术与应用,2015(3):54-58.

[35] JACKSON S A, MARSH H W. Development and validation of a scale to measure optimal experience：The flow state scale[J]. Journal of Sport and Exercise Psychology, 1996, 18(1):17-35.

[36] 徐晓敏,王进.流畅体验在健身锻炼中的探索研究[J].浙江体育科学,2006,28(6):41-45.

[37] 孙延林,李实,蒋满华,等.运动员流畅心理状态研究[J].天津体育学院学报,2000,15(3):12-15.

[38] 袁庆华,胡炬波,王裕豪.中文版沉浸体验量表(FSS)在中国大学生中的试用[J].中国临床心理学杂志,2009(5):559-561.

[39] 温忠麟,叶宝娟.中介效应分析:方法和模型发展[J].心理科学进展,2014,22(5):731-745.

[40] 项明强.促进青少年体育锻炼和健康幸福的路径:基于自我决定理论模型构建[J].体育科学,2013,33(8):21-28.

[41] 朱姣,殷小川.重要他人的自主支持感与青少年锻炼行为的关系:基于自我决定理论[J].中国运动医学杂志,2017,36(1):48-55.

[42] 陈长洲,王红英,任书堂,等.促进学生在体育课堂更加专注、努力和自信的路径:基于基本心理需要理论模型的构建[J].天津体育学院学报,2018,33(4):329-334,368.

[43] DECI E L, VALLERAND R J, PELLETIER L G, et al. Motivation and education：The self-determination perspective[J]. Educational Psychologist, 1991, 26(3/4): 325-346.

[44] 高一虹,程英,赵媛,等.英语学习动机类型与动机强度的关系:对大学本科生的定量考察[J].外语研究,2003(1):60-64.

[45] 庞维国.论学生的自主学习[J].华东师范大学学报(教育科学版),2001(2):78-83.

[46] 蒋肖斌.拍照还是看展?沉浸式展览让你沉浸了吗[N].中国青年报,2021-08-24(9).

[47] 李昭莹."网红展览"除了摆拍还留下什么?:艺术博物馆中"网红展览"效应的启示[J].中国民族博览,2021(14):98-100.

［48］任晓敏.从个人摄影的转变看社交网络时代的人际交往［J］.新闻大学,2014(5):143－149.

［49］吴斯.泛在连接与媒介沉浸:"食前拍照"现象的传播社会学考察［J］.南京邮电大学学报(社会科学版),2020,22(6):34－44.

［50］孙玮.我拍故我在　我们打卡故城市在:短视频:赛博城市的大众影像实践［J］.国际新闻界,2020,42(6):6－22.

［51］潘忠党."玩转我的 iPhone,搞掂我的世界!":探讨新传媒技术应用中的"中介化"和"驯化"［J］.苏州大学学报(哲学社会科学版),2014(4):153－162.

作者简介

张铮(1979—　),天津人,清华大学新闻与传播学院副院长,长聘副教授,博士生导师。研究方向为数字文化产业。

潘懿锟(2000—　),北京人,清华大学新闻与传播学院 2022 级新闻传播学专业硕士研究生。研究方向为数字文化产业。

Research on Visitors' Motivation and Viewing Effect of Immersive Exhibition from the Perspective of ERG Theory

Zhang Zheng   Pan Yikun

Abstract: With the explosion of immersive exhibitions, visitors' motivation and effect have become an important basis for evaluating the development level of this emerging industry. Based on the ERG theory, this study uses the empirical research method to collect the questionnaire of 200 immersive exhibition visitors, in order to explore the difference of the audience's effect of immersive exhibition under different motivations. It is found that both relationship needs and growth needs can have positive impact on immersion, theme perception and positive emotion; the growth demand have a stronger explanatory power than the relationship demand in model, which shows that the growth demand plays a more important role in viewing effect; visitors with stronger relationship needs tend to have stronger negative emotion, but after "comment and photograph" path, the effect is weakened, and the suppressing effects of "comment and photograph" is significant, that is, this kind of behavior helps to alleviate the negative emotion caused by the relationship needs. The study provides a theoretical reference for immersive exhibitions planning, and helps the curators and the audience think about how to better "sink and immerse in it".

Key words: immersive exhibition; ERG theory; exhibition motivation

共生理论视角下澳门文化产业创新生态系统研究 *

周建新　彭国斌　王　忠

摘　要: 当前推动文化与文化产业高质量的可持续创新发展需要树立"生态化"发展思维,文化的生存与发展自身就构筑了一个关系密切的生态系统,文化与文化产业的形成转化也同样构建了相互依存、相互促进、相互联系的大文化生态系统,在这个大文化生态系统中,对文化产业创新的研究也开始关注创新系统本身的调节能力、演化能力、适应能力以及自我发展能力的转变。本文从澳门文化产业现状与问题出发,梳理了文化生态学、文化生态系统、文化产业构成等相关概念和理论认识,从文化产业创新生态系统的宏观和微观视角,进一步阐明了共生理论在文化产业创新生态系统中的相互关联与作用机理,提出了澳门文化产业创新生态系统的发展策略。

关键词: 共生理论;澳门文化;生态系统;产业创新

一、引　言

长期以来,澳门经济产业结构发展较单一,过度依赖博彩旅游业。在新冠疫情的冲击下,传统旅游产业和博彩业受到很大的冲击和影响,产业发展单一化问题逐渐凸显,如何改变目前澳门这种产业结构单一化所带来的发展弊端,重振澳门经济是当下澳门特区政府亟待思考和解决的重要难题。澳门作为一个土地面积狭小、自然资源匮乏的城市,过去所依赖的房地产业、金融业、出口加工业、博彩旅游业这四大澳门支柱发展产业在面对新的国际发展环境的改变已经难以为继,急需破解当前澳门产业发展困境。

---

* 基金项目:本文系澳门基金会资助项目"后疫情时代澳门文化产业创新发展研究"(I00520 - 2112 - 592)的阶段性研究成果。

早在"十一五"发展规划中,中央政府就已提出澳门经济应该进行适度多元发展,以改变澳门经济产业结构单一和经济发展韧性不足等问题。2010年澳门特别行政区政府开始启动澳门文化产业发展,2014年发布《文化产业发展政策框架(2014—2019)》确定了澳门文化产业的发展目标、定位,2020年发布了《文化产业发展框架(2020—2024)》,制定澳门文化产业未来五年新定位、新任务、新举措。这些政策措施在一定程度上推动了澳门的文化产业发展,但澳门文化产业目前正处在发展起步阶段,还没有形成完善的产业链和强劲的产业发展势头。[①] 澳门文化产业如何能发挥制度和管理优势,有效整合和利用澳门文化发展资源,优化产业资源配置,加强产业发展引导和培育,服务好市场主体,营造文化产业创新的市场环境,构建可持续的澳门文化产业创新发展生态圈,是值得去研究和探讨的问题。

二、文化产业创新生态系统理论构建

(一)关于文化生态系统理论阐述

在20世纪60年代,生态观的认识开始由生物界转换到人类社会,诞生了人类生态学,形成一系列社会生态学理论,如生态伦理、生态政治、生态文化等等,生态学开始重视人与自然、人与社会的生态关系的研究。[②] 文化生态是在社会学与生态学下产生的文化生态学这样一个分支学科,最早美国人类学家斯图尔德(Steward)于1955年在其论著《文化变迁的理论》中提出文化生态学这一概念,它是一种"从人类生存的整个自然环境和社会环境中各种因素交互作用下研究文化产生、发展、变异规律的学说"[③]。国内学者武汉大学冯天瑜教授2005年在《中国文化史》中引入生态学研究概念,指出人类文化生态学是人类在创造文化过程中与自然环境和社会环境相互紧密关联的一门学科,其本质是把握文化生成与环境的内在联系和相互适应,并指出文化生态环境由自然场(人的生存与发展所依附的自然环境或地理环境)与社会场(人在生存与发展中结成的相互关系)有机组合而成,研究人类文化必须从人类文化生态环境着手。[④] 文化生态学类似于生物学生态,文化形成的过程就是长期以来人在不同自然环境和社会历史条件下互动演进和孕

① 向勇,崔世平,赵凯欣."一带一路"战略与澳门文化产业机遇[M].北京:社会科学文献出版社,2017:12.
② 庞元正,丁冬红.当代西方社会发展理论新词典[M].吉林:吉林人民出版社,2001:1-593.
③ 司马云杰.文化社会学[M].北京:中国社会科学出版社,2001:153.
④ 周萌,董亚薇.文化生态学:冯天瑜《中华文化史》的学术创新[J].黑龙江史志,2014(15):77.

育的结果,文化与环境构成一种紧密的文化生态关系。在差异性的环境下形成各自特殊地域性文化生态,在某种特定的环境条件下表现较为稳定,但如果文化的"生态环境"条件发生较大改变,那么这种原有的地域性文化将发生改变,甚至消亡。正如西北的民歌,藏族人半牧半耕的生活风俗,陕北的剪纸、皮影,安徽的傩仪,如果脱离黄土高原的苍凉或大漠草牧的自然生活环境或宗族社群的生活或其活动场所遭受破坏,这些原有的传统文化技艺及其活动就将难以延续,可以说"文化生态"就是所有文化活动必备的有机条件。① 从这个意义上讲,文化生存环境系统也就是所说的文化生态系统。学者郭金秀认为影响文化生成和发展的各种复杂变量之间相互作用,最终构成文化的"场",即文化生态系统。② 这个"场"是否能形成和保持一个和谐有序、共生共享的生态环境尤为重要,它是保持文化活力和文化可持续演进发展的重要条件,可见文化生态是文化与环境共存、共生与演变发展的一种系统性演进关系,并形成文化自身生存和潜在发展的较为完善的生态系统,这对于理解文化生态理论的关系认识至关重要,可更好帮助相关文化机构制定对文化保护和实现可持续发展的有效措施。

(二) 文化产业生态系统中的共生理论

关于文化产业的论述,1944 年法国法兰克福学派霍克海默和阿多诺在《文化产业:欺骗公众的启蒙精神》一文中提出"文化工业"③这一术语。20 世纪 80 年代,英国大伦敦会议首次使用了"文化产业"④(Culture Industry)一词。1986 年联合国教科文组织将"文化产业"定义为"就是按照工业标准,生产、再生产、储存以及分配文化产品和服务的一系列活动"⑤。2018 年国家统计局对文化产业进行了分类和范畴界定:以文化为核心内容,为直接满足人们的精神需要而进行的创作、制造、传播、展示等文化产品(包括货物和服务)的生产活动,具体包括新闻信息服务、内容创作生产、创意设计服务、文化传播管道、文化投资运营和文化娱乐休闲服务及为实现文化产品的生产活动所需的文化辅助生产和中介服务、文化装备生产和文化消费终端生产(包括制造和销售)等活动。⑥ 从文化与文化产业的有关概念解释

---

① 乔晓光.活态文化:中国非物质文化遗产初探[M].太原:山西人民出版社,2004.
② 郭金秀.文化生态学视野下中国红色文化的当代发展[J].理论导刊,2021(11):119.
③ 大卫·赫斯蒙德夫.文化产业[M].张菲娜,译.北京:中国人民大学出版社,2007.
④ 胡惠林.文化产业概论[M].昆明:云南大学出版社,2005.
⑤ 厉无畏.创意产业导论[M].上海:学林出版社,2006.
⑥ 国家统计局官网,http://www.stats.gov.cn/tjsj/tjbz/201805/t20180509_1598314.html.

和构成特点可以看出,文化产业是跨越
多领域和多行业,具有较强产业关联性
和渗透性的一个系统整体,文化与文化
产业是一种共存、共依、相互参透、相互
促进、相互联系的紧密关系,文化的核心
要素通过与产业的载体融合,实现文化
产业形成,这是构成产业生态发展的基
础(图1)①。

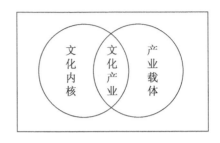

图1 文化内容、产业载体与文化产业的关系

文化产业生态系统与自然生态系统在结构功能、运行机理及演化发展等很多
方向具有相似性,文化产业创新生态系统从范围上可以分为宏观创新生态系统和
微观创新生态系统。② 如从宏观上可分为国家文化产业创新生态系统、区域文化
产业创新生态系统、城市文化产业创新生态系统,并一直逐渐向产业终端微观末端
方向延展出去。如从文化产业延伸到文化产业细分行业系统,如广告服务、出版发
行、广播影视节目制作、创作表演、工艺美术品制造、艺术品拍卖代理、文化投资、文
化休闲娱乐服务、游览服务、会议展览、版权服务、文化企业生产、文化管理、行业协
会及文化生产等等,甚至延伸到某种文化或文化遗产,这些较为细分行业、企业或
某一项文化都可以成为文化产业中的一个微观生态系统。宏观生态系统是指一个
整体,会对整个产业、整个区域造成整体性
影响,如区域性政策或区域经济发生改变
对整个文化产业造成的影响。微观生态系
统相对宏观而言,对某个行业、企业或某种
文化有较明显的关联和产生影响。但无论
从个体与行业整体所构成的文化产业生态
系统还是由地方到区域构成的产业生态,
它们都共同构成一个整体的文化产业生态
系统,并形成一种横向或纵向多维关联的
复杂关系(图2)。

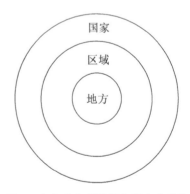

图2 文化产业系统同心圆生态结构

① 陈逸杰,韩文仁,周邵寰.文化产业推动机制之探讨[J].立德学报,2006,4(1):4-21.
② 李泽华,林燕,邵明华.电影产业生态系统构建及其运行机制研究[J].东岳论丛,2021,42
(7):166-173.

从产业本身构成特点来看,文化产业由诸多的行业、企业和不同机构组成,文化产业内部各行各业在技术经营生产、营销、管理等方面都具有不同的行业特点和不同分工,它们或存在文化经营生产的关联,或存在管理上的层级隶属关联。但它们依然可以形成一个各自相对独立的生态系统,这个生态系统就属于内生生态系统。相对于这个独立的生态系统而言,对它构成影响和关联的外部产业生态系统,就是一个外生系统。内生系统和外生系统共同构成一个相互联系、相互影响的共生系统。学者张雷及李泽华等分别在研究能源生态系统及电影产业生态系统时提出内生、外生以及共生性的概念和相关论述,指出内生是由产业内部参与企业及相关联机构组成,外生是产业外部依存的影响环境,内生系统和外生系统共同组成一个母系统。[1][2] 也就是内生系统与外生系统构成的共生系统,共生系统就是更大范围的相互依存、相互促进、相互联系的大文化生态系统(图3)。

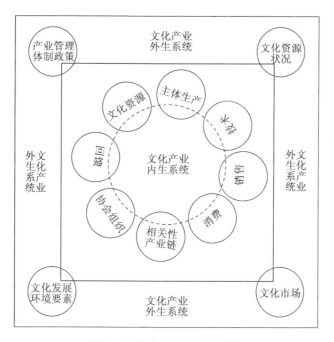

图3 文化产业共生生态系统

① 张雷.能源生态系统[M].北京:科学出版社,2007:3 - 23.
② 李泽华,林燕,邵明华.电影产业生态系统构建及其运行机制研究[J].东岳论丛,2021,42 (7):166 - 173.

（三）共生理论对文化产业创新生态系统形成作用机理

文化产业是 21 世纪的朝阳创新产业,全世界各国都在大力发展文化产业,我国也将文化产业作为国民经济的支柱产业。① 文化产业往往都是通过生产、流通、分配、消费来完成整个产业流通环节,其特殊性表现在文化生产对象不是简单的物与物之间的转化,而是将文化实现更高形式的传导,并通过系统性的商业行为进行更高价值实现。这对产业创新提出更高的要求和挑战,一方面,文化产业生态系统是一个复杂的,紧密联系的,多要素、多层次、多方面的产业整体构成,这种产业系统形成你中有我,我中有你,彼此相互影响、相互制约、相互促进,其中内生系统发挥创新的核心作用,外生系统提供有效的发展保障。另一方面,这种紧密的关系决定了文化产业的创新要耕植于这个大的产业生态系统,从产业微观内生系统创新开始,包括文化资源转化、生产主体、技术应用、销售模式、消费模式以及管理与服务等环节的有效创新,可以形成和带动产业宏观系统的发展,从外生系统的宏观视角出发进行产业微观生态系统的科学规划与设计可以发挥创新的最大效率,激发内生系统各主体的创新。2013 年欧盟发布开放式创新 2.0"都柏林宣言",提出创建"政府(公共机构)—企业—大学科研—用户"四螺旋模式的欧洲创新生态系统(European Innovation Ecosystem),以实现从创新产生到用户消费的环状链接。② 这是共生理论的产业生态化机制作用的结果,从关乎内生系统的微观产业的功能作用出发,发挥外生系统与内生系统的有效衔接,形成高效的产业创新模式。这种创新模式既关照创新的关键要素,又考虑创新链的系统性和外部环境保障。

在 20 世纪 90 年代,美国首先提出"创新生态系统"(innovation ecosystem)概念,开始从关注创新的系统要素、系统构成转向关注系统自我演化、动态过程的转变③④。中国学者梅亮、曾国屏提出的创新生态系统更加强调系统本身的动态稳

---

① 国民经济和社会发展第十二个五年规划纲要,http://www. gov. cn/2011h/content_1825838. htm.

② EUROPEAN COMMISSION. Open innovation 2013[R/OL]. (2013 - 04 - 15)[2021 - 01 - 15]. Bruxelles:Directorate-general for Communications Networks Content and Technology. https://op. europa. eu/en/publication-detail/-/publication/742bb1dcb856-4ab3-84ad-0ad686e896e7/language-en.

③ 李万,常静,王敏杰,等. 创新 3. 0 与创新生态系统[J]. 科学学研究,2014,32(12):1761 - 1770.

④ 梅亮,陈劲,刘洋. 创新生态系统:源起、知识演进和理论框架[J]. 科学学研究,2014,32(12):1771 - 1780.

态、自调控、自均衡、自适应、自繁荣和进化等功能①②。中国科学技术信息研究所贾晓峰等学者总结鲍德温奇(Baidwiny)提出的创新生态系统主体多样性特征,包括研发主体、商业主体、服务主体和消费主体③,并强调了系统的自繁荣、自演化和自稳态,各主体间通过创新要素流的链接实现价值的创造、传递、放大及动态平衡,提出更加重视主体与系统环境的关系,系统环境为生态系统提供制度和文化环境。④ 可以看出,共生理论首先不可忽视各主体在文化产业创新系统中的核心主体作用;其次,共生理论机制强化创新主体在市场中能实现自主的良性调节和进化功能,最大限度发挥出创新主体在市场中的积极性和主动性,让创新主体可以不断适应、发现和开拓市场;最后,共生理论在充分发挥内生系统作用的同时,产业外生系统就是要提供整个系统稳定可靠的、发展的环境保障,增强各创新关键要素的自我适配,实现文化与产业双方自我转化和价值实现,这实际上是对共生理论作用于产业生态创新系统更深入的理论阐述。

三、澳门文化产业创新生态系统策略研究

(一)澳门文化产业创新生态系统现状与问题

澳门文化产业起步时间较早,但由于澳门过去博彩旅游业发达、经济效益较好,产生过度趋向博彩旅游业所带来的发展依赖,而忽视和弱化了澳门文化产业多元化的创新发展战略,加上房地产业、金融业、出口加工业发展受限,疫情使得澳门单一化结构的产业问题更加凸显,也将澳门文化产业加速发展重新提上日程。首先,澳门文化产业创新生态系统需要树立创新生态观,摒弃过去的传统发展思路,增强创新主体的多样性,改变过去澳门传统产业结构的单一性问题。澳门作为特别行政区,政策灵活,经济发达,对外开放程度高,相比内地有绝对竞争优势,促使澳门经济获得高速发展。但面对当今全球发展和经济竞争关系的改变,澳门过去

① 梅亮,陈劲,刘洋. 创新生态系统:源起、知识演进和理论框架[J].科学学研究,2014,32(12):1771-1780.
② 曾国屏,苟尤钊,刘磊. 从"创新系统"到"创新生态系统"[J].科学学研究,2013,31(1):4-12.
③ BALDWIN C Y, VON HIPPEL E A. Modeling a paradigm shift: From producer innovation to user and open collaborative innovation[J]. Social Science Electronic Publishing, 2011, 22(6):1399-1417.
④ 贾晓峰,高芳,胡志民. 国家创新体系建设的结构、功能、生态视角分析[J].科技管理研究,2021,41(22):1-6.

的发展优势受到影响和制约,澳门需要改变过去的发展思路并主动适应当前产业的转型升级,从长远角度出发,布局适合澳门文化产业发展的特色产业,走一条适合自己发展的道路。其次,澳门文化产业创新生态系统自适应、自繁荣和自演化、自调控、自均衡比较弱,文化创新性的产业发展不足,缺乏创新性的产业发展经验和有效的文化产业市场培育,对澳门文化资源创新性的利用和转化不够,没有实现有效的产业发展突破以及产业链价值传递和放大,产业发展较为缓慢。最后,澳门文化产业创新生态要苦练内功,实现更高效的产业创新生态系统建设,要依托国家和澳门政策的有效衔接和落实,发挥澳门区位和制度优势,利用好自身文化资源和产业基础,开拓国内外两个市场。同时,加强产业发展引导和培育,营造文化产业创新的环境,实现政策管理、产业资源、市场主体、产业发展环境良性互动,构建澳门文化产业创新的生态圈,实现产业生态共生与共享(图4)。

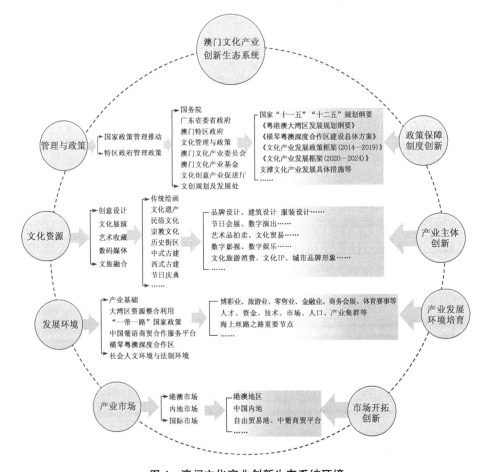

图4 澳门文化产业创新生态系统环境

（二）澳门文化产业创新生态系统策略

一是澳门文化产业创新生态系统要利用区位优势，构建澳门与大湾区区域性文化产业发展生态圈，构建多元化的产业研发主体、商业主体、服务主体和消费主体，形成文化产业聚集。首先，大湾区拥有密集发达的产业集群、雄厚的资金技术力量、丰富的人才储备以及旺盛的旅游消费人口等优势，可以为澳门的文化产业发展提供便利条件。澳门要充分依托和利用大湾区资源优势、产业优势、人才优势、人口与交通优势，融入大湾区的发展，构建粤澳文化产业创新发展的区域性生态圈。其次，澳门作为一座国际化大都市，拥有良好的营商环境。要积极鼓励澳门文化企业与大湾区内相关产业和重点文化机构深度合作，取长补短，优势互补，以促进澳门文化产业的创新和跨越式发展。同时，澳门是海上丝路之路的枢纽城市，是世界商品文化汇集之地，并与葡语国家和地区一直保持紧密联系，澳门应充分利用中国葡语商贸合作服务平台和自由港先天优势，大力发展文化贸易，引进外资，为澳门与大湾区文化产业贸易发展架设桥梁。

二是提供和落实澳门文化产业创新生态发展的保障政策与良好的社会人文环境，营造高效社会治理的创新生态环境。澳门除了有着良好的区位优势，还有着大湾区其他很多城市没有的制度优势。澳门实行"一国两制，澳人治澳"，拥有高度自治管理的权力，同时享受国家给予的优惠和扶持政策。中央政府在"十一五""十二五"规划纲要中明确提出澳门经济要实现"适度多元化"发展，提出"两个支持"及"两个加快"支持澳门建设世界旅游休闲中心，加快建设中国葡语商贸合作服务平台，支持澳门推动经济适度多元，加快发展休闲旅游、会展商务、中医药、文化创意产业。[①] 这给澳门未来的产业规划发展指明了方向，给澳门文化旅游城市发展定位和开辟澳门新的海内外市场指明了方向，也更好地推动澳门文化产业进入全球化经济市场。2021 年 9 月，中共中央、国务院印发了《横琴粤澳深度合作区建设总体方案》（简称《总体方案》），这是从国家层面对澳门产业发展的又一个重大利好政策，以实际行动推动澳门多元经济的发展。横琴粤澳深度合作区的设立打破原有行政管理上的壁垒，实现了澳门与广东省、珠海市在体制机制上有效的融合，《总体方案》实行粤澳共建、共商、共管、共享，有力地为实现澳门经济适度多元化发展找到出路，将有利于形成横琴与澳门岛双轮驱动发展新格局，为澳门文化产业发展注

---

① 澳门特别行政区政府.澳门特别行政区文化产业发展政策框架[Z].文化局,2020.

入新动力。①

在文化产业发展过程中,人是最主要的因素之一,良好的社会人文环境是促进文化产业发展创新的重要软实力。澳门在长期的中西思想的交流碰撞过程中,取人以长补己短,促进了澳门社会的快速发展。澳门经济繁荣,社会稳定,人们生活安定,人口素质较高,社会包容性强。澳门城市治理高效,设施配套齐全,处处彰显人性化的设计和人文关怀。澳门有着健全的法律制度,有高效的行政管理和务实的工作作风。特区政府为了推动澳门文化产业发展,自 2015 年以来,先后连续三年召开旨在推动澳门文化产业发展的国际研讨会,邀请国内外专家为澳门的文化产业发展出谋划策,并确定了澳门文化产业发展的四大方向。同时,澳门成立了专门的文化产业行政管理机构,如澳门文化产业委员会、澳门文化产业基金、文化创意产业促进厅、文创规划及发展处。澳门文化产业基金每年通过无偿资助和免息贷款推动澳门的文化企业发展,并跟踪和评估文化企业的发展状况。澳门每年举办丰富多样的中西文化艺术展演,每月推出高水平的展演活动,如澳门国际艺术双年展、中葡文化艺术节等,为澳门城市人文增添气息,提升城市人文水平。澳门公共图书馆达到十六个,基本覆盖全澳所有社区,除少数重大节日闭馆,基本都是对外高度开放,为澳门市民文化学习提供了良好空间。澳门空气良好,生活便利,城市墨绿色栏杆充满古朴典雅气息,洁白的小方石地面充满历史的痕迹,街头的灯饰充满异国风情,而城中的街道、宗庙、民居古建保存完好,文化氛围浓厚。澳门社会优良的社会人文环境和高效的社会治理,有利于激发澳门文化产业创新活力,促进澳门文化自进化、自稳定、自繁荣的生态化创新发展。

三是大力促进澳门中西文化特色资源的生态化开发与有效转化。澳门自 16 世纪中叶至 20 世纪中叶 400 余年的发展历程中形成了中西特色鲜明的丰富文化资源,这是澳门文化产业创新生态发展实施的宝贵资源。澳门文化在传统绘画、建筑艺术、风俗习俗、宗教信仰、服装服饰、语言与人口构成、中西教育方式等方面都呈现中西特色的多元构成。澳门保留了中国传统绘画、书法艺术,同时对西洋绘画与雕塑艺术也有很好的传承,形成了多姿多彩的艺术形式。澳门保留有大量中式和西式古建筑,有金玉堂、郑家大屋、三街会馆、大三巴牌坊、玫瑰堂、圣安多尼教堂、圣若瑟修院圣堂,这些建筑地域特色鲜明、文化积淀深厚,是澳门开发文化旅游

---

① 共商共建共管共享　务实推进横琴建设　澳门特区行政长官贺一诚发布 2022 年财政年度施政报告(http://www.jjcjh.com/index.asp? latestnews/13935.html)。

的重要特色景观，吸引了中外大量游客。澳门保留中西多元共存的文化习俗和宗教信仰，习俗迥异，如现存的浴神节酬神表演的醉龙舞、雀仔园福德祠土地诞神功戏，还有国外的葡式土风舞、南欧天主教耶稣圣像巡游等，这些也都是澳门特有的文化习俗。在婚姻习俗上，澳门同样表现出中西文化的交融性。结婚时葡人穿汉服，中国人穿西装和婚纱，婚礼遵照葡人习俗在教堂举行结婚仪式，然后按中方传统到酒楼举办中式婚宴，这种华人与葡人通婚、中西合璧式婚礼，文化底蕴深厚，呈现文化多样化的异国风情。澳门名人众多，思想活跃，成为西学东渐的桥梁，有郑观应留居澳门编写的《盛世危言》巨著，书中富强救国改革思想深深影响后世，澳门也是孙中山弃医从事革命活动的重要基地和人生转折点，孙中山在澳门的故居遗址依旧保存完好。澳门拥有中西多样化教育文化，开放包容，社会稳定，有粤语、萄语、英语等丰富多彩的语言环境。这些文化资源应该按文化的类型、属性进行保护和文化产业的有效开发，充分挖掘澳门文化内涵和代表性文化符号，使文化与产业实现衔接，形成地域性特色鲜明的文化产业品牌设计、文化与旅游链融合、文化与影视创作、文化节庆展演等，在显性中突出澳门文化形象，在隐性中彰显澳门文化精神，实现文化与产业的开发与有效转化。

四是提质增效，打造澳门文旅融合发展的新生态。首先，加强对澳门文化遗产和文化旅游资源的挖掘、保护与品质提升，保持澳门中西文化特色的旅游产业的核心竞争力。加大对澳门文化产业的数字化生产创新，将澳门文化融入数字影视、数字歌舞、数字娱乐等新型数字化消费体验中，促进澳门新型文化旅游产业创新发展。其次，加强文化产业与旅游产业的融合创新。澳门有着丰富的非物质文化遗产，要促进文化与旅游的深度融合，促进文化与旅游商品设计开发的融合，促进旅游与会展、旅游与展演、旅游与收藏的融合，促进文化生产与游客商品消费有效衔接，提供良好的消费体验，提升澳门文化的转化与文化内涵建设，增强游客对澳门文化的认知，让澳门的历史文化活起来。同时，要提升澳门文化遗产的城市品牌形象。城市形象是公众对城市的总体印象和评价，不管是一个人、一个企业、一座城市、一个地区或者一个国家，人们或多或少总是对此对象有所评价或留有印象，这种持续的、共同的印象与评价在大众心中长时间下来就会形成我们所说的公众形象。城市形象就是城市自然、人文诸要素在公众头脑中形成的总体印象，城市形象可以体现在以下几个方面：政府形象、经济形象、交通形象、文化形象、城市人形象、环境与市容形象等。① 澳门历史城区是世界文化遗产,历史悠久,中西特色鲜明。要加强澳门旧城区的环境科学改造和城市建筑文化保护,在保护老城历史文化街区基础上,对旧城区市容形象和居民居住条件加以改善,形成历史街区文化休闲与居住地环境的协调,改善城市旅行设施与交通形象,改进澳门交通拥堵环境,大力提倡使用新能源公交运输系统,减轻城市的噪声,减少空气污染,营造良好的文化旅游休闲环境和高品质人居环境。

五是创新发展横琴粤澳深度合作区新业态与新功能。澳门本岛长期以来受制于岛内的可开发利用土地资源和居住人口等因素,实体制造业及高科技产业等无法得到大力发展,城市建设和人居环境受到很大制约,"封闭式"发展矛盾逐渐显现。新时期横琴粤澳深度合作区给澳门产业的发展带来了新的机遇,为澳门产业经济走向多元发展带来了新契机,横琴粤澳深度合作区可以推动澳门文化产业与大湾区产业经济的有效融合,实现与澳门产业的互动、互助、互补,发挥粤澳两地在资金、技术、人才、市场与产业发展上的深度融合,为澳门文化产业发展和产业创新注入了新的活力。澳门文化产业要充分利用横琴粤澳深度合作区的政策优势和发展空间,利用澳门的国际化城市的特殊地位,在文化创意、专业会展、影视产业、文化贸易、文化金融、文化教育等多个产业实现多元化发展,开展与国内外相关产业合作,实现产业发展合作共赢。

四、总 结

当前,推动文化产业实现高质量和创新性发展需要树立正确的"生态观"发展思维,认清文化与文化产业创新的共生理论关系,促进各区域间文化产业的创新生态系统的宏观和微观发展环境建设。澳门文化产业发展需要根植和依靠这种创新性的生态化发展环境和理念,发挥澳门诸多地位优势。澳门拥有丰富的文化资源、发达的海外贸易和成熟的产业基础,有良好的社会人文环境和高效的社会法制治理环境。在"一国两制"和中央政府"两个支持"及"两个加快"等多项政策利好支持下,澳门应抓住横琴粤澳深度合作区建设契机,明确自身的产业定位,实现在创意设计、文化展演、艺术收藏及数码媒体等重点领域的产业突破,积极构建大湾区产业发展生态圈,利用国内外两个市场,推进文化与旅游、文化与科技、文化与产业的融合创新,实现澳门文化产业高质量的品牌化、多元化与生态化发展策略。

---

① 彭国斌. 城市品牌形象与电视广告宣传策略研究[J]. 流行歌曲,2012(14):87.

参考文献

[1] 王春法.关于国家创新体系理论的思考[J].中国软科学,2003(5):99-104.

[2] 周建新.要素文化均衡与深圳创新生态体系构建[R].文化科技创新发展报告,2017.

[3] 李凤亮,胡鹏林.有偿共享:文化产业创新生态模式研究[R].文化科技创新发展报告,2017.

[4] 曹如中,高长春,曹桂红.创意产业创新生态系统演化机理研究[J].科技进步与对策,2010(21):81-84.

[5] 马群杰,陈亭卉.地方文化创意产业与地区文化营销:以台南市为例[J].海洋文化学刊,2010(9):69-110.

[6] 鄞益奋.回归20年澳门成功实践"一国两制"的基本经验[J].南京邮电大学学报(社会科学版),2019,21(5):2-10.

[7] 顾江.文化强国视域下数字文化产业发展战略创新[J].上海交通大学学报(哲学社会科学版),2022,30(4):12-22.

[8] 周锦.数字经济推动文化产业价值共创:逻辑、动因与路径[J].南京社会科学,2022(9):165-172.

作者简介

周建新(1973—),第一作者,博士,教授(二级),博士生导师,深圳大学文化产业研究院院长。研究方向为文化创新、文化产业研究。

彭国斌(1979—),通信作者,澳门城市大学人文社会科学学院在读博士,研究员,桂林电子科技大学艺术与设计学院硕士生导师。研究方向为文化创意与生产、文化消费与文化品牌。

王忠(1974—),教授,博士生导师,澳门城市大学人文社会科学学院副院长。研究方向为文化产业研究、非物质文化遗产保护。

Research on Macao Cultural Industry Innovation Ecosystem from the Perspective of Symbiosis Theory

Zhou Jianxin   Peng Guobin   Wang Zhong

Abstract: At present, promoting the high-quality sustainable innovative development of culture and cultural industry requires the establishment of "ecological" development thinking. The survival and development of culture itself have built a closely related ecosystem. The formation and transformation of culture and cultural industry have also built an interdependent, mutual improvement and interconnected big cultural ecosystem. The innovation ecosystem of cultural industry has also changed from focusing on the elements of innovation system and system composition to the dynamic process of self evolution, self-regulation, self adaptation and self prosperity of innovation system. Starting from the current situation and problems of Macao's cultural industry, this paper sorts out the relevant concepts and theoretical understandings of cultural ecology, cultural ecosystem, and the composition of cultural industries. From the macro and micro perspectives of the cultural industry innovation ecosystem, this paper further expounds the correlation and action mechanism of symbiosis theory in the cultural industry innovation ecosystem, and puts forward the development strategy of Macao's cultural industry innovation ecosystem.

Key words: symbiosis theory; Macao culture; ecosystem; industrial innovation

"鲍莫尔成本病"理论与中国艺术表演业[*]

"鲍莫尔成本病"理论与中国艺术表演业[*]

张 光　陈 杰

摘　要:鲍莫尔成本病理论能否适用于中国艺术表演院团的运营行为？本研究发现是部分适用,部分不适用。这个理论所持的艺术表演属于生产率停滞部门的观点,在本文得到了验证。我们对一次能源生产率(从事一次能源生产的劳动者人均一次能源产量)和艺术表演生产率(团均和从业人员人均演出场次)年度时间序列的比较发现,前者在1990—2018年增长了数倍;而后者,无论是在同一时间段的国有艺术表演团体,还是在因数据限制更短的时间序列的民营剧团那里,均呈停滞状态。但是,在艺术表演院团的运营成本必然超过其挣得收入,从而必须依靠财政补贴、社会捐赠填补赤字这一点上,中国只有国有院团符合,而民营剧团情形相反:其挣得收入始终大于运营成本。本文认为,因户籍等制度造成的劳动力异质性,阻断了鲍莫尔成本病理论所预期的生产率进步部门,向属于体制外劳动力的民营剧团的成本压力传导,造成了鲍莫尔成本病理论不完全适用于中国经验的结果。

关键词:鲍莫尔成本病;中国艺术表演业;国有和民营院团;劳动力异质性

一、引　言

美国经济学家鲍莫尔和鲍温在1966年发表的《表演艺术:经济悖论》一书中,论证了当代艺术和文化经济学的一个基本理论——成本病理论。艺术表演成本病是由这个行业天然存在的"生产率停滞"所致(Baumol 和 Bowen,1966)。生产率可定义为单位劳动时间的物理产出。Heilbrun(2011)在为《文化经济学手册》撰写的《鲍莫尔成本病》一章指出,生产率进步源泉不外如下五个:劳动力单位资本的增加,技术进步,劳动者技能提高,管理改善,产出上升带来的规模经济效应。显然,

---

* 基金项目:本文系国家社会科学基金项目"中国艺术表演产业发展的政治经济学分析"(17XZZ001)的阶段性研究成果。

生产率进步最容易在那些大量使用机器和设备的产业中实现。在这些产业中,工人人均产出可以通过使用更多的机器,或者设备投资以求得技术改进而进步。在典型的制造业那里,制造单位产品所需要的劳动时间,随着时间的迁移不断大幅度下降。现场表演艺术则处于与制造业相反的另一个极端。剧院、灯光、音响等设施设备的改进确实有助于表演艺术提高效率,但提高作用极其有限。这是由表演艺术的性质决定的,如鲍莫尔所言,"表演艺术家的工作本身就是目的,而非生产某种产品的手段"(Baumol 和 Bowen,1966:164)。表演艺术家的劳动本身就是产出,歌者之歌,舞者之舞,表演者之表演,单位劳动时间产出增加几无可能。因此,以单位劳动时间产出即生产率而言,艺术表演是最难以通过使用机器、设备和技术增加产出的行业。贝多芬弦乐四重奏需要四位乐手演奏,今天如此,200 年前亦如此。

在工业化近现代社会中,艺术表演的生产率停滞引起一系列的连锁反应。在劳动力市场一体化的条件下,艺术表演作为人力资本密集型行业,人力资源费用构成其经营成本的主体。艺术表演从业者的工资水平与社会总体工资水平挂钩,势必导致艺术表演团体的经营成本增长超过其生产率和主业(演出)收入的增长,产生支出超过自身挣得收入的收入差现象。艺术表演团体的收入差唯有通过外部资金的支持,如民间捐助或政府补贴而得以填补。成本病理论是构成公共组织支持艺术表演团体的主要经济理论依据。

鲍莫尔的成本病理论自问世起,就一直接受来自各方面的经验验证。鲍莫尔和鲍温的《表演艺术:经济悖论》提供了大量的美国以及英国剧院的证据。Heilbrun(2011)梳理了某些历史证据(如英国皇家莎士比亚剧团)和英美跨国比较证据。支持这一理论的经验研究不胜枚举,涉及美国(Felton,1994;Flanagan,2012)、英国(Gapinski,1984)、德国(Last 和 Wetzel,2011)、西班牙(Marco-Serrano,2006)、俄罗斯(Rubinstein,2012)和中国(Zhou,2009)。批评或修正者则主张科技创新和进步(Cowen,1996)、艺术节(Frey,1996)、表演艺术的高收入弹性与总体经济增长的收入效应(Peacock,1996)等可缓解甚至解除表演艺术的成本病。但是,中文学术文献中尚无关于鲍莫尔成本病对中国表演艺术适用性的系统研究。本文力图填补这个学术空白。

本文的主要发现可以概括如下:中国的艺术表演业如鲍莫尔成本病理论预期那样,以单位劳动时间产出衡量,属于一个生产率长期停滞的行业。但是,在财务收支上,国有和民营艺术表演团体的表现大相径庭。如成本病理论预期那样,国有院团人员工资成本随社会工资水平上涨而上涨,甚至显著高于社会工资水平,院团支出远远超过以演出收入为主的挣得收入,产生依靠大量的财政补贴填补的收入差。民营剧团则因劳动力市场的异质性等原因导致从业人员工资福利成本极低,从而产生可观的营业利润,而非鲍莫尔理论所预期的收入差。

二、研究对象、数据和方法

本文的研究对象是中国艺术表演团体,不涉及演出场馆。相关数据主要来自文旅部发布的《中国文化文物和旅游统计年鉴》(简称《年鉴》)。中国艺术表演团体包括公有制(国有和集体)和非公有制(民营)两类剧团。第一部《年鉴》出版于1997 年,详细地报告了 1996 年艺术表演团体数据,并有部分历史年度数据。年鉴报告的公有制艺术表演团体数据,最早的年度为 1952 年;在少数与本文相关的变量上,不间断年度数据覆盖了 1985 年至 2019 年。民营剧团年度数据很短,在少数变量上,不间断年度数据覆盖了 2009 年至 2019 年。覆盖为本文研究所需所有变量的不间断年度时间序列数据,在公有制剧团那里为 1990—2019 年,民营剧团为2013—2019 年。

民营剧团数据时间序列较短反映了民营剧团在计划经济时期被取消、在改革开放时期复兴的历史事实。新中国成立前,艺术表演团体绝大多数是民营的。新中国成立后,经过戏改、社会主义改造,民营剧团有的消失,有的转为国有,其余的成为集体所有制剧团(张光,2020)。改革开放后民营剧团复活,至 20 世纪 90 年代蔚成大观。1998 年时任文化部艺术局局长曲润海(2002)在一个讲话中指出,中国的剧团体制是"双轨制",有 2 600 多个政府管理的剧团,5 000 多个民间职业剧团。但是,在国务院于 2005 年发布《关于非公有资本进入文化产业的若干决定》之前,官方的文化统计从不报告任何关于民营剧团的数据。从 2006 年度的《年鉴》起,民营剧团开始被纳入官方统计总计;2010—2013 年度的《年鉴》在总计数据下,单列一行"民间职业剧团";从 2014 年度的《年鉴》开始,设置"非公有制艺术团体基本情况"专表,分类型分地区报告了民营剧团统计数据。目前,无论是就演出团体和从业人员规模,还是就演出场次和观众人次而言,民营剧团均占据中国演出市场的大头。

在研究方法上,本文主要依靠描述性统计分析方法,利用图表报告时间序列分析结果。在研究内容上,我们将追随鲍莫尔、鲍温(Baumol 和 Bowen,1966)和Heilbrun(2011)的论证程序,依次讨论中国艺术表演团体的生产率、成本支出、演出收入、收入差以及政府财政补贴等问题。

三、艺术表演院团的生产率停滞

艺术表演业生产率停滞,首先表现为在一个时间段中,单位劳动时间的物理产出停滞,而整个经济体,尤其是制造业,则随着投资增长和技术进步以及生产规模扩大,单位劳动时间产出增长。这一点,对于在过去几十年间高速工业化的中国尤然。我们将通过比较艺术表演院团及其从业人员年平均演出场次和一次能源生产部门从业者人均产出,来观察中国艺术表演的生产率停滞现象。

生产率指的是"产出对资源的比例,即每一效用输入单位的产出数量"(Marco-Serrano,2006:169)。我们沿用菲尔顿等(Felton,1994;Globerman 和 Book,1974;Lange 等,1985;Fazioli 和 Filippini,1997)的做法,以演出场次定义艺术表演产业的生产率。尽管有学者以艺术表演的目的是让人获得某种文化体验为由,把观众人次作为测量艺术表演生产率的指标(Throsby,1977;Gapinski,1980 和 1984;Taalas,1997),但该指标测量得更多的是需求而非产出。它还可能导致循环论证:如果艺术表演院团以提高演出票价来应对生产率停滞带来的成本压力的话,则可能导致观众减少,而观众减少又代表生产率下降。与此不同,演出场次测量的主要是产出因素,虽然它也不可避免地受需求影响(Felton,1994)。我们以艺术表演院团及其从业人员年平均演出场次来测量中国艺术表演产业的生产率。

制造业是生产率进步产业最好的代表,但它包含的行业细分复杂,产品门类众多,难以在某类劳动力与产品数量之间建立确切的关系。例如,虽然《中国工业年鉴》报告了汽车的年产量数据,但没有任何统计年鉴系统地提供汽车产业工人的数据。一次能源生产率这个指标不但能够得到数据的支持,而且能源生产效率对经济整体的效率具有决定性的影响力。《中国统计年鉴》提供了全国一次能源生产总量(按万吨标准煤计量)年度数据,它由原煤、原油、天然气和一次电力及其他能源构成。我们把这一数据除以从事采矿业与电力、热力、燃气及水生产和供应业的从业人员,获得一次能源生产率年度数据。尽管这一数据仍有种种不足①,但在可用

---

① 采矿业从业人员除了从事煤炭、石油、天然气开采人员外,还包括开采有色金属和非金属矿产人员。电力、热力、燃气及水生产和供应业就业人员中,只有一部分从事一次能源(如水电)生产工作。就业人员数据为城镇非私营单位就业人员,忽略了城镇私营单位和个体就业人员,而在采矿业就业人员中,应有不少在私营单位工作。因此,我们对一次能源生产率的估计是粗略的。

数据有限的情况下,它仍旧不失为工业人均生产率一个合适的测量指标。

图 1 报告了统计分析的结果。比较的起始年为一次能源业的从业人员数据最早可及的 1990 年。我们对各个变量做了以起始年为 100 的标准化处理。表示一次能源生产的折线以显著的正向斜率自左至右上升,从 1990 年到 2019 年增长了近 5 倍,劳动力人均产量从不足百吨标准煤增至 540 余吨。代表艺术表演团体生产率的曲线则始终在 100 上下波动,而且在民营剧团那里甚至由正转负,生产率停滞性质一目了然。具体而言,国有艺术表演团体的团均和人均演出场次尚有所增长:团均演出场次从 1990 年的 176 场次增至 2019 年的 239 场次,人均演出场次从 1996 年的 2.8 场次增至 2019 年的 3.6 场次。民营剧团的团均和人均演出场次则分别从 2009 年的 222 场次和 11.18 场次,减至 2019 年的 163 场次和 8.67 场次。

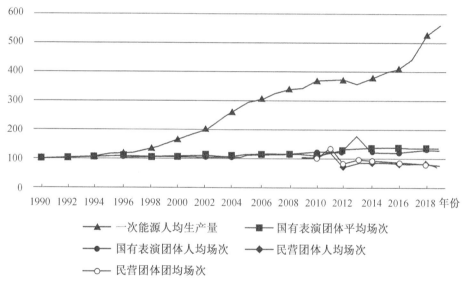

图 1　艺术表演团体与一次能源生产率比较

注:数据进行了以起始年为 100 的标准化处理。能源和国有表演团体演出场次,1990 年为 100;国有表演团体人均场次,1996 年为 100;民营团体,2009 年为 100。

资料来源:历年《中国文化文物和旅游统计年鉴》和《中国统计年鉴》。

四、艺术表演院团的成本与支出

从成本角度看,艺术表演生产率滞后可概括如下(Heilbrun,2011):虽然艺术表演属于生产率滞后部门,但其工资成本却会随着社会整体工资水平的上升而上升,而后者是建立在生产率进步的基础上的。当然,这并不意味着艺术表演从业者和其他行业从业者挣得一样多,因为不同行业的从业者工作条件和非货币的工作满意度不同。艺术表演生产率的滞后是由于在一个要素流动的统一市场中,艺术表演团体需要开出一个可以与其他行业相竞争的工资水平。艺术家的生活水准需要与社会整体进步相匹配,相差太大会导致他们用脚投票,离开这个行业。此外,现代舞台艺术表演大量使用电子技术制造声光效果,艺术表演团体使用互联网技术管理,这些技术的设备投资价格不菲,相关人才在就业市场上往往供不应求,艺术表演院团需要开出高工资与其他行业竞争(Kleppe,2017)。

其实,鲍莫尔和鲍温的《表演艺术:经济悖论》从工资成本角度对成本病的概括更加精当,值得在此完整征引:"这一论断的核心是,对于任何如现场表演艺术那样生产率停滞的产业来说,工资的每一增长都将自动转化为单位劳动成本的货币工资的上升——而没有像在生产率上升的产业那里单位人工产出随之增加。这导致的一个后果是:在生产率停滞的产业那里,相对成本增加的幅度与全社会单位劳动产出增长直接挂钩。总的技术进步步伐越快,总的工资水平的增长越高,那些没有享受生产率增长的部门受到的成本压力越大。"(Baumol 和 Bowen,1966:171)后来,鲍莫尔把成本病识别为"停滞的服务业具有一种其价格以高于经济整体通货膨胀的速度上升的固有倾向"(Baumol,1989:124)。

然而,中国的情况似乎比鲍莫尔成本病理论预期更复杂一些。尽管如上所述,在以团均演出场次测量艺术表演团体的生产率上,国有和民营剧团并无根本的区别,但从成本角度观察两者的表现却有所不同。前者具有成本病的一切症状,后者则未必如此。

图 2 报告了文化部门管理的国有艺术表演院团从 1986 年至 2019 年场均支出成本和从业人员人均支出(工资福利)及其年度增长率,并与同期 CPI 和真实人均 GDP 增长率进行了比较。表 1 是对四个指标年均增长率的概括。这些数据表明,第一,场均成本和人均成本经历了指数型增长。前者从 1986 年的 693 元增至 2019 年的 53 990 元,34 年间上涨了 77 倍(当期价格);后者从 1996 年的 5 744 元增至 2019 年的 121 402 元,24 年之间上涨了 20 倍。而名义人均 GDP 在两个时期分别上涨了 71 倍和 13 倍。国有院团的单位成本增长显著超过了经济增长和通货膨胀。第二,国有院团的两个变量的波动性远大于两个宏观经济变量,且自 2005 年以来尤甚。原因在于国有剧团的成本支出行为受政策变化这类短期外生冲击影响很大,且自 2005 年起影响更大。总的看来,国有剧团的表现完全符合鲍莫尔成本病的识别标准。

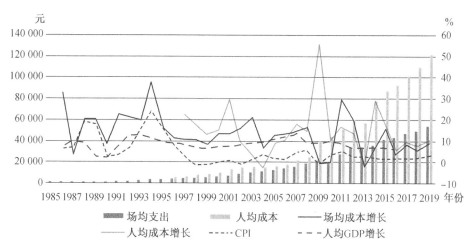

图 2　文化部门管理国有剧团场均成本、从业人员人均成本

与人均 GDP 和 CPI 增长率比较

资料来源:历年《中国文化文物和旅游统计年鉴》和《中国统计年鉴》。

表 1　国有剧团场均成本、从业人员人均成本与人均 GDP 和 CPI 年均增长率比较

单位:%

指标	1986—2019 年	1996—2019 年
场均成本	13.86	11.19
人均成本		14.73
CPI	5.09	1.97
人均 GDP	8.38	8.25

资料来源:历年《中国文化文物和旅游统计年鉴》和《中国统计年鉴》。

民营剧团则是一个不同的故事。图 3 报告了从业人员人均成本和场均支出及年增长率,并与同期 CPI 和真实人均 GDP 增长率做了比较。表 2 报告了四个变量的年均增长率。这些数据表明,第一,民营剧团的单位成本支出波动,远远超过两个宏观经济变量波动,比国有剧团的波动更大。人均支出和场均支出均在 2013 年达到最高值,且异常之高。由于时间序列很短,2013 年的异常值是造成波动的最重要成因。第二,也是更重要的,从 2009 年到 2019 年,民营剧团从业人员人均成本支出年均增长率达 10.64%,大大超过人均 GDP 和 CPI 平均增长率。但是,如果剔除 2013 年的极端异常值,则年均增长降至负 1.22%,显著低于同期 CPI 平均值。场均支出只覆盖 2013 年至 2019 年,在此期间,年均增长率为负的 4.73%,远低于 CPI;但若剔除 2013 年的异常值,年均增长率即为 3.26%,高于同期年均

CPI,低于人均 GDP 平均增长率。尽管时间序列数据覆盖的年度很短,而且还有 2013 年异常值干扰,但从有限的证据中,我们似乎可以得出一个不符合鲍莫尔成本病理论期待的结论:民营剧团的营业成本和人员支出没有跑过物价或经济增长。

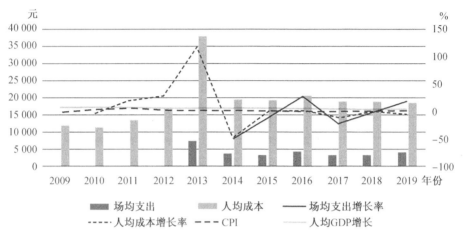

图3 民营剧团从业人员人均成本、场均支出及增长率,
并与 CPI 和真实人均 GDP 增长率比较

资料来源:历年《中国文化文物和旅游统计年鉴》和《中国统计年鉴》。

表2 民营剧团场均支出、真实人均成本与 CPI、人均 GDP 年均增长率概括 单位:%

指标	2009—2019 年	2013—2019 年
场均支出		−4.73
从业人员人均成本	10.64	−8.81
CPI	2.59	2.0
人均 GDP	7.12	6.33

资料来源:历年《中国文化文物和旅游统计年鉴》和《中国统计年鉴》。

我们需要花一些篇幅来解释民营剧团 2013 年极端异常值。它可能由三个原因造成。第一,2013 年财政对民营剧团的补贴非常高,达 38 亿元。次年骤降至 8.7 亿元,然后在 3.4 亿元到 4.4 亿元之间徘徊多年后,于 2019 年再度上升至 16.4 亿元。2013 年的巨额财政补贴可能系数据错误。查 2014 年《中国文化文物和旅游统计年鉴》,可知这个极端值主要是由于 2013 年浙江省对民营京剧团的补贴高达 26.25 亿元,而当年该省公有制艺术表演团体获得的财政补贴收入总额仅为 5.46 亿元。显然,浙江财政对国有剧团的拨款不可能比民营剧团低。2014 年,浙江民营剧团获得的财政补贴总额为 5 052 万元,回归到一个正常的数据。我们猜测,统计当局在处理 2013 年浙江民营剧团的财政补贴数据时出现失误,导致了当年民营剧团支出数据奇高的结果。第二,2013 年民营剧团发生了超乎寻常的大量社保支出。当年全国民营剧团发放的工资总额接近 41 亿元,社保支出接近 12 亿元。此后各年工资总额在 26 亿元到 53 亿元之间波动,而社保支出则在 1.8 亿元到 4.2 亿元之间。2013 年的大量社保支出,可能与国有事业剧团改制相关。例如,山东民营剧团社保和工资支出分别为 8.5 亿元和 8.2 亿元,次年则变为 688 万元和 4 800 万元。如此大起大落意味着山东民营剧团 2013 年的社保和工资支出具有一次性补偿的意味。这应与该省文化部门在当时大力推行的国有事业院团改制相关。根据山东省文化厅 2012 年的报告,截至 2012 年底,全省承担改革任务的 116 家国有文艺院团已全部完成阶段性改革任务,其中转企 68 家,撤销 23 家,划转 25 家,核销事业法人 91 个,核销事业编制 4 410 名,3 689 人进入转制企业,签订劳动合同,缴纳社会保险。非常诡异的是,2013 年山东民营剧团和从业人员总数分别为 311 个和 5 332 人,2014 年则为 377 个和 5 791 人。人员总数大体相当,但社保和工资支出天差地别。2013 年,山东民营剧团为了给予其雇员极其丰厚的工资和社保待遇,竟然产生了 2.7 亿元的营业赤字。这证明山东民营剧团 2013 年人力费用支出具有一次性行为的特征。第三,2013 年多省民营剧团产生了不同寻常的资本支出,并因此产生数量可观的经营赤字。例如,安徽省民营剧团营业收入和营业成本分别为 19.24 亿元和 20.4 亿元,经营赤字 1.16 亿元,但资产竟然高达 65.8 亿元。次年,安徽民营剧团营业收入和成本剧降至 6.2 亿元和 4.9 亿元,资产也降至 8.3 亿元。这就意味着,2013 年安徽民营剧团可能发生了重大的资产投资及相关支出行为,次年这些资产大部分被处置。类似的情况也见于若干其他省(市、自治区)。由于上述三个因素的影响,2013 年民营剧团营业成本奇高。例如,浙江、山东和安徽民营剧团的营业成本分别高达 10 亿、18 亿和 20 亿元,其中,工资、社保福利和税金支出为 5.7 亿、16.8 亿和 7.9 亿元,其余支出为 4.3 亿、1.2 亿和 12.5 亿元,这些支出可能用于投资等项目开支。总之,民营剧团的营业支出数据容易受体制改革、资本操作乃至数据差误的影响,相比较而言,从业人员人均支出数据比较可靠。

五、收入差

根据鲍莫尔的成本病理论,艺术表演团体生产率停滞,限制了它们的业务(主要是演出）收入增长的动力。在本文开头提到的生产率提高的五个源泉中（Heilbrun，2011），只有规模经济和改进管理可能帮助艺术表演团体增加主业（演出）收入或挣得收入。然而，两者均不足以使艺术表演团体克服生产率停滞导致的收入停滞。诚然，延长演出季或增加演出密度，作为一种改进管理的手段，可能增加演出场次从而提高门票收入。但是，这样做可能影响演出质量，从而减少需求。演出规模的扩张还取决于真实需求是否存在。居民收入增长可能带来对艺术表演的新增需求，从而提高艺术表演团体的演出收入。但是，居民收入的增长可能导致全社会工资水平的上升，而这又给艺术表演团体带来工资成本上升的压力。因此，在艺术表演团体的挣得收入和支出之间，必然出现收入差，即支出与挣得收入之间的差额及其占支出比。这个差距主要由社会捐助和/或政府补贴填补（Heilbrun，2011）。

中国国有艺术表演团体的财务收支数据，完全符合鲍莫尔成本病理论预期。如图4所示，从1978年到2019年，文化部门管理的事业剧团在其财务收支从区区数亿元膨胀至近160亿元的同时，其收入差即剧团总支出与演出收入之间差额占总支出比，从63%增至90%。收入差主要是由政府的财政拨款和补贴填补的。如图所示，财政补贴收入对总支出的比例从1980年代的65%—75%开始，在1990年代一度跌落至60%以下，然后逐年持续上升至2010年代下半叶的80%—85%。图4所列的年度中，除了1978年和1980年财政补贴额大于收入差外，其余各年均

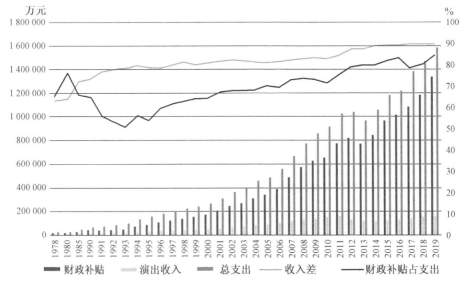

图4 文化部门管理的事业剧团的收入差变动（1978—2019）

资料来源：《中国文化文物和旅游统计年鉴2020》。

小于后者。财政补贴不足以覆盖的差额,可能通过事业剧团的非演出收入(如教育培训等经营收入)或社会捐助予以填补。然而,无论如何都可以说,国有剧团是依赖财政补贴而非演出收入而存续的,而且这种依赖度随着时间的迁移越来越大。

民营剧团在收入差的问题上的作为则完全不同。民营剧团完整的财务收支数据只见于 2013—2019 年。表 3 报告了此间全国民营剧团的营业收入、营业成本、营业利润和财政补贴收入数据。这里的营业收入包括了民营剧团的演出收入,营业成本包括工资福利(含社保缴费等)、应缴税金等。营业利润由营业收入减营业成本获得,也即收入差。财政补贴收入属于营业外收入。表 3 清晰地显示,在这 7 年间,民营剧团作为一个整体,营业收入总是大于营业成本,不存在收入差,而是具有可观的营业利润。民营剧团的财务收支行为不符合鲍莫尔成本病理论收入差普遍存在的预期。

表 3   2013—2019 年民营剧团的收入差   单位:千元

年度	营业收入	营业成本	营业利润/收入差	财政补贴收入
2013	9 442 626	9 374 547	68 079	3 804 944
2014	6 389 034	5 252 854	1 136 180	865 253
2015	8 175 623	6 051 918	2 123 705	345 466
2016	12 149 380	8 662 161	3 487 219	367 736
2017	13 756 415	9 579 449	4 176 966	437 655
2018	14 477 410	10 309 362	4 168 048	424 356
2019	11 888 808	11 677 034	211 774	1 638 395

资料来源:《中国文化文物和旅游统计年鉴》2014—2020 年。

六、中国劳动力的异质性

为什么鲍莫尔成本病理论所预见的艺术表演团体的收入差现象,在作为一个整体的中国民营剧团那里并不存在?从企业财务上看,这是由民营剧团经营成本尤其是人力成本很低决定的。无论是与国有院团从业人员相比,还是与其他劳动部门从业人员相比,民营剧团从业人员的收入低得不可思议。从 2009 年到 2019年,民营剧团从业人员的人均工资加福利支出从 12 072 元增至 18 619 元(图 3),而国有院团人均收入从 39 092 元增至 121 402 元(图 2)。同期,城镇非私营单位和私营单位就业人员平均工资分别从 32 244 元和 18 199 元增至 90 501 元和 53 604元。国有院团从业人员收入之高、增长之快,显著超过大多数城镇非私营单位人员。而民营剧团从业人员收入之低、增长之慢,远远落后于绝大多数城镇非私营单位人员。实际上,2019年,民营剧团从业人员的人均收入仅略高于农村人均可支配收入。这意味着,民营剧团就业人员中,有很大一部分人的收入对比的坐标系不是城市居民,而是农村居民。

人们也许会说,民营剧团自负盈亏,不得不如此。发达国家的纯商业演出机构,如美国的百老汇剧院,不也是如此? 但是,百老汇之类的纯商演艺术表演机构的从业人员收入,与非营利性的表演艺术团体从业人员相比,并不逊色。而且,在发达国家,纯商业演出机构,无论是就机构数目还是就从业人员而言,都只占全国艺术表演业的小部分(Baumol和Bowen,1966)。但是,在中国,民营剧团在院团数目和从业人员规模上都占大头。2019年,全国17 795个剧团中,有15 663个为民营,占88%;全行业从业人员412 541人中,有249 578人在民营剧团工作,占60%。百老汇的经验没有多少相关性。

中国劳动力市场尤其是劳动力的异质性理论,对上述现象提供了一个有力的解释,同时对鲍莫尔的成本病理论提出了挑战。鲍莫尔在把成本病假说推广到服务业的1967年论文中,明确指出这个理论的一个重要前提是劳动的同质性:"第二个也是更重要、更现实的设定是工资在两个部门中同起同落。尽管工资在一部门可能滞后于另一部门,但从长远来看,在所有劳动力市场上均有一定流动性的情况下,我们不可期待两者之间的差距一直存在下去,工资在一部门滞后的现象一定会完全消失。"(Baumol,1967:417)然而,在中国,即便在社会主义市场经济建设已有经验的情况下,劳动力仍旧受户籍以及与户籍挂钩的公共服务准入等制度限制。中国的劳动力市场实际上被户籍、编制等制度分割为多个具异质性的市场。与国有院团从业人员具有事业编制或正式雇佣合同不同,民营剧团就业通常是合同一年一签,具有非正式就业的特点(崔伟等,2019)。民营剧团吸纳了大量持农村户口、教育水平低的劳动者就业。一项对浙江民办剧团从业人员的调查发现,他们大多是青年,农村户籍,仅有初中文化水平(高琦华、何永,2010)。劳动力的异质性是造成民营剧团从业人员收入低下从而保证民营剧团低运营成本并产生利润的根本原因。劳动力异质性的影响不止于艺术表演领域,它也普遍存在于其他劳动力密集型的服务业(王燕武等,2019),特别是旅游业(张晨和左冰,2021)。

供过于求是民营剧团从业人员收入低下的另一个重要原因。在市场经济国家中,艺术表演劳动力市场供给过剩是普遍现象(Menger,2018)。但在中国,这个现象主要发生在民营演出市场。2005年民营资本进入文化市场特别是演出市场

完全合法化以来,民营剧团供给迅速扩张,从 2009 年 3 128 个增至 2019 年 15 663
个,从业人员从 58 077 人增至 294 578 人,均增加了 4 倍以上。但是,民营剧团的
观众人次仅从 3.24 亿人次增至 9.07 亿人次,仅增加了 1.8 倍。与此相反,国有院
团的供需同步减小。从 2009 年到 2019 年,文化部门管理的国有院团的观众人次
从 4.8 亿减至 3.15 亿,相应地,其院团总数从 2 788 个降至 2 052 个,从业人员从
150 429 人降至 113 764 人。民营剧团面临供大于求的压力,远远超过国有院团。
供大于求不但导致生产率下降(按团均和人均演出场次计算,见图 3),还压低人均
收入增速。民营剧团及其从业人员进入演出市场门槛很低。剧团设立和终止,与
中小企业一般容易,在地方工商管理部门登记,并接受地方文化管理部门监管。艺
术表演业的轻资产、劳动密集特征,决定民营剧团不但设立和终止的门槛比较低,
而且还有可能通过压低从业人员报酬而盈利。国有剧团及其雇员则与财政编制挂
钩,设置和废止难度都很大。民营剧团机构和从业人员供过于求现象的产生,仍可
部分归因于中国劳动力市场的异质性。

参考文献

[1] BAUMOL W J. Macroeconomics of unbalanced growth: The anatomy of urban crisis
[J]. American Economic Review, 1967, 57: 415 - 426.

[2] BAUMOL W J, WOLFF E N, BLACKMAN S. Productivity and American leadership:
The long view[M]. Cambridge, MA: MIT Press, 1989.

[3] BAUMOL W J, BOWEN W G. Performing arts: The economic dilemma[M]. New
York: Twentieth Century Fund, 1966.

[4] 崔伟,白勇华,付华顺,等. 当下民间职业剧团发展状况(上)[J]. 中国戏剧,2019,743
(4):4 - 8.

[5] 崔伟,白勇华,付华顺,等. 当下民间职业剧团发展状况(下)[J]. 中国戏剧,2019,743
(5):30 - 35.

[6] FAZIOLI R, FILIPPINI M. Cost structure and product mix of local public theatres[J].
Journal of Cultural Economics, 1997, 21(1): 77 - 86.

[7] FELTON M V. Evidence of the existence of the cost disease in the performing arts[J].
Journal of Cultural Economics, 1994, 18(4): 301 - 312.

[8] FLANAGAN R J. The perilous life of symphony orchestras: Artistic triumphs and
economic challenges[M]. New Haven, CT: Yale University Press, 2012.

［9］FREY B S. Has Baumol's cost disease disappeared in the performing arts? ［J］. Ricerche Economiche，1996，50(2)：173 - 182.

［10］高琦华,何永. 浙江省民营剧团状态研究报告[J]. 文化艺术研究,2010(4):1-52.

［11］GAPINSKI J H. The economics of performing shakespeare[J]. American Economic Review，1984，74：458 - 466.

［12］GAPINSKI J H. The production of culture[J]. Review of Economics and Statistics，1980，62(4)：578 - 586.

［13］GLOBERMAN S，BOOK S H. Statistical cost functions for performing arts organizations[J]. Southern Economic Journal，1974，40：668 - 671.

［14］HEILBRUN J. Baumol's cost disease［M］//A Handbook of Cultural Economics. Second Edition. Cheltenham，UK：Edward Elgar，2011：67 - 75.

［15］KLEPPE B. Theaters as risk societies：Performing artists balancing between artistic and economic risk[J]. Poetics，2017，64：53 - 62.

［16］LANGE M，BULLARD J，LUKSETICH W，et al. Cost functions for symphony orchestras[J]. Journal of Cultural Economics，1985，9(2)：71 - 85.

［17］LAST A K，WETZEL H. Baumol's cost disease，efficiency，and productivity in the performing arts：An analysis of German public theaters［J］. Journal of Cultural Economics，2011，35(3)：185 - 201.

［18］MARCO-SERRANO F. Monitoring managerial efficiency in the performing arts：A regional theatres network perspective［J］. Annals of Operations Research，2006，145（1）：167 - 181.

［19］MENGER P M. 艺术类劳动力市场:临时性工作、供给过剩以及职业风险管理[M]//艺术与文化经济学手册(上册). 魏鹏举,李晓溪,译. 大连:东北财经大学出版社,2018：548 - 580.

［20］PEACOCK A. The "manifest destiny" of the performing arts[J]. Journal of Cultural Economics，1996，20(3)：215 - 224.

［21］曲润海. 赏戏随兴言谈录:王府学步[M]. 上海:上海人民出版社,2002.

［22］RUBINSTEIN A. Studying "sponsored goods" in cultural sector symptoms and consequences of Baumol's cost disease[J]. Creative & Knowledge Society，2012，2(2)：35 - 57.

［23］山东省文化厅. 山东省扎实推进文化体制改革工作［EB/OL］. (2012 - 11 - 28). https：//www. mct. gov. cn/whzx/qgwhxxlb/sd/201211/t20121128_787605. htm.

［24］THROSBY D. Production and cost relationships in the supply of performing arts services[M]//Economics of the Australian Services Sector. London：Groom Helm，1977.

［25］TAALAS M. Generalised cost functions for producers of performing arts—Allocative inefficiencies and scale economies in theatres［J］. Journal of Cultural Economics，1997，21(4)：335－353.

［26］王燕武,李文溥,张自然.对服务业劳动生产率下降的再解释:TFP 还是劳动力异质性［J］.经济学动态,2019(4):18－32.

［27］张晨,左冰.中国旅游业鲍莫尔成本病实证检验［J］.旅游科学,2021(3):42－61.

［28］张光.中国艺术表演产业体制的变迁［J］.中国治理评论,2020(2):129－147.

［29］ZHOU S C. Cost disease and its relationship with supports：An empirical study of Chinese nation-owned performing arts［EB/OL］. (2009－04－22). https://ssrn. com/abstract＝1393181 or http://dx. doi. org/10. 2139/ssrn. 1393181.

作者简介

张光(1956—)，江苏兴化人，三亚学院财经学院教授、海南省文化产业发展研究中心研究员、厦门大学公共事务学院退休教授。研究方向为文化经济学、公共财政。

陈杰(1985—)，山东单县人，天津中医药大学马克思主义学院讲师。研究方向为高校思想政治文化教育。

"Baumol's Cost Disease" and China's Performing Arts

Zhang Guang   Chen Jie

Abstract: As Baumol's cost disease theory expects, China's performing arts (PA), as measured by physical output per worker, is an industry with lagging productivity. However, in terms of financial income and expense, a striking difference exists between state-owned and private PA organizations. The wage level of state-owned PA organizations has risen as fast as, or even faster than, the social general wage level, thus resulting in expense more than earned income and the income gap to be filled by huge fiscal subsidies. The wage level of private PA organizations has lagged behind the social general wage level because of labor heterogeneity, leading to lower expenditure and higher earned income with substantial profit, rather than the income gap as expected by Baumol's theory.

Key words: Baumol's cost disease; China's performing arts; state-owned and private organizations; labor heterogeneity

经济发展、文化建设与生活质量协同发展研究[*]
——以南京市为例

陶小军

摘 要：经济发展、文化建设与生活质量的协同发展水平是判断经济社会经济发展协调程度的重要评判标准。在生活水平达到小康标准后，人们对物质生活和文化生活提出了更高要求。生活质量不仅取决于经济发展水平，还受制于社会文化氛围、文化政策和文化生活水平。本文在对经济发展、文化建设与生活质量协同关系进行分析的基础上，通过南京市 2000—2018 年的数据进行实证分析，发现南京在"经济增长—文化建设—生活质量"三系统的耦合水平处于初步磨合层次，协同水平呈现逐年上升的趋势。本文从理论上梳理了经济发展、文化建设与生活质量三者之间的作用关系，实证研究结论也为南京经济—文化—生活质量耦合协同发展提供了借鉴意义。

关键词：经济发展；文化建设；生活质量

一 引 言

经济社会发展的最终目的是提高全体人民的生活质量。对文化建设和生活质量协调发展的研究，既是从马克思主义"以人为本"的价值立场关怀人本身的发展，也为推动社会发展整体进入良性循环提供思路。

文化建设和生活质量的任何变化都与经济发展与文化建设紧密相连，同时经济发展与文化建设程度的变化也必然会导致生活质量的变化。近年来，随着南京社会经济的发展，南京居民生活质量发生了巨大变化。对南京生活质量与经济发

* 基金项目：本文系国家社科基金艺术学重大项目"中华传统艺术的当代传承研究"（19ZD01）、国家文化和旅游科技创新工程项目"基于 XR 沉浸式传统戏曲创新研究"（2020081509）的阶段性研究成果。

展、文化建设的协调发展状况进行判断,不仅能为南京政府制定调控政策提供依据,而且能为南京高质量发展和高水平全面建设小康社会提供支撑作用。

在已有的研究中,李小建等(2002)基于15个省19个县的万户居民调查数据,发现经济发展水平与居民主观生活质量并没有显著正相关关系,居民主观生活质量与经济发展处于耦合不协同状态。杜卫华(2005)采用中国近20年的数据探讨经济增长与主客观生活质量的关系,发现经济增长既没有带来客观生活质量的提高,也没有改善主观生活质量,即经济增长与生活质量存在不协同关系。李月(2010)考察了改革开放30年以来我国居民生活质量与经济增长的协同关系,发现两者是和谐同步的关系。宋伟轩等(2013)构建了耦合协同函数,测算了长三角16个地级市经济发展系统与居民客观生活质量系统的耦合协同性,发现不同地级市经济发展与生活质量耦合协同程度存在明显差异,上海市协同系数最高。关于文化建设与生活质量关系,李伟(2005)论述了城市文化对城市生活质量的影响,强调城市生活质量的提高不能忽视城市文化的建设。张萌(2012)指出实施文化建设战略是提升城市竞争力、增强城市生活品质的重要战略。何文举、彭邦文(2013)利用路径分析发现,提高文化产业发展中的各文化产业的劳动生产率、文化消费需求、文化产业的技术进步是提高城市居民生活质量的重要路径。可见,已有的研究对经济发展、文化建设与生活质量的关系进行了一定程度的探讨,但是仍然存在如下不足:一是对经济发展与生活质量的耦合协同关系没有一致的结论,文化建设与生活质量的耦合协同关系也缺乏探讨;二是将经济发展、文化建设与生活质量置于三系统的耦合协同分析框架之下,展开三系统的耦合协同的理论与实证文献非常少见;三是缺乏对经济发展、文化建设与生活质量耦合协同的动态演化分析,而这对于准确把握三者之间的协同关系十分重要。鉴于此,本文在已有研究的基础上,对经济发展、文化建设与生活质量之间的关系进行梳理,并运用耦合发展模型,对南京市2000—2018年的数据进行实证分析。

二、经济发展、文化建设与生活质量协同发展的机理

经济发展是指伴随着国家或地区生产总值的增长而出现的人均国民生产总值的增长以及经济社会结构、收入分配结构、人口素质、社会福利水平等的变化,是一个国家或地区从传统农业社会向工业化现代转变的过程。经济发展是随着社会政治变迁、资源环境变化而变化的经济成长过程,不仅包含经济增长概念,还包括经济结构、经济速度、环境效益等内容。文化,是一个民族的精神和灵魂。文化建设

要承担的责任,就是让人们充分享受高水平、有创意的艺术作品,使人们在精神上得到愉悦、满足、幸福。(曾婷,2012)生活质量因理解的不同概念界定也不相同。但是,整体来看,生活质量的定义可以分为如下三种:第一,从主观角度来理解生活质量,认为生活质量是人们对生活主观感受的满意程度;第二,从客观角度来理解生活质量,认为生活质量是对满足人们衣食住行等客观方面生活条件的反映;第三,主客观结合角度,比较认同的观点是生活质量是"社会提高国民生活的充分程度和国民生活需求的满足程度,是建立在一定的物质条件基础之上,社会全体对自身及其自身社会环境的认同感"(饶权,周长城,2001)。本文从客观层面,将生活质量视为一个系统,主要包括经济、环境质量、城市建设、公共卫生与教育等方面。

世界上的万事万物总是对立统一的,一方的存在总是以另一方的存在为条件,矛盾是事物发展的根本动力,经济发展、文化建设与生活质量的关系也是如此。当然,经济发展、文化建设与生活质量不是简单的相互影响、相互作用的关系,三者之间具有一定的内在联系逻辑。其中经济发展与文化建设的互动关系早有定论,即经济基础决定包括政治与思想意识形态在内的上层建筑,而上层建筑又会反过来作用于经济。经济发展是提高生活质量的基础与前提,生活质量的提高会全面提高人民的劳动积极性和消费水平,进一步刺激经济增长。文化建设水平的提升有利于促进人文资源的整合,改善人文生态环境,创新人民的生活方式,促进文化产业的发展,最终提高居民的生活质量。居民生活质量的提高会吸引更多资金投向文化及相关产业,促进文化及相关产业的发展,推动整个城市文化的建设。

三、经济发展、文化建设与生活质量耦合协同评价

(一)指标体系建立与权重确定

依据已有的研究成果,构建经济发展、文化建设与生活质量综合评价指标,其中经济发展包含 15 个二级指标,文化建设包含 27 个二级指标,生活质量包含 26 个二级指标。采用熵值法对指标体系赋权,为了避免计算过程中出现零或者负数,参照赵国浩、杨毅、郝奇彦(2014)的平移做法,按照 3Sigma 原则,将数据进行平移,这种处理对计算结果不产生影响。数据来自南京历年统计年鉴,具体结果如表 1、2 和 3 所示。

表 1 经济发展指标权重

一级指标	二级指标	权重/%
经济发展	地区生产总值/万元(E11)	9.12
	全社会固定资产投资总额/万元(E12)	8.73
	地方财政收入总额/万元(E13)	8.25
	实际利用外资总额/万美元(E14)	5.98
	地区生产总值增长率/%(E21)	4.05
	固定资产投资增长率/%(E22)	7.30
	实际利用外资增长率/%(E23)	3.13
	第二产业占 GDP 比重/%(E31)	6.60
	第三产业占 GDP 比重/%(E32)	7.29
	固定资产投资占 GDP 比重/%(E33)	10.09
	财政收入占 GDP 比重/%(E34)	10.17
	利用外资占 GDP 比重/%(E35)	3.18
	工业行业单位产值废水排放量/(万吨/亿元)(E41)	7.80
	工业行业单位产值工业废气排放量/(亿标立方米/亿元)(E42)	3.83
	工业行业单位产值固体废弃物排放量/(万吨/亿元)(E43)	4.48

表 1 显示,财政收入占 GDP 比重对经济发展权重最大,达到 10.17%,其次是固定资产投资占 GDP 比重,这反映了政府和投资对南京经济发展的重要作用。所有评价指标中,实际利用外资增长率和利用外资占 GDP 比重对经济发展的权重最小,分别为 3.13% 和 3.18%,反映了南京经济发展的内向型特征,外向型经济在南京经济发展中的比重不高。

表 2 文化建设指标权重

一级指标	二级指标	权重/%
文化建设	世界文化遗产数/个(C11)	3.09
	国家级非物质文化遗产数/个(C12)	4.81
	A 级旅游景区数/个(C13)	5.55
	星级宾馆饭店数/个(C14)	1.10
	国内外游客接待人次/万人次(C15)	4.62
	艺术剧团数/个(C16)	4.30

（续表）

一级指标	二级指标	权重/％
文化建设	文化活动组织次数/次（C17）	5.12
	每百人公共图书馆人均藏书/册（C18）	0.61
	剧场影院数/个（C19）	5.30
	人均文化及相关产业增加值/万元（C21）	4.94
	文化及相关产业增加值占 GDP 的比重（C22）	1.63
	文化及相关产业从业人口占总就业人口比重（C23）	1.12
	人均文化及相关产业固定资产投资/元（C24）	5.05
	文化及相关产业固定资产投资占总投资比重（C25）	6.59
	人均教育文化娱乐支出/元（C26）	4.16
	教育文化娱乐支出占总消费支出比重（C27）	3.33
	艺术表演演出场次/次（C28）	2.69
	公共节目套数/套（C29）	1.44
	电视覆盖率（C210）	0.01
	专利申请量/件（C31）	5.77
	专利授权量/件（C32）	5.61
	高等学校在校学生数/万人（C33）	3.29
	科技活动人员数/人（C34）	4.97
	每万人文化行政主管部门机构数/（个/万人）（C41）	2.61
	每万人文化市场执法机构数/（个/万人）（C42）	2.57
	文化体育与传媒支出占总公共预算支出比重（C43）	3.09
	人均文化体育与传媒支出（C44）	4.81

　　表 2 显示，文化建设所有指标中，文化及相关产业固定资产投资占总投资比重的权重最大，达到 6.59％，其次是专利申请量和专利授权量，权重分别达到 5.77％和 5.61％。这也体现了文化创新对文化建设的重要作用。权重最小的是电视覆盖率，仅为 0.01％，这主要是因为随着社会经济的发展，电视早已实现了全覆盖，而且互联网以及移动智能手机的发展使文化传播渠道呈现出多样化局面，移动智能手机已经取代电视成为文化传播的主要渠道。

表 3 生活质量指标权重

一级指标	二级指标	权重/%
经济状况	人均地区生产总值/元	10.07
	人均财政支出/元	11.34
	人均实际使用外资额/美元	6.20
	居民人均储蓄余额/万元	18.64
	第三产业占 GDP 比重/%	0.17
城市建设	每万人绿地面积/公顷	3.18
	每万人年末实有出租车汽车数/辆	0.27
	每万人拥有公共汽车/辆	1.21
	人均城市维护建设资金支出/元	7.89
	每万人年末实有城市建设道路面积/万平方米	2.05
环境质量	一般工业固体废弃物综合利用率/%	0.18
	污水处理厂集中处理率/%	1.67
	生活垃圾无害化处理率/%	0.03
	二氧化硫年平均浓度/(微克/立方米)	2.17
	二氧化氮年平均浓度/(微克/立方米)	1.06
	可吸入颗粒物(PM_{10})年平均浓度/(微克/立方米)	0.42
	空气质量达到及好于二级的天数/天	0.84
	路段噪声超标率/%	3.13
	交通噪声所占比例/%	1.68
	工业噪声所占比例/%	2.73
公共卫生	每万人拥有的医院、卫生院数/个	1.06
	每万人拥有的医院、卫生院床位数/个	1.67
	每万人拥有的医生数(执业医师＋执业助理医师)/个	1.74
教育状况	人均教育支出/元	15.68
	每百人公共图书馆藏书/册	0.64
	万人拥有普通高校学生人数/人	4.28

　　表 3 显示,居民人均储蓄余额对生活质量的权重最大,权重达到 18.64%,其次是人均教育支出,权重达到 15.68%,紧跟其后的是人均财政支出和人均地区生

产总值,权重分别为 11.34％和 10.07％。权重最小的是生活垃圾无害化处理率,这也从一个侧面体现了居民环境保护意识淡薄,对生活垃圾不够重视。

(二)经济发展、文化建设与生活质量协调度分析

根据耦合度与耦合协调度模型计算公式,可以得到经济发展、文化建设与生活质量的耦合度与耦合协调度,如表 4 所示。

表 4　经济发展、文化建设与生活质量的耦合度与耦合协调度

时间	经济发展 U1	文化建设 U2	生活质量 U3	耦合度 C	协同指数 T	协同度 D	耦合阶段	协调阶段
2000	0.19	0.22	0.05	0.54	0.19	0.32	初步磨合	轻度失调衰退
2001	0.16	0.22	0.09	0.57	0.19	0.33	初步磨合	轻度失调衰退
2002	0.27	0.23	0.13	0.58	0.27	0.39	初步磨合	濒临失调衰退
2003	0.33	0.27	0.18	0.58	0.33	0.44	初步磨合	濒临失调衰退
2004	0.25	0.31	0.22	0.59	0.31	0.43	初步磨合	濒临失调衰退
2005	0.40	0.36	0.25	0.59	0.42	0.50	初步磨合	勉强协同类
2006	0.25	0.37	0.25	0.59	0.34	0.45	初步磨合	濒临失调衰退
2007	0.27	0.41	0.28	0.59	0.37	0.47	初步磨合	濒临失调衰退
2008	0.28	0.44	0.34	0.59	0.40	0.49	初步磨合	濒临失调衰退
2009	0.29	0.48	0.38	0.59	0.43	0.50	初步磨合	勉强协同类
2010	0.34	0.51	0.56	0.59	0.53	0.56	初步磨合	勉强协同类
2011	0.39	0.59	0.47	0.59	0.55	0.57	初步磨合	勉强协同类
2012	0.41	0.62	0.59	0.59	0.61	0.60	初步磨合	初级协同类
2013	0.40	0.64	0.61	0.59	0.61	0.60	初步磨合	初级协同类
2014	0.38	0.68	0.63	0.58	0.62	0.60	初步磨合	初级协同类
2015	0.42	0.69	0.66	0.59	0.66	0.62	初步磨合	初级协同类
2016	0.45	0.72	0.68	0.59	0.69	0.64	初步磨合	初级协同类
2017	0.47	0.74	0.68	0.59	0.71	0.64	初步磨合	初级协同类
2018	0.48	0.75	0.69	0.59	0.72	0.65	初步磨合	初级协同类

通过表 4 对经济发展、文化建设与生活质量系统综合值以及耦合度与协同度的分析,可以发现以下几点:

第一,2000—2018 年,文化建设综合指数取得了巨大进步,从 2000 年的 0.22 上升到 2018 年的 0.75,文化建设取得的成绩离不开南京市政府的政策支持。早

在 2002 年,南京市政府就启动了"文化南京"战略,2004 年制定了《南京市创建"三个文明"协调发展特色区域行动纲要》,2005 年出台了《南京市农村文化建设工程实施方案》,2006 年将文化建设确定为"十一五"期间重大建设任务,2011 年通过了《关于坚持文化为魂,加强文化遗产保护的意见》,2016 年印发的《南京市国民经济和社会发展第十三个五年规划纲要》提出"提升文化软实力 全面增强公民文明素质和社会文明程度",同年通过了《关于促进文化创意和设计服务与相关产业融合发展的实施意见》。2016 年 6 月,文化部认定南京为第一批 26 个国家文化消费试点城市之一。2016 年 12 月,南京市政府出台了《南京市引导城乡居民扩大文化消费的实施意见》及系列配套文件,为试点工作提供完善的政策保障。在"文化南京"战略方针的指引下,南京文化建设取得了重大成效,历史文化保护成绩斐然,艺术创作精品迭出,公共文化服务水平不断提高,文化体制改革成效显著,文化产业蓬勃发展,文化影响力、辐射力不断提升。

第二,生活质量综合指数从 2000 年的 0.05 上升到 2018 年的 0.69,南京市居民生活质量水平有了明显的提升。一方面,南京市经济的快速增长为居民生活质量的提高奠定了物质基础。2000—2014 年,南京经济同比增长速度均在 10% 以上。2015 年以来,南京经济从高速度发展向高质量发展转变,经济发展速度依然在长三角地区和副省级城市中保持领先水平。另一方面,文化建设的快速发展为生活质量的提高提供了精神支撑,文化生活质量显著提高。崇文重教是南京的文化传统,改革开放后,南京经济发展和文化建设逐步提高,特别是 20 世纪 90 年代中后期,居民在提高物质生活质量的同时,更加注重精神生活的充实和自身实力的提高。1996 年,南京城镇居民人均教育文化娱乐消费支出为 415 元,占比 8.4%;到 2018 年,南京市城镇居民人均教育文化娱乐消费支出 6 136 元,占比达到 18.3%。可见,南京城镇居民消费逐渐向文化教育倾斜。虽然文化生活质量取得了一定的发展,但是也应该注意到,文化生活质量尚没有引起决策部门的足够重视,文化事业资金投入还不够。2018 年,一般公共预算支出中,教育、文化体育传媒支出分别为 253.1 亿元和 35.1 亿元,占比分别为 16.5% 和 2.3%,与教育支出相比,文化体育传媒支出占比较小,文化环境氛围不够浓,高层次生活方式缺乏合理引导等。

第三,经济发展综合指数整体在 0.4 上下波动。2010 年前,多数年份在 0.3—0.4 之间,2010 年以来,多数年份在 0.4—0.5 之间,说明 2000—2018 年南京经济整体发展水平较为平稳,这一时期南京地区生产总值从 2000 年的 1 073.54 亿元上升到 2018 年的 12 820.4 亿元,并在 2016 年首次迈入地区生产总值万亿城市俱乐部。产业结构从 2000 年的 5.4∶45.8∶48.8 演变为 2018 年的 2.1∶36.9∶61.0,第一、二产业比重逐渐下降,第三产业所占的比重迅速提升,产业结构逐渐趋于合理化、高级化。

第四,2000—2014 年,经济增长—文化建设—生活质量三系统耦合水平一直稳定在 0.59 左右,处于初步磨合阶段,协同水平呈现出逐年上升的趋势。2009 年前基本处于失调类阶段,2010 年开前后始进入勉强协同类阶段,2012 年来,较长一段时间内处于初级协同类,并未发展到中级协同和良好协同。究其原因,一方面,经济的增长给资源与环境造成了过大的压力,导致经济增长与文化、环境、社会福利等的不协调;另一方面,居民生活质量的提高并没有转化为有效的购买力,政府与企业的投资与居民消费结构不匹配,形成一定程度上的供需矛盾,导致生活质量对经济发展的支撑作用显得较乏力。

四、实现南京文化建设与生活质量协调发展的对策建议

实证结果表明,2000—2018 年南京文化建设与生活质量综合指数均有了一定的增长,但是经济发展综合指数没有显著提高。虽然该时期内南京经济增长取得了一定的成效,但是经济发展对投资的依赖度较高,而且伴随着经济增长过程,环境质量逐渐下降,最终导致经济发展水平一直没有明显提高。经济发展—文化建设—生活质量三系统耦合水平一直稳定在 0.59 左右,处于初步磨合层次,协同水平虽然呈现出逐年上升的趋势,但近年来从初级协同向中级协同提升较慢。因此,南京大力发展生产性服务业,提升教育、文化、医疗、体育和金融等资源聚集水平,注重环境保护,提高经济增长质量,可以增强经济发展—文化建设—生活质量的协同能力。

(一)转变发展方式,增强经济发展"硬实力"

2016 年,南京已经跻身"万亿 GDP"城市行列,成为中国第 11 个万亿城市。尽管南京经济总量在全国主要城市中排名较靠前,但经济发展付出的代价较大。新中国成立以来,特别是改革开放后,南京形成了以石化、电子、冶金等重工业为主的经济发展模式,在此过程中积累的结构型矛盾日益凸显,外延型扩张模式难以继续。世界经济的疲软引发全球经济增长方式、供需关系、治理结构大的调整变化,同时也正在催生新的科技革命。面对世界经济结构调整、发展模式转换的形势,南京作为长三角重要城市,只有加快转变经济发展方式,"打造中国经济升级版""长

三角经济升级版",努力改变经济大而不强的局面,才能在国际与国内产业竞争中赢得主动。2015 年,中央经济工作会议提出供给侧结构性改革目标,南京逐步在化工、机械、轻纺等传统产业中淘汰一批低端低效产能企业。

增强经济发展"硬实力",关键是提高劳动生产率。从全国来看,单位劳动产出仍然较低,2018 年中国单位劳动产出(劳动生产率)为 107 327 元①,只有美国的 1/4 左右。南京虽然在创新驱动方面做了大量工作,创新水平也处于国内前列,但是与发达国家相当规模城市相比,仍然具有较大差距。2018 年起,南京市提出"创新名城"的发展方向,致力于打造具有全球影响力的创新名城。实施创新名城发展战略,最根本的是要破除体制障碍,激发科技创新活力。以建设综合性科技中心和科技产业创新中心为战略支撑,完善知识创新体系,抢占科技发展战略制高点。早在 2009 年,南京就成为全国唯一的科技体制综合改革试点城市,改革工作走在全国前列。推动科技成果转化,促进经济与科技紧密结合,使经济发展更多依靠科技进步、劳动者素质提高、管理创新驱动。要深入实施人才发展规划,统筹重大人才工程,让各类人才脱颖而出,人尽其才、才尽其用,从而不断增强南京经济发展的后劲和动力。

(二) 繁荣文化创作,提升文化"软实力"

南京市作为六朝古都,文化底蕴丰富。截至 2019 年,南京有世界文化遗产 1 项、中国世界文化遗产预备名单 2 项、全国重点文物保护单位 55 处、国家级历史文化街区 2 个、国家级历史文化名镇(村)3 个、4A 级以上景区 26 家,文化硬实力在全国同类城市中遥遥领先。但是文化底蕴与文化软实力并不能划等号。人民群众的主要需求正从物质需求向精神需求逐步转变。文化软实力更多体现在人民群众的文化需求方面。2019 年 2 月,中央广播电视总台《中国经济生活大调查》发布 2018—2019 年度美好生活指数最高的 10 个省会城市和直辖市榜单,南京位居首位。

繁荣文化艺术,是繁荣社会主义文化的重要组成部分。文学艺术繁荣的首要标志是多出优秀作品。一方面,需要坚持百花齐放、百家争鸣的方针,坚持为人民服务、为社会主义服务,在弘扬主旋律的过程中进一步提升创作的多样性。另一方面,需要坚持精品意识,提升创作质量,因地制宜,创作具有南京特色,同时吸引南京群众的精品佳作,通过实施精品战略,带动南京文艺事业的全面繁荣。完善公共

---

① 2018 年国民经济和社会发展统计公报(http://www.stats.gov.cn/tjsj/zxfb/201902/t20190228_1651265.htm)。

文化服务体系,加快图书馆、博物馆、文化馆、科技馆等文化场所的建设。文化设施建设对繁荣社会主义文化具有重要意义,要按照合理布局、优化结构、突出重点的要求,加强城乡基本文化设施建设。

助力文化产业高质量发展。紧跟时代潮流,加快数字出版和新媒体出版步伐,不断满足人民日益增长的精神文化需求,对于提高民族素质、促进经济发展和社会全面进步具有重要作用。出版工作,特别是数字出版和新媒体出版,要建立健全管理机制,着力提高内容质量,多出好作品,不出坏作品,及时反映南京建设和发展的优秀文化成果。2017 年,南京具有规模以上文化企业数量 1 636 家,从业人员24.2 万人,资产总计 5 859.1 亿元,均高于杭州水平,但主营业务收入 4 457.9 亿元,低于杭州,利润总额 194.3 亿元,只有杭州的 1/5 左右。南京科教实力雄厚、文化资源丰富,如何实现高效率发展和高质量增长是南京文化产业面临的问题。南京致力于建设全国重要文化创意中心城市,需要不断健全现代文化产业体系和市场体系,创新生产经营机制,完善文化经济政策,培育新型文化业态,推动文化产业高速发展。

(三)持续改善民生福祉,实现物质生活和精神生活同步提升

生活质量分为物质生活质量和精神生活质量。人类最基本的物质生活可以用衣、食、住、行来概括。提高穿衣质量,应满足穿适合自己、符合自己喜好,且有利于身体健康的衣服需求。提高饮食质量应满足吃适合自己的、想吃的、有利于身心健康的食物需求,倡导绿色食品。提高居住质量,要求优化城市环境质量,构建宜居小区,打造有利于人身心健康的居住环境。提高交通质量,应从生态文明建设的角度,发展便捷的公共交通、解决大多数人出行的问题。2018 年,南京城镇居民人均消费支出 33 537 元,是 2000 年的 4.76 倍、2010 年的 1.85 倍。人均食品烟酒、衣着、居住、生活用品及服务、交通通信、教育文化娱乐、医疗保健、其他用品和服务的消费支出分别为 8 489 元、2 379 元、7 441 元、1 992 元、4151 元、6 136 元、1 962 元和 1 018 元,占比分别为 25.3%、7.2%、21.9%、6.0%、12.4%、18.3%、5.7%和3.0%,衣、食、住、行所占比例合计为 72.8%。

提高精神生活质量的实质是提高文化生活质量。"文化生活质量"这一概念是相对"物质生活质量"而言的。经济虽然是发展一切事业的物质基础,但并不能完全促进社会文明进步,必须把"物质生活质量"和"文化生活质量"两者结合起来进行考察。许多西方国家在工业化过程中,把经济增长和物质生活质量摆在第一位,忽视了社会全面发展,不注重人口素质,结果导致经济发展了,物质生活质量提高

了,但社会生活质量却有所下降,产生了许多社会矛盾问题。

提高文化生活质量,需要进一步提升文化建设水平,提高文化建设对生活质量的影响力。虽然南京文化建设取得了一定的成绩,对生活质量也产生了持续的影响,但是远远小于经济发展的速度,应当进一步重视文化遗产的保护,推动旅游资源的可持续发展,增强文化消费与投资活力,重视文化创新作用,增大对文化的管理与支持力度,推动文化建设的发展,提高文化建设对生活质量的影响力。

参考文献

[1] 李小建,乔家君.居民对生活质量评估与区域经济发展的定量分析[J].地理科学进展,2002,21(5):484-490.

[2] 杜卫华.经济增长会带来生活质量的提高吗?:对近 20 年来中国数据的经验透视及解释[J].上海经济研究,2005(6):10-20.

[3] 李月.有效经济增长与居民生活质量的提高[J].数量经济技术经济研究,2010(8):47-60.

[4] 宋伟轩,白彩全,廖文强,等.长三角地区经济发展水平与居民生活质量耦合协调性研究[J].长江流域资源与环境,2013,22(11):1382-1388.

[5] 李伟.城市文化与城市生活质量[J].山西建筑,2005,31(24):12-13.

[6] 张萌,肖煜,边庆良.加强文化设施建设 提升城市生活品质:城市文化设施建设的比较研究和规划探索[C]//中国城市规划学会,国外城市规划学术委员会,及国际城市规划杂志编委会.杭州:中国城市规划学会,2012.

[7] 何文举,彭邦文.文化产业发展提升城市人居生活质量的路径研究:以湖南为例[J].湖南商学院学报,2013,20(2):39-48.

[8] 曾婷.打造文化软实力,提升群众幸福感[N].三明日报,2012-01-08(A02).

[9] 饶权,周长城.关于生活质量指标问题的探讨[J].宏观经济管理,2001(8):39-40.

[10] 赵国浩,杨毅,郝奇彦.中国能源投融资耦合协调机制研究:基于应对气候变化与实施环境保护视角[J].资源科学,2014,36(6):1244-1255.

作者简介

陶小军(1976—),江苏南京人,上海戏剧学院创意学院教授,博士生导师。研究方向为艺术史与艺术社会学。

Synergetic Development of Economic Development，Cultural Construction and Living Quality — Taking Nanjing as an Example

Tao Xiaojun

Abstract：The level of synergy among economic development，cultural construction，and living quality is an important criterion for judging the degree of coordinated socio-economic development. After the living level has reached the well-off standard，people place higher demands on their material life as well as on their spiritual life. The living quality，which relies on the level of economic development，is well influenced by the social atmosphere，policies on culture，and the level of cultural life. This thesis evaluates the synergistic development of "economic development—cultural construction—living quality" in Nanjing between 2000 and 2018. Nanjing's three-system reconciliation of economic growth，cultural construction，and living quality is at a preliminary stage of integration. The level of synergy in Nanjing's cultural development is increasing annually. The theoretical relationship among the role of economic development，cultural construction，and living quality is sorted out，which provides implications for the synergistic development of economy，culture and living quality in Nanjing.

Key words：economic development；cultural construction；living quality

"耳朵经济"视阈下网络广播剧平台用户黏性影响因素研究*

郭新茹 何守慧

摘 要:"耳朵经济"正在悄然兴起。然而,基于优质内容不足、社群运营意识不强、版权保护体系不完善等原因,部分网络广播剧平台用户黏性较低。基于此,在"耳朵经济"视阈下,本文通过模型构建与实证分析探究了影响网络广播剧平台用户黏性的关键因素。全样本实证结果表明,感知内容价值、感知人员价值、感知价格价值、感知社交价值、感知情感价值对满意度存在显著正向影响,感知价格价值、感知社交价值、感知情感价值对用户黏性存在显著正向影响,满意度对用户黏性有显著正向影响,且满意度在感知价格价值、感知社交价值、感知情感价值和用户黏性之间起部分中介效应;分样本检验结果显示,对不同性别、年龄、学历、月收入的群体,网络广播剧平台用户黏性的影响因素也存在异质性。因此,网络广播剧平台应优化付费机制,降低用户感知成本;维护社群运营,完善用户社区建设;丰富广播剧衍生产品,深化与用户的情感链接;满足用户多元需求,提升用户整体满意度。

关键词:耳朵经济;网络广播剧平台;用户黏性;影响因素

近年来,移动音频消费逐渐成为内容消费的重要形式,《2020—2021年中国在线音频行业研究报告》显示,2020年中国在线音频用户规模为5.7亿人,预计2022年将达到6.9亿①,"耳朵经济"正在悄然兴起。作为"耳朵经济"的重要内容,网络广播剧也迎来新的发展机遇。作为互联网制作和传播的广播剧,网络广播剧因其制作成本较低、内容表现力突出、作品感染力强等特点,逐渐受到资本市场的重视。

---

* 基金项目:国家社科基金艺术学重大项目"5G时代文化产业新业态、新模式"(20ZD05)的阶段性成果。

① 艾瑞咨询. 2020—2021年中国在线音频行业研究报告[R]. https://www.iimedia.cn/c400/77771.html.

网络广播剧平台也日渐丰富,从晋江文学城优声由色论坛、无限中抓网、丹美社等网站,到喜马拉雅 FM、猫耳 FM、克拉漫播等移动音频 APP,集聚了众多广播剧作品、配音演员和听众,顺应了"耳朵经济"传播渠道移动化、音频内容多元化、内容付费化等发展趋势。然而基于优质内容不足、社群运营意识不强、版权保护体系不完善等原因,部分网络广播剧平台用户黏性逐渐降低。数据显示,优声由色论坛、无限中抓网等传统网站用户的发帖时间多在数月甚至数年前,喜马拉雅 FM 广播剧圈层成员平均不到 75 个,蜻蜓 FM 广播剧评论量均不到 10 条,荔枝 FM 广播剧播放量最高仅达 12 万①,用户参与度不高、留存率低,用户流失现象严重。因此,对我国网络广播剧平台而言,赢取用户青睐,构建平台与用户良性的消费关系,提升用户对平台的黏性显得尤为重要。解决这一问题的关键是分析用户黏附网络广播剧平台的行为机制,厘清哪些是影响网络广播剧平台用户黏性的重要因素。

一、文献综述

21 世纪以前,国内广播剧主要由广播电台制作,内容以现实题材为主,且以电波形式进行传播,因此学者将其界定为传统广播剧②③。进入 21 世纪,伴随着互联网技术的普及,越来越多具有共同爱好的年轻人聚集在一起,通过互联网创作生产和传播广播剧。由此,网络广播剧应运而生。当前学界针对网络广播剧的研究主要集中在以下几个方面:在网络广播剧的概念界定方面,朱岑郁(2014)认为网络广播剧的创作主体是广播剧爱好者自发组成的社团或个人,内容来源以改编或原创文学作品为主,播放渠道主要是各大视频平台,且不以盈利为目的④;徐伟东等(2013)认为与传统广播剧相比,网络广播剧具有非专业性、非主流性、非营利性、非目的性、互动性、娱乐化等艺术特征⑤;邹积钰(2015)认为"新广播剧"以音频形式存在于人们的各种随身存储工具中,伴随性特点突出,且内容多来源于网络小说,具有大量稳定的受众⑥。在网络广播剧发展问题方面,徐伟东等(2013)指出网络

① 数据来源于优声由色论坛、无限中抓网、喜马拉雅 FM、蜻蜓 FM、荔枝 FM 等平台官网,统计时间截至 2021 年 12 月 25 日。

② 王建辉.当前广播媒体环境下的广播剧困境与创新思考[J].现代传播—中国传媒大学学报,2009(2):151 - 152.

③ 朱岑郁.网络广播剧 VS 传统广播剧[J].视听界,2013(5):95 - 96.

④ 朱岑郁.网络广播剧商业化之路探索[J].大众文艺,2014(7):180 - 181.

⑤ 徐伟东,刘国君.浅析网络广播剧的艺术特征[J].中国广播电视学刊,2013(8):68 - 70.

⑥ 邹积钰.浅析"互联网+"到来,广播剧的坚守与嬗变[J].科技资讯,2015,13(14):230.

广播剧创作遵循大众美学的基本规律,作品主题缺乏对人生、社会的深刻思考和表现[①];姚萌(2017)指出网络广播剧发展存在剧本原创性不高、类型分布不均衡、宣传社会主流价值观不足、CV 水平参差不齐、缺乏监管等问题[②];宋安奇(2019)指出网络付费广播剧存在目标群体不成熟、品牌缺乏自我保护意识、创作内容限制等发展瓶颈[③]。在网络广播剧发展策略方面,於春等(2016)提出培育 PUGC、强化"关系为王"与复合媒介传播、增强版权意识等网络广播剧发展策略[④];姚萌(2017)强调从内容原创、专业人才吸纳、走精品节目路线、建立品牌、商业化转型、发展粉丝经济等方面重点发力,突破网络广播剧发展困境[⑤];魏梦雪(2018)以猫耳 FM 为研究对象,提出通过坚持高品质创作、积极推动跨界合作、培养专业化人才三大网络广播剧发展策略[⑥]。

综上所述,目前学界已对网络广播剧的概念、特点、发展问题和发展策略进行了诸多分析,为开展本研究奠定了基础,然而仍有不足之处。学者集中于通过与传统广播剧的对比,探究网络广播剧的特点和优势,同时倾向于在内容生产层面分析网络广播剧的发展问题和策略,对其传播渠道的研究较少;少量网络广播剧平台的研究也多以猫耳 FM 为例进行分析,缺乏对其他多元平台的系统性观照;部分研究有提及网络广播剧平台用户黏性的影响因素,也以定性分析为主,定量研究较少。基于此,本文将在"耳朵经济"视阈下,构建网络广播剧平台用户黏性的影响因素模型,探究平台用户黏性的影响因素,进而针对性提出提升网络广播剧平台用户黏性的创新策略。

二、研究假设与模型构建

(一) 研究假设

1. 用户感知价值与满意度的关系假设

感知价值是用户在网络广播剧平台使用过程中对所能获得的收益和所要付出

---

① 徐伟东,刘国君.浅析网络广播剧的艺术特征[J].中国广播电视学刊,2013(8):68－70.
② 姚萌.中国网络广播剧发展研究[D].开封:河南大学,2017.
③ 宋安奇.社群经济视角下网络付费广播剧发展探究——以猫耳 FM 为例[J].新闻研究导刊,2019,10(17):128－129.
④ 於春,朱佳伟.微广播剧的崛起解析与传统媒介的转型启示[J].现代传播(中国传媒大学学报),2016,38(11):137－140.
⑤ 姚萌.中国网络广播剧发展研究[D].开封:河南大学,2017.
⑥ 魏梦雪.网络广播剧的商业化转型——以"猫耳 FM"为例[J].视听界,2018(5):65－67.

成本进行权衡比较后形成的评价与偏好,构成网络广播剧平台用户感知价值的维度包括感知内容价值、感知人员价值、感知价格价值、感知社交价值、感知情感价值和感知便利价值。感知价值是顾客满意度的前提和基础,感知价值对顾客满意度具有显著的正向作用,顾客对产品或服务获得较高的感知价值才能满意。① 感知价值的形成受其驱动因素和维度的影响,赵卫宏(2010)发现顾客价值各维度对满意的相对影响力由大而小依次为社会价值、产品价值、服务价值和情感价值②;刘晓莉等(2016)研究发现感知价值的功能价值和情感价值对用户满意度具有显著影响作用③;齐向华(2021)研究证实用户满意度受到资源服务价值、社会价值的影响④。因此,本文在前人研究基础上,结合对用户使用网络广播剧的调查实践,提出以下假设:

H1(a) 网络广播剧平台用户的感知内容价值对满意度具有正向影响;

H1(b) 网络广播剧平台用户的感知人员价值对满意度具有正向影响;

H1(c) 网络广播剧平台用户的感知价格价值对满意度具有正向影响;

H1(d) 网络广播剧平台用户的感知社交价值对满意度具有正向影响;

H1(e) 网络广播剧平台用户的感知情感价值对满意度具有正向影响;

H1(f) 网络广播剧平台用户的感知便利价值对满意度具有正向影响。

2. 满意度与用户黏性的关系假设

2001 年 Bhattacherjee 在对信息系统的研究中提出 ECM-ISC 模型,指出满意度是影响用户持续使用意愿的重要因素。⑤ 其后,许多学者基于此模型对知识付费平台、有声阅读平台、视频平台等不同信息系统进行大量研究,研究均证实满意

---

① 焦明宇. 基于顾客价值的经济型酒店顾客满意度测评研究[J]. 旅游学刊,2014(11):80-86.
② 赵卫宏. 网络零售中的顾客价值及其对店铺忠诚的影响[J]. 经济管理,2010,32(5):74-87.
③ 刘晓莉,张雷. 高校图书馆微信公众平台互动性对用户满意的影响研究:感知价值的中介效应[J]. 图书馆理论与实践,2016(6):94-98.
④ 齐向华. 图书馆用户感知价值对满意度和忠诚度的影响路径分析[J]. 图书馆,2021(6):72-79+86.
⑤ BHATTACHERJEE A. Understanding information systems continuance: An expectation-confirmation model[J]. MIS Quarterly, 2001, 25(3): 351-370.

度对用户持续使用意愿与持续使用行为具有正向影响①②③,即用户满意度越高,对该信息系统的持续使用意愿与行为越高。由于网络广播剧平台也是一种信息系统,而用户黏性的概念包含了持续使用意愿与持续使用行为,因此作出如下假设:

H2 网络广播剧平台用户满意度对用户黏性具有正向影响。

3. 用户感知价值与用户黏性的关系假设

诸多研究证实,感知价值细分变量对用户黏性存在显著正向影响。如李先国(2017)研究证实虚拟品牌社区感知信息价值、财务价值、社交价值、娱乐价值直接正向影响消费者新产品购买意愿④;胡茜(2021)顾客感知价值的感知实用价值、感知情感价值、感知信任价值三个维度对消费者网购行为均存在显著的正面影响⑤;刘佳等(2021)证实消费者的感知服务质量和感知价值对购买意愿有正向影响⑥。因此,作出如下假设:

H3(a) 网络广播剧平台用户的感知内容价值对用户黏性具有正向影响;

H3(b) 网络广播剧平台用户的感知人员价值对用户黏性具有正向影响;

H3(c) 网络广播剧平台用户的感知价格价值对用户黏性具有正向影响;

H3(d) 网络广播剧平台用户的感知社交价值对用户黏性具有正向影响;

H3(e) 网络广播剧平台用户的感知情感价值对用户黏性具有正向影响;

H3(f) 网络广播剧平台用户的感知便利价值对用户黏性具有正向影响。

4. 满意度的中介效应假设

用户感知价值是用户使用网络广播剧平台的前提,其对内容、人员、价格、社交、情感、便利层面的价值感知程度影响其对平台整体的满意度,进而造成后续系列使用意向和使用行为的差异。基于用户形成黏性的时间顺序,用户对网络广播

① 金鑫,朱亮亮.知识付费平台用户持续使用意愿的影响因素分析[J].传媒,2020(14):73 - 76.

② 姜虹冰,吕建生.有声读物 App 用户的持续使用行为影响因素研究[J].科技与出版,2020(10):50 - 56.

③ 朱张祥,邱笑予,孟奕爽.云视频会议用户持续使用意愿影响因素研究[J].科学与管理,2021,41(2):63 - 70.

④ 李先国,陈宁颊,张新圣.虚拟品牌社区感知价值对新产品购买意愿的影响机制——基于群体认同和品牌认同的双中介视角[J].中国流通经济,2017,31(2):93 - 100.

⑤ 胡茜.感知价值和感知风险视角下精准营销与消费者网购行为分析[J].商业经济研究,2021(13):71 - 74.

⑥ 刘佳,邹韵婕,刘泽溪.基于 SEM 模型的电商直播中消费者购买意愿影响因素分析[J].统计与决策,2021,37(7):94 - 97.

剧平台的感知内容价值、感知人员价值、感知价格价值、感知社交价值、感知情感价值和感知便利价值越高,用户的满意度越高,对网络广播剧平台的持续使用意愿和持续使用行为就越强。因此,本文作出如下假设:

H4(a) 网络广播剧平台用户的满意度在感知内容价值与用户黏性的关系中起到中介作用;

H4(b) 网络广播剧平台用户的满意度在感知人员价值与用户黏性的关系中起到中介作用;

H4(c) 网络广播剧平台用户的满意度在感知价格价值与用户黏性的关系中起到中介作用;

H4(d) 网络广播剧平台用户的满意度在感知社交价值与用户黏性的关系中起到中介作用;

H4(e) 网络广播剧平台用户的满意度在感知情感价值与用户黏性的关系中起到中介作用;

H4(f) 网络广播剧平台用户的满意度在感知便利价值与用户黏性的关系中起到中介作用。

(二) 模型构建

为弥补感知价值理论、期望确认理论和技术接受模型在网络广播剧平台用户黏性研究的不足,本文在 TAM 模型的基础上,结合感知价值理论,将感知有用性分解为感知内容价值、感知人员价值、感知价格价值、感知社交价值、感知情感价值五个维度,将感知易用性转化为感知便利价值,从六个维度入手探究网络广播剧平台用户黏性的影响因素。此外,基于ECM-ISC 模型,以满意度作为中介变量,并将用户黏性作为因变量,从心理和行为两个层面进行测量,构建网络广播剧平台用户黏性影响因素模型(见图1)。

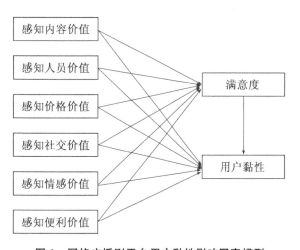

图 1 网络广播剧平台用户黏性影响因素模型

三、数据获取与分析

（一）研究样本与数据收集

本研究采用问卷调查的形式来探究网络广播剧平台用户黏性的影响因素。问卷包含三部分内容。第一部分是甄别题，只有听过网络广播剧的调查对象才能继续回答问题，否则终止作答。通过这一问题设置，可以筛选出使用过网络广播剧平台的调查对象，保证问卷质量。第二部分是对被调查对象的基本信息，主要包括调查对象的性别、年龄、学历、收入和使用网络广播剧平台的基本情况。第三部分是对感知价值 6 个维度、满意度、用户黏性的题项设计。采用李克特 5 级量表法，包括完全不同意、基本不同意、一般、基本同意和完全同意 5 种态度。通过广播剧贴吧、广播剧 QQ 群、微博粉丝群、网络广播剧平台社区等渠道进行线上问卷发放，共回收 420 份，最终获得有效问卷 384 份，有效回收率达 91.43%。

（二）描述性统计

表 1 显示，在性别层面，调查对象中女性数量 262 人，占比高达 68.23%，是男性数量的 2 倍多，表明在网络广播剧平台消费中，女性占主导地位。在年龄层面，77.86% 的样本年龄集中在 19—30 岁之间，表明网络广播剧平台用户呈现年轻化特征。在学历层面，本科学历的人数最多，高达 263 人，占比为 68.49%，大专和研究生学历位人数次之，两者差别很小，占比均为 13% 左右，表明网络广播剧平台用户以高学历人群为主。在月收入层面，月收入在 4 001 元及以上人数比例最高，数量高达 168 人，占比 43.75%，而 2 001—3 000 元、3 001—4 000 元的人数次之，两类人数占比合计为 41.92%，表明网络广播剧平台用户的主要组成部分为有一定收入的群体。

表 1　样本基本情况描述性统计

人口统计学变量	类别	数量	占比/%
性别	男性	122	31.77
	女性	262	68.23
年龄	18 岁及以下	16	4.17
	19—25 岁	151	39.32
	26—30 岁	148	38.54
	31 岁及以上	69	17.97

（续表）

人口统计学变量	类别	数量	占比/%
学历	高中、中专及以下	22	5.73
	大专	50	13.02
	本科	263	68.49
	研究生及以上	49	12.76
月收入	2 000 元及以下	55	14.32
	2 001—3 000 元	83	21.61
	3 001—4 000 元	78	20.31
	4 001 元及以上	168	43.75

（三）信度与效度检验

利用 SPSS21.0 对问卷中所涉及各个变量进行信度分析，总量表的 Cronbach's a 值高达 0.947，各分量表的 Cronbach's a 值均高于 0.67，表明信度良好。对量表进行 KMO 和 Bartlett 检验，KMO 值大于 0.6，Bartlett 球形度检验显著性均为 0.000，小于 0.05，说明量表整体效度良好，因此可以采用因子分析，对量表运用主成分分析法提取因子，共提取 8 个因子，且所解释累计方差为 62.45%，量表整体效果较好。

四、实证结果与讨论

（一）全样本实证分析

1. 网络广播剧平台用户黏性影响因素的回归分析

采用逐步回归分析方法探究网络广播剧平台用户感知内容价值、感知人员价值、感知价格价值、感知社交价值、感知情感价值、感知便利价值与满意度、用户黏性的关系，对网络广播剧平台用户黏性的影响因素模型进行验证（见表 2、表 3 和表 4）。实证结果表明，部分假设得到了验证。其中，感知情感价值、感知人员价值、感知内容价值、感知社交价值和感知价格价值对网络广播剧平台用户满意度具有显著正向影响（见表 2）；满意度对网络广播剧平台用户黏性具有显著正向影响（见表 3）；感知价格价值、感知情感价值、感知社交价值对网络广播剧平台用户黏性具有显著正向影响（见表 4）。

表 2　感知价值各变量对用户满意度的回归分析结果

变量	B	标准误差	t	P	容差	VIF	调整 R^2	F(P)
感知人员价值	0.248	0.047	5.314	0.000	0.409	2.445		
感知情感价值	0.274	0.048	5.66	0.000	0.439	2.276		
感知社交价值	0.172	0.038	4.553	0.000	0.512	1.953	0.665	153.084 (0.000)
感知内容价值	0.194	0.047	4.158	0.000	0.42	2.379		
感知价格价值	0.099	0.042	2.329	0.020	0.485	2.061		
常量	0.318	0.418	0.76	0.448				

表 3　网络广播剧平台满意度对用户黏性的回归分析结果

变量	B	标准误差	t	P	容差	VIF	调整 R^2	F(P)
满意度	1.309	0.071	18.398	0.000	1.000	1.000	0.468	338.480 (0.000)
常量	6.981	0.841	8.301	0.000				

表 4　感知价值各变量对用户黏性的回归分析结果

变量	B	标准误差	t	P	容差	VIF	调整 R^2	F(P)
感知价格价值	0.683	0.078	8.773	0.000	0.556	1.800		
感知情感价值	0.637	0.084	7.576	0.000	0.559	1.790	0.647	234.825 (0.000)
感知社交价值	0.481	0.073	6.583	0.000	0.529	1.891		
常量	1.832	0.795	2.305	0.022				

2. 网络广播剧平台用户满意度的中介效应检验

采用回归分析方法进行满意度的中介效应检验。结果显示,加入中介变量后,感知价格价值、感知社交价值、感知情感价值的 Beta 值减小,显著性水平均小于 0.05,表明满意度在感知价格价值、感知社交价值、感知情感价值和用户黏性之间起部分中介作用(见表 5)。

表 5　网络广播剧平台用户满意度的中介效应分析结果

模型	变量	B	标准误差	t	P	容差	VIF	调整 R^2	F(P)
1	感知价格价值	0.683	0.078	8.773	0.000	0.556	1.800		
	感知社交价值	0.481	0.073	6.583	0.000	0.529	1.891	0.647	234.825 (0.000)
	感知情感价值	0.637	0.084	7.576	0.000	0.559	1.790		
	常量	1.832	0.795	2.305	0.022				

（续表）

模型	变量	B	标准误差	t	P	容差	VIF	调整 R^2	F(P)
	感知价格价值	0.613	0.079	7.707	0.000	0.518	1.929		
	感知社交价值	0.409	0.075	5.455	0.000	0.488	2.051		
2	感知情感价值	0.492	0.093	5.295	0.000	0.444	2.253	0.657	184.032 (0.000)
	满意度	0.313	0.091	3.426	0.001	0.393	2.544		
	常量	1.459	0.791	1.844	0.066				

（二）分样本的异质性检验

考虑到不同群体的偏好差异，为了进一步测度感知价值 6 个变量对用户网络广播剧平台用户黏性的影响程度，运用 SPSS 21.0 对分样本数据进行逐步回归分析，分别基于性别、年龄、学历和收入水平差异，对不同群体用户关于网络广播剧平台用户黏性影响因素的差异性进行分析（见表 6）。

1. 性别的异质性分析

根据模型 1 和模型 2，对于男性用户而言，感知价格价值、感知社交价值、感知情感价值分别通过了 1％、5％、1％ 的显著性检验，其中感知情感价值的影响程度高达 0.877，表明在网络广播剧平台使用过程中，男性更关注网络广播剧平台对自身情感需求的满足。对于女性用户而言，除感知内容价值，其余 5 个感知价值变量均通过了 10％ 的显著性检验，其中感知价格价值的影响程度（0.631）最高，表明女性群体更看重网络广播剧平台中经济支出与获得收益之间的适配度。综合来看，除了两者都关注网络广播剧平台使用过程中的情感价值、社交价值和经济价值的实现，女性还比男性用户关注配音演员的吸引力和系统功能丰富性、界面简洁性、系统流畅性等媒介操作方面的因素。

2. 年龄的异质性分析

根据模型 3 和模型 4，对于未成年用户，只有感知情感价值通过了 1％ 的显著性检验，表明这一群体主要通过网络广播剧平台实现消遣娱乐、放松身心。对于成年用户，除感知内容价值和感知人员价值外，其余 4 个感知价值均通过了 5％ 的显著性检验，其中感知价格价值的影响系数为 0.632，对平台用户黏性的影响程度最为显著，表明这类群体最为关注网络广播剧平台的产品是否物有所值。综合来看，成年用户群体在网络广播剧平台上的用户黏性的影响因素更多元化，不仅关注自身的情感需求和社交需求，也很重视平台的产品价格因素以及系统操作的便利性。

3. 学历的异质性检验

根据我国教育体系对初等教育、中等教育、高等教育的划分标准,考虑问卷问题选项的设计,将全样本用户分为初中等教育程度和高等教育程度两组。根据模型 5 和模型 6,对于初中等教育程度用户而言,只有感知社交价值通过了 1％的显著性检验,表明该类群体希望通过评论、点赞、收藏、分享、打赏实现与爱好共同者的交流,以期通过良好的社会交往减轻个体孤独感、增强群体归属感。对于高等教育程度用户而言,感知人员价值、感知价格价值、感知社交价值、感知情感价值分别通过了 10％、1％、1％、1％的显著性检验,其中感知价格价值的影响系数为 0.644,远高于感知人员价值(0.152)、感知社交价值(0.455)、感知情感价值(0.581)的影响程度,这表明该群体在使用网络广播剧平台过程中更关注广播剧及其周边产品的价格设定是否合理,是否与其 IP 知名度、声优影响力、制作专业性等因素相匹配。综合来看,影响这两类群体在网络广播剧平台用户黏性的因素存在较大差异,相比初中等教育程度用户,高等教育程度用户对网络广播剧平台社交功能的重视程度较弱,更为看重平台在满足用户对人员、价格、情感等多方面需求的服务。

4. 月收入的异质性检验

参照《中国统计年鉴 2021》中全国居民人均月收入约为 2 682 元,将全样本中月收入 4 000 元及以下的用户归为中低收入群体,4 000 元以上的用户归为高收入群体。由模型 7 和模型 8 可知,从中低收入用户来看,感知价格价值、感知社交价值、感知情感价值均通过了 1％的显著性检验,其中感知价格价值(0.785)的影响系数远高于感知社交价值(0.389)、感知情感价值(0.592),说明该类群体对平台的付费机制较为敏感,看重产品价格与自身收入水平的适配度。从高收入用户来看,除感知内容价值和感知人员价值,其余 4 个感知价值对网络广播剧平台用户黏性的作用明显,均通过了 5％的显著性检验,显示出这类群体关注自身多元需求的满足,其中感知情感价值(0.584)的影响程度最为显著,表明该群体更希望从网络广播剧中获得愉悦、轻松和温暖的感觉,缓解自身焦虑、抑郁、忧愁等负面情绪。综合来看,相较于中低收入群体,高收入群体较为看重网络广播剧平台操作的便利而节省下来时间成本和精力成本,注重平台的使用体验感。

表6 性别、年龄、学历、月收入的异质性检验

模型 变量	性别异质性检验		年龄异质性检验		学历异质性检验		月收入异质性检验	
	男性 (模型1)	女性 (模型2)	未成年 (模型3)	成年 (模型4)	初中等教育 (模型5)	高等教育 (模型6)	中低收入 (模型7)	高收入 (模型8)
感知内容 价值	−0.022 (−0.274)	−0.061 (−1.009)	−0.051 (−0.229)	−0.038 (−0.739)	0.015 (0.066)	−0.005 (−0.108)	−0.042 (−0.726)	0.042 (0.592)
感知人员 价值	−0.080 (−0.978)	0.186* (1.760)	0.082 (0.275)	0.057 (1.234)	0.236 (1.021)	0.152* (1.791)	0.062 (0.938)	0.048 (0.778)
感知价格 价值	0.605*** (4.684)	0.631*** (6.342)	0.284 (1.423)	0.632*** (7.741)	0.260 (1.418)	0.644*** (7.871)	0.785*** (7.091)	0.510*** (4.629)
感知社交 价值	0.361** (3.023)	0.485*** (5.234)	0.091 (0.295)	0.465*** (6.153)	1.144** (3.813)	0.455*** (6.136)	0.389*** (3.807)	0.532*** (4.978)
感知情感 价值	0.877*** (6.802)	0.355** (2.958)	1.607*** (4.327)	0.544*** (6.055)	0.270 (0.901)	0.581*** (6.226)	0.592*** (5.308)	0.584*** (4.152)
感知便利 价值	0.033 (0.404)	0.223* (1.963)	0.152 (0.683)	0.190** (2.146)	0.153 (0.466)	0.053 (1.139)	0.035 (0.568)	0.286** (2.112)
常量	1.598	0.694	2.517	1.446*	9.212	1.440*	2.080**	0.603
观测值	122	262	16	368	22	362	216	168
调整 R^2	0.703	0.641	0.542	0.656	0.392	0.662	0.638	0.653
F模型设 定检验(P)	96.613 (0.000)	94.252 (0.000)	18.720 (0.001)	175.885 (0.000)	14.540 (0.001)	177.828 (0.000)	127.292 (0.000)	79.506 (0.000)

注:"***""**"与"*"分别对应1%、5%和10%的显著性水平。

(三)实证结果讨论

1. 感知价值各变量对满意度的影响分析

用户感知内容价值、感知人员价值、感知价格价值、感知社交价值、感知情感价值对满意度具有显著正向影响,即H1(a)、H1(b)、H1(c)、H1(d)、H1(e)成立。第一,表明用户出于一定的情感需求使用网络广播剧平台,在此过程中,用户只要自己的情感需求得到满足,就认为该平台达到了自己的心理预期,满意度就会得到提升。第二,网络广播剧平台提供的丰富广播剧资源让粉丝对"声优偶像"的声音塑造能力、人格魅力、业界知名度有一定程度的感知,同时平台音频直播间邀请了配音演员入驻,与声优偶像的隔空实时互动在很大程度上满足了粉丝听众的追星需求,让用户对平台的总体印象良好,满意度高。第三,收听广播剧是用户选择使用

网络广播剧平台的主要出发点,用户对广播剧产品的数量、题材、质量、知名度等内容层面的价值感知越高,对平台的满意度越高。第四,网络广播剧平台通过设置广场社区、弹幕、评论区等功能将分散的用户聚集在一起,构建交流圈,为互不相识的广播剧爱好者提供了社会交往的渠道,增强用户个体的群体归属感,有效提高了用户满意度。第五,在知识付费经济发展趋势下,多数网络广播剧需要用户付费收听,因此当用户认为平台提供的声音产品定价合理且物有所值,对平台的满意度也会随之提升。

感知便利价值对满意度的影响并不显著,即 H1(f)不成立。可能的解释是当前支撑网络广播剧平台发展的信息技术较为成熟,已经通过定期更新对系统运行、板块划分、界面设计、内容推送等方面进行不断优化,平台功能日趋完善,用户对系统操作的感知便利价值差异并不大;同时在多次使用网络广播剧平台后,用户对平台的界面设计、板块设置、运行流畅等方面不会再给予过多关注,反而会更多关注平台的内容质量、声优偶像、互动体验等方面。

2. 感知价值各变量对用户黏性的影响分析

感知价格价值、感知社交价值、感知情感价值对用户黏性具有显著正向影响,即 H3(c)、H3(d)、H3(e)成立。其一,这表明在网络广播剧平台收费化发展趋势下,价格成为用户使用平台的最重要影响因素,只有平台提供的广播剧及其相关声音产品的定价与其质量相匹配,用户才会对平台形成高评价,进而保持对该平台的使用。其二,用户使用网络广播剧平台很重要的目的是娱乐放松、消遣时光,而平台不仅为用户提供了丰富的广播剧资源,还通过多元途径满足用户的情感需求,进而提升了用户对平台的使用倾向。其三,相比其他两个维度,感知社交价值的影响系数较低,原因在于网络广播剧平台本质上是一个内容平台,社交功能只是平台的附属功能,用户更倾向于使用微信群、QQ群、微博超话等社交渠道与网络广播剧其他爱好者进行即时、高效的互动,从网络广播剧平台获得的社交需求满足感并不高,因此对平台用户黏性的影响度较弱。

感知内容价值、感知人员价值、感知便利价值对用户黏性的影响并不显著,即 H3(a)、H3(b)、H3(f)不成立。首先,感知内容价值对用户黏性没有显著的正向影响关系,可能是因为许多网络广播剧平台的广播剧作品并非独家提供,同一部广播剧作品可能在多个平台上线,存在内容同质化问题。因此,即便网络广播剧平台拥有数量丰富、题材多样、质量上乘的广播剧资源,但用户将经济因素纳入考量后,经过多家对比,自然选择内容相同但价格较低的平台进行收听,所以用户黏性不高。

其次,感知人员价值对用户黏性的影响不显著,主要原因可能是配音工作室与网络广播剧平台的合作方式主要是平台提供网络文学、漫画、动漫等作品版权,配音工作室进行广播剧改编制作。因此配音工作室与多个网络广播剧平台进行合作,其精心制作的广播剧作品会在各个平台上线,致使粉丝用户为支持声优偶像的作品而在各平台迁移,在固定某一平台上的用户黏性反而降低。最后,感知便利价值对用户黏性不具有显著正向影响。可能的解释是平台用户多为年轻群体,对智能手机软件的常规操作已经很熟悉,学习效率高,即便是网络广播剧平台的新用户,熟悉新平台而耗费的学习时间和精力很少,可忽略不计。因此对网络广播剧平台用户而言,在使用过程中感知到的学习成本不会对用户体验产生不利影响,不会影响对平台的持续使用。

3. 满意度对用户黏性的影响分析

实证结果显示,在网络广播剧平台使用过程中,用户满意度对用户黏性具有显著正向影响,即 H2 成立。满意度是网络广播剧平台用户在所有使用过程结束后形成的一种心理感受,每一次使用都会形成不同的满意度,多次使用后形成的感知叠加形成用户对网络广播剧平台的整体评价,继而直接影响用户是否愿意下次继续使用该平台。

研究证实,满意度在感知价格价值、感知社交价值、感知情感价值和用户黏性之间起部分中介效应,即感知价格价值、感知社交价值、感知情感价值通过满意度部分影响用户黏性,H4(c)、H4(d)、H4(e)成立;感知内容价值、感知人员价值、感知便利价值对用户黏性的影响不显著,所以满意度在这 3 个变量与用户黏性间不起中介作用,即 H4(a)、H4(b)、H4(f)不成立。由于感知价格价值、感知社交价值、感知情感价值分别是用户对网络广播剧平台定价、社交、情感三个具体方面的感知,部分影响总体,即某个层面价值的感知会先影响用户在网络广播剧平台使用中某一方面的满意度,再影响对平台整体的满意程度,进而影响持续使用意愿和持续使用行为的产生。

对感知价格价值而言,用户在网络广播剧平台通过付费收听了广播剧,是支持正版、保护知识产权的正当行为,从而收获了一种对自我品格的肯定;而且用户通过打赏可以获得一定的头衔或称号,显示自己与普通消费用户的不同,在平台各种打赏榜单上的地位彰显了个体的财富和实力,从而使其在消费过程中获得一种自我满足感。对感知社交价值而言,用户在网络广播剧平台评论区、弹幕、社区、直播间与其他用户进行互动,其他用户和主播的注意、点赞、回复、转发等互动行为让用户感觉受到了尊重和认同,为用户建立起基于相同兴趣的社交纽带,促使其产生积极的"亲社会情感"和群体归属感,进而影响到对平台的满意度,最终反馈到对平台的持续使用倾向。对感知情感价值而言,满足消遣时光、娱乐休闲、新鲜猎奇等心理期待是用户使用网络广播剧平台的重要目的,用户期待能够在空余时间收获到精神上的放松。

五、结论与建议

(一) 研究结论

伴随着互联网音频行业快速发展,"耳朵经济"悄然兴起,逐渐发展成为注意力经济、网络经济的新增长点。作为"耳朵经济"的重要内容,网络广播剧快速发展,但在平台数量日渐增多的同时,用户流失成为影响网络广播剧平台高质量发展的重要瓶颈。因此,探究网络广播剧平台用户黏性的影响因素,有的放矢地留住用户、挽回用户进而提升用户黏性,成为亟待研究的重要问题。本研究在"耳朵经济"视阈下,结合感知价值理论、期望确认理论、技术接受模型构建网络广播剧平台用户黏性的影响因素模型,通过实证分析,归纳总结出网络广播剧平台用户黏性的关键影响因素。

全样本实证结果显示,感知内容价值、感知人员价值、感知价格价值、感知社交价值、感知情感价值对满意度有显著正向影响,感知价格价值、感知社交价值、感知情感价值对用户黏性有显著正向影响,满意度对用户黏性有显著正向影响,且满意度在感知价格价值、感知社交价值、感知情感价值和用户黏性之间起部分中介效应。分样本检验表明,女性比男性用户关注配音演员的吸引力和系统操作方面的因素与未成年用户相比,成年用户群体在网络广播剧平台上的用户黏性的影响因素更加多元化,较为关注自身的情感需求、社交需求以及平台的价格因素、系统操作的便利性。相比初中等教育程度用户,高等教育程度用户更看重网络广播剧平台在满足用户对人员、价格、情感等多方面需求的服务。相较于中低收入群体不在意系统易用性,高收入群体较为看重网络广播剧平台的操作便利性。

(二) 相关建议

第一,优化付费机制,降低用户感知成本。一方面,采取多元化定价方式,确保网络广播剧物有所值。如在充分用户调研的基础上,根据广播剧质量、知名度、受欢迎程度等标准分等级、分层次设置广播剧价格;开展优惠活动,通过发放优惠券、免费福利、积分兑换等方式给予用户消费优惠,吸引用户付费收听。另一方面,打造广播剧线上商城,培养用户付费习惯。充分挖掘网络广播剧资源,以用户喜好为导向,利用广播剧元素进行创造性转化和创新性开发,设计、生产、展示、销售广播剧衍生有声产品和实体产品,同时开设线上商城,不断丰富商城产品类型和数量,完善商城咨询、配送、售后等服务,降低用户购买顾虑,提高用户购买意愿。

第二,维护社群运营,完善用户社区建设。在线上层面,完善社区建设,强化用户交流互动。允许用户群体基于相同兴趣爱好组建"好友圈",丰富社区随机通话、随机群聊、动态广场、打招呼等语音社交功能,促进用户和陌生人进行有情感、有温度、有深度的交流;跨界联动微信群、微博、抖音等多媒体渠道推动实现用户的社交价值。在线下层面,丰富社群活动,增强社群凝聚力。创新举办"广播剧COSPLAY""配音大赏""年度最活跃社区"等为主题的社区活动;定期开展声优见面会、配音社团周年庆、签售会等主题活动,强化配音演员与用户、用户与用户之间的交流互动;依托网络广播剧主题餐饮店、甜品店、体验馆等实体场景,创新开展和作品、用户互动的趣味活动,满足用户沟通、交流的社交需求。

第三,丰富广播剧衍生产品,深化与用户的情感链接。一方面,丰富声音产品供给,迎合用户心理期待。围绕热门广播剧进行创新性开发,如邀请主役 CV 进行经典台词、节日祝福、来电铃声、闹铃等配音录制,推出广播剧番外、小剧场、录制花絮等粉丝福利,以广播剧主角为主要形象开发梦幻男友小程序,满足年轻女性用户对美好爱情的期待。另一方面,推动跨界融合发展,丰富广播剧衍生实体产品。与国潮品牌跨界合作,将服装、鞋帽、化妆品等植入网络广播剧中,借助 VR、AR 等设备虚拟呈现广播剧中的情景,用户选择人物角色参与剧情,给用户带来更好的沉浸感,为用户打造身临其境的视听盛宴。

第四,满足用户多元需求,提升用户满意度。强化内容管理,打造丰富多元的优质内容池。与知名网文平台以及知名作家建立合作,加强对动漫、游戏、影视等领域的人气作品进行广播剧改编;坚持差异化、优质化内容供给,以投资、入股等方式与 729 声工场、光合积木等专业配音工作室建立紧密合作,提高平台精品内容的原创性。提高配音演员"出镜率",推动声优偶像化发展。推动配音演员从幕后走向台前,巩固粉丝圈层,强化平台、配音演员与粉丝用户三者间的情感联系。开展声音竞演赛事活动,挖掘一批具有声音才华和个人魅力的配音演员;打造播客学院,对配音演员进行直播专业培训;开展声优造星计划,通过优质广播剧资源配置、专业形象包装、专属粉丝运营等方式提高配音演员的知名度和影响力。

参考文献

[1] ZEITHAML V A. Consumer perceptions of price, quality and value: A means-end model and synthesis of evidence[J]. Journal of Marketing,1988,52(3):2-22.

[2] SHETH J N, NEWMAN B I, GROSS B L. Why we buy what we buy: A theory of consumption values[J]. Journal of Business Research, 1991, 22(2):159-170.

[3] DAVIS F D. Perceived usefulness, perceived ease of use, and user acceptance of information technology[J]. MIS Quarterly, 1989, 13(3):319-340.

[4] YOO W S, LEE Y J, PARK J K. The role of interactivity in e-tailing: Creating value and increasing satisfaction[J]. Journal of Retailing and Consumer Services, 2010(17):89-96.

[5] 刘国君,徐伟东.微广播剧:网络时代的广播剧之变[J].中国广播电视学刊,2014(5):25-27.

[6] 董大海,杨毅.网络环境下消费者感知价值的理论剖析[J].管理学报,2008(6):856-861.

[7] 王崇,王祥翠.网络环境下基于价值理论的我国消费者购买意愿影响因素研究[J].数理统计与管理,2011,30(1):127-135.

[8] 王洪鑫,刘玉慧.网络购买生鲜农产品的消费者满意度影响因素实证研究[J].消费经济,2015,31(6):81-86.

[9] 王克岭,魏明,吴东.大学生网络借贷意愿影响因素研究:基于感知价值与感知风险的视角[J].企业经济,2018(1):142-149.

[10] 孙娇娇,孙永波.消费者决策风格和感知价值对生鲜移动网购意愿的影响研究[J].商业经济研究,2017(16):77-79.

[11] 王巍,曹锦丹.信息服务环境下用户感知价值的构成体系[J].图书馆学研究,2017(5):93-96.

[12] 程莎莉.聚合类新闻客户端顾客感知价值与忠诚度关系研究[D].北京:中国地质大学(北京),2020.

[13] 朱小东.移动短视频产品高学历用户使用意愿影响因素研究报告[D].南京:南京大学,2020.

[14] 谭春辉,易亚,李莉.学术微信公众号用户持续使用意愿影响因素研究[J].现代情报,2021,41(1):50-59,77.

[15] 胡如玉.喜马拉雅电台受众接受行为影响因素研究[D].成都:电子科技大学,2019.

[16] 张雅宁.有声阅读平台用户持续使用意愿影响因素研究[D].济南:山东大学,2020.

作者简介

郭新茹(1981—),河南南阳人,产业经济学博士,南京师范大学文化产业与创意传播基地教授,南京大学长三角文化产业发展研究院研究员。研究方向为文化产业与创意传播。

何守慧(1996—),福建泉州人,新闻传播学硕士,中国建设银行泉州分行经理。研究方向为文化产业与创意传播。

A Study on the Factors Affecting the User Adhesion of Network Radio Drama Platform from the Perspective of "Ear Economy"

Guo Xinru　　He Shouhui

Abstract: Ear economy is rising quietly. However, due to the lack of high-quality content, weak sense of community operation, imperfect copyright protection system and other reasons, some users of online radio drama platforms have low stickiness. Based on this, from the perspective of "ear economy", this paper explores the key factors that affect the user stickiness of online broadcast drama platform through model construction and empirical analysis. The full sample empirical results show that, Perceived content value, perceived personnel value, perceived price value, perceived social value, perceived emotional value have a significant positive impact on satisfaction, perceived price value, perceived social value, perceived emotional value have a significant positive impact on user stickiness, satisfaction has a significant positive impact on user stickiness, and satisfaction has a significant positive impact on perceived price value, perceived social value Perceived emotional value and user stickiness play a part of intermediary effect; The results of the sub sample test show that the factors influencing the user stickiness of the network radio drama platform are also heterogeneous for different gender, age, education background, and monthly income groups. Therefore, the network broadcast platform should optimize the payment mechanism to reduce the perceived cost of users; Maintain community operation and improve user community construction; Enrich derivative products of radio dramas and deepen emotional links with users; Meet the diversified needs of users and improve the overall satisfaction of users.

Key words：Ear economy；Network broadcast drama platform；User stickiness；influence factor

文化消费

收入水平对文化消费的门槛效应研究[*]
——基于全国 2014—2019 年面板数据

彭雷霆　欧阳样

摘　要:收入是制约文化消费水平的重要因素。本文基于非线性视角建立面板门槛回归模型,利用 2014—2019 年省际面板数据,研究人均可支配收入对我国文化消费的影响。结果显示,我国人均可支配收入对文化消费的影响存在双门槛促进效应,呈现出先增加后降低的特征;与此同时,随着经济发展水平、受教育水平的增高,消费者的收入对于文化消费的促进作用是递减的;文化消费习惯则相反。基于此,应立足我国人均可支配收入实际情况,采取文化消费专项补贴、差异化促进文化消费策略,降低时间成本,促进文化消费的"理性上瘾",以扩大居民文化消费。

关键词:文化消费;人均可支配收入;面板门槛模型

一、引　言

　　文化消费作为一种满足人们精神需求的消费,直接表征着人们的生活质量,折射着社会文明程度。近年来,伴随我国物质生活水平的提升,人民对于精神文化生活的需求明显增强。为提升文化消费水平,满足人民群众日益增长的精神文化生活需求,2019 年国务院办公厅出台了《关于进一步激发文化和旅游消费潜力的意见》,2020 年文化和旅游部、国家发展改革委、财政部联合发布了《关于开展引导城乡居民扩大文化消费试点工作的通知》等系列文件,2021 年《中华人民共和国国民经济和社会发展第十四个五年规划和 2035 年远景目标纲要》也明确提出要加快发展新型文化消费模式。在当前我国全面建成小康社会、社会主要矛盾发生转变的

*　基金项目:本文系国家社科基金艺术学项目"高质量发展视野下公共文化服务效能评价研究"(21BH166)的阶段性研究成果。

背景下,文化消费已成为颇具特色的消费热点和扩大内需的重要增长点,对于构建以国内大循环为主体、国内国际双循环相互促进的新发展格局及实现新旧动能转换,促进文化产业实现高质量发展都有着重要意义。

文化消费水平主要表现为消费者对文化产品和服务的购买能力。凯恩斯的绝对收入理论、杜森贝里的相对收入理论和弗里德曼的持久收入理论不约而同地提出收入是消费最重要的决定因素。在文化产品和服务价格既定的情况下,文化消费购买能力相当程度是由消费者的收入来决定的。统计数据显示,我国人均文化娱乐消费支出直到 2013 年仅为 576.7 元,占人均消费总支出的 4.4%,2019 年增长到 848.6 元,占人均消费总支出的 3.9%;同期 2013 年至 2019 年我国人均可支配收入增长了 67.84%,由 18 310.8 元增长到了 30 732.8 元,而人均文化娱乐消费支出仅增长了 47.15%,且占人均消费总支出的比重呈现下滑趋势。我国人均文化娱乐消费支出的增速明显低于收入增长的速度,与当前人民日益增长的美好生活需要也并不匹配。那么,究竟是哪些因素制约了我国文化消费水平的增长,人均可支配收入是否对我国文化消费存在门槛效应,这是本文拟着力探究的问题。

二、文献综述

国外较早开展了文化消费研究。就社会学角度而言,多数学者认为文化消费伴随着阶层分化。凡勃伦(2014)提出"炫耀性消费"理论,区分了中世纪以来有闲阶级与其他社会阶级的生活,有闲阶级的文化消费是一种权力的卖弄,当其资产越多时,他们"炫耀"的欲望也就越强烈。齐美尔(2001)认为时尚是阶级区分的产物,文化消费是上层阶级用来引领时尚、维持其社会独特性,从而与大众区分开来的工具。布迪厄(1984)也强调文化消费是社会区分的一种独特模式。他认为权利是透过文化来体现,最终由经济来决定。就经济学角度而言,学者们在收入对文化消费的影响作用上达成了共识。Engel(1895)指出,随着居民收入水平的提高,食品消费支出所占比重将会不断降低,文化娱乐消费支出所占比重则会不断增加。布里托等(Brito 等,2005)的实证研究表明,收入对文化产品的消费具有正向影响,但需求的收入弹性处于比较低的水平。迪尼兹等(Diniz 等,2011)在研究巴西文艺产品消费的决定因素时,发现收入对文艺产品消费具有强烈的影响。

国内对文化消费的研究晚于西方,直到 1985 年全国消费经济研讨会上文化消费的概念才被正式提出,但目前文化消费行为的影响因素研究仍然是一大热点。部分学者聚焦于单因素对文化消费的影响,从消费者自身的文化资本和外部环境等展开。如张苏秋、顾江(2015)发现,教育通过影响居民的文化消费意愿从而影响文化消费;傅才武、侯雪言(2017)认为,在"互联网＋"背景下文化资本对居民文化消费行为有显著性影响;陈鑫等(2020)研究发现,互联网的普及显著缩小了城乡居民文化消费差距。一些学者则研究多因素对文化消费的综合影响,如刘恩猛(2012)验证了收入、价格、闲暇以及消费者的文化素质是影响人们文化消费的重要因素;高莉莉、顾江(2014)考察了能力、习惯与城镇居民文化消费支出的关系,发现可支配收入对城镇居民文化消费具有决定性影响,而消费习惯的作用并不显著;占绍文、杜晓芬(2014)调查得出影响农民工文化消费的主要因素是收入、受教育程度、闲暇及文化认同;车树林、顾江(2018)实证发现,居民收入、城市化水平的提高对城镇居民文化消费的提升产生了显著的正面效应,且收入对居民文化消费的影响效应呈现出先增加后降低的"倒U形"曲线特征;李光明、徐燕(2019)认为,居民的收入、时间和知识作为文化消费能力的不同维度对不同文化消费活动的影响存在差别。显然,文化消费作为高层次的消费需求,它的特殊性决定了它不仅受购买能力的约束,消费者自身的文化解码能力和时间分配能力等也是其重要影响因素。

由上可知,国内外学者分别从不同角度探讨了文化消费的影响因素,认识到收入是影响文化消费的重要因素,但大多数仍采用传统线性回归模型进行分析,从非线性视角探讨收入影响文化消费的作用机制的研究几乎没有。实际情况下,收入对文化消费的影响不仅仅是简单不变的线性关系,收入水平的波动也会影响其本身的影响效应,同时这种影响会因为文化消费的特殊性而受其他因素限制。因此本文从非线性视角,引入面板门槛回归模型,利用2014—2019年我国31个省(市、自治区)的省际面板数据,研究收入对文化消费的影响机制以及非线性门槛特征。

三、实证模型设定与变量解释

(一)样本选取与数据来源

鉴于数据的连续性、可取性和统一性原则,同时考虑到疫情对近两年数据的非常态化影响,本文选取2014—2019年我国31个省(市、自治区)的面板数据,对全国文化消费水平及其影响因素进行测度。数据主要来源于《中国统计年鉴》(2013—2020)、《中国文化文物和旅游统计年鉴》(2013—2020)和《中国文化及相关产业统计年鉴》(2013—2020)。其中变量的人均值计算以各省(市、自治区)年末常住人口为基数。

（二）变量选取

文化消费作为满足人们精神文化需求的消费，有别于普通消费行为。个体在文化消费中伴随着"文化再生产"过程。消费者自身的"习性、嗜好和品味"，也就是消费者的文化艺术"解码能力"，相当程度上制约了消费者的文化消费选择。因此，文化消费作为居民消费的重要组成部分，除被制约消费的传统因素影响外，同时也受到文化消费自身的特性制约。综合相关理论和前人研究，本文选取以下变量：

1. 被解释变量

人均文化消费支出：用 WH_{it} 表示 i 地区在 t 时期的人均文化消费支出。文化消费所对应的"文化"有狭义与广义之分。狭义的文化仅指代文学和艺术等特定领域内的文化艺术产品和服务；广义的文化则包含所有类型的精神文化类产品和服务，包括教育等。按照《中国文化及相关产业统计年鉴》的统计口径，文化娱乐消费支出主要包括文化娱乐产品、文化娱乐服务两方面的消费支出，并不包含教育类支出。本文的文化消费以统计年鉴的口径为准，针对狭义的文化消费，采用全国各地区居民人均文化娱乐消费支出度量文化消费支出。

2. 核心解释变量

人均可支配收入：用 SR_{it} 表示 i 地区在 t 时期的人均可支配收入。居民的文化消费能力一般是指居民对文化产品及服务的购买能力，在文化产品和服务价格既定的情况下，购买能力主要由消费者的收入来决定。[①] 参考凯恩斯的绝对收入理论、杜森贝里的相对收入理论以及弗里德曼的持久收入理论可以得出收入是消费的重要决定因素，本文采用居民人均可支配收入来度量收入水平。

3. 门槛变量

人均国内生产总值：用 GDP_{it} 表示 i 地区在 t 时期的人均国内生产总值水平。国内生产总值是衡量各个地区经济状况和发展水平的重要指标。研究发现，文化消费与经济增长的关系密切，居民文化消费与国内生产总值之间存在长期的均衡关系。[②] 本文采用居民人均国内生产总值来度量经济发展水平。

文化消费习惯：用滞后一期的文化消费支出 $\mathrm{XG}_{it} = \mathrm{WH}_{i,t-1}$ 表示文化消费习惯。研究发现，在具有消费习惯的家庭，其最优消费行为既依赖于收入，也依赖于

① 李光明,徐燕. 收入、时间与知识:文化消费能力约束效应研究[J]. 学海,2019(6):106 - 113.
② 梁君,陈显军. 公共文化消费与 GDP 关系的协整检验[J]. 商业时代,2012(13):10 - 11.

过去的消费水平。[①] 在文化消费领域,这一理论同样适用,消费者对于文化产品及服务消费欲望的形成,与其过去的消费经验密切相关。一般来说,过去的文化消费越多,未来的文化消费需求就越强。过去的文化消费经历会累积文化资本,提升文化消费品位,并以此为基础形成新的文化需求,实现文化需求的"理性上瘾"。[②] 本文采用滞后一期的文化消费来度量文化消费习惯。

平均受教育水平:用 JY_{it} 表示 i 地区在 t 时期的平均受教育水平。受教育水平决定了居民的文化素养,是影响居民文学、艺术、教育培训等文化产品及服务消费意愿的主要因素之一。在本文中,平均受教育水平以平均受教育年限来表示,由《中国统计年鉴》里"6 岁及以上人口受教育程度"数据,通过公式 $T = \sum_{i=1}^{6} t_i \times E_i$ 计算得出。其中:T 为文化消费者受教育程度的平均值(用具体年限表示);E_i 表示将学历结构划分后,第 i 种学历水平的文化消费者数量所占比重,i=1、2、3、4、5、6,分别为文盲、小学、初中、高中、大学专科和本科、研究生;t_i 为用受教育时间表示的不同学历构成,t_1=1、t_2=6、t_3=9、t_4=12、t_5=16、t_6=19 年。

4. 其他控制变量

城镇化率:用 UR_{it} 表示 i 地区在 t 时期的城镇化率。城镇化是农村人口向城市集聚的过程。在城镇化的过程中,城市相对充裕的公共文化资源能为更多的居民提供文化服务和文化产品,城镇文化基础设施的健全、便利性、可得性和示范性都在一定程度上促进文化消费需求。本文采用城镇人口在总人口中所占比重来度量城镇化率。

政府投入水平:用 SY_{it} 表示 i 地区在 t 时期的政府文化财政投入水平。政府对文化财政投入水平,表明政府对文化发展的支持力度和满足人民群众精神生活的重视程度,如政府在公共文化领域的直接投资、增加公共文化服务购买等行为。本文采用人均文化事业费来度量政府文化财政投入水平。

恩格尔系数:用 EN_{it} 表示 i 地区在 t 时期的恩格尔系数。19 世纪德国统计学家恩格尔根据统计资料,对消费结构的变化得出一个规律:一个家庭收入越少,家庭总支出中用来购买食物的支出所占的比例就越大,随着家庭总支出的增加,用来

---

① GRUBER J W. A present value test of habits and the current account[J]. Journal of Monetary Economics, 2004, 51(7):1495 - 1507.
② 吴利华,张宗扬,顾金亮. 中国文化产业的特性及产业链研究:基于投入产出模型视角[J]. 软科学,2011,25(12):29 - 32.

购买食物的支出比例则会下降。一般来说,随着收入的增加,在食物需求基本满足的情况下,消费的重心才会开始向精神文化需求方面转移,因此恩格尔系数能较好地反映家庭支出的结构趋向。本文中恩格尔系数用食品支出总额占个人消费支出总额的比重来计算得出。

价格水平:消费需求的实现必须通过市场,市场上商品和服务价格的高低直接影响文化消费需求的大小。本文用"娱乐教育文化用品及服务"的消费价格指数作为文化消费价格的替代变量。用以 2013 年为基期的文化消费价格定基指数分别平减人均文化消费支出、人均可支配收入、人均文化事业费,以剔除价格因素的影响。

选取中国 2014—2019 年省际面板数据作为样本,具体变量描述性统计如表 1 所示。

表 1　变量描述性统计

变量	符号	样本量	均值	标准差	最小值	最大值
人均文化消费支出	WH	155	762.78	506.25	108.87	2 952.76
人均可支配收入	SR	155	22 666.05	9 317.91	10 427.79	57 233.80
人均国内生产总值	GDP	155	54 143.53	24 686.5	25 674.87	135 287.4
文化消费习惯	XG	155	720.29	496.74	70.52	2 952.76
平均受教育水平	JY	155	9.09	1.15	4.22	12.85
城镇化率	UR	155	0.57	0.13	0.24	0.90
政府投入水平	SY	155	65.09	42.67	18.09	263.78
恩格尔系数	EN	155	0.30	0.05	0.20	0.49

(三)模型设定

由于收入与文化消费之间可能存在复杂的非线性影响关系,因此本文采用汉森(Hansen)的面板门槛模型构造收入对文化消费影响的非线性模型,来探究使得收入对文化消费的影响发生变化的临界值是否存在。一般而言,若存在临界值,那么临界值以下收入对文化消费的影响为负或者较小,临界值以上影响则更为显著。

根据汉森(Hansen,1999)提出的面板门槛回归模型,模型设定如下:

$$\mathrm{WH}_{it} = c_i + \beta_{11}\mathrm{SR}_{it}I(\mathrm{SR}_{it} < \gamma) + \beta_{12}\mathrm{SR}_{it}I(\mathrm{SR}_{it} \geqslant \gamma) + \beta_2\mathrm{UR}_{it} + \beta_3\mathrm{SY}_{it} + \beta_4\mathrm{EN}_{it} + \varepsilon_{it}$$

(1)

式中:i 表示个体,t 表示时间。居民文化消费支出(WH)为被解释变量,人均可支配收入(SR)为核心解释变量,UR、SY、EN 分别表示城镇化率、政府投入水平、恩格尔系数。我们将人均可支配收入(SR)设为门槛变量,先检验收入自身是否存在对文化影响的门槛值,γ 为待估计的门槛值,β_{11}、β_{12}、β_2、β_3、β_4 为待估计的回归系数,$I(X)$ 为示性函数,若括号里的表达式为真,取值为 1,反之取值为 0。c_i 为常数项,ε_{it} 为满足独立同分布的随机扰动项。

对于式(1)的估计,汉森给定了估计的方法。假设 γ 的取值已知,那么通过普通面板回归对方程进行一致性估计可得到估计系数 $\hat{\beta}(\gamma)$ 以及残差平方和 $SSR(\gamma)$。面板门槛模型的核心问题在于对 γ 的计量,汉森认为可以把门槛变量的每一个数值当成门槛值,将这些值一一代入估计式进行估计,得到使残差平方和 $SSR(\gamma)$ 最小的 γ 即为门槛估计量,从而确定最优的估计系数 $\hat{\beta}(\gamma)$。在得出门槛估计量后,还需要做门槛效应的显著性检验。

单门槛模型的假设检验为:$H_0:\beta_1=\beta_2$,$H_1:\beta_1\neq\beta_2$。若原假设成立,则不存在门槛效应;若拒绝原假设,则存在门槛效应。检验统计量为:

$$LR=[SSR^0-SSR(\hat{\gamma})]/\delta^2 \qquad (2)$$

式中:SSR^0 为原假设成立条件下得到的残差平方和,$SSR(\hat{\gamma})$ 为存在门槛效应时的残差平方和,而 $\delta^2=SSR(\hat{\gamma})/n(T-1)$。

但是,原假设一旦成立,就意味着大样本条件下 F 统计量不再具备标"卡方分布"的特征了。为了彻底解决这个问题,在估计回归残差的分布里,我们采取 Bootstrap 方法转换,从而得出大样本条件下的渐进有效 P 值,此外这个 P 值在大样本条件下服从均匀分布。得出门槛估计量之后,必须进行检验门槛估计量是不是实际值的一致估计量这一步骤。汉森认为,应该采取极大似然率 LR 统计量构造满足原假设的渐进有效置信区间"接受域",且在显著性水平下,当 $LR(\gamma)\leqslant -2\ln(1-\sqrt{1-\alpha})$ 时,不能拒绝原假设,反之若 LR 值比临界值大时则拒绝原假设。

以上讨论都建立在面板回归模型仅具有单一门槛值的假设下,然而实际问题里模型经常会存在多个门槛值。若模型具有两个门槛值,则应该将第一个假定的门槛值进行重新检验,具体的步骤参照汉森的处理方法。

由于本文面板门槛模型门槛值的个数需要进行严格的检验,不能事先给定,故本文采用多门槛面板模型进行实证分析,并对数据进行平稳化和去量纲处理之后,具有 K 重门槛值的面板门槛模型设定为:

$$\ln WH_{it} = c_i + \beta_1 \ln SR_{it} I(\ln SR_{it}\gamma_1) + \sum_{m=1}^{K-1}\beta_{1,m+1}\ln SR_{it}I(\gamma_m < \ln SR_{it} <$$

$$\gamma_{m+1}) + \beta_2 \ln UR_{it} + \beta_3 \ln SY_{it} + \beta_4 \ln EN_{it} + \varepsilon_{it} \tag{3}$$

同时,考虑到收入对文化消费的非线性影响还会受到经济发展水平、消费者自身文化消费习惯和平均受教育水平的约束,本文还选取了人均国内生产总值、文化消费习惯和平均受教育水平三个变量作为门槛变量来考察在其他因素约束下收入对文化消费的非线性影响,具体模型分别如下:

$$\ln WH_{it} = c_i + \beta_1 \ln SR_{it} I(\ln GDP_{it} < \gamma_1) + \sum_{m=1}^{K-1} \beta_{1,m+1} \ln SR_{it} I(\gamma_m <$$
$$\ln GDP_{it} < \gamma_{m+1}) + \beta_2 \ln UR_{it} + \beta_3 \ln SY_{it} + \beta_4 \ln EN_{it} + \varepsilon_{it} \tag{4}$$

$$\ln WH_{it} = c_i + \beta_1 \ln SR_{it} I(\ln XG_{it} < \gamma_1) + \sum_{m=1}^{K-1} \beta_{1,m+1} \ln SR_{it} I(\gamma_m <$$
$$\ln XG_{it} < \gamma_{m+1}) + \beta_2 \ln UR_{it} + \beta_3 \ln SY_{it} + \beta_4 \ln EN_{it} + \varepsilon_{it} \tag{5}$$

$$\ln WH_{it} = c_i + \beta_1 \ln SR_{it} I(\ln JY_{it} < \gamma_1) + \sum_{m=1}^{K-1} \beta_{1,m+1} \ln SR_{it} I(\gamma_m <$$
$$\ln JY_{it} < \gamma_{m+1}) + \beta_2 \ln UR_{it} + \beta_3 \ln SY_{it} + \beta_4 \ln EN_{it} + \varepsilon_{it} \tag{6}$$

四、实证检验与结果分析

(一)门槛效应检验

模型中门槛值的数量事先并不知道,必须做严格的检验才能确定。我们分别在有一个门槛值和有两个门槛值的原假设条件对模型进行检验,检验结果见表2。

表 2　门槛效应检验结果

门槛变量	原假设	门槛值	F 值	95%的置信区间	结论
人均可支配收入	单门槛 双门槛	9.945 10.214	16.33** 10.33*	(9.937,9.947) (10.189,10.245)	拒绝 拒绝
人均国内生产总值	单门槛 双门槛	11.434 10.377	18.63* 8.72	(11.431,11.476) (10.294,10.397)	拒绝 接受
文化消费习惯	单门槛 双门槛	5.939 5.002	7.55* 10.50	(5.927,5.939) (4.256,5.018)	拒绝 接受
平均受教育水平	单门槛 双门槛	2.429 2.091	23.94* 7.08	(2.409,2.472) (2.085,2.101)	拒绝 接受

注:"**""*"分别表示在5%、10%的显著性水平下显著。

结果表明:当以人均可支配收入作为门槛变量时,单门槛检验和双门槛检验都很显著,对应的 Bootstrap 自助抽样值是 0.059 及 0.043,分别为 10% 和 5% 的显著性水平说明收入与文化消费之间存在双门槛效应,门槛值分别为 9.945 和 10.214。由此可见,当人均可支配收入逐渐提高时,其对文化消费的影响效果会发生两次改变。当分别以人均国内生产总值、文化消费习惯和平均受教育水平作为门槛变量时,均只有单门槛检验是显著的,说明收入对文化消费的溢出效应存在明显的人均国内生产总值单门槛效应、文化消费习惯单门槛效应以及平均受教育水平单门槛效应,对应的门槛值分别为 11.434、5.939 和 2.429。

(二)门槛回归分析

为了更具体探究人均可支配收入对居民文化消费影响,本文采用面板门槛回归进一步研究,分别将人均可支配收入(SR)、人均国内生产总值(GDP)、文化消费习惯(XG)、平均受教育水平(JY)作为门槛变量,可以分析收入对文化消费影响的作用机制。由表 2 可知,当人均可支配收入作为门槛变量时应采用双门槛模型,当人均国内生产总值、文化消费习惯和平均受教育水平作为门槛变量时应采用单门槛模型。表 3 给出了模型的回归结果,其中模型 1、模型 2、模型 3 和模型 4 分别对应以人均可支配收入、人均国内生产总值、文化消费习惯和平均受教育水平为门槛变量时的估计结果。

表 3　模型回归结果

变量	模型 1	模型 2	模型 3	模型 4
lnSR1	0.535 *** (2.50)	0.598 *** (2.76)	0.497 *** (2.32)	0.492 *** (2.32)
lnSR2	0.549 *** (2.55)	0.581 *** (2.69)	0.505 *** (2.35)	0.477 *** (2.25)
lnSR3	0.541 *** (2.51)			
lnSY	0.210 *** (2.61)	0.168 ** (2.06)	0.150 *** (1.82)	0.142 ** (1.74)
lnEN	−0.516 * (−1.86)	−0.485 ** (−1.69)	−0.458 ** (−1.59)	−0.345 * (−1.20)
lnUR	0.179 * (0.53)	0.317 * (0.95)	0.324 * (0.96)	0.592 ** (1.80)
_cons	0.976 (0.48)	0.637 (0.32)	1.607 (1.12)	1.913 * (0.98)

注:"***""**""*"分别表示在 1%、5%、10%的显著性水平显著;估计系数下括号内数值为 t 统计量。

从模型 1 来看,人均可支配收入(SR)对居民文化消费(WH)有促进作用,但影响系数在不同的收入区间有一定差异,说明收入对文化消费的影响确实不是简单的线性。两个门槛估计值分别为 9.945 和 10.214,还原成人均可支配收入分别为 20 853 元和 27 275 元,门槛变量将样本量分成三个部分,对应的三个门槛区间依次为[0,20 853]、(20 853,27 275]、(27 275,+∞),三个门槛区间收入的居民文化消费弹性依次是 0.535、0.549 及 0.541,且全部显著,这印证了车树林、顾江(2018)关于收入对居民文化消费呈现出先增加后降低影响效应的论断,并进一步明确了该影响效应发生变化的两个门槛值。当人均可支配收入低于 20 853 元时,人均可支配收入增加对于居民文化消费有促进作用,但促进作用还不是最优阶段;随着人均可支配收入逐渐增加,达到(20 853、27 275]时,它对文化消费的促进作用显著增强;但当人均可支配收入达到(27 275,+∞)后,这种促进作用又出现了回落情况。可见,在一定范围内,增加收入可以有效促进文化消费水平,但这种有效性会随着收入水平跨入第三门槛区间出现过剩的情况。

从模型 2 来看,人均国内生产总值(人均 GDP)可将样本划分为两个门槛区间,在不同的人均 GDP 区间,收入都对文化消费产生正向的积极影响,但影响强度有所差异。门槛值为 11.434,还原成人均 GDP 为 92 411 元,两个门槛区间分别为[0,92 411]、(92 411,+∞)。在第一门槛区间,收入影响强度为 0.598;在第二门槛区间,收入影响系数有略微降低,降到了 0.581。关于 GDP 与文化消费的关系,学界以往有个"国际经验"的论断,即"当人均 GDP 达 1 000 美元时,文化消费支出应占个人消费的 18%;当人均 GDP 达 3 000 美元时,文化消费支出比重应达 23%;而当人均 GDP 达 5 000 美元时,文化消费将会快速增长"[①]。但从实证结果可以看出,在受经济发展水平的约束下,收入对文化消费的影响呈现出正向且弹性递减的非线性规律,当人均国内生产总值达到 92 411 元时,收入对文化消费的促进作用在经济发展水平的制约下达到饱和,开始降低。因而,在收入和 GDP 的交互影响下,文化消费的"国际经验"与我国实际情况并不完全匹配。

从模型 3 来看,文化消费习惯(XG)将样本划分为两个门槛区间,在不同的门槛区间,收入对文化消费的影响均显著为正,但影响强度有所差异。单门槛值为5.939,还原成文化消费习惯为 380 元,根据文化消费习惯门槛值,可以将样本分为两个区间[0,380]、(380,+∞),两个门槛区间收入的居民文化消费弹性依次是

---

① 李惠芬.文化消费的困惑:"国际经验"与实践的背离[J].南京社会科学,2019(8):153-160.

0.497 及 0.505,且全部显著。当过去的文化消费水平较低时,收入对文化消费的影响为正;当过去的文化消费水平逐渐提高时,收入仍能促进文化消费的发展,且影响强度进一步增强。可以看出,在收入影响文化消费的具体机制里,文化消费习惯起着催化剂的作用。按照布迪厄文化资本理论,个体拥有的文化资本情况影响、制约着人们的文化消费偏好。虽然文化资本较难量化,但品位和习惯是文化资本累积的重要体现。随着文化消费习惯的养成,个体审美品位的自我表达欲望就会使文化消费开始上升,因此,在文化消费习惯门槛条件下,收入对文化消费的影响呈现正向且弹性递增的非线性规律。

从模型 4 来看,根据平均受教育水平(JY)可将样本划分为两个门槛区间,在不同的门槛区间,收入对文化消费的影响均显著为正,但影响强度有所差异。门槛值为 2.429,还原成平均受教育水平为 11 年,两个门槛区间分别为 $[0,11]$、$(11,+\infty)$。在第一门槛区间,收入影响强度为 0.492;在第二门槛区间,收入影响系数有略微降低,降到了 0.477。以往的研究普遍认为教育水平是文化解码能力的体现,它对文化消费应有持续递增的影响效应。[①] 从本次实证结果可以看出,在平均受教育水平的约束下,收入对文化消费的影响呈现出正向且弹性递减的非线性规律,低受教育群体的收入水平更大程度地影响其文化消费;高受教育群体的收入水平对于其文化消费有一定影响,但影响相对减弱。这一结果可以表明受教育水平和收入对文化消费的协同影响并不只是简单的叠加效应,而是当消费者文化解码能力相对较低时,收入是影响其文化消费的重要因素,但当消费者文化解码能力达到较高水平时,收入对文化消费的影响效应开始降为次要位置。

就各个控制变量对居民消费的影响而言,可以发现政府投入水平(SY)和城镇化率(UR)对文化消费(WH)均有不同程度的积极影响,且全部显著,与实际经验和预想结果一致。恩格尔系数(EN)对文化消费(WH)有抑制作用且显著,这是由于恩格尔系数越大,代表食品支出占个人消费支出比重越大,那么用来进行文化消费的支出会相应地减少,符合实际情况。

(三)门槛分类分析

(1) 按人均可支配收入人群分类

我们从 2020 年《中国统计年鉴》获得 2019 年全国居民按收入五等份分组的人均可支配收入数据如表 4 所示。

---

① 资树荣. 教育对文化消费的影响研究:以音乐消费为例[J]. 消费经济,2018,34(6):17-23.

表4　2019年全国居民按收入五等份分组的人均可支配收入 单位:元

组别	20%低收入组家庭	20%中间偏下收入组家庭	20%中间收入组家庭	20%中间偏上收入组家庭	20%高收入组家庭
人均可支配收入	7 380.4	15 777.0	25 034.7	39 230.5	76 400.7

结合人均可支配收入对文化消费的三个门槛区间[0,20 853]、(20 853,27 275]、(27 275,+∞)可知,截至2019年,我国至少有40%的家庭的收入水平还处于第一门槛区间,收入对文化消费的刺激作用还没有达到最佳。当前持续的收入水平提升对于促进我国文化消费还有较大的刺激作用。

(2) 按省(市、自治区)分类

我们将各省(市、自治区)按2019年人均可支配收入、人均国内生产总值、文化消费习惯、平均受教育年限,数据划分到不同的门槛区间,如表5所示。

表5　按省(市、自治区)门槛分类

	第一门槛	第二门槛	第三门槛
人均可支配收入	贵州、西藏、甘肃	河北、山西、吉林、黑龙江、安徽、江西、河南、湖北、湖南、广西、海南、重庆、四川、云南、陕西、青海、宁夏、新疆	北京、天津、内蒙古、辽宁、上海、江苏、浙江、福建、山东、广东
人均国内生产总值	天津、辽宁、山东、广东、河北、山西、吉林、黑龙江、安徽、江西、河南、湖北、湖南、海南、内蒙古、广西、重庆、四川、贵州、云南、西藏、陕西、甘肃、青海、宁夏、新疆	北京、上海、江苏、浙江、福建	无
文化消费习惯水平	西藏	除西藏外全部省(市、区)	无
平均受教育水平	河北、山西、内蒙古、辽宁、吉林、黑龙江、江苏、浙江、安徽、福建、江西、山东、河南、湖北、湖南、广东、广西、海南、重庆、四川、贵州、云南、西藏、陕西、甘肃、青海、宁夏、新疆	北京、天津、上海	无

收入与文化消费之间存在复杂的非线性关系。其中收入刺激文化消费增长的最佳区间是第二门槛区间(20 853,27 275],目前有超过一半(18 个)的省(市、自治区)收入水平处于这一区间,且全部属于中西部地区,这些省(市、自治区)正处于收入对文化消费刺激作用最大的阶段;与此同时,还有近 $\frac{1}{3}$(10 个)的省(市、自治区)收入水平处于第三门槛区间(27 275,+∞),即已拥有较高的收入水平,但收入对于文化消费的刺激作用已呈现边际效应递减,这些省(市、自治区)全部属于东部发达地区,如北京、上海、广东等;此外还有西部欠发达的贵州、西藏、甘肃的收入水平处于第一门槛区间[0,20 853],尚未发挥收入效应。

而在人均国内生产总值的约束下,收入对文化消费的最佳促进作用区间是第一门槛区间[0,92 411],除北京、上海、江苏、浙江、福建五个东部发达省(市)外,其余省(市、自治区)全处在这一区间。这表明当前我国绝大部分地区的经济发展水平的提升会对收入促进文化消费的作用带来明显影响。另外,在不同文化消费习惯和平均受教育水平的约束下,收入对文化消费的非线性溢出效应也表现出不同的规律。在文化消费习惯的约束下,收入对文化消费的最佳溢出效应区间是第二门槛区间(380,+∞),目前除西藏外全部省(市、自治区)都达到了这一水平。在平均受教育水平的约束下,收入对文化消费的最佳促进作用区间是第一门槛区间[0,11],除北京、天津、上海外全部省(市、自治区)都在这一区间。

五、结论与启示

(一) 主要结论

通过前述门槛模型分析,可得出以下结论:

(1) 收入是文化消费的重要影响因素,且我国人均可支配收入对文化消费的影响存在双门槛效应,门槛值为 20 853 元和 27 275 元。随着居民人均可支配收入的提高,收入因素对文化消费的影响效应呈现出先增加后降低的"倒 U 形"曲线特征,当人均可支配收入处于 20 853 元至 27 275 元之间时,其对文化消费支出的促进效果最强。

(2) 收入对文化消费的影响还受到经济发展水平和消费者自身特性的约束。在人均国内生产总值的约束下,收入对文化消费的影响呈现出正向且弹性递减的非线性规律,当人均 GDP 处于第一门槛区间[0,92 411]时,收入对文化消费的刺激拉动作用达到最大;在自身文化消费习惯约束下,收入对文化消费呈现出边际效应递增的正向非线性关系,且文化消费习惯处于第二门槛区间(380,＋∞)时,收入对文化消费的刺激拉动作用达到最大;在自身受教育水平约束下,收入对文化消费都呈现出边际效应递减的正向非线性关系,且受教育水平处于第一门槛区间[0,11]时,收入对文化消费的刺激拉动作用较大。

总体看来,收入对文化消费的影响效应呈现出先增加后降低的"倒 U 形"曲线特征的现象主要是由于其他因素的约束。文化消费行为与普通消费行为存在区别,它既需要消费者拥有一定经济收入水平,也对消费者的文化解码能力即文化资本有着明显的要求。[①] 如前所述,随着受教育水平的增高,消费者的收入对于文化消费的促进作用是递减的;文化消费习惯则相反,文化消费习惯是文化资本积累、型塑的过程,只有当文化消费习惯由量变达到质变后,消费者收入对于文化消费的促进作用才达到最优。换言之,当消费者有着相当文化解码能力时,消费者个人的习性、嗜好、生活方式和品位成为影响其文化消费临界抉择的重要因素,收入及价格的影响降为次要。同时文化消费作为时间密集型消费活动[②],在加速社会背景下,消费者收入对文化产品和服务需求的正向效应,也会被文化消费的时间密集性和时间的机会成本部分抵消。2018 年我国时间利用调查数据显示,我国低收入、中等收入、较高收入和高收入群体自由支配时间分别为 4 小时 3 分钟、3 小时 53 分钟、3 小时 41 分钟和 3 小时 26 分钟。[③] 我国收入越高的群体自由可支配时间越少。可能对于高收入群体而言,选择越多的闲暇时间等同于放弃更高的收益,因此延长工作时间成为高收入群体的一种普遍的现象。收入越高闲暇时间越少,也造成了人均可支配收入增加到一定值后,收入对文化消费能力的促进效果逐渐降低的现象。

(二)政策启示

第一,增强文化消费专项补贴,提升居民收入的文化产品购买能力,拉动我国文化消费水平。可借鉴我国实践中已有的三种成熟模式,通过财政补贴降低居民文化消费支出经济成本,间接提升居民收入的文化产品购买能力。一是发放文化

---

① BOURDIEU P. Distinction：A social critique of the judgement of taste[M]. Cambridge, MA：Harvard University Press, 1984.

② MACHADO A F, GOLGHER A B, DINIZ S. Consumption of cultural goods and services and time allocation in Brazil[J]. Nova Economia, 2017, 27(1)：35 - 63.

③ 国家统计局社会科技和文化产业统计司.时间都去哪儿了：2018 年中国时间利用调查统计数据[M].北京：中国统计出版社,2019.

消费券。如山东在 2020 年举办的第四届山东文化和旅游惠民消费季,共发放使用文旅消费券 1.5 亿元,直接带动消费 9.84 亿元,间接带动消费达 115.16 亿元。[①]二是评价积分兑换。如南京推出政府补贴剧目、展陈等,消费者在指定平台购买门票后,支付金额将形成消费积分,积分能用于下次购买相关产品,从而以积分补贴的方式实现票价的二次折扣。数据显示,2017—2020 年,南京演出市场二次消费比例达 34.6%,有效地刺激了消费者进行可持续文化消费。[②] 三是补贴票价,培育文化消费习惯,活跃文化演出市场。如北京市自 2012 年以来推出惠民低价票补贴政策,至 2019 年底,受益观众达 341 余万人次,在此政策下,91.1% 的观众愿意再次购买演出门票,促进了舞台演出市场的发展。[③]

第二,实施全民艺术普及,促进文化消费的"理性上瘾",发挥收入对文化消费刺激的最优效应。Hall 提出的"编码解码理论"指出,消费者对文化产品的接受并非一个完全被动的过程,而是存在一个充分发挥主观能动性的"解码"过程。[④] 消费者文化解码能力的强弱会直接制约收入对于文化消费的促进作用。因而可以通过推动全民艺术普及,设立全民艺术普及月、举办全民艺术节,提升公众艺术审美品位,提高消费者文化解码能力,培育更多人的文化消费习惯进入文化消费"理性上瘾"的门槛阶段,以利于发挥收入对文化消费的最优促进作用。

第三,采取差异化促进文化消费策略,提高区域政策精准性。准确把握文化消费的特殊性,认识不同地区文化消费水平和现实条件的差异性,采用非均衡的刺激文化消费发展策略。如针对收入水平已经超过刺激拉动文化消费最佳区间的东部发达地区,可以通过合理增加居民闲暇时间,提供高品质、多样化文化产品等措施来进一步提高文化消费水平。而针对收入水平仍未达到促进文化消费增长最佳区间的贵州、西藏、甘肃三个地区,最主要的还是着力于提高居民收入水平,完善公共服务供给,降低居民刚需支出,以扩大居民消费的文化支出比重。

第四,注重数字社会和碎片化消费特征,降低时间成本,培育文化消费新增长点。随着信息技术的快速发展,人们日常生活逐步迈入数字社会时代。数字支付、

---

① 于新悦. 第四届山东文旅消费季发放消费券 1.5 亿元,同比增 33.29%[EB/OL]. (2020 - 11 - 24). http://dzrb. dzng. com/articleContent/1176_813743. html.

② 邢虹. 南京市推动文旅消费积分共享通兑[EB/OL]. (2021 - 03 - 26). https://jsnews. jschina. com. cn/nj/a/202103/t20210326_2753508. shtml.

③ 牛春梅. 惠民低价票让更多观众走进剧场[N]. 北京日报,2020 - 10 - 28(5).

④ HALL S. Encoding/decoding[M]. London: Routledge, 2003.

电子导航、网络直播、智能出行、网上购物、网络游戏、线上展览等成了人们社会生活数字化的直接表征。而与数字社会伴随的是人们休闲时间的碎片化。文化消费作为时间密集型消费活动,如何降低时间成本、匹配碎片化的休闲时间结构,成为提升文化消费水平的另一着力点。一方面是利用"文化＋科技"的手段,培育短视频、网上直播、云演出、云展览等新的文化消费业态,节约文化消费时间,扩大碎片化文化消费规模,填补人们碎片化的休闲生活;另一方面应点亮夜间文化市场,打造夜间文旅 IP,延长文化消费时间,激发文化消费活力。

六、研究局限与展望

对我国文化消费影响因素进行量化研究,一定程度受到统计数据的限制。相当长时期内,我国公布的消费支出统计数据中仅有"教育文化娱乐支出",没有将文化消费支出单独区分,直到 2013 年国家统计局发布《居民消费支出分类(2013)》,才界定出不包括教育在内的文化娱乐消费支出。这制约了本文的实证研究年限只能基于 2013 年以后的统计数据展开,研究的时间跨度相对偏小。同时,时间密集性是文化消费的一个重要特征,且在当前加速发展的社会背景下,时间对文化消费的影响作用会放大,但当前涉及时间统计的全国时间利用调查以及中国综合社会调查(CGSS)等不是每年开展,而截面数据是无法引入面板门槛回归模型中,因此本文只能侧面探讨了时间的制约效应。将来研究可进一步优化实证模型,结合微观数据,引入时间等因素,从更长时段分群体探讨收入对文化消费的综合影响机制。

参考文献

[1] 凡勃伦. 有闲阶级论[M]. 甘平,译. 武汉:武汉大学出版社,2014.

[2] 齐美尔. 时尚的哲学[M]. 费勇,译. 北京:文化艺术出版社,2001.

[3] BOURDIEU P. Distinction[M]. London:Routledge,1984.

[4] ENGEL E. Die lebenskosten belgischer arbeiter-familien früher und jetzt[M]. Dresden:Heinrich,1895.

[5] BRITO P,BARROS C. Learning-by-consuming and the dynamics of the demand and prices of cultural goods[J]. Journal of Cultural Economics,2005,29:83-106.

[6] DINIZ S C,MACHADO A F. Analysis of the consumption of artistic-cultural goods

and services in Brazil[J]. Journal of Cultural Economics，2011，35：1 - 18.

　　[7] 张苏秋,顾江.居民教育支出对文化消费溢出效应研究:基于全国面板数据的门限回归[J].上海经济研究,2015(9):70 - 76.

　　[8] 傅才武,侯雪言.文化资本对居民文化消费行为的影响研究:基于"线上"和"线下"两类文化消费群体的比较[J].艺术百家,2017,33(5):39 - 46.

　　[9] 陈鑫,王文姬,张苏缘.互联网发展能否有效缩小城乡居民文化消费差距?[J].农村经济,2020(12):87 - 93.

　　[10] 刘恩猛.浙江省城镇居民文化消费的实证分析[J].消费经济,2012,28(5):78 - 81.

　　[11] 高莉莉,顾江.能力、习惯与城镇居民文化消费支出[J].软科学,2014,28(12):23 - 26.

　　[12] 占绍文,杜晓芬.农民工文化消费现状调查[J].城市问题,2014(5):68 - 73.

　　[13] 车树林,顾江.收入和城市化对城镇居民文化消费的影响:来自首批 26 个国家文化消费试点城市的证据[J].山东大学学报(哲学社会科学版),2018(1):84 - 91.

　　[14] HANSEN B E. Threshold effects in non-dynamic panels：Estimation，testing and inference[J]. Journal of Econometrics，1999，93(2)：345 - 368.

作者简介

　　彭雷霆(1981—　),湖南衡阳人,武汉大学国家文化发展研究院副教授、硕士生导师。研究方向为公共文化政策、文化产业。

　　欧阳样(1997—　),湖南长沙人,武汉大学国家文化发展研究院博士生。研究方向为公共文化服务、文化产业。

Threshold Effect of Income Level on Cultural Consumption
— Based on National Panel Data from 2014 to 2019

Peng Leiting   Ouyang Yang

Abstract: Income is an important factor restricting the level of cultural consumption. This paper establishes a panel threshold regression model based on a nonlinear perspective, and studies the effect of per capita disposable income on cultural consumption in China using the panel data of provinces from 2014 to 2019. The results show that there is a double threshold positive effect of per capita disposable income on cultural consumption, which first increases and then decreases. At the same time, with the increase of economic development level and education level, the positive effect of income on cultural consumption is decreasing; however, cultural consumption habits are contrary to them. Based on the above conclusion, according to the actual situation of China's income level, we should adopt special subsidies for cultural consumption and differentiated strategies to promote it, reduce the time cost, and promote the "rational addiction" of it, so as to expand residents' cultural consumption.

Key words: cultural consumption; per capita disposable income; panel threshold model

新发展格局下老年人口文化消费动力机制研究[*]

朱文静　孙子淞

摘　要:随着老龄化不断加剧,老年人口已经成为不可忽视的消费群体,探究推动老年人口文化消费的动力机制,积极挖掘银发消费市场,具有重大的理论与实践意义。本文基于新发展格局背景,以需求侧改革、科特勒消费行为理论和文化消费理论等为基础,从文化消费能力提升、文化消费意愿提振以及文化消费环境营造三个方面入手构建老年人口文化消费机制,进而有针对性地提出促进老年人口文化消费的有效路径。研究结果表明,可支配收入增长机制以及学习机制提高了老年人文化消费能力,闲暇增多机制以及心理变化机制增强了老年人文化消费意愿,技术创新机制转变了老年人文化消费方式。因此,为了进一步促进老年人口文化消费,建议完善社会保障体系,改善文化供给水平,同时推动"文化+科技"的深度融合等。

关键词:老年人口;文化消费;动力机制

一、新发展格局下老年人口文化消费研究的实践必然

(一)新发展格局下的消费研究新机遇

2020年习近平总书记在经济社会领域专家座谈会上明确指出:"'十四五'时期是我国全面建成小康社会、实现第一个百年奋斗目标之后,乘势而上开启全面建设社会主义现代化国家新征程、向第二个百年奋斗目标进军的第一个五年,我国将

---

[*]　基金项目:本文系江苏省高校哲学社会科学重点项目(2018SJZDI087)、老年文化与艺术研究课题(2020LYYB002)的阶段性研究成果。

进入新发展阶段。"①这个新阶段有两大特点：一是我们已经拥有开启新征程、实现新目标的雄厚物质基础；二是国际环境的时事变化，百年未有之大变局，是挑战更是重要的战略机遇。② 新的百年征程开启，国家发展面临全新的发展格局。新发展格局对国内经济循环提出新要求，这个新要求给国内经济供给侧改革提供新方向，也提出高质量发展新目标，同时也是国内市场需求侧改革的机遇。从构建新发展格局要求看，需求侧改革是推动构建国内经济大循环格局的内在要求③，需要建立完备的内需体系，进一步发挥好消费在国民经济运行中的基础性作用。需求侧改革着力点主要包括从消费能力的提高、消费信心和意愿的提振、消费环境的营造等方面来激发消费效应。因此，对需求侧的消费研究将是未来较长时期的重要课题之一。

（二）人口老龄化加剧带来老年文化消费新蓝海

第七次全国人口普查数据显示，我国 60 岁及以上人口为 26 402 万，占人口总数的 18.70%，其中，65 岁及以上人口为 19 064 万人，占 13.50%。与 2010 年相比，60 岁及以上人口的比重上升 5.44 个百分点，65 岁及以上人口的比重上升 4.63 个百分点，我国老年人口规模不断扩大且人口高龄化趋势明显。《中共中央关于制定国民经济和社会发展第十四个五年规划和二〇三五年远景目标的建议》提出要实施积极应对人口老龄化国家战略，发展银发经济，让老年人口从被照顾者成为推动经济增长的新引擎。在充分肯定物质养老基础保障的前提下，在社会经济发展到较高水平时，更多关注老年人的精神关爱、情感慰藉和道德支持。从中可以看出老龄化社会中精神需求满足的迫切性。随着老龄化程度提升，老年文化市场规模更加不容忽视，老年人的文化消费将成为新的市场蓝海，理解老年文化消费机制方能更好地挖掘市场需求。

（三）文化产业发展新阶段为老年文化消费的差异化市场供给提供可能性

2009 年《文化产业振兴规划》颁布，我国的文化产业得以加速发展。但因为是产业发展初始，整个市场大都属于无差异策略发展，没有详细的市场细分。当然，文化消费需求也是处于被激发的阶段，自主个性化的需求还未凸显。进入"十四五"时期后，对文化产业发展的供给侧改革提出新要求，产业发展进入新阶段。随

---

① 习近平.正确认识和把握中长期经济社会发展重大问题[J].求是,2021(2):20.

② 于洪君.中国现代化新征程新发展三要素:新阶段、新理念、新格局[N].光明网,2021-03-11.

③ 顾阳.促进高水平的供需动态平衡[N].经济日报,2020-12-12.

着产业发展的推进,已经由导入期进入成长期,消费者也在满足基本需求之后产生更多的个性化需求,市场需要进行差异化发展才能提供更有效的供给。同时,深度老龄化的社会变迁、老年人口结构的变化引致文化消费需求端差异化市场细分的必然。

随着深度老龄化的人口结构变化以及社会基本矛盾的转变,对老年人口的文化消费研究也更具理论和实践价值。如何适应深度老龄化社会并激发老年人口的蓝海,是目前重要的课题。面对"十四五"时期乃至后续很长时间内持续增长的老年文化市场,如何推动老年人口的文化消费并使其能够真正地成为老年经济的重要组成部分,是我们在当下应该思考的重要问题。

二、文献综述

文化消费是一种非刚性但边际效用递增的消费,充分挖掘文化消费市场潜力、促进消费升级,已经成为提升消费拉动效应的重要选择之一。随着生活水平的提高以及消费观念的转变,老年人口已经成为不可忽视的消费群体,其所代表的"银发消费"市场具有巨大发展潜力。在社会新风尚的引领下,我国老年消费呈现出新特点,老年人口的消费意愿增大,银发消费趋向享乐性(原新,2021),精神文化消费成为老年人口自我实现的方式。因此,探究老年人口文化消费动力机制、积极挖掘银发消费市场,能够凝聚推动文化消费增长的强大动力。

学术界关于文化消费的相关研究较为丰富,相关文献在文化消费的价值、影响因素、区域差异、创新发展等方面展开了富有启迪的理论分析与实证研究。对文化消费的影响因素进行研究,发现人口年龄结构、地区居民收入、城镇化水平以及居民文化程度影响文化消费。其中,人口老龄化以及居民文化程度制约了文化消费(张冲等,2016;刘焱等,2020),地区居民收入以及城镇化水平对文化消费起到了促进作用(车树林等,2018)。梁君等(2009)认为,闲暇是文化消费的基础,居民的文化产品需求很大程度上受到其拥有的闲暇时间的影响。张苏缘等(2020)以江苏地区居民为分析对象,发现其文化消费意愿较高,但地区之间存在文化消费两极分化、文化市场供需不平衡等问题。同时,收入是影响城乡居民文化娱乐消费的主要因素(徐和清等,2014),而教育资源配置不平衡导致我国城乡之间居民文化消费两极分化(桂河清等,2021)。关于文化消费的创新发展,有研究发现,大数据的发展打通了文化产品的供给端与需求侧,催生了新的文化消费模式(任文龙等,2019)。

当前,有关老年消费影响因素的研究主要涉及个体特征与外部环境。在个体特征中,收入起了决定性的作用。王振振等(2016)运用灰色关联分析模型分析老年消费需求的影响因素,发现国民收入与老年消费的关联度最高;林晓宁等(2020)利用长春市老年人微观调查数据进行实证研究,发现长春市老年人口的收入是其文化消费水平的决定性因素,高收入的老年人口具有更强的消费动机。此外,有研究发现健康水平对老年人口的消费具有显著的挤压效应(杨赞等,2013),老年人口的社交活跃度显著提振了其文娱出行消费(杨雪等,2021)。在外部环境中,学者多为关注数字技术这一因素的影响,研究数字赋能对老年人口消费的影响已经成为热门话题。李军等(2021)以"宽带战略"的实施为研究背景,使用双重差分法研究发现,"宽带中国"战略促使老年人口使用互联网,数字赋能主要通过加速产业创新来增加老年群体的发展型消费。

通过文献梳理可以发现,对我国老年人口文化消费的研究多侧重于其特点与现状分析、影响因素等。本文拟在此基础上探究激发老年人口文化消费的动因,以期在理论上明晰老年人口文化消费的动力机制,在实践中助力挖掘人口老龄化的"蓝海"。

三、理论基础

(一) 需求侧改革

2020 年 12 月中央政治局会议首次提出"需求侧改革",会议要求,要扭住供给侧结构性改革,同时注重需求侧改革,打通堵点,补齐短板,贯通生产、分配、流通、消费各环节,形成需求牵引供给、供给创造需求的更高水平动态平衡,提升国民经济体系整体效能。如何提高消费能力,实现"需求牵引供给,供给创造需求的更高动态平衡",以提升整个国民经济的运行效率,是我国今后较长时间的重要战略命题。① 需求是消费者在某一特定时期内,在某一价格水平时愿意而且能够购买的某种商品量,是购买欲望与购买能力的统一。因此,需求侧改革的着力点也应当是消费能力、消费信心和意愿以及消费环境等。

(二) 科特勒消费行为理论

根据菲利普·科特勒的消费行为三阶段论,消费者行为可以分为量的消费、质的消费和感性消费三个阶段。在满足最基本的量与质的需求后,再面对功能和品质相近的不同品牌商品时,消费者会追求最能表现自己个性和价值的商品,并且越

---

① 南财快评.深刻理解"需求侧改革"的内涵及战略意义[N].21 世纪经济报道,2020 - 12 - 16.

来越看重感性的情绪体验。① 目前来看,我国正处于从质的消费向感性消费过渡的阶段。

(三) 文化消费理论

西方进入消费社会较早,对文化消费的研究也相应较为成熟,其中,关于文化消费影响因素和文化资本等社会学角度的研究,以及文化经济的视角研究受到关注较多。社会学角度多关注文化消费者的复杂性,研究视角包括文化消费的影响因素,以及文化消费与社会阶层的区分等,认为产生显著影响的因素包括审美水平、受教育程度、收入差距、社会政治、经济与文化环境、大众媒介、参考群体等。其中,凡勃伦在《有闲阶级论》中认为,有闲阶级通过休闲、代理消费、炫耀式消费的方式来炫耀自己的财富,体现自己的社会分层,通过忙于非实用性的活动展示自己的闲情逸致。布迪厄认为现代的文化消费是社会差异化的产物,他将资本划分为三种类型,经济资本、文化资本和社会资本,其中文化资本的形成受制于社会教育水平和家庭出身。经济学视角下的文化消费理论,着重于文化经济与文化消费的内在运行规律以及运行机制等问题。亚当·斯密注意到艺术生产与消费是同时进行的;边际学派的杰文斯发现在文化消费中物质商品的效用递减规律并不适用,精神消费饱和的可能性很小,甚至艺术品、学问等几乎无界限。马歇尔明确文化消费遵循效用递增规律,并指出消费者的收入、商品的价格、必需品和奢侈品的类型、商品的用途广泛性、风俗习惯、消费者偏好等都会影响消费的需求弹性,不同地区的消费者对文化消费的需求弹性差异很大。凯恩斯则认为,只有降低艺术品的价格,普通消费者才能具备文化消费的可能性,并且文化消费者偏好的培养和形成是长期的,培养良好的艺术消费趣味和偏好有利于文化经济的长期繁荣。

西方文化消费理论的研究成果是老年文化消费研究重要的理论基础。科特勒的消费行为理论为更具感性特质的文化消费市场空间做了分析框架。而需求侧改革则为老年文化消费市场的潜力挖掘提供思路。文化内涵本身的复杂性决定了文化消费理论的复杂性和多维度,经济和社会环境的发展变化、科技的迭代更新等更是强化了文化消费研究动态变化的必然性。本文将以需求侧改革理论、科特勒消费行为理论、文化消费理论为基础,结合老年文化消费市场新阶段的特点,分析新发展格局下老年人口的文化消费动力机制。

---

① 盘和林.下沉市场爆发揭示中国消费升级可持续性[N].人民网,2019-06-25.

四、老年人文化消费动力机制

(一) 现阶段老年文化消费的特点

首先,老年人口可能更有文化消费的余力。在这个阶段,大多数老年人口已经处于退休的状态,子女大多已成年,工作和生活的压力很多都小于其他年轻人群体和中年人群体。自身物质消费欲望的降低以及家庭支出项目的减少,使得这部分群体在文化消费上反而更有余力。

其次,从活力上看,老年人口的文化消费黏性更高。老年人口的文化消费黏性表现为两个方面,一方面是对传统文化产品的"怀旧"消费,他们对这类文化产品积累了较为充足的文化资本,到老年阶段就产生了一定的消费路径依赖。另一方面,对于新兴文化产品,特别是有一定技术难度的文化产品,他们往往表现为从开始的抗拒到掌握技能之后执行度非常高。比如在短视频的观看和参与中,老年人因为有足够的空闲时间以及对新兴技术的好奇,反而表现得活跃度很高。

再次,从消费意愿上,老年人口的文化消费欲望逐步增强。一是在免费的公共文化服务逐渐推广、普及和完善之后,在免费文化产品的使用之后,受惠的老年人口补充和丰富了相当的文化资本,逐步愿意为高品质的文化产品进行合理的支付。二是随着"60后"逐步进入老年阶段,老年人口结构发生了变化,文化消费观念也从"不敢花""不愿花"过渡到"花不了",文化消费欲望更趋强烈,对老年文化产品的市场供给提出了更高的要求。

基于老年文化消费理论基础,结合老年人口文化消费的特点,如图 1 所示,拟构建老年人口文化消费的动力机制包括以下几个方面,包括消费能力提升机制、消费意愿提振机制以及消费环境营造机制等。

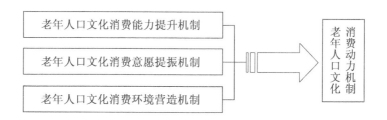

图 1　老年人口文化消费动力机制

(二) 老年人口文化消费能力提升机制

文化消费能力包括文化消费的经济能力和文化能力。其中,经济能力主要是指收入,收入高低在一定程度上决定了文化消费的多寡,收入的增长或减少则会影响文化消费的信心;而文化能力主要是指文化资本,文化资本存量决定文化消费偏好,文化资本增量决定文化消费偏好的增强或者更新。

对于老年人口文化消费而言,文化消费能力提升机制特别之处在于,首先,在收入增长机制中,收入增长预期可能低于年轻人;但同时相较于年轻人而言,老年人生活成本也低,一般来说,年轻人需要负担的住房支出、孩子教育支出、社交支出等都远远超过老年人;另外,相对来说,老年人的物质消费欲望降低。所以综合来说,老年人可支配收入中可能用于文化消费的份额是更有余力的。其次,在学习机制中,文化资本初始存量对大多数老年人的文化消费有更强的黏性,路径依赖程度更高。究其原因有两点:一是几十年的消费习惯形成的"文化记忆";二是老年人学习能力较弱,技术更迭速度远超学习速度。文化资本增量方面,老年人口可以有更多的时间从公共文化服务中获得,包括老年大学、社区文化服务、图书馆、博物馆等各种资源,从而产生文化资本的增加,积累更多进行文化消费的文化能力。具体的老年人口文化消费能力提升机制包括如下可支配收入增长机制和学习机制(见图2)。

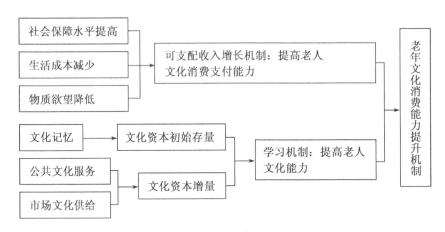

图 2 老年人口文化消费能力提升机制

1. 可支配收入增长机制:提高老人文化消费支付能力

文化消费与物质消费不同的一点在于消费者是否拥有精神消费需求。消费需求层次上升规律表示,只有满足较低层次的物质消费需求之后,人们才会关注更高层次的精神文化需求。凯恩斯的绝对收入理论强调了个人经济收入是消费的基础,因此消费者满足物质需求与精神文化需求取决于其收入。有研究发现,收入对老年消费产生了正向影响(杨庆芳等,2014),老年人的可支配收入是其进行文化产品消费的物质基础。近年来,随着经济社会的飞速发展,老年人的收入大幅提高,其文化消费能力日益旺盛,而文化需求的收入弹性较大,老年人口可支配收入的增加促进其进行文化消费。老年人的可支配收入主要来源于自身积累、子女补贴与社会保障。从自身积累来看,受到传统消费观念的影响,我国老年人往往比较注重积蓄和节俭,使其在步入老年之前已经拥有部分积蓄,这些积蓄是其老年时期文化消费的基本条件;从家庭支持来看,我国注重孝道,年轻人出于感激之心往往会承担赡养老人的义务,老年消费者部分可支配收入来自儿女,主要依靠代际赡养满足生活需求的老人拥有更加稳固的心理保障,刺激了其消费;从社会保障来看,我国实行社会统筹与个人账户相结合的社会保障制度,被现行养老制度覆盖的老年人得到了较好的养老支持,从而增加了受到预期收入影响的消费倾向(杨河清等,2010)。此外,高储蓄率抑制了我国的文化消费,人均积蓄与人均文化消费成反比(王亚南等,2010),而我国养老体系不断完善,降低了老年人口的预防性储蓄,进而激发了文化消费支出。

2. 学习机制:提高老人文化能力

消费者的文化解码能力是影响其文化消费的重要变量,诸多文化消费活动,例如观赏音乐会、参观博物馆与艺术品鉴赏等更高层次的消费需求,受到消费者文化素质高低的影响(李光明等,2019)。因此,受教育程度的差异是居民文化消费不平衡的重要因素,文化资本积累随着受教育程度的提高而提高,文化消费的位置也变得越来越重要。有研究资料表明,高学历的群体因其具备专业化知识技能以及高品位的鉴赏能力而更容易开展文化活动,进而进行文化消费。[①] 通常来说,人在老年时期所拥有的文化资本来自年轻时期的家庭与学校教育,文化资本初始存量很大程度上影响了老年群体的文化消费能力。从代际传递模型与理性成瘾假设的逻辑出发进行思考,进入老龄化阶段后,居民通常失去了生产能力而只具备消费能力,由于消费者的消费偏好是保持稳定的,因此其在年轻时所养成的消费习惯影响着老年时期的消费行为(王弟海,2010)。文化资本初始存量对老年人文化消费的重要引导作用,义务教育的普及,科教兴国战略与素质教育的实施,使得新老年人口的文化资本初始存量也在不断增加,文化消费能力不断攀升。此外,在物质高度发展的现代社会,老年人口不仅仅满足于物质层面的数量丰富,更加追求精神层面

---

① 崔玉贞. 文化消费调研报告(2012):受教育程度对文化消费的影响[EB/OL]. (2020 - 11 - 08). http://www. dawendou. com/fanwen/diaoyanbaogao/232858. html.

的富足,追求生活与生命质量的提升,老年人口产生再学习的需求,激发了其进行文化消费。因此,受到终身教育思想以及成人教育理念的影响,老年人口积极主动地参加老年大学与社区教育以追求自身的精神生活(王中华等,2020),可以说,老年人口的文化资本增量进一步提高其文化消费能力。随着教育水平更高的一代人步入老龄化,老年人口的文化资本存量越来越高,人口代际更替使得未来老年群体更好地感知精神文化需求,更倾向于为文化产品付费。

(三)老年人口文化消费意愿提振机制

消费意愿是消费行为发生的主要主观因素,是否有消费意愿,与多种因素相关,主要是心理因素以及消费时间的许可。文化消费对于大多数人来说不是一种刚需,所以一般需要有闲暇时间来支持,不同年龄层次不同人生阶段的心理需求不同,文化消费的诉求就有差异。

对于提振老年人口文化消费意愿来说,特别之处在于以下几点:一是理论上老年人口的闲暇时间是远远多于年轻人的,他们大多退出工作场所,在家庭中也不再是主角,空出来的精神寄托和时间可以用文化消费来填充。二是心理的变化,不想脱离社会的追新心理,年轻时没时间、没精力、没有实现的美好愿望都得以补偿,以及对年轻时光追忆的情怀,都是老年文化消费的重要动力。三是老年人的文化消费心态,因为成长环境、生活习惯等多种因素,更倾向于依赖公共文化服务供给。具体的老年人口文化消费意愿提振机制包括如下闲暇增多机制和心理变化机制(见图3)。

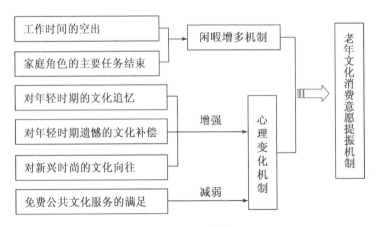

图3 老年人口文化消费意愿提振机制

1. 闲暇增加机制

家庭经济学引入时间的机会成本解释家庭消费模式的变化,认为时间作为一种稀缺资源,制约了家庭生产效用最大化(高巧,2004)。文化产品是一种时间密集型的商品,机会成本高昂,这阻碍了缺乏闲暇时间的消费者进行精神文化消费。相比于其他年龄的人口来说,老年人的文化消费因为拥有较多的闲暇时间而得到延续。以旅游休闲这种文化消费为例,老年人闲暇时间充足,孤独寂寞成为他们生活的常态,老年人结伴出游观赏美景,在弥补精神文化生活短板的同时促进身心健康,旅游越来越受到老年人的青睐,因此产生了休闲消费需求。《中国老年消费习惯白皮书》数据显示,我国一、二线城市老年人具有强烈的旅游消费意愿,一线老人的旅游休闲支出远高于平均水平。总之,人口老龄化激发了社会文化消费,闲暇时间的增多成为老年人进行休闲类文化消费的基础,老年人的精神文化需求随着闲暇时间的增加而提高,精神消费的时间成本锐减(刘飞燕,2005)。不仅是旅游消费,观赏文化表演等文娱活动的时间成本高昂,闲暇成为影响老年人精神文化产品消费的重要因素。

2. 心理变化机制

根据消费心理学的研究,心理因素会激发其消费动机,进而触发消费行为。因此,老年人口的个性心理特征成为诱导其文化产品消费的重要因素。许多调查发现,我国老年群体的消费心理发生很大的变化,他们逐渐抛弃了"重积累、轻消费"的观念,在年轻时经历过精神物质双重匮乏的生活后,老年时期的他们有钱有闲,通常会喷发出强烈的补偿欲望去满足自己的内在精神需求。补偿性消费行为是为了弥补某种心理劣势或者威胁而产生的一种与需求不匹配的消费行为(Gronmo,1988),补偿性消费研究的理论基础来自物质与自我概念以及象征性自我完成理论(郑晓莹等,2014),生存需求、控制需求以及人际归属需求受到威胁是补偿性消费产生的动因(柳武妹等,2014)。老年人文化消费的心理依据一是来自生存威胁。老年人口首先面对的就是身体功能衰退,为了缓解死亡威胁,他们开始追求轻松快乐的文化生活(李真等,2018)。二是来自控制感缺失。从繁忙的工作与家庭负担中解脱以后,忙碌的生活节奏突然被打乱,老年人口通常感到社会与家庭角色弱化,通过精神文化消费来增加人生的掌控感,从而刺激了文化产品销售与老年人口消费升级。三是来自归属感缺失。随着人口频繁流动,"空巢老人"比例增加,精神空虚是他们共同的心理感受,《中国老年消费习惯白皮书》显示,2016 年,我国空巢老人超过 1 亿人,25% 左右常常感到孤独与归属缺失。此时,老年人群的精神慰藉需求强烈,文化消费成为他们打发无聊的最好选择。还有研究发现,老年家庭的补偿性消费有所延迟并且不连续(魏瑾瑞等,2019)。总之,老年消费者心理变化促使其进行文化消费。

(四) 老年人口文化消费环境营造机制

消费环境是消费者在生存和发展过程中面临的、对消费者有一定影响的、外在的、客观的因素。文化消费环境是在满足自身或公众精神需求的消费过程中所面临的、对其有一定影响的、外在的、客观的背景、基础和条件等因素的总称,包括硬件环境和软件环境。老年文化消费环境的特别之处在于对文化消费环境的适老化需求,包括文化场所的适老化设施、文化消费的适老化政策安排、适老化的技术支持等。特别是数字化时代技术迭代迅速,对于老年人来说,新兴文化产品和服务的消费有较高的技术门槛,比如已经更新多年的数字电视,对于很多老年人来说开机都是一件难事,这方面的环境营造对于促进老年文化消费很是迫切。老年人口文化消费的客观因素主要考虑以数字技术、互联网技术以及信息通信技术为代表的技术创新。在客观因素中,数字技术为文化消费提供技术支持,孕育出丰富的数字化文化产品,为老年人口打造数字化文化生活;互联网技术的发展革新了文化消费形态,提供先进的文化消费平台,为老年人口量身定做文化消费入口;信息通信技术作为文化消费的媒介,加速信息传播速度,增强老年人口文化信息获取能力。因此,技术创新机制转变了老年人文化消费方式进而刺激了老年人文化消费(见图4)。

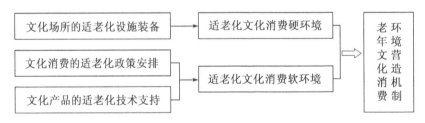

图 4 老年人口文化消费环境营造机制

马克思的技术消费观为消费与技术创新的互动关系提供了理论基础,技术的进步以一种更优质的供给方式满足了消费者的需求(王明明等,2019)。因此,科技创新应用在生产的各个环节,全方面促进了文化的发展,激发了老年文化消费(顾江等,2021)。

第一,数字技术为文化消费提供技术支持,孕育丰富的数字化文化产品。数字技术从供给端为银发族设计出与时俱进的文化产品,丰富其精神世界,刺激了老年文化消费。数字化生活浪潮的来临改变了老年人的生活方式,数字化产品尤其受到老年人的青睐,目前许多文化消费产品已经实现数字化,例如,文化遗迹、民俗风情等博大精深的中华文化资源在数字技术的助力下演化成独特的文化产品,VR技术将古迹复原成栩栩如生的画面,居民沉浸其中,仿佛身临其境。数字技术使得"怀旧"的传统文化得以有更多表达形式和传播渠道,让老年消费者的消费模式有更多选择。

第二,互联网技术革新了文化消费形态,提供先进的文化消费平台。陈世香等(2021)研究发现,互联网的使用对老年人口文化消费的影响大于青年和中年。随着互联网持续向银发族渗透,网络消费成为老年人的新宠,电商购物平台满足了老年人群的精神需求,各种文化用品以实惠的价格与发达的交通被送到每个老年消费者的手中。根据《中国互联网络发展状况统计报告》,截至2021年6月,50岁以上网民占比为28.1%,他们主要利用网络看新闻、看影视剧以及聊天和网购。互联网为老年人文化消费提供了强有力的支撑,极大丰富其精神文化生活。

第三,信息通信技术作为文化消费的媒介,加速信息传播速度。移动社交媒体作为文化传播的媒介,扩大了老年人的社交圈,并将快乐时尚的文化消费思想从年轻一代传播到银发族,我国老年人的消费思维由节约型朝快乐型转变,最终整个群体的文化消费能力增加。近几年网红直播兴起,老年群体也参与其中,"网红奶奶""时尚阿姨"越来越成为许多老年人的代名词,打破了以往老年人边缘碎片文化形象,激发文化产品消费。值得注意的是,人口具有代际更替的特性,老年群体也在不断发展,"新一代"老年人的消费结构更加优化(杨凡等,2020),因此,"新一代"老年人的文化消费潜力更强。

五、结　语

推动老年人口文化产品消费不仅是提升文化产业发展质量与效益的重要渠道,更是促进经济社会可持续发展的重要动力,是挖掘新人口结构红利的重要方向。本文从消费能力提升、消费意愿提振以及消费环境营造三个方面入手,对老年人口文化产品消费的动力机制进行梳理。五大机制协同促进老年人口文化消费:可支配收入增长机制以及学习支持机制提高了老年人文化消费能力;闲暇增多机制以及心理变化机制增强了老年人文化消费意愿;技术创新机制转变了老年人文化消费方式。

上述结论的启示在于:促进老年人口文化消费的有效路径应当从其消费需求

入手,消费需求是消费领域各项消费活动的起点,而消费能力与消费欲望构成了消费需求,老年人的可支配收入、文化能力影响其消费能力,闲暇、心理与技术创新激发了其消费欲望。因此,提升老年群体的收入、改善文化供给水平、推动"文化＋科技"的深度融合均为推动老年人口文化消费的有效路径。

第一,提高老年人的可支配收入水平需要完善社会保障机制,构建多元化、多层次的养老保障体系,充分展现政府对老年文化消费的引导作用,通过政策刺激与财政引导提高老年人的可支配收入。包括比如增加年轻老人退休后灵活再就业的社会环境营造,直接增加他们可支配收入以及接触社会新变化的机会;或者完善以家庭为单位的税收制度,减少老年人经济补贴和精力付出给下一代的家庭压力等。

第二,实施供给侧差异化市场策略,细分文化消费市场,关注老年群体的文化消费需求,创新文化产品供给以达到对老年人的心理按摩效应,从而提高老年人口的文化消费意愿。

第三,"文化＋科技"的深度融合培育新的老年文化消费增长点。注重新技术在文化产品运用中的适老化考虑,为老年人口文化消费增加新内容和新途径。比如新媒体设备中智能方言语音操作体统,方便新媒体文化内容在老年人中的到达率。

参考文献

［1］原新.银发消费趋向享乐型、智能化[J].人民论坛,2021(4):30－32.

［2］张冲,张丹,朱鹏.中国城镇居民人口年龄结构与居民文化消费[J].西安财经学院学报,2016,29(2):86－90.

［3］刘焱,刘园园.京津冀文化消费的影响因素与结构特征[J].河北大学学报(哲学社会科学版),2020,45(6):104－111.

［4］车树林,顾江.收入和城市化对城镇居民文化消费的影响:来自首批26个国家文化消费试点城市的证据[J].山东大学学报(哲学社会科学版),2018(1):84－91.

［5］梁君,顾江.农村文化消费:动因、问题与对策:以江苏省为例[J].消费经济,2009,25(4):16－19.

［6］张苏缘,刘柏阳."十四五"时期怎样培育文化消费新增长极?:以江苏省为例[J].文化产业研究,2020(3):80－96.

［7］徐和清,石皓.城镇居民文化娱乐服务消费的特点及促进机制研究[J].当代经济管理,2014,36(3):83－87.

[8] 桂河清,孙豪.城乡教育差距如何影响文化消费不平衡[J].现代财经(天津财经大学学报),2021,41(5):68－82.

[9] 任文龙,姜照君.大数据驱动下文化消费发展研究:以江苏省为例[M]//文化产业研究,2019(4):75－89.

[10] 范宪伟.退休与家庭消费行为:兼论"退休消费之谜"[J].宏观经济研究,2020(10):126－136.

[11] 石贝贝.我国城乡老年人口消费的实证研究:兼论"退休—消费之谜"[J].人口研究,2017,41(3):53－64.

[12] 彭小辉,李颖.互联网促进了老年群体的消费吗?[J].消费经济,2020,36(5):46－56.

[13] 王振振,胡晗,李敏.老年消费需求规模预测及影响因素分析[J].数学的实践与认识,2016,46(21):1－9.

[14] 林晓宁,徐彬.长春市文化养老消费市场发展实证研究[J].税务与经济,2020(1):107－112.

[15] 杨赞,赵丽清,陈杰.中国城镇老年家庭的消费行为特征研究[J].统计研究,2013,30(12):83－88.

[16] 杨雪,王瑜龙.社交活动对中国新一代老年人口消费的影响:基于CHARLS 2018的实证研究[J].人口学刊,2021,43(2):61－73.

[17] 李军,李敬.数字赋能与老年消费:基于"宽带中国"战略的准自然实验[J].湘潭大学学报(哲学社会科学版),2021,45(2):83－90.

[18] 杨庆芳,张航空.老年人个人消费和家庭消费及其影响因素:以北京海淀为例[J].西北人口,2014,35(2):115－118,123.

[19] 杨河清,陈汪茫.中国养老保险支出对消费的乘数效应研究:以城镇居民面板数据为例[J].社会保障研究,2010(3):3－13.

[20] 王亚南,方彧.中国东西部文化消费影响因素异同探析[J].广义虚拟经济研究,2010,1(1):65－76.

[21] 李光明,徐燕.收入、时间与知识:文化消费能力约束效应研究[J].学海,2019(6):106－113.

[22] 王弟海.戴蒙德模型:理解现代宏观经济学的基础[N].中国社会科学报,2010-10-28(8).

[23] 王中华,王娟,贾颖.我国老年教育的回顾、反思与展望[J].现代教育管理,2020(12):42－48.

[24] 高巧.解读新家庭经济学[J].商业时代,2004(11):6－7.

[25] 刘飞燕.城镇老年文化消费市场探析[J].消费经济,2005(2):62－64.

[26] 郑晓莹,彭泗清.补偿性消费行为:概念、类型与心理机制[J].心理科学进展,2014,22(9):1513-1520.

[27] 柳武妹,王海忠,陈增祥.补偿性消费研究回顾与展望[J].外国经济与管理,2014,36(9):20-28.

[28] 李真,李享,刘贝贝.补偿性消费理论视角下老年人旅游行为心理依据研究:以北京城市老年人为例[J].干旱区资源与环境,2018,32(4):196-202.

[29] 魏瑾瑞,张睿凌.老龄化、老年家庭消费与补偿消费行为[J].统计研究,2019,36(10):87-99.

[30] 王明明,孟程程.科技创新与文化消费的互动机制及对文化产业转型升级的影响:基于供给侧改革视域的分析[J].税务与经济,2019(2):50-55.

[31] 顾江,王文姬.科技创新、文化产业集聚对城镇居民文化消费的影响机制及效应[J].深圳大学学报(人文社会科学版),2021,38(4):47-55.

[32] 陈世香,曾鸣.农村居民互联网使用对文化消费的影响及作用机制[J].首都经济贸易大学学报,2021,23(3):75-85.

[33] 杨凡,潘越,黄映娇.中国老年人消费结构及消费升级的影响因素[J].人口研究,2020,44(5):60-79.

[34] BANKS J, BLUNDELL R, TANNER S. Is there a retirement savings puzzle? [J]. American Economic Review, 1998(4):769-788.

[35] LUNDBERG S, STARTZ R, STILLMAN S. The retirement consumption puzzle:A marital bargaining approach[J]. Journal of Public Economics, 2003(87):1199-1218.

[36] GRONMO S. Compensatory consumer behavior:Elements of a critical sociology of consumption[M]. New York:Humanities Press,1988.

作者简介

朱文静(1976—),江苏淮安人,江苏开放大学经济学博士、副教授,南京大学长三角文化产业研究院研究员,江苏基层社会治理研究协同创新基地研究人员。研究方向为老年文化产业、文化贸易、文化旅游等。

孙子淞(1997—),江苏徐州人,江苏师范大学商学院硕士研究生。研究方向为数字金融。

Research on Dynamical Mechanism of Cultural Consumption of the Elderly Population Under the New Development Pattern

Zhu Wenjing   Sun Zisong

Abstract：With the increasing aging，the elderly population has become a consumer group that cannot be ignored. It is of great theoretical and practical significance to explore the driving mechanism of cultural consumption of the elderly population and actively explore the silver consumption market. In the background of the new development pattern，we try to build cultural consumption mechanism of the elderly people from three aspects based on the reform of demand side，Kotler consumer behavior theory and the theory of cultural consumption as the foundation. They are increasing our capacity for cultural consumption，boosting willingness to consume cultural goods and creating an environment for cultural consumption. And we hope to put forward some effective paths of promoting the elderly's cultural consumption. The results show that the increase mechanism of disposable income and the learning mechanism improve the cultural consumption ability of the elderly，while the increase mechanism of leisure and the psychological change mechanism enhance the cultural consumption willingness of the elderly. Technological innovation mechanism has changed the way of cultural consumption of the elderly. Therefore，to further promote the cultural consumption of the elderly population，we suggest to improve the social security system and the level of cultural supply，and to promote the deep integration of "culture ＋ science and technology".

Key words：elderly population；cultural consumption；dynamic mechanism

子女数量对家庭文化消费的影响效应研究[*]

刘柏阳　李　可

摘　要：本文采用 2018 年中国家庭追踪调查数据，探讨了子女数量对家庭文化消费的影响。研究结果表明：子女数量的增加有助于提高文化消费占家庭总消费支出和占家庭纯收入的比重，且对于文化消费支出占纯收入比重高的家庭边际效应更强；子女数量的增加对城镇和农村家庭文化消费都有显著正向影响，且对农村家庭的促进作用大于城镇家庭；子女数量对文化消费的促进效应在户主受教育年限较少的家庭中更为明显。基于此，应鼓励文化消费支出占纯收入比重高的家庭多生育子女，重视家庭基本的生活问题；重点关注农村家庭和户主受教育年限较少的家庭，给予家庭更多政策支持。

关键词：子女数量；文化消费；影响效应；城乡差异；机制检验

一、引　言

建设文化强国是实现中华民族伟大复兴的必然要求。党的十八大报告提出坚持贴近实际、贴近生活、贴近群众的原则，增强文化整体实力和竞争力，推进社会主义文化强国建设，让人民享有健康丰富的精神文化生活。党的十九大报告强调要"坚定文化自信，推动社会主义文化繁荣兴盛"，推动文化事业和文化产业发展的重要性愈加凸显。我国文化消费市场潜力尤为巨大，文化消费市场的持续健康发展对于满足居民精神文化需求、提高国民文化素养、推动文化产业高质量发展和拉动经济稳定增长至关重要。根据 2021 年公布的第七次全国人口普查数据，我国人口10 年来继续保持低速增长态势。数据显示，我国 14 岁及以下、15—59 岁、60 岁及

---

* 基金项目：本文系国家社科基金艺术学重大项目"5G 时代文化产业新业态、新模式研究"（20ZD05）、研究阐释党的十九届四中全会精神国家社科基金重点项目"健全现代文化产业体系和市场体系研究"（20AZD065）的阶段性研究成果。

以上人口数占全国人口的比重分别为 17.95％、63.35％、18.70％，与 2010 年相比人口比重分别上升 1.35％、－6.79％、5.44％。数据表明，出生人口中"二孩"占比由 2013 年的 30％左右上升到 2021 年的 43％左右，生育政策调整取得了积极成效，我国少儿人口数量增加，比重上升。因此，本文在文化强国和"三孩"生育政策背景下，研究子女数量对家庭文化消费的影响，并分析了户主受教育年限对这种影响的调节效应，以及城乡家庭之间存在的异质性。

二、文献综述

（一）关于文化消费影响因素的研究

近年来，随着文化产业在国民经济发展中的贡献逐渐提高，学界对居民文化消费的研究也愈发深入，现有文献通常从总体因素与特定因素两方面对此进行分析。在综合分析文化消费的影响因素时，Tally(1999)指出当代美国文化消费偏好受种族、性别、年龄和受教育水平的影响；Chan 和 Goldthorpe(2007)发现英国音乐文化消费由收入、受教育程度和社会地位的联合效应决定；赵吉林等（2014）认为赡养率、受教育程度、家庭人口规模、户主年龄及财富水平与收入状况是决定中国家庭文化消费支出的主要因素。在针对性剖析影响文化消费的特定因素时，陈劲（2015）以重庆市为例，揭示出文化资本与经济资本对居民文化消费的作用机制；曾燕萍等（2020）证实了提高公共文化支出能够扩大城镇家庭与中低收入家庭的文娱消费占比，强调政府应在推动文化消费发展进程中扮演重要角色。此外，部分学者还从个人品位、老少抚养比、保险购买、生活压力、医疗制度改革、文旅产业融合等方面对影响居民文化消费的其他因素进行了理论与实证分析。

（二）关于子女数量与家庭消费的研究

现有文献大多集中于研究子女数量与家庭消费结构、消费满意度、消费储蓄决策、资产负债配置行为等方面的关系。赵昕东等（2016）认为子女数量与户主基本情况，如户主年龄、受教育水平、健康状况等，是影响家庭消费的重要因素。马静静（2016）研究子女数量与性别对家庭消费结构的影响，结果表明子女数量增加会改变家庭原有消费结构，且二孩家庭中孩子性别的不同组合会造成个别细分种类的消费水平有所差异。董雯（2018）构建两时期家庭共同偏好模型，发现子女数量增加会对家庭消费产生两种影响：一是通过降低已婚女性劳动供给的方式，给家庭消费带来较大负面作用，且该效应在中等收入家庭中更加明显；二是直接影响家庭的消费储蓄决策，提高家庭消费倾向。独旭等（2018）基于生命周期理论，探究不同年龄阶段子女数量与家庭储蓄率的关系,发现在初期子女数量增加会带来家庭储蓄率下降,但在中期家庭储蓄率与子女数量成正向关系。张海峰等(2019)实证考察大于等于2的孩次对农村家庭经济行为的影响,发现在短期抚养阶段,农村地区子女数量增加会刺激家庭在食品、衣着、教育文化等方面的消费,拉动相关行业需求增长,对家庭储蓄率形成负向冲击。邓鑫(2021)探讨未成年子女数量与家庭负债之间的联系,结果显示未成年子女数量的增加会提高家庭的消费支出,使家庭重新进行资产配置,从而导致家庭背负更多的债务,且该效应在新增子女为第一胎的家庭与城镇家庭中尤为显著。王韧等(2022)重点研究子女数量对家庭金融参与行为的影响,发现家庭股票投资的深度和广度与子女数量成显著的负向关系,但其他风险性金融资产不受子女数量的影响,一孩家庭中子女结构的不同会带来相反的金融资产配置倾向,但二孩家庭中该倾向不存在。

涉及子女数量与家庭文化消费之间关系的研究较少,且结论存在不一致性。陈广等(2016)考察农村地区人口结构对文化消费的影响,认为农村家庭规模与文化消费呈现出"倒U形"关系,且当前未到达拐点,指出"二孩"政策的有效实施将提升农村文化消费需求。宫汝娜等(2020)认为子女数量增加会造成家庭生活质量的下降,并将享受型消费支出与居民主观生活满意度作为衡量家庭生活质量的指标。王军等(2021)则发现子女数量的增加能够提升家庭人均消费水平,提高家庭享乐型消费支出占比,且存在城乡异质性。

综上所述,在论及子女数量与消费之间的关系时,学者们更多地注重其与家庭经济决策、总体消费状况、储蓄及投资等的联系,关于子女数量对家庭文化消费影响的研究较少且不够准确深入,无法得出确切的结论,存在进一步研究的空间。基于此,本文采用2018年中国家庭追踪调查数据,重点研究子女数量对家庭文化消费的影响,弥补了现有研究的空缺,具有一定的创新性与研究意义。

三、模型设定与描述性统计

(一)模型设定与数据来源

本文使用2018年中国家庭追踪调查(CFPS)的数据,研究子女数量对家庭文化消费的影响,探讨户主受教育年限对这种影响的调节效应并分析不同收入家庭和城乡家庭之间存在的异质性。2018年,CFPS共获取14 218户家庭成员信息,本文仅保留户主年龄在20岁及以上并且至少有一个子女的家庭。最终得到处理缺失值后的家庭样本7 210户。构建的子女数量对家庭文化消费影响的实证模型表示如下：

$$ratio\_pec_i = \alpha + \beta child_i + \gamma X_i + \varepsilon_i$$
$$ratio\_finc_i = \alpha_1 + \beta_1 child_i + \gamma_1 X_i + \varepsilon_i$$

其中：$ratio\_pec_i$、$ratio\_finc_i$ 分别表示第 i 个家庭文化消费支出占总消费支出的比重和文化消费支出占家庭纯收入的比重，$child_i$ 代表第 i 个家庭的子女数量，X_i 为本文控制变量。

（二）变量定义与描述性统计

本文的被解释变量是家庭文化消费，具体分为家庭文化消费支出占总消费支出和占家庭纯收入的比重。文化消费支出为文化娱乐支出、旅游支出和教育培训支出的和。核心解释变量为子女数量。本文还控制了户主受教育年限、户主婚姻状态、户主就业状态、户主性别和户主年龄等户主个人特征变量，以及家庭人口规模、家庭户籍类型等家庭层面的变量。将 2018 年数据中"最熟悉家庭财务的受访者"这一项识别家庭户主，变量的描述性统计见表 1。从描述性统计来看，总消费支出的均值为 74 667.509 元，家庭纯收入的均值为 106 760.33 元，家庭文化消费支出的均值为 9 939.859 元，且标准差均较大。家庭的平均子女数量为 1.853 个，一孩家庭占多数。本文进一步更直观地统计出不同子女数量家庭文化消费水平的均值差异（见表 2），一孩家庭的文化消费支出最大，为 12 070.362 元；其次是二孩家庭，为 8 962.666 元；多孩家庭的文化消费支出最小，为 8 560.898 元。从文化消费的不同类别来看，一孩家庭进行的教育支出最大，其次是旅游支出，最后是文化娱乐支出，均值分别为 7 683.636、3 783.6 和 603.126 元。

表 1　样本变量的描述性统计

变量类别	变量名	均值	标准差	最小值	最大值
被解释变量	家庭文化消费支出占总消费支出的比重	0.145	0.146	0	0.898
	家庭文化消费支出占纯收入的比重	0.158	0.317	0	2.7
核心解释变量	子女数量	1.853	0.906	1	9
工具变量	第一个孩子性别（男孩=1，女孩=0）	0.583	0.493	0	1
	第一个孩子在计划生育政策全面实施前出生（1978 年前出生=1,1978 年后出生=0）	0.09	0.286	0	1

（续表）

变量类别	变量名	均值	标准差	最小值	最大值
户主特征	户主年龄	48.315	13.058	20	93
	户主性别（男性＝1，女性＝0）	0.504	0.5	0	1
	户主就业状态（就业＝1，失业或无业＝0）	0.776	0.417	0	1
	户主婚姻状态（有配偶＝1，无配偶＝0）	0.919	0.273	0	1
	户主受教育年限（文盲或半文盲＝0，小学＝6，初中＝9，高中/中专/技校/职高＝12，大专＝15，大学本科＝16，硕士及以上＝19）	8.264	4.68	0	19
家庭特征	家庭人口规模	4.176	1.822	1	21
	家庭户籍类型（城镇＝1，农村＝0）	0.547	0.498	0	1

表 2　不同子女数量家庭文化消费水平均值的差异　　　　　　单位:元

家庭分组	文化消费总支出	文化娱乐支出	旅游支出	教育支出
一孩家庭	12 070.362	603.126	3 783.6	7 683.636
二孩家庭	8 962.666	263.981	1 209.766	7 488.919
多孩家庭	8 560.898	242.588	1 051.65	7 266.66

四、实证结果与分析

（一）基准回归结果分析

本文首先对家庭子女数量对居民文化消费的影响做基准回归,估计结果如表 3 所示。模型(1)和(2)的被解释变量为家庭文化消费支出占总消费支出的比重,模型(3)和(4)的被解释变量为家庭文化消费支出占纯收入的比重,其中模型(1)和(3)未控制家庭特征变量,模型(2)和(4)对户主和家庭特征变量均进行了控制。结果显示,家庭子女数量的增加有助于提高文化消费占总消费支出和占家庭纯收入的比重,具体表现为家庭子女数量的边际效应系数在模型(1)—(4)中均在 1％的水平显著为正,即每增加 1 个子女,家庭文化消费支出占总消费支出的比重平均上升 0.643％,家庭文化消费支出占纯收入的比重平均上升 2.93％。原因可能是:一方面,子女数量的增加使得父母对子女在教育投入上的文化消费增加;另一方面,家庭子女数量的增加可以减轻子女赡养父母的压力,支持父母可以更多地进行旅游等文化消费来享受生活。从控制变量方面来看,户主年龄的增加、户主就业状态有助于提高文化消费的占比,户主是男性、户主有配偶、家庭总人口数量的增加和家庭是城镇户籍,均会对文化消费的占比起到显著的抑制作用。

表 3　基准回归结果

	（1）	（2）	（3）	（4）
	家庭文化消费支出占总消费支出的比重	家庭文化消费支出占总消费支出的比重	家庭文化消费支出占纯收入的比重	家庭文化消费支出占纯收入的比重
子女数量	0.006 41*** (0.002 09)	0.006 43*** (0.002 21)	0.027 2*** (0.005 72)	0.029 3*** (0.005 65)
户主年龄	0.011 7*** (0.000 800)	0.011 8*** (0.000 808)	0.011 6*** (0.001 77)	0.011 9*** (0.001 78)
户主年龄的平方	−0.000 114*** (0.000 008 32)	−0.000 114*** (0.000 008 43)	−0.000 119*** (0.000 018 8)	−0.000 124*** (0.000 018 9)
户主男性	−0.011 2*** (0.003 62)	−0.011 2*** (0.003 63)	−0.015 2* (0.008 01)	−0.014 8* (0.007 94)
户主就业	0.030 5*** (0.004 24)	0.030 0*** (0.004 26)	0.037 3*** (0.009 74)	0.033 1*** (0.009 83)
户主有配偶	−0.017 4** (0.006 81)	−0.016 9** (0.006 87)	−0.061 2*** (0.018 6)	−0.053 3*** (0.018 6)
户主受教育年限	0.000 759* (0.000 414)	0.000 831* (0.000 433)	−0.004 75*** (0.000 877)	−0.004 33*** (0.000 883)
家庭总人口数量		−0.000 522 (0.000 970)		−0.007 72*** (0.002 15)
家庭城镇户籍		−0.002 93 (0.003 79)		−0.024 4*** (0.007 56)
常数项	−0.157*** (0.019 7)	−0.155*** (0.019 6)	−0.0784* (0.045 9)	−0.051 5 (0.046 8)
样本量	7 210	7 210	7 203	7 203
调整的 R^2	0.037	0.037	0.026	0.028

注:"*""**""***"分别表示结果在 10%、5% 和 1% 水平上显著;括号中的数值是稳健标准误,下同。

（二）内生性检验

为解决模型可能存在的内生性问题，本文参考王军（2021）的研究选取计划生育政策和家庭第一个孩子的性别作为子女数量的工具变量，估计结果如表4所示。一阶段回归结果显示，"第一个孩子性别为男孩"显著负向影响家庭子女数量，当家庭中第一个孩子性别为男孩时，家庭子女数量平均下降20.8%，即男孩偏好显著。"第一个孩子在计划生育政策全面实施前出生"与子女数量之间存在显著正相关关系，当家庭中第一个孩子在计划生育政策全面实施前出生时，家庭子女数量平均上升34.8%，即计划生育政策效果显著。二阶段回归结果显示，用第一个孩子性别为男孩和第一个孩子在计划生育政策全面实施前出生作为工具变量进行处理后，子女数量对家庭文化消费影响的回归系数均通过1%的显著性检验，且正向作用加剧。每增加1个子女，家庭文化消费支出占总消费支出的比重平均上升10.1%，家庭文化消费支出占纯收入的比重平均上升18.8%。

表4 工具变量的估计结果（IV - 2SLS）

	(1)		(2)	
	家庭文化消费支出占总消费支出的比重		家庭文化消费支出占纯收入的比重	
	一阶段回归	工具变量回归	一阶段回归	工具变量回归
子女数量		0.101 *** (0.016 2)		0.188 *** (0.034 3)
第一个孩子性别为男孩	−0.208 *** (0.018 8)		−0.208 *** (0.018 8)	
第一个孩子在计划生育政策全面实施前出生	0.348 *** (0.063 6)		0.348 *** (0.063 6)	
户主年龄	−0.030 6 *** (0.007 08)	0.016 5 *** (0.001 26)	−0.030 5 *** (0.007 08)	0.019 9 *** (0.002 67)
户主年龄的平方	0.000 428 *** (0.000 078)	−0.000 176 *** (0.000 014 6)	0.000 427 *** (0.000 078)	−0.000 227 *** (0.000 031 1)
户主男性	0.068 3 *** (0.019 1)	−0.017 1 *** (0.004 19)	0.069 2 *** (0.019 1)	−0.024 9 *** (0.009 13)
户主就业	0.101 *** (0.027 1)	0.020 4 *** (0.005 28)	0.101 *** (0.027 1)	0.017 2 (0.010 9)
户主有配偶	−0.002 56 (0.041 7)	−0.017 4 ** (0.008 11)	−0.004 13 (0.041 7)	−0.053 9 *** (0.019 9)

（续表）

	(1) 家庭文化消费支出占总消费支出的比重		(2) 家庭文化消费支出占纯收入的比重	
	一阶段回归	工具变量回归	一阶段回归	工具变量回归
户主受教育年限	−0.039 9*** (0.002 35)	0.004 67*** (0.000 803)	−0.039 9*** (0.002 35)	0.002 12 (0.001 57)
家庭总人口数量	0.126*** (0.006 84)	−0.011 9*** (0.002 24)	0.126*** (0.006 84)	−0.026 7*** (0.005 02)
家庭城镇户籍	−0.260*** (0.020 7)	0.020 7*** (0.005 80)	−0.260*** (0.020 7)	0.015 3 (0.011 7)
常数项	2.185*** (0.166)	−0.391*** (0.046 3)	2.186*** (0.166)	−0.448*** (0.098 8)
样本量	7 210	7 210	7 203	7 203

（三）稳健性检验

由于基础回归容易受到样本极端值的影响,本文采用分位数回归法就子女数量对家庭文化消费支出占纯收入比重的影响进行了进一步的实证检验,选择 5 个具有代表性的分位点 10%、25%、50%、75% 和 90%,来解决估计量可能存在的偏误问题,估计结果如表 5 所示。从子女数量的回归系数来看,各个分位点的系数均显著为正,这与基础回归结果一致,说明模型结果具有稳健性。从控制变量的回归系数来看,各个分位点的户主年龄和户主就业状态的回归系数都显著为正,而户主是男性和户主有配偶的回归系数都显著为负。各变量随着分位点发生变化的规律也明显不同,从子女数量来看,子女数量对家庭文化消费支出占纯收入比重的影响随着分位数水平的提高而逐渐增强,说明子女数量对文化消费支出占纯收入比重高的家庭边际效应更强。

表 5　分位数回归结果

	家庭文化消费支出占纯收入的比重				
	10%	25%	50%	75%	90%
子女数量	0.000 665 (0.000 469)	0.001 66* (0.000 947)	0.005 83*** (0.001 85)	0.016 1*** (0.005 07)	0.059 6*** (0.010 5)
户主年龄	0.000 171 (0.000 196)	0.001 40*** (0.000 396)	0.005 91*** (0.000 775)	0.016 0*** (0.002 12)	0.026 9*** (0.004 40)

(续表)

	家庭文化消费支出占纯收入的比重				
	10%	25%	50%	75%	90%
户主年龄的平方	−0.000 003 17	−0.000 016 7***	−0.000 062 0***	−0.000 157***	−0.000 255***
	(0.000 001 96)	(0.000 003 96)	(0.000 007 75)	(0.000 021 2)	(0.000 043 9)
户主男性	−0.000 889	−0.003 32**	−0.011 7***	−0.014 0*	−0.025 0
	(0.000 775)	(0.001 56)	(0.003 06)	(0.008 38)	(0.017 4)
户主就业	0.001 80*	0.003 49*	0.014 9***	0.027 3**	0.091 1***
	(0.001 01)	(0.002 04)	(0.003 99)	(0.010 9)	(0.022 6)
户主有配偶	−0.003 74***	−0.007 10**	−0.022 2***	−0.036 3**	−0.082 3***
	(0.001 41)	(0.002 84)	(0.005 55)	(0.015 2)	(0.031 5)
户主受教育年限	0.000 040 7	0.000 292	0.000 541	−0.000 919	−0.008 85***
	(0.000 092 1)	(0.000 186)	(0.000 364)	(0.000 995)	(0.002 06)
家庭总人口数量	0.000 939***	0.002 74***	0.000 721	−0.004 59*	−0.019 5***
	(0.000 220)	(0.000 444)	(0.000 870)	(0.002 38)	(0.004 93)
家庭城镇户籍	0.001 21	0.003 63**	0.005 33	−0.010 1	−0.051 4***
	(0.000 825)	(0.001 66)	(0.003 26)	(0.008 92)	(0.018 5)
常数项	0.004 40	−0.012 7	−0.063 5***	−0.181***	−0.191*
	(0.005 11)	(0.010 3)	(0.020 2)	(0.055 2)	(0.114)
样本量	7 203	7 203	7 203	7 203	7 203

（四）机制检验

为验证户主受教育年限对家庭文化消费的调节效应,在基准回归模型的基础上加入户主受教育年限与子女数量的交互项,并重新估计。具体的回归结果如表6所示。从交互项的结果来看,在模型（1）—（4）中,交互项的系数均显著为负,这意味着户主受教育年限起到负向调节效应,即在户主受教育年限较多的家庭中,家庭子女数量的增加对文化消费的需求效应被部分挤出,也就是说,家庭子女数量对文化消费的促进效应在户主受教育年限较少的家庭中更为明显。原因可能是户主受教育程度越低,越希望子女能够受到更好的教育,就会更多地进行教育、旅游和文化娱乐等文化消费支出。

表6 加入户主受教育年限交互项的估计结果

	(1)	(2)	(3)	(4)
	家庭文化消费支出占总消费支出的比重	家庭文化消费支出占总消费支出的比重	家庭文化消费支出占纯收入的比重	家庭文化消费支出占纯收入的比重
子女数量	0.013 6*** (0.003 52)	0.013 6*** (0.003 53)	0.038 5*** (0.010 3)	0.040 4*** (0.010 2)
户主受教育年限	0.002 79*** (0.000 825)	0.002 97*** (0.000 845)	−0.001 57 (0.001 93)	−0.001 02 (0.001 99)
子女数量×户主受教育年限	−0.001 12*** (0.000 397)	−0.001 15*** (0.000 399)	−0.001 76* (0.001 03)	−0.001 78* (0.001 04)
常数项	−0.178*** (0.020 9)	−0.176*** (0.020 8)	−0.111** (0.046 6)	−0.084 1* (0.047 0)
其他户主变量	控制	控制	控制	控制
其他家庭变量	不控制	控制	不控制	控制
样本量	7 210	7 210	7 203	7 203
调整的 R^2	0.038	0.038	0.026	0.029

(五)异质性分析

1. 收入异质性分析

继续研究收入异质性,将家庭纯收入按照中位数划分为低收入和高收入,对家庭文化消费支出占总消费支出的比重和占纯收入的比重分别按照家庭收入的不同进行回归分析,回归结果如表7所示。从子女数量对低收入和高收入家庭文化消费支出占比的影响来看,子女数量的边际效应系数在模型(1)和模型(3)中均在1%水平下显著为正,表明在低收入家庭中,子女数量的增加有助于提高文化消费占比,而系数在模型(2)和模型(4)中均为负,表明在高收入家庭中,子女数量的增加会降低文化消费占比。这可能是由于在低收入家庭中子女数量的增加,意味着对子女进行教育等文化消费支出的增加,其他方面的消费支出保持稳定不变甚至有所减少。

表 7　收入异质性的回归结果

	(1)	(2)	(3)	(4)
	家庭文化消费支出占总消费支出的比重（低收入）	家庭文化消费支出占总消费支出的比重（高收入）	家庭文化消费支出占纯收入的比重（低收入）	家庭文化消费支出占纯收入的比重（高收入）
子女数量	0.009 27*** (0.003 24)	−0.002 09 (0.002 62)	0.038 1*** (0.009 33)	−0.004 28* (0.002 25)
户主年龄	0.016 5*** (0.001 29)	0.006 40*** (0.001 01)	0.016 7*** (0.003 54)	0.005 12*** (0.000 854)
户主年龄的平方	−0.000 161*** (0.000 013 3)	−0.000 058 2*** (0.000 010 5)	−0.000 170*** (0.000 036 6)	−0.000 049 2*** (0.000 008 67)
户主男性	−0.013 0** (0.005 79)	−0.011 0** (0.004 40)	−0.022 8 (0.015 6)	−0.008 20** (0.004 04)
户主就业	0.037 2*** (0.006 50)	0.023 3*** (0.005 48)	0.059 7*** (0.018 0)	0.008 75* (0.004 71)
户主有配偶	−0.012 9 (0.009 30)	−0.018 4* (0.009 76)	−0.068 8** (0.029 1)	0.001 15 (0.007 05)
户主受教育年限	0.000 165 (0.000 665)	0.003 32*** (0.000 543)	−0.004 46*** (0.001 66)	0.002 90*** (0.000 482)
家庭总人口数量	0.000 731 (0.001 60)	0.000 952 (0.001 19)	−0.001 10 (0.004 53)	−0.000 752 (0.000 986)
常数项	−0.272*** (0.030 8)	−0.059 6** (0.025 5)	−0.174** (0.087 5)	−0.056 3** (0.022 6)
样本量	3 494	3 573	3 487	3 573
调整的 R^2	0.055	0.028	0.023	0.026

2. 城乡异质性分析

进一步研究城乡异质性,对家庭文化消费支出占总消费支出的比重和占纯收入的比重分别按照家庭户籍类型的不同进行回归分析,回归结果如表8所示。从子女数量来看,边际效应系数在模型(1)—(4)中均显著为正,表明无论是城镇还是农村,家庭子女数量的增加都有助于提高文化消费占比,这意味着子女数量的增加对城镇和农村家庭文化消费都有显著正向影响,且对农村家庭的促进作用大于城镇家庭。一种原因可能是随着子女数量的增加,农村家庭更愿意花费更多比例的钱在子女的文化消费上;另一种原因可能是我国农村家庭相比于城镇家庭,家庭的总消费支出和纯收入均更低,那么随着子女数量的增加,文化消费支出占比提高得就会更显著。

表 8　城乡异质性的回归结果

	（1）家庭文化消费支出占总消费支出的比重（农村）	（2）家庭文化消费支出占总消费支出的比重（城镇）	（3）家庭文化消费支出占纯收入的比重（农村）	（4）家庭文化消费支出占纯收入的比重（城镇）
子女数量	0.007 03** (0.003 15)	0.005 09* (0.002 98)	0.038 1*** (0.009 28)	0.016 9*** (0.004 80)
户主年龄	0.012 9*** (0.001 35)	0.010 8*** (0.000 988)	0.012 5*** (0.003 63)	0.011 5*** (0.001 53)
户主年龄的平方	−0.000 123*** (0.000 014 3)	−0.000 107*** (0.000 010 1)	−0.000 126*** (0.000 038 8)	−0.000 122*** (0.000 015 2)
户主男性	−0.008 03 (0.005 85)	−0.011 8*** (0.004 51)	−0.021 9 (0.015 0)	−0.005 62 (0.007 34)
户主就业	0.030 9*** (0.007 36)	0.023 8*** (0.005 32)	0.034 6 (0.021 6)	0.022 7*** (0.008 32)
户主有配偶	−0.015 5 (0.011 2)	−0.017 2** (0.008 58)	−0.080 7** (0.038 2)	−0.030 8** (0.014 2)
户主受教育年限	−0.001 04 (0.000 668)	0.002 34*** (0.000 564)	−0.007 46*** (0.001 59)	−0.001 81** (0.000 901)
家庭总人口数量	−0.001 80 (0.001 44)	0.001 30 (0.001 28)	−0.009 85*** (0.003 70)	−0.004 38** (0.002 04)
常数项	−0.176*** (0.030 3)	−0.143*** (0.025 8)	−0.034 4 (0.087 5)	−0.092 2** (0.043 0)
样本量	3 268	3 942	3 264	3 939
调整的 R^2	0.038	0.043	0.028	0.022

五、结　语

本文采用 2018 年中国家庭追踪调查数据,探讨了子女数量对家庭文化消费行为的影响,并选取家庭中第一个孩子的性别和计划生育政策作为子女数量的工具变量,解决了模型可能存在的内生性问题,使用分位数回归和分组回归的方法进行了稳健性检验,最后验证了户主受教育年限对家庭文化消费行为的调节效应。研究结果表明:① 子女数量的增加有助于提高文化消费占家庭总消费支出和占家庭纯收入的比重;② "第一个孩子性别为男孩"与子女数量之间存在显著负相关关系,"第一个孩子在计划生育政策全面实施前出生"与子女数量之间存在显著正相关关系;③ 子女数量对文化消费的促进效应在户主受教育年限较少的家庭中更为明显;④ 子女数量的增加在低收入家庭中有助于提高文化消费占比,在高收入家庭中会降低文化消费占比;⑤ 子女数量的增加对城镇和农村家庭文化消费都有显著正向影响,且对农村家庭的促进作用大于城镇家庭。

基于上述结论,本文提出以下三点建议:一是鼓励文化消费支出占纯收入比重高的家庭多生育子女,重视家庭基本的生活问题,完善生育家庭税收、教育、社会保障、住房、医疗养老等政策,减轻生养子女负担,切实解决家庭后顾之忧,使居民敢生、敢养;二是重点关注农村家庭和户主受教育年限较少的家庭,探索对生育二孩、三孩的家庭给予更多奖励政策,引导家庭文化消费心理,培育家庭文化消费习惯,引领家庭文化消费时尚,有效营造浓厚的文化消费氛围;三是大力整合文化资源,升级优化文化基础设施,打破行业壁垒、市场分割,增强居民在文化消费中的便捷性和选择性,进一步丰富和拓展文化消费场景,有效促进文化消费市场的繁荣。

参考文献

[1] TALLY K G. Cultural consumption and social stratification: Leisure activities, musical tastes, and social location[J]. Sociological Perspectives,1999,42(4):627－647.

[2] CHAN T W, GOLDTHORPE J H. Social stratification and cultural consumption: Music in England[J]. European Sociological Review, 2007,23(1):1－19.

[3] 赵吉林,桂河清.中国家庭文化消费影响因素分析:来自 CHFS 的证据[J].消费经济,2014,30(6):25－31＋54.

[4] 陈劲.城市居民文化消费结构及其资本积累:重庆例证[J].改革,2015(7):110－119.

[5] 曾燕萍,刘霞.政府公共文化支出对家庭文化消费的影响研究:基于中国家庭追踪调查的分析[J].消费经济,2020,36(2):29－39.

[6] CHON S, PARK J, PARK S B. Determinants of cultural consumption[J]. The Journal of Cultural Policy, 2016,30(1):182－202.

[7] 顾江,陈广,贺达.人口结构与社会网络对城市居民文化消费的影响研究:基于省际动态面板的 GMM 实证分析[J].福建论坛(人文社会科学版),2016(6):158－164.

[8] 吴庆跃,杜念宇,臧文斌.商业健康保险对家庭消费的影响[J].中国经济问题,2016(3):

68 - 79.

[9] 李志,李雪峰.中国城镇居民文化消费的影响因素:以中国 4011 个城镇家庭为例[J].城市问题,2016(7):87 - 94.

[10] 陈鑫,任文龙,张苏缘.中等收入家庭房贷压力对居民文化消费的影响研究:基于 2016 年 CFPS 的实证研究[J].福建论坛(人文社会科学版),2019(12):71 - 81.

[11] 靳卫东,王鹏帆,毛中根.城镇居民医疗保险制度改革的文化消费效应研究[J].南开经济研究,2017(2):23 - 40.

[12] 张肃,黄蕊.文化旅游产业融合对文化消费的影响[J].商业研究,2018(2):172 - 176.

[13] 赵昕东,李林.家庭经济因素和人口特征如何影响不同收入等级城镇居民消费[J].数理统计与管理,2016,35(6):1076 - 1085.

[14] 马静静.子女对我国家庭消费结构影响的实证研究[D].成都:西南财经大学,2016.

[15] 董雯.子女数量对家庭消费率影响的研究[D].上海:上海师范大学,2018.

[16] 独旭,张海峰.子女数量对家庭经济决策的影响[J].武汉大学学报(哲学社会科学版),2018,71(5):175 - 184.

[17] 张海峰,梁若冰,林细细.子女数量对农村家庭经济决策的影响:兼谈对"二孩政策"的启示[J].中国经济问题,2019(3):68 - 80.

[18] 邓鑫.子女数量、生育政策与家庭负债:来自 CHFS 的证据[J].中央财经大学学报,2021(5):80 - 93.

[19] 王韧,许豪,张双双.子女结构会影响家庭金融资产配置吗:来自中国家庭金融调查(CHFS)的证据[J].山西财经大学学报,2022,44(3):58 - 71.

[20] 陈广,顾江,水心勇.农村地区人口结构对居民文化消费的影响研究:基于省际面板数据的实证研究[J].农村经济,2016(1):75 - 80.

[21] 宫汝娜,张涛.子女数量对家庭生活质量的影响研究:基于二孩家庭消费视角的分析[J].价格理论与实践,2020(9):72 - 75,178.

[22] 王军,詹韵秋.子女数量与家庭消费行为:影响效应及作用机制[J].财贸研究,2021,32(1):1 - 13.

作者简介

刘柏阳(1995—),黑龙江齐齐哈尔人,南京大学长三角文化产业发展研究院博士研究生。研究方向为文化产业经济学。

李可(1998—),江苏连云港人,南京大学商学院产业经济学硕士研究生。研究方向为文化产业经济学。

A Study on Effect of the Number of Children on Family Cultural Consumption Behavior

Liu Baiyang   Li Ke

Abstract：This paper uses the 2018 Chinese family tracking survey data to explore the impact of the number of children on family cultural consumption behavior. The results show that the increase in the number of children helps to increase the proportion of cultural consumption in the total household consumption expenditure and in the household net income, and has a stronger marginal effect on families with a high proportion of cultural consumption expenditure in net income; the increase in the number of children has a greater impact on urban. It has a significant positive impact on cultural consumption behaviors of rural families and rural families, and the promotion effect on rural families is greater than that of urban families; the promoting effect of the number of children on cultural consumption behavior is more obvious in families with fewer years of education. Based on this, families with a high proportion of cultural consumption expenditures in net income should be encouraged to have more children, and attention should be paid to basic family life issues; focus on rural families and families with fewer years of education for household heads, and give families more policy support.

Key words：number of children; cultural consumption; influence effect; urban-rural differences; mechanism test

产业创新

数字化转型如何撬动上市文化企业绩效？[*]
——基于"降本增效"视角

邢 霖 陈 东

摘 要：本文以2015—2020年沪深A股上市文化企业作为研究样本，实证分析数字化转型对文化企业绩效的影响关系，并深入剖析路径机制。研究结果表明，数字化转型与上市文化企业绩效之间呈现显著正相关，即随着上市文化企业数字化转型程度深入，绩效水平显著提高。中介检验结果表明，数字化转型通过"资金效应"与"创新效应"两种机制影响上市文化企业绩效，具体表现为：数字化转型会显著降低财务费用，提高企业绩效；此外，数字化转型还能提高创新投入，增强企业盈利能力。研究结论为理解数字化转型如何影响上市文化企业绩效提供了微观层面的新视角，同时也为文化企业开展数字化转型提供了经验启示。

关键词：文化企业；数字化转型；企业绩效；财务费用；创新投入

一 引 言

党的十九届五中全会提出，"繁荣发展文化事业和文化产业，提高国家文化软实力"。近年来，我国文化产业发展迅速，文化产业增加值在国民经济中占比逐年提高，已成为推动经济发展的关键力量之一。国家统计局资料显示，2021年规模以上文化及相关产业企业营业收入119 064亿元，比2020年增长16.0%。文化产业的高质量发展不仅符合时代发展的客观规律，也是新时代社会主要矛盾转变下的必然要求，而上市文化企业作为文化产业中的优秀代表，理应在促进经济发展和丰富社会公众精神生活中发挥积极作用。

---

* 基金项目：本文系国家社科基金重点项目"全球产业链收缩对中国产业链影响机制研究"（21AJY003）、江苏省研究生科研与实践创新计划项目"数字化转型与企业创新影响关系研究"（KYCX22_0547）的阶段性研究成果。

2022 年,中共中央办公厅、国务院办公厅印发了《关于推进实施国家文化数字化战略的意见》,指出"到'十四五'时期末,基本建成文化数字化基础设施和服务平台,形成线上线下融合互动、立体覆盖的文化服务供给体系"。如今,新一轮的数字技术革命与产业变革席卷全球,数字技术得到充分发展,为企业数字化转型提供了技术保障。中国信通院发布《中国数字经济发展报告(2022 年)》显示,2021 年数字经济规模 45.5 万亿元,占 GDP 比重达到 39.8%,数字化转型已经成为企业提高竞争力的重要途径。数字技术与实体产业融合不断深化,为文化产业转型升级、发展文化产业新业态新模式提供了空间。有效发挥数字技术对文化产业的促进作用,有助于加快构建全国统一大市场,实现经济高质量发展,同时也是保障文化企业长久稳定发展的"助推器"。

目前,已有诸多学者对企业数字化转型进行了相关研究,主要从两个方面开展讨论:一方面,探讨数字化转型的定义(Ardolino 等,2018)、特征(何帆等,2019)以及表现形式(严子淳等,2021)等;另一方面,还有部分学者关注数字化转型所带来的经济或社会效益,如企业绩效(李琦等,2021)、技术创新(Lyytinen 等,2016)、绿色投资(宋德勇等,2022)以及社会责任(赵宸宇,2022)等。现有研究证实了数字化转型的促进作用,但是相关研究仍存在补充空间:其一,现有学者更多以制造业或者服务业作为研究样本,而较少关注文化企业数字化转型所发挥的效能。与传统企业相比,文化企业既包含着经济价值,还具备社会价值,能广泛影响社会公众,改变社会意识形态。因此,以上市文化企业作为研究样本有重要的现实意义。其二,部分文献仅分析数字化转型的线性助益关系,而对于具体的影响机制并未进行深入剖析。本文通过分析数字化转型发挥作用的路径机制,深化对文化企业绩效提升的内在驱动力理解,也为更好实现文化企业数字化转型提供理论依据。

本文的贡献在于:首先,现有研究鲜有将数字化转型与上市文化企业绩效纳入同一框架中,对于上市文化企业数字化转型的研究不足。本文探讨了上市文化企业绩效同数字化转型的互动模式,填补了现有研究不足。其次,本文从"资金效应"与"创新效应"两种渠道剖析了数字化转型对上市文化企业绩效的影响路径,打开了内部机制"黑箱",从微观视角拓展了上市文化企业数字化转型的理论研究。最后,本文研究结论对上市文化企业如何开展数字化转型有一定借鉴作用,同时也为政府制定相关政策提供了参考,加速推动文化产业融入国民经济体系。

二、研究假设

（一）数字化转型与文化企业绩效

根据资源基础理论,异质性资源是提高企业竞争力的关键因素,而如何获取异质性资源是企业发展过程中不可回避的难题。数字化转型能为文化企业带来持久活力,保障自身长久稳定发展,占据更多市场份额,实现企业价值增值。数字化转型对文化企业绩效的影响主要从以下三个方面进行分析:首先,企业能利用数字技术准确预测市场未来趋势,使得业务发展方向符合市场需求,提升企业经营效率。此外,随着数字化转型程度深入,企业内部管理也越趋于数字化,能有效缓解"委托代理"问题,提高管理效率,并在财务稳定、战略规划、风险控制等方面不断强化,增强其风险防范能力,为生产经营活动的有序进行提供了稳定的内部环境(刘淑春等,2021)。其次,企业实施数字化转型能够打破物理资源的壁垒,在一定程度上降低资源约束,提高经营效率。企业通过将数字技术嵌入传统业务模式中,在生产经营过程中对企业资源进行补充,这种资源的扩充既可以是有形资源,也可以是无形资源,例如,购置基础配套设施、资源配置优化和产品质量提高等。最后,资源保护机制也是企业保证竞争优势持续性的重要途径。在信息技术快速发展的背景下,企业的创新成果面临着较高被剽窃的风险,而且拥有的资源也容易被竞争对手模仿,部分企业陷入无法长期维持竞争优势的困境。但是,企业通过数字技术能够构建异质性资源,同时也能实现资源保护。这是因为,数字化转型使得企业各部门之间的信息沟通更加便捷、高效,通过内部之间的有效链接使得单一资源汇聚成庞大的资源网络(武常岐等,2022);同时,数字技术赋予了企业处理更高难度以及更复杂问题的能力,使得资源组合的形式更加多样化,提高了竞争对手复制资源的难度。因此,综合以上分析,本文提出假设1:

假设1 数字化转型对文化企业绩效具有促进作用。

（二）数字化转型的中介机制分析

发展数字经济是把握新一轮科技革命和产业变革新机遇的战略选择,尤其对于文化企业而言,更应重视数字化变革,抓住发展机遇。一方面,文化企业数字化转型通过促进全方位要素同数字技术的深度融合,提高企业搜集资本市场中信息的能力,帮助其准确找到合适的融资渠道,降低财务费用。另一方面,数字化转型赋予了文化企业大数据信息处理能力,使其便于识别创新过程中存在的潜在风险,降低创新失败率。基于此,本文从"资金效应"与"创新效应"两条路径出发,探讨数字化转型对上市文化企业绩效的作用机制。

从"资金效应"的维度看,数字化转型能够降低企业财务费用。企业在生产经营过程中需要面临众多不确定性因素,其中又以资金风险最为关键,外部其他形式的风险冲击最终都会直接或间接反映到资金层面(刘波等,2017)。在数字经济背景下,企业能通过数字技术增强财务信息和信用信息的披露强度,缓解资本市场中金融机构所面临的信息不对称问题,增加金融机构对企业发展的认可度,进而获取更多融资机会,增强企业盈利能力。此外,企业数字化转型已经成为社会公众讨论的热点话题,并且其转型升级也是应对外部环境不确定性的重要战略之一。因此,企业积极开展数字化转型能够向资本市场传递出积极"信号",增加银行等传统金融机构对企业的放贷意愿,降低融资成本,从而提高企业经营效率。

从"创新效应"的维度看,数字化转型能够提高企业创新投入。如今,数字技术蓬勃发展,企业借助新技术能充分提升信息挖掘能力(袁淳等,2021),导航追踪市场需求,制定投资战略决策,有针对性地进行创新,使其产品更容易得到市场消费者认可,进而提高企业盈利能力。另外,数字化资源是一种全新的生产投入要素,以具体的要素形式参与到企业的生产经营活动中,改善现有业务流程,由事务驱动转变为数据驱动,有助于企业从传统的生产模式跨越到智能化生产,提高创新成功率,进而为企业生产经营活动提供有效支持。因此,综合以上分析,本文提出假设 2:

假设 2 数字化转型通过"资金效应"与"创新效应"影响文化企业绩效。

三、研究设计

(一)数据来源

本文以国泰安(CSMAR)数据库 2012 版行业分类中文化体育和娱乐业为研究样本,时间范围 2015 年至 2020 年。为保证研究结论的严谨性,对原始数据进行了相应的筛选:① 剔除被 ST 的企业;② 剔除样本中有缺失数据的企业。同时,考虑到极端值对实证结果带来的消极影响,对所有连续变量进行上下 1% 缩尾处理。

(二)变量设定

(1)被解释变量。参考已有文献研究,大部分学者采用会计财务指标衡量企业绩效,具体包括营业毛利率、营业利润率、净资产收益率、总资产收益率以及每股收益等;也有部分学者采用企业市场价值反映企业绩效,如 Tobin Q 值、经济增加值等。但是,我国资本市场仍存在诸多不足,市场指标可能无法有效体现出企业的盈利能力,因此,本文以会计财务指标衡量企业绩效,在主体回归中采用营业毛利率作为被解释变量,考虑到指标选择的偏误性,同时采用营业利润率与净资产收益率做稳健性检验。

(2)解释变量。目前,已有诸多学者对企业数字化转型进行了相关探讨,如王雪冬等(2022)利用调查问卷形式描述企业数字化转型,吴非等(2021)采用企业数字化转型相关的词频统计进行衡量。考虑到数字化转型指标数据的可获得性以及实用性,本文参考吴非等(2021)研究方法,这种衡量方式能有效反映出企业是否进行数字化转型以及转型程度,具体构建人工智能(AI)、区块链(BD)、云计算(CC)、大数据(DT)以及数字技术的应用端(ADT)等五部分关键词表。关于数字化转型的词频数据来源于国泰安数据库,具体特征词如图1所示。

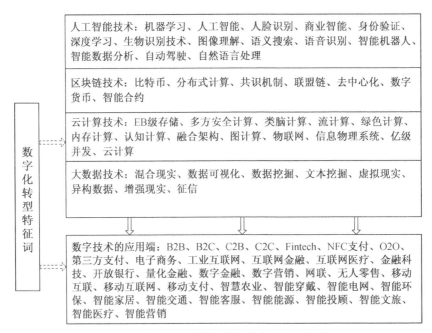

图1 企业数字化转型的结构化特征词图谱

(3)中介变量。本文中介机制从"资金效应"与"创新效应"两个方面展开讨论,选择财务费用(Cost)以及创新投入(RD)作为中介变量,这是因为:财务费用能有效反映出企业在资金财务运营以及财务资金链流动所发生的财务性支出水平;创新投入是衡量企业创新能力的关键指标,投入金额越大表明企业进行创新的积极性越高。

(4)控制变量。参考林欣等(2021)和刘怡君等(2021)的研究,选择无形资产比率(Intangible)、独立董事比例(Director)、董事会规模(Board)、管理层男性占比(Man)、高管金融背景(Bground)、员工密度(Staff)与地区数字金融程度(Finance)作为控制变量。具体变量定义如表 1 所示。

表 1　变量定义

变量类型	变量名称	变量符号	变量定义
被解释变量	企业绩效	Profit	(营业收入－营业成本)/营业收入
解释变量	数字化转型	DCG	数字化转型相关的关键词频次加 1 后的自然对数值
中介变量	财务费用	Cost	财务费用/总资产
	创新投入	RD	企业创新投入/总资产
控制变量	无形资产比率	Intangible	无形资产净额/总资产
	独立董事比例	Director	独立董事数量与董事会规模之比
	董事会规模	Board	董事会董事数量的自然对数
	管理层男性占比	Man	董监高中男性占比
	高管金融背景	Bground	董监高具有金融背景时取值为 1,否则为 0(金融背景包括曾经与现在的工作背景)
	员工密度	Staff	年末员工数与当年营业收入的比值(营业收入的单位为百万元)
	地区数字金融程度	Finance	地区数字金融发展指数来源北京大学的《数字金融普惠金融指数》
	年份	Year	年度虚拟变量

(三)模型设计

为了检验数字化转型对上市文化企业绩效的影响关系,构建回归模型(1),其中,$\text{Profit}_{i,t}$表示 i 企业在 t 时期的企业绩效。$\text{DCG}_{i,t}$表示 i 企业在 t 时期的数字化转型程度。$\text{CVs}_{i,t}$为上述控制变量合集。具体回归模型如下所示:

$$\text{Profit}_{i,t} = \alpha_0 + \beta_1 \text{DCG}_{i,t} + \beta_2 \sum \text{CVs}_{i,t} + \sum \text{Year} + \varepsilon_{i,t} \tag{1}$$

四、实证分析

(一)变量分析

表 2 列出了变量的描述性统计结果。企业绩效(Profit)平均值为 0.313,最大值为 0.664,表明上市文化企业绩效水平存在显著差异,部分上市文化企业绩效水

平偏低。数字化转型（DCG）平均值为 2.083，标准差为 1.064。总体而言，上市文化企业已经有较高的数字化转型程度，这符合我国实际状况，根据《中国上市公司数字经济白皮书 2022》，约 76% 的上市企业已经开始推进数字化转型，超过九成企业表示数字化转型能够提高企业经营绩效。

表 2　变量描述性统计

	观测值	平均值	标准差	分位数特征			最小值	最大值
				25%	50%	75%		
Profit	291	0.313	0.159	0.237	0.322	0.395	−0.335	0.664
DCG	291	2.083	1.064	1.386	2.197	2.773	0	4.159
Cost	291	0.006	0.010	−0.004	−0.001	0.003	0	0.062
RD	291	0.001	0.011	0	0.002	0.007	−0.020	0.052
Intangible	291	0.039	0.059	0.005	0.017	0.040	0	0.314
Director	291	0.370	0.039	0.333	0.375	0.400	0.333	0.444
Board	291	2.133	0.171	2.079	2.197	2.197	1.609	2.565
Man	291	0.774	0.122	0.696	0.790	0.857	0.467	1
Bground	291	0.732	0.444	0	1	1	0	1
Staff	291	1.002	0.736	0.482	0.821	1.289	0.130	3.698
Finance	291	5.744	0.191	5.591	5.762	5.891	5.325	6.068

表 3 为变量相关性分析结果。从表中可以初步得出，数字化转型（DCG）与企业绩效（Profit）之间显著正相关，表明数字化转型有助于提高上市文化企业绩效。财务费用（Cost）与企业绩效（Profit）之间存在显著负相关，表明随着财务费用上升，企业绩效水平会降低。这是因为高财务费用可能会降低企业内部现金流，侵占生产性资源，降低生产效率，导致绩效水平偏低。创新投入（RD）与企业绩效（Profit）之间存在显著正相关，意味着企业进行更多创新投入，会提高绩效水平。这是因为随着创新投入的增加，企业很可能凭借生产技术革新，提高生产效率，占据更多市场份额，增强盈利能力。

表 3 变量相关性分析

	Profit	DCG	Cost	RD	Intangible	Director	Board	Man	Bground	Staff
DCG	0.254***	1								
Cost	-0.126**	-0.277***	1							
RD	0.182***	0.269***	-0.081	1						
Intangible	0.148**	0.121**	0.022	0.016	1					
Director	-0.102*	0.087	0.070	0.054	-0.093	1				
Board	0.041	0.185***	-0.181***	0.006	0.066	-0.389***	1			
Man	-0.096	0.156***	-0.118**	-0.112*	0.067	0.109*	0.074	1		
Bground	-0.101*	-0.040	0.225***	-0.094	-0.055	-0.062	-0.051	-0.144**	1	
Staff	-0.141**	0.121**	-0.053	-0.060	-0.033	-0.087	0.088	0.229***	0.114*	1
Finance	-0.160***	-0.046	0.114**	0.067	-0.029	0.034	-0.088	-0.235***	0.086	-0.043

注：" *** "" ** "" * "分别表示 1%,5%,10%的显著性水平。

(二) 主体回归分析

表 4 列出了数字化转型对上市文化企业绩效影响的回归结果。采用递进式回归策略,在回归(1)中未加入控制变量,数字化转型(DCG)系数显著为正,表明随着上市文化企业数字化转型程度深入,会进一步提高绩效水平。在回归(2)中加入控制变量,数字化转型系数为 0.052,并通过 1‰ 显著性水平检验,回归结果与研究假设相一致。上市文化企业通过将数字化技术嵌入经营生产中,大幅度提高企业运行效率;此外,数字化转型使得企业能更高效获取市场信息,有针对性制定战略决策,提高发展潜力。

表 4　主体回归

变量	Profit M(1)	Profit M(2)
DCG	0.050*** (5.209)	0.052*** (5.425)
Intangible		0.328** (2.129)
Director		−0.733*** (−2.750)
Board		−0.067 (−1.023)
Man		−0.118 (−1.228)
Bground		−0.036* (−1.808)
Staff		−0.032 (−1.618)
Finance		−0.219*** (−4.340)
Year	Yes	Yes
常数项	0.164*** (5.704)	2.001*** (5.762)
Adj. R^2	0.154	0.266
观测值	291	291

注:"***""**""*"分别表示 1%、5%、10% 的显著性水平;括号内为 t 值。

为了进一步剖析数字化转型对上市文化企业绩效的影响关系,将数字化转型降维成人工智能(AI)、区块链(BD)、云计算(CC)、大数据(DT)以及数字技术的应用端(ADT)等五个方面,分析不同维度数字化转型对上市文化企业绩效的影响。从表 5 回归结果可以得出,人工智能(AI)、云计算(CC)、大数据(DT)以及数字技术的应用端(ADT)对上市文化企业绩效有着显著的正向推动作用,但是区块链(BD)对上市文化企业绩效的激励作用并不显著,背后的原因可能是,我国区块链应用推进过程中缺乏全局规划,造成产业资源配置割裂;此外,对于数字化人才的培育力度不足,无法有效吸引高端人才进入区块链领域中创新创业,导致难以形成强劲推动力。

表 5 数字化转型与企业绩效:基于数字化转型口径的分解

变量	Profit M(1)	Profit M(2)	Profit M(3)	Profit M(4)	Profit M(5)
AI	0.065*** (5.113)				
BD		0.159 (1.420)			
CC			0.074*** (5.869)		
DT				0.047*** (4.477)	
ADT					0.038*** (3.689)
Intangible	0.393** (2.472)	0.425*** (2.615)	0.316* (1.949)	0.403** (2.425)	0.345** (2.252)
Director	−0.689** (−2.495)	−0.534* (−1.943)	−0.643** (−2.498)	−0.655** (−2.430)	−0.607** (−2.196)
Board	−0.094 (−1.421)	−0.034 (−0.515)	−0.146** (−2.244)	−0.052 (−0.834)	−0.042 (−0.612)
Man	−0.092 (−0.979)	−0.060 (−0.627)	−0.108 (−1.175)	−0.048 (−0.498)	−0.107 (−1.121)
Bground	−0.052** (−2.554)	−0.051** (−2.521)	−0.046** (−2.265)	−0.041** (−2.006)	−0.048** (−2.415)
Staff	−0.021 (−1.035)	−0.027 (−1.260)	−0.035* (−1.738)	−0.033 (−1.629)	−0.030 (−1.445)

（续表）

变量	Profit M(1)	Profit M(2)	Profit M(3)	Profit M(4)	Profit M(5)
Finance	−0.284*** (−5.124)	−0.208*** (−3.874)	−0.234*** (−4.511)	−0.232*** (−4.435)	−0.197*** (−3.856)
Year	Yes	Yes	Yes	Yes	Yes
常数项	2.481*** (6.451)	1.859*** (5.038)	2.313*** (6.207)	2.031*** (5.656)	1.826*** (5.159)
Adj. R^2	0.237	0.186	0.254	0.238	0.221
观测值	291	291	291	291	291

注："***""**""*"分别表示1%、5%、10%的显著性水平；括号内为t值。

（三）稳健性检验

（1）变更被解释变量。考虑到被解释变量选取可能存在偏误，采用净资产收益率（ROE）与营业利润率（Revence）表征企业绩效，回归结果与主体回归相一致，表明结果具有稳定性。

（2）剔除特定样本。直辖市（北京、重庆、天津、上海）往往拥有独特的经济和政治优势，即使上市文化企业不进行数字化转型，也可能拥有更高的绩效水平，造成结果偏误。因此，考虑到这一类样本的特殊性，删除直辖市样本数据，所得结果与主体回归相一致。

表6　稳健性检验

Variables	变更被解释变量		剔除特定样本
	ROE M(1)	Revenue M(2)	Profit M(3)
DCG	0.031* (1.867)	0.093** (2.103)	0.053*** (4.817)
Intangible	0.129 (0.594)	−0.831 (−1.116)	0.189 (1.104)
Director	−0.316 (−0.708)	−1.303 (−1.071)	−1.323*** (−4.140)
Board	0.019 (0.157)	0.112 (0.465)	−0.068 (−0.933)
Man	−0.032 (−0.203)	−0.159 (−0.393)	−0.065 (−0.554)

(续表)

Variables	变更被解释变量		剔除特定样本
	ROE M(1)	Revenue M(2)	Profit M(3)
Bground	−0.050** (−2.476)	−0.213*** (−3.102)	−0.025 (−1.103)
Staff	−0.028 (−1.476)	−0.134** (−1.983)	−0.024 (−1.080)
Finance	−0.373*** (−5.973)	−0.899*** (−4.785)	−0.191*** (−3.499)
Year	Yes	Yes	Yes
常数项	2.359*** (3.878)	5.819*** (4.217)	2.021*** (5.446)
Adj. R^2	0.139	0.103	0.341
观测值	289	291	203

注:"***""**""*"分别表示 1%、5%、10%的显著性水平;括号内为 t 值。

（3）滞后效应考虑。考虑到数字化转型对上市文化企业绩效的影响可能存在延迟性,因此,对数字化转型取滞后一期(L1.DCG)和滞后二期(L2.DCG)进行稳健性检验。对数字化转型取滞后期能在一定程度上削弱反向因果的内生性问题,所得稳健性结果与原结论一致。

（4）工具变量法(2SLS)。由于数字化转型与企业绩效之间可能存在反向因果的内生性问题,为了降低内生性对实证结果造成的影响,使用工具变量模型(2SLS)进行稳健性检验。参考陈东等(2021)的相关研究,采用分年度分地区企业数字化转型平均值(IV)作为工具变量,所得结果与主体回归一致。

表 7　内生性检验

变量	滞后效应		2SLS	
	Profit M(1)	Profit M(2)	DCG M(3)	Profit M(4)
DCG				0.064** (2.354)
L1.DCG	0.056*** (4.443)			
L2.DCG		0.057*** (3.654)		

（续表）

变量	滞后效应		2SLS	
	Profit M(1)	Profit M(2)	DCG M(3)	Profit M(4)
IV			0.998*** (7.098)	
Intangible	0.316* (1.801)	0.373* (1.852)	2.010** (2.549)	0.306* (1.933)
Director	−0.738** (−2.410)	−0.862** (−2.412)	3.800** (2.592)	−0.778*** (−2.887)
Board	−0.106 (−1.319)	−0.111 (−1.230)	0.632 (1.352)	−0.074 (−1.140)
Man	−0.166 (−1.493)	−0.191 (−1.387)	1.257** (2.141)	−0.131 (−1.350)
Bground	−0.055** (−2.403)	−0.091*** (−3.286)	−0.208** (−1.976)	−0.032 (−1.582)
Staff	−0.046** (−2.174)	−0.057** (−2.400)	0.096 (1.105)	−0.033* (−1.729)
Finance	−0.238*** (−3.422)	−0.394*** (−3.221)	0.126 (0.403)	−0.220*** (−4.464)
Year	Yes	Yes	Yes	Yes
常数项	2.256*** (4.762)	3.315*** (4.420)	−4.325* (−1.691)	2.025*** (5.752)
Adj. R^2	0.272	0.309		
Root MSE				0.131
Kleibergen-Paap rk LM statistic				29.482***
Cragg-Donald Wald F statistic				26.023
Kleibergen-Paap rk Wald F statistic				50.379
观测值	236	183	291	291

注:"***""**""*"分别表示1%、5%、10%的显著性水平;括号内为t值或z值。

五、中介机制检验

主体回归结果表明,数字化转型对上市文化企业绩效有着显著推动作用,然而关于数字化转型影响企业绩效的具体机制并未深入探讨。根据研究假设部分的中介机制分析,本文认为数字化转型对企业绩效的影响可能通过"资金效应"与"创新效应"两种途径进行传导。

(1)资金效应路径:数字化转型→财务费用→企业绩效。从财务费用的视角看,企业开展数字化转型有助于提高其整合资本市场信息的能力,根据信息寻找合适的融资渠道,进而获取更多融资机会,提高企业运行效率。

(2)创新效应路径:数字化转型→创新投入→企业绩效。从创新投入的视角看,数字化转型能帮助企业准确把握市场未来发展趋势,有针对性开展创新项目,抢占发展先机,提升产品质量以及优化服务水平,获取竞争优势,进而提高企业盈利能力。

表 8 为中介机制回归结果。从"资金效应"回归结果而言,数字化转型与财务费用之间存在显著负相关关系,表明随着企业数字化转型程度的不断深化,会显著降低企业财务费用;此外,财务费用与企业绩效之间负相关,意味着当企业面临较高的财务费用时,会降低盈利能力。从"创新效应"回归结果而言,数字化转型对创新投入有着显著促进作用,说明企业开展数字化转型有助于提高创新投入力度;同时,创新投入对企业绩效存在显著推动作用,表明随着企业创新投入增加,企业盈利能力会得到进一步提高。所得结论与理论分析相一致。

表 8 中介机制检验

Variables	资金效应		创新效应	
	Cost M(1)	Profit M(2)	RD M(3)	Profit M(4)
DCG	-0.004^{***} (-4.641)	0.039^{***} (3.843)	0.002^{***} (4.066)	0.047^{***} (4.845)
Cost		-3.510^{***} (-3.662)		
RD				2.881^{***} (3.569)
Intangible	0.021^{**} (2.418)	0.402^{***} (2.783)	0.030^{*} (1.956)	0.241 (1.633)

（续表）

Variables	资金效应		创新效应	
	Cost M(1)	Profit M(2)	RD M(3)	Profit M(4)
Director	−0.015 (−0.848)	−0.787*** (−3.043)	0.056*** (2.862)	−0.894*** (−3.393)
Board	−0.019*** (−3.713)	−0.133* (−1.891)	−0.001 (−0.361)	−0.063 (−1.004)
Man	−0.007 (−1.040)	−0.141 (−1.506)	0.006 (1.109)	−0.134 (−1.420)
Bground	0.002*** (2.684)	−0.027 (−1.369)	0.001 (0.894)	−0.039** (−2.030)
Staff	−0.000 (−0.046)	−0.032 (−1.642)	0.000 (0.264)	−0.032* (−1.671)
Finance	0.006* (1.834)	−0.198*** (−3.953)	0.001 (0.206)	−0.221*** (−4.450)
Year	Yes	Yes	Yes	Yes
常数项	0.015 (0.540)	2.053*** (5.658)	−0.023 (−1.063)	2.068*** (6.017)
Adj. R^2	0.422	0.296	0.240	0.288
Sobel 检验	0.013*** (3.097)		0.006** (2.221)	
观测值	291	291	291	291

注："***""**""*"分别表示1%、5%、10%的显著性水平；括号内为 t 值或 z 值。

六、结论与启示

文化企业高质量发展是保障人民基本文化权益、提高社会文明程度的内在要求。本文实证检验了数字化转型对上市文化企业绩效的影响关系，并剖析了具体路径机制。研究发现：① 总体上来看，数字化转型与上市文化企业绩效之间显著正相关，表明数字化转型程度持续深化，有助于提高文化企业绩效。近年来，数字技术蓬勃发展，上市文化企业借助新兴技术嵌入传统业务模式中，大幅度提高经营效率。② 机制分析表明，数字化转型对上市文化企业绩效的影响通过"资金效应"与"创新效应"两条路径实现，具体而言：上市文化企业通过数字技术优化资源配置,降低财务费用,进而实现企业价值增值;此外,上市文化企业利用数字技术能准确判断市场发展趋势,进而将有限资源投入适合的创新项目中,提高创新成功率,增强自身盈利能力。

结合本文研究结果,提出如下政策启示:① 在数字经济背景下,推动文化企业数字化转型是时代发展的需求,也是实现经济高质量发展的重要举措。上市文化企业将数字技术融入生产经营流程中,可以改善资源使用效率,提高企业绩效。一是提"存量",推动传统业务模式向数字业务模式迈进,同时改进现有生产设备,提高企业数字化进程;二是增"流量",加大数字化人才以及新技术的引进力度,并推动数字技术的配套设施建设,进而提高盈利能力。② 数字化转型通过"资金效应"与"创新效应"两条路径影响上市文化企业绩效,这就要求企业重视内部资金结构以及创新驱动发展。一方面,上市文化企业应强调由数字技术带来的优势,最大化发挥其降成本作用,进而利用资金优势完善基础设施建设,加速推动数字化转型,形成良性循环。另一方面,借助数字技术大力进行创新发展,通过技术创新获取竞争优势,推动自身迈向更高发展层次。③ 政府应重视制度环境建设,积极宣扬"数字"理念,为推动文化企业数字化转型提供适宜"土壤"以及和谐社会氛围;同时进行政策帮扶,针对性解决文化企业在数字化转型过程中面临的难点、痛点、堵点,提高转型积极性。此外,重视不同产业融合创新,推动文化与科技、金融、旅游等不同领域的融合发展,充分激发文化产业活力。

参考文献

[1] ARDOLINO M, RAPACCINI M, SACCANI N. The role of digital technologies for the service transformation of industrial companies[J]. International Journal of Production Research, 2018, 56(6): 2116 - 2132.

[2] 何帆,刘红霞.数字经济视角下实体企业数字化变革的业绩提升效应评估[J].改革, 2019(4):137 - 148.

[3] 严子淳,李欣,王伟楠.数字化转型研究:演化和未来展望[J].科研管理,2021(4): 21 - 34.

[4] 李琦,刘力钢,邵剑兵.数字化转型、供应链集成与企业绩效:企业家精神的调节效应[J].经济管理,2021(10):5 - 23.

[5] LYYTINEN K, YOO Y, BOLAND JR R J. Digital product innovation within four classes of innovation networks[J]. Information Systems Journal, 2016, 26(1): 47 - 75.

[6] 宋德勇,朱文博,丁海.企业数字化能否促进绿色技术创新?:基于重污染行业上市公司的考察[J].财经研究,2022,48(4):34-48.

[7] 赵宸宇.数字化转型对企业社会责任的影响研究[J].当代经济科学,2022,44(2):109-116.

[8] 刘淑春,闫津臣,张思雪,等.企业管理数字化变革能提升投入产出效率吗?[J].管理世界,2021(5):170-190.

[9] 武常岐,张昆贤,周欣雨,等.数字化转型、竞争战略选择与企业高质量发展:基于机器学习与文本分析的证据[J].经济管理,2022(4):5-22.

[10] 刘波,李志生,王泓力,等.现金流不确定性与企业创新[J].经济研究,2017(3):166-180.

[11] 袁淳,肖土盛,耿春晓,等.数字化转型与企业分工:专业化还是纵向一体化[J].中国工业经济,2021(9):137-155.

[12] 王雪冬,聂彤杰,孟佳佳.政治关联对中小企业数字化转型的影响:政策感知能力和市场感知能力的中介作用[J].科研管理,2022(1):134-142.

[13] 吴非,胡慧芷,林慧妍,等.企业数字化转型与资本市场表现:来自股票流动性的经验证据[J].管理世界,2021(7):130-145.

[14] 林欣,赖媛.传媒类上市企业金融化与企业价值:"蓄水池效应"还是"挤出效应"[J].文化产业研究,2021(1):191-206.

[15] 刘怡君,金雪涛,张天畅.文化金融政策和文化企业绩效的研究:基于2006—2018年上市公司的实证分析[J].文化产业研究,2021(1):173-190.

[16] 陈东,陈爱贞,刘志彪.重大风险预期、企业投资与对冲机制[J].中国工业经济,2021(2):174-192.

作者简介

邢霖(1993—),安徽蚌埠人,南京理工大学博士研究生。研究方向为企业投资、产业发展。

陈东(1978—),安徽定远人,安徽工业大学商学院教授,南京大学长江产业经济研究院博士后、经济学博士。研究方向为企业投资、产业发展。

How Does Digital Transformation Leverage the Performance of Listed Cultural Companies? — Based on "Cost Reduction and Efficiency Increasing" Perspective

Xing Mu　Chen Dong

Abstract：This paper takes listed cultural enterprises in Shanghai and Shenzhen A-shares from 2015—2020 as a research sample to empirically analyze the relationship between digital transformation and the impact of digital transformation on cultural enterprises, and provides insight into the path mechanism. The results show that digital transformation is significantly and positively correlated with the performance of listed cultural enterprises, as the digital transformation of listed cultural enterprises deepens, it will significantly improve the performance level. The results of the mediation test show that digital transformation affects the performance of listed cultural enterprises through two mechanisms："financial effect" and "innovation effect", as follows：Digital transformation significantly reduces financial costs and improves enterprise performance; in addition, digital transformation can increase innovation investment and enhance corporate profitability. The findings provide a new micro-level perspective for understanding how digital transformation affects the performance of listed cultural enterprises, as well as empirical insights for cultural enterprises undertaking digital transformation.

Key words：cultural enterprises; digital transformation; corporate performance; financial costs; innovation investment

文化产业发展效率的时空差异及影响因素研究[*]
——基于浙江11市的数据检验

骆梦柯　陈献勇

摘　要:文化产业高质量发展是国家经济转型的要求和文化产业发展的必然,分析文化产业发展效率水平的时空差异对文化产业高质量发展具有重要意义。本文综合运用 BCC 模型、VRS 超效率模型,并采用 Tobit 回归模型对浙江省 11 市文化产业发展的时空差异及地区差异和影响因素进行分析。结果表明:① 技术效率和规模效率相继成为 2011—2015 年、2016—2019 年两个时间段的影响因素。近 5 年文化产业规模报酬递增表现明显,但个别城市出现投入冗余现象,陷入规模报酬递减的陷阱。② 浙江文化产业高效率地区呈现带状分布,越靠近增长极城市,文化产业的效率越高,但会受到虹吸效应的影响。③ 浙江文化产业效率受控于多重因素的影响。

关键词:文化产业;效率;时空差异;影响因素

一、引　言

从经济与文化的关系看,世界经济经历了从产品经济到服务经济再到文化产业经济逐步提升的过程。文化产业的巨大经济潜力已被许多国家和主要经济体认同,美国和欧盟等发达经济体的文化产业已经成为支柱产业,其增加值超过其他产

---

* 基金项目:本文系国家社科基金重大项目“文化产业数字化战略实施路径与协同机制研究”(21ZDA082)、辽宁省教育厅课题“双循环格局下辽宁会展业高质量发展路径研究”(LJKR0336)的阶段性研究成果。

业,增长率普遍高于经济总量的增长率。① 目前我国正处于由速度增长转向追求经济高质量发展的转型时期,提升发展质量和发展效益成为这一时期的关键攻坚点。而提高发展质量,实现经济和社会的行稳致远不仅要体现在经济和社会领域,文化、生态等各领域也要体现高质量发展的要求。面对改革制度激励减弱、人口红利消失、资本边际报酬递减、环境污染等一系列问题,文化创意在产业结构由中低端向高端转换,动力由要素驱动向创新驱动转换过程中有着巨大的发挥空间。② 文化作为一种"软实力"和竞争力量,成为经济软着陆、转变经济发展方式,形成更加持久、优质的经济体不可或缺的承载体和催化剂。2019 年我国文化及相关产业增加值为 44 363 亿元,占国民经济生产总值的比重为 4.5%,正朝着支柱性产业迈进。文化产业正处于蓬勃发展阶段,市场活力凸显,已经成为当前经济增长的亮点,对国民经济的贡献度稳中有升。因此,处于百年未有之大变局时期,国家经济转型和文化产业的潮流都对文化产业高质量发展提出了要求,我国文化产业具备高质量发展的政策条件、市场条件和自身条件。

在讨论文化产业高质量发展的问题上,笔者认为要基于四对关系:供给与需求,政府和市场,社会效益和经济效益,投入和产出。其中,投入与产出的关系是重中之重,研究两者关系对新时代下文化产业的高质量发展意义重大。一方面,我国文化产业普遍存在只讲投入不讲产出、投入和产出不相协调等亟待解决的问题。另一方面,投入与产出的问题关乎文化产业如何实现供给侧改革,满足居民高质量的文化需求;关乎政府如何分配资源、规范市场,关乎政府如何处理文化产业和文化事业发展中双效统一的问题。基于上述思考,笔者把目光聚焦于研究文化产业投入和产出的比率上,并对效率的影响因素进行模型构建和分析。

本文以浙江为研究对象,探究影响浙江文化产业高质量发展的动因,推动其向文化产业高质量发展率先转变,为全国文化产业发展提供"浙江样板"。浙江作为经济强省和文化大省,人均地区生产总值正从 1 万美元向 2 万美元迈进,即将进入高收入经济体行列。人民群众对文化产品与服务的消费需求加速升级,文化产业已然成为浙江省国民经济重要支柱性产业,成为推进经济社会转型的重要着力点和突破口。浙江文化产业已经具备向高质量发展转变的基础,表现在三个方面:第

---

① 金元浦.文化产业成为重要经济增长点[N].人民日报,2015 - 11 - 01(5).

② 李凤亮,潘道远.文化创意与经济增长:数字经济时代的新关系构建[J].山东大学学报(哲学社会科学版),2018(1):77 - 83.

一,产业 GDP 贡献率高,成长为支柱产业。浙江省文化及相关产业增加值逐年升高,2019 年所占比重高达 7.52%,远超全国水平 3.02 个百分点。第二,产业投资扩大,财政支出增加。2008 年至 2014 年文化产业财政支出比重呈现平稳变化趋势,2015 年出现高位波动,2015 年至 2018 年缓慢下降,浙江省文化产业财政支出长期领先于长三角城市群。第三,文化消费支出平稳,城乡差距缩小。2013 年后浙江文化娱乐消费支出无论在城市还是在农村,呈现逐年稳中有增趋势,城乡差距正在减小,差距在 2%—3% 之间。

文化产业高质量发展是国家经济转型的要求和文化产业发展的必然,而文化产业效率水平直接影响文化产业高质量发展。基于上述思考,当前浙江文化产业布局的集聚和非均衡状态是什么? 各地区发展效率状况如何? 什么因素影响了浙江各地区文化产业的发展? 浙江各地区文化产业的发展对其他省(市、区)的借鉴意义如何? 浙江各地区如何在现有的资源条件约束下优化资源配置,以较小的投入获得较大的产出? 浙江如何发挥提前部署文化产业的优势,在"十四五"规划期间利用文化产业实现区域经济的绿色增长、高质量增长和永续增长? 这些成为目前文化及相关产业发展需要解决的重要论题。综上所述,运用合理的方法和翔实的数据,系统地分析浙江省文化产业的效率和影响因素势在必行。

二、相关文献回顾

文化产业效率一直是学者关注的焦点和热点。国外学者主要从产业集聚[1]、政策层面[2]、产业融合[3]等方面来研究,以及对产业中某一具体行业进行效率测度评价,而从文化产业整体效率来研究的文献并不多。文化产业的效率研究侧重于分析技术效率,即通过探索资源的最佳利用实现成本最小化。但在实际的经济生活中,衡量效率的问题对于那些不受正常市场经济约束的组织来说尤其困难。在文化产业效率的研究方法上,国外学者主要运用数据包络分析法(DEA)和随机前

① DEL BARRIO-TELLADO M J, HERRERO-PRIETO L C. Modelling museum efficiency in producing inter-reliant outputs[J]. Journal of Cultural Economics, 2019, 43: 485 – 512.
② BASSO A, FUNARI S. A quantitative approach to evaluate the relative efficiency of museums[J]. Journal of Cultural Economics, 2004, 28: 195 – 216.
③ GUCCIO C, LISI D, MARTORANA M, et al. On the role of cultural participation in tourism destination performance: An assessment using robust conditional efficiency approach [J]. Journal of Cultural Economics, 2017, 41: 129 – 154.

沿法(SFA),尽管学术界在评价变量相对重要性的方法上做出了一定努力,但尚未形成公认合理的评价指标。

国内学术界关于文化及相关产业发展的效率研究较多,研究焦点的线性发展同文化产业统计制度和宏观政策环境的变化密不可分。2004 年我国颁布了第一个关于文化产业的统计标准《文化及相关产业分类》,构建了统计分类框架。但直到 2010 年,国家统计局才正式开展文化统计工作,研究制定并印发了《文化服务业财务综合统计报表制度(试行)》,并于 2013 年对文化产业统计制度进行重大修订,颁布了《文化及相关产业综合报表制度(试行)》。因此,研究焦点同文化产业统计制度的变动发展体现在两个方面:第一,2010 年前后,基于数据获得的局限性,学者研究区域范围较大,指标的数据获取以《中国统计年鉴》为主。从省域角度对文化产业发展的效率进行分析①,将三阶段 DEA 模型和灰色关联法相结合,研究全国文化产业效率分布②,并对文化产业效率进行省(市、区)间的对比。第二,随着文化产业统计数据的精细化和科学化,学者开始对文化产业效率进行更加细致的研究。高云虹(2017)、马立平(2019)、雷宏振(2020)等把研究对象与全国其他省(市、区)的数据进行对比,对具体的省(市、区)的文化产业发展效率进行了分析。研究焦点同宏观政策环境的趋同发展体现在两个方面:第一,对经济增长、文化经济、创新绩效等方面的研究。文化产业生态的不断完善使学者把目光投射到文化经济学的范畴,运用文化经济学知识深入分析文化产业与经济发展之间的关系。从规模因素和环境因素③、融资环境④及文化体制改革因素、对外开放和城市化的角度,对我国区域文化产业技术效率水平的影响进行深入研究。第二,对文化产业绿色发展、高质量发展的研究。我国经济进入新常态及提出高质量发展路线之后,学者更多地关注文化产业的高质量发展和文化制造业、文化服务业等行业的绿色发展⑤,同时将数据作为文化产业发展的赋能驱动。

① 袁海,吴振荣.中国省域文化产业效率测算及影响因素实证分析[J].软科学,2012,26(3):72-77.
② 王家庭,张容.基于三阶段 DEA 模型的中国 31 省市文化产业效率研究[J].中国软科学,2009(9):75-82.
③ 赵阳,魏建.我国区域文化产业技术效率研究:基于随机前沿分析模型的视角[J].财经问题研究,2015(1):30-36.
④ 彭继增,徐丽,方怡.融资环境与文化产业效率之谜[J].财经科学,2018(7):37-47.
⑤ 江小涓.网络空间服务业:效率、约束及发展前景:以体育和文化产业为例[J].经济研究,2018,53(4):4-17.

具体到浙江省文化产业研究领域:第一,对文化创意产业时空分布的研究。袁海红等(2018)对杭州文化创意产业集聚与城市的耦合度进行分析,认为杭州全域文化创意产业集聚具有明显的区位指向。仲利强、王宇洁(2017)对杭州文化创意产业的发展特征进行了评价和空间类型的细分。第二,数字产业对文化产业影响的研究。陈颖(2016)通过文化和科技融合创新指数的构建模型,认为文化与科技融合中应该以文化为发展主线,形成以信息服务和文化会展产业为先导、现代传媒和文化休闲旅游产业为支撑、数字内容产业为战略性新兴产业的产业结构。第三,对浙江文化产业园区的研究。朱蓉(2016)研究了浙江文化产业园区集聚,认为浙江文化产业园应采取优势产业拓展集聚模式、政府主导开发集聚模式和多元合作共建集聚模式。

通过梳理文献发现,过往的研究对城市的文化产业绩效不太关注,研究方法不符合文化产业规模递增的实际。在效率分析时,文化及相关产业发展研究的有关指标从多处获取,缺乏连续年份的同一指标同一口径数据,导致分析结果存在很大的误差。鉴于此,本文综合运用 BCC 模型、VRS 超效率模型对浙江 11 个市2011—2019 年的面板数据进行测度,探析文化产业效率演变及分布,并在此基础上采用面板 Tobit 回归模型对其影响因素进行分析,希冀为推动浙江文化产业提质增效和可持续发展提供科学参考。

三、变量、数据与模型分析

(一) 变量

文化效率反映了文化及相关产业活动中所有投入要素和产出要素之间存在的比例关系,在一定区域和时间范围内,力求实现文化产业单位产出最大化或者投入要素最小化。[①] 王家庭和梁栋(2020)对中国文化制造业绿色全要素生产率的指标选取中,投入产出指标分别为年末从业人员、资本存量、能源投入量、主营业务收入、污染综合指数。高云虹和李学慧(2017)对西部地区文化产业效率的测度中,投入指标选取为文化及相关固定资产投资、从业人员、文化机构数,产出指标选取文化产业增加值、文化及相关产业主营业务收入。综上可见,学者在进行文化产业绩效或效率分析的指标选择上遵循输入指标尽量小、输出指标尽量大的原则,同时结

---

① 聂辉华,江艇,杨汝岱.中国工业企业数据库的使用现状和潜在问题[J].世界经济,2012,35(5):142 - 158.

合研究区域的数据特征。因此,对于浙江省文化产业绩效分析,本文投入指标选取文化及相关固定资产投资、相关产业从业人员数、文化机构数,产出指标选择城市文化产业增加值、文化及相关产业主营业务收入、城市生产总值。

在完成文化产业效率测度的基础上,通过建立回归模型对浙江省文化产业的影响因素进行进一步分析。因变量选取超效率 VRS 模型测出的效率值,自变量选取外部因素中具有代表性的变量,据此分析各外部因素对浙江省文化产业绩效的影响。在外部因素的选择上,采用新古典增长理论模型中的初期经济发展水平、经济现状、技术水平、资源禀赋等影响经济体发展差异的指标,并借鉴已有的研究成果和专家访谈对影响因素维度进行梳理,具体指标见表 1。

表 1　影响因素变量指标梳理

影响因素	指标选取
经济发展水平(Edl)	人均 GDP/亿元
市场需求(Md)	地区文化消费支出/亿元
科技创新水平(Stl)	专利申请授权量/项
	发明/项
人才资源水平(Trl)	文化、体育与娱乐从业人员数/人
	高等院校在校学生数/人
文化基础设施(Ci)	剧院、影院馆数/个
	博物馆数/个
	公共图书馆总藏量/万册
政府政策因素(Gp)	文化事业费/万元
资源禀赋因素(Re)	市级及以上文化产业园区数/个
	四级及以上旅游景区数/个

(1)经济发展水平:文化产业的发展水平与地区经济发展有着密切的关系。通过研究文化产业的影响力系数和感应系数,发现文化产业受到国民经济发展的拉动作用大于对国民经济发展的推动作用。[①] 人均 GDP 虽然不能直接等同于居民的人均收入和生活水平,但构成了一国或地区居民人均收入和生活水平的主要物质基础。[②] 因此,以人均 GDP 衡量经济发展,能够反映浙江地区在居民收入、生

① 孟书魁,雷原. 中国文化产业发展的影响因素研究[J]. 统计与决策,2019,35(7):100 - 104.
② 郭淑芬,王艳芬,黄桂英. 中国文化产业效率的区域比较及关键因素[J]. 宏观经济研究,2015(10):111 - 119.

活水平和居民建设等方面的投入取向、投入能力和投入水平。

（2）市场需求：需求的扩大是促进生产、带动产业发展的关键因素。新阶段人们精神需求的领域、层次逐渐扩大和提高，因此本文以地区文化消费支出反映区域的市场需求水平。

（3）科技创新水平：王猛等学者（2015）用发明专利授权量与地区人口数量之比作为地区科技创新水平的衡量指标；顾江等（2021）认为专利授权量受到时滞和机构偏好影响比较大，在不加入滞后期的情况下用专利申请受理量能够更好地度量当期的科技创新水平。本文选择专利申请授权量和发明项数作为衡量区域科技创新水平的指标。

（4）人才资源水平：我国文化产业人力资源的状况是，在发展初期时因文化市场的扩容拉动了大规模就业，后期受到产业结构和需求变动的影响，形成了独特的就业结构和人力资源发展特征。本文选择地区文化产业从业人员数和地区高等院校在校数作为人力资源水平的度量指标，更好地契合当期文化产业人力资源发展现状。

（5）文化基础设施：基础设施为产业发展提供硬件环境，关系到公共文化服务体系的建设。一般衡量地区文化基础设施有图书馆、文化馆、博物馆和综合文化站四项发展程度的指标要求，因此本文选取剧院、影院馆数、博物馆数和公共图书馆总藏量作为指标。

（6）政府政策因素：财政支持是政府行为中最直接的保障文化产业市场繁荣发展的方式，能够结合市场需求准确把握文化产业建设发展重点，并维护公共文化服务建设。因此本文选取文化事业费作为衡量浙江地区政府支持的指标。

（7）资源禀赋因素：文旅融合是两个产业发展的必然趋势，文化可以为旅游赋能，旅游可以促进地方文化的交流和产业发展，两者在融合发展中逐渐形成了新的产业优势。选取文化产业园区数和旅游景区数量指标很大程度上能够反映文化旅游产业的资源禀赋和发展水平。

（二）数据来源

文化产业数据主要来源于经济普查年份和经济非普查年份的"四上/一套表"企业填报数据，普查年份的数据对非普查年份的数据起到基础和修正作用。根据我国现行的统计调查制度，经济普查每5年进行一次，公布文化产业市场主体数量、产业规模、从业人数变动等微观指标；非普查年份公布两项统计数据，即规模以上文化及相关企业营收和文化及相关产业增加值。为保持数据口径一致，浙江省

11 市文化及相关产业从业人员数、文化机构数和地区生产总值来源于《中国文化及相关产业统计年鉴》《浙江省统计年鉴》，文化产业增加值则是根据当年文化产业增加值占地区生产总值占比得出，最大限度地做到了数据来源统一。同时，根据浙江地区对文化产业形成的指导意见多数以 2010 年为时间节点，面板数据选择以 2011—2019 年为区间。

（三）模型选择

1. BCC 模型

DEA 表示为产出对投入的比率，试图使效率最大化。由于多数生产单位在实际的生产过程中，难以达到最优规模的状态，因此使用 BCC 模型，得出的技术效率可以排除规模的影响。[①]

本研究采用规模报酬可变的产出导向下的 DEA‐BCC 模型，即投入既定的条件下，各项产出如何增加才能达到技术有效，实现产出最大化。[②] 原因如下：第一，在文化产业投入不足的背景下，选择投入导向模型会使得投影分析结果和实际情况出现偏差。第二，浙江省整体文化产业规模还没有达到规模报酬不变的阶段。因此，选择规模报酬可变的产出导向下的 DEA‐BCC 模型，运用 DEA-SOLVER PRO5 进行数据分析。

2. VRS 超效率模型

在 DEA 模型的分析结果中，通常会出现多个 DMU 效率值相同，即效率值为 1 的情况，因此超效率模型是为了解决当区分效率值为 1 时，如何进一步区分对对象进行比较的问题。[③] 通过 BCC 模型运算，浙江省文化产业效率中的杭州、温州和绍兴综合效率、技术效率及规模效率值都为 1，如何进一步区分这三个城市的产业效率存在的微妙差异，需要运用 DEA 超效率模型。

为了解决超效率模型存在无行解的问题，本文将"调整产出导向模型"替代"产出导向模型"，这一方案的优点在于：① 当传统的投入（产出）导向超效率模型中有可行解时，调整投入（产出）导向超效率模型给出的结果与之完全相同。② 解决方案给出的超效率值与模型概念相符[27]，即：投入导向的模型不包含产出的成分，产

---

① FARRELL M J. The measurement of productive efficiency[J]. Journal of the Royal Statistical Society，1957，120(3)：253‐290.

② 成刚. 数据包络分析方法与 MaxDEA 软件[M]. 北京：知识产权出版社，2014：18‐19.

③ 钱振华，成刚. 数据包络分析 SBM 超效率模型无可行解问题的两阶段求解法[J]. 数学的实践与认识，2013，43(5)：171‐178.

出导向的模型不包含投入的成分,结果清晰明朗。模型如下:

调整产出导向模型中,$w^I = \varepsilon, w^O = 1$,即

$$\min \frac{1 - \varepsilon\alpha}{1 + \beta}$$

$$\text{s.t.} \sum_{j=1}^{n} \lambda_j x_{ij} \leqslant (1 - \varepsilon\alpha) x_{ik}$$

$$\sum_{j=1}^{n} \lambda_j x_{rj} \geqslant (1 + \beta) y_{rk}$$

$$\sum_{j=1}^{n} \lambda_j = 1$$

$$\alpha, \beta, \lambda_j \geqslant 0$$

$$i = 1, 2, \cdots, m; r = 1, 2, \cdots, q; j = 1, 2, \cdots, n \tag{1}$$

式中:n 代表决策单元的个数;m 代表决策单元投入变量的个数;r 代表决策单元产出数量的个数。

3. Tobit 回归模型

在回归模型的选择上,因为超效率 SBM 模型测算的效率值为截断离散数据,故采用可处理截断离散数据的 Tobit 模型用 Eviews9 进行分析,具体公式如下:

$$Y_i = \begin{cases} Y_i^* & Y_i^* > 0 \\ 0 & Y_i^* \leqslant 0 \end{cases} \tag{2}$$

$$Y_i^* = \beta X_i + \varepsilon_i \qquad i = 1, 2, \cdots, n \tag{3}$$

式(2)和(3)中:β 为待估参数;ε_i 为随机误差项;X_i、Y_i 和 Y_i^* 分别为自变量、截断因变量和潜变量。

因此,构建浙江省文化产业效率影响因素的 Tobit 回归模型的公式如下:

$$\text{TE}_{i,t} = \beta_0 + \beta_1 \text{Edl}_{i,t} + \beta_2 \text{Md}_{i,t} + \beta_3 \text{Stl}_{i,t} + \beta_4 \text{Trl}_{i,t} + \beta_5 \text{Ci}_{i,t} + \beta_6 \text{Gp}_{i,t} + \beta_7 \text{Re}_{i,t} + u_{i,t}$$

$$\tag{4}$$

式中:β_0 为常数项;β_1、β_2、β_3、β_4、β_5、β_6、β_7 为各自变量的回归系数;i、t 分别表示地区和时间;$u_{i,t}$ 表示随机干扰项。

四、实证分析

表2 2011—2019 年浙江 11 市文化产业 BCC 模型效率结果

城市	综合效率	纯技术效率	规模效率	规模报酬
杭州	1	1	1	CRS
宁波	0.96	1.00	0.96	DRS
温州	1	1	1	CRS
嘉兴	0.92	0.93	0.99	IRS
湖州	0.95	1	0.95	IRS
绍兴	1	1	1	CRS
金华	0.91	0.93	0.99	IRS
衢州	0.75	1	0.75	IRS
舟山	0.49	1	0.49	IRS
台州	0.96	0.96	0.99	DRS
丽水	0.50	0.74	0.68	IRS
均值	0.86	0.96	0.89	IRS

注:CRS 为不变规模报酬;IRS 为递增规模报酬;DRS 为递减规模报酬。

由表 2 看出,2011—2019 年浙江 11 市综合效率的均值为 0.86,说明这一阶段浙江城市整体文化产业效率不高,产出或规模未达到最优状态。纯技术效率均值为 0.96,高于规模效率均值 0.89,说明在 2011—2019 年区间里,浙江省文化产业的规模效率影响了文化产业综合效率的提升。杭州、温州和绍兴的综合效率值为 1,处于最佳生产前沿而且规模报酬均处于不变阶段,说明三个城市在 2011—2019 年的区间资源配置达到帕累托最优。宁波综合效率值高于均值,技术效率处于最佳生产前沿,但规模效率为 0.96,处于规模报酬递减阶段。造成这种状况的原因,一方面是生产要素的可得性受到抑制。在文化产业生产规模的逐渐扩大过程中,受到地理位置、劳动力市场、原材料供应等因素的限制,成本上升,文化产业在生产中所需要的要素投入不能得到满足。另一方面是文化产业发展到一定规模的情况下,内部管理效率下降导致生产效率下降。衢州、舟山和丽水的综合效率值低于均值,对比纯技术效率值和规模效率值,从数据上看是由于规模效率无效。DEA 非效率的城市分别为嘉兴、金华、台州和丽水。其中嘉兴、金华和台州的综合效率值在 0.9—1 之间,嘉兴、金华和台州的规模报酬均处于递增阶段。三个城市未处于最优生产前沿均是由于纯技术效率,嘉兴、金华和丽水应该积极调整产业结构,优化产业核心层、外围层和相关层的比例,提高资源利用率。

(一)时间阶段波动分析

浙江省人民政府在 2011 年 11 月 7 日印发关于《浙江省文化产业发展规划 (2010—2015 年)》的通知,2016 年发布关于《浙江省文化产业发展"十三五"规划》 的通知。因此,纵向分析中以两个规划为时间节点,将 2011—2019 年分为两个阶段进行比较分析,2011—2015 年为第一阶段,2016—2019 年为第二阶段。

表 3　浙江 11 市阶段性文化产业 BCC 模型效率结果

| 城市 | 第一阶段(2011—2015 年) | | | 第二阶段(2016—2019 年) | | | 阶段变化 |
	综合效率	纯技术效率	规模效率	综合效率	纯技术效率	规模效率	规模报酬
杭州	0.61	0.76	0.79	1	1	1	IRS→CRS
宁波	0.65	0.83	0.78	0.89	1	0.89	DRS→DRS
温州	0.66	0.70	0.94	1	1	1	IRS→CRS
嘉兴	0.57	0.58	0.97	0.93	0.94	0.99	IRS→IRS
湖州	0.66	0.83	0.79	0.85	0.92	0.92	IRS→IRS
绍兴	0.64	0.68	0.94	1	1	1	IRS→CRS
金华	0.58	0.59	0.99	0.88	0.90	0.98	IRS→IRS
衢州	0.46	1	0.46	0.79	1	0.79	IRS→IRS
舟山	0.35	1	0.35	0.39	0.68	0.57	IRS→IRS
台州	0.66	0.66	0.99	0.92	0.93	0.99	IRS→IRS
丽水	0.32	0.40	0.81	0.47	0.69	0.68	IRS→IRS
均值	0.56	0.73	0.80	0.83	0.91	0.89	IRS→IRS

注:CRS 为不变规模报酬;IRS 为递增规模报酬;DRS 为递减规模报酬。

从表 3 浙江省 11 市阶段性文化产业 BCC 模型效率的分布可以看出,2016—2019 年和 2011—2015 年阶段相比,第二阶段(2016—2019)综合效率、纯技术效率和规模效率均值普遍高于第一阶段,其中技术效率对于综合效率提高的贡献率最大。2016—2020 年这一阶段浙江发布了《浙江省文化产业发展"十三五"规划》,明确提出要全面深化文化体制改革,营造良好的文化产业营商环境,优化市场要素配置,对于促进文化产业技术效率的提高具有重要作用。但是,2011—2019 年,浙江省整体规模效率变化不大,规模效率对综合效率的贡献率不高,规模效率已然成为影响浙江全省文化产业综合效率提高的重要因素。

2011—2015 年浙江文化产业效率偏低,产出或规模还处于初步发展阶段。纯技术效率成为影响文化产业综合效率的重要因素。2016—2019 年综合效率均值为 0.83,虽然相较于第一阶段有了显著提升,但产出或规模仍没有达到最佳生产前沿。衢州、舟山和丽水的综合效率值低于均值,分别为 0.79、0.39 和 0.47,相较于第一阶段的值(0.46、0.35 和 0.32),衢州综合效率提高较为明显,舟山和丽水提升不高。纯技术效率均值和规模效率均值为 0.91 和 0.89,相较第一阶段提升显著,且规模效率变化成为影响第二阶段浙江文化产业综合效率提高的重要因素。

(二) 城市差异性分析

从城市的动态变化上看,如图 1 和表 3 所示,杭州、温州和绍兴变化为规模效率达到最优生产前沿状态,且在两个阶段均由规模报酬递增到规模报酬不变。第一阶段综合效率最高的是温州,其次是绍兴和杭州,温州和绍兴在第一阶段技术效率低于规模效率,成为影响综合效率提高的阶段性因素。这与温州出台《温州市文

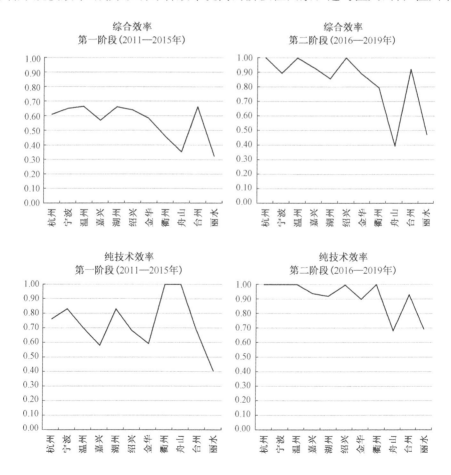

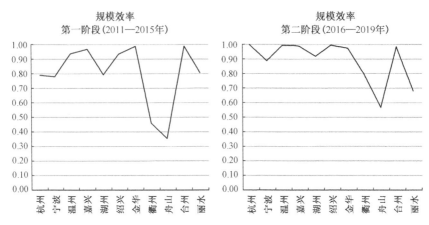

图1 三种效率的动态趋势及对比

化创意产业规划(2015—2020年)》、绍兴2016年出台《绍兴市"十三五"文化产业发展规划》有关。温州和绍兴在科学规划之下共同聚焦于产业机制的改革和发展,实现了第二阶段综合效率、技术效率和规模效率均达到最佳生产前沿的状态。宁波在两个阶段均处于规模报酬递减状态(DRS),且在这两个阶段制约综合效率提升的主要因素是规模效率。杭州、温州和绍兴规模报酬保持不变,其他城市均处于规模报酬递增阶段,表明其他城市仍需要通过提高劳动生产率和资源的集约化使用、优化生产要素配置来提高效率,逐渐靠近最优生产前沿。

(三)基于VRS超效率模型的效率测度

VRS超效率模型对有效DMU和无效DMU同样适用,因此对11市的VRS模型分析不进行有效DMU和无效DMU的分类。

表4 2011—2019年浙江11市文化产业超效率模型效率结果

DMU	2011	2012	2013	2014	2015	2016	2017	2018	2019
杭州	0.29	0.29	0.35	0.38	0.45	0.48	0.53	0.78	1.33
宁波	0.30	0.25	0.23	0.23	0.29	0.41	0.57	1.21	0.91
温州	0.14	0.22	0.26	0.28	0.33	0.43	0.49	0.58	0.67
嘉兴	0.17	0.21	0.19	0.24	0.26	0.33	0.36	0.40	0.42
湖州	0.22	0.24	0.35	0.34	0.27	0.25	0.33	0.45	0.50
绍兴	0.20	0.25	0.18	0.22	0.21	0.39	0.78	0.89	1.09
金华	0.21	0.23	0.25	0.23	0.25	0.26	0.35	0.39	1.65
衢州	0.72	0.40	0.46	0.26	0.32	0.35	0.33	0.34	0.58
舟山	0.86	0.38	0.36	0.21	0.23	0.16	0.22	0.64	0.74
台州	0.21	0.20	0.21	0.22	0.25	0.31	0.30	0.39	0.37
丽水	0.35	0.17	0.17	0.19	0.19	0.29	0.29	0.34	0.69

由表 4 可知,2011—2019 年浙江 11 市的文化产业超效率模型的效率值总体偏低。从时间轴上看,2011—2017 年没有超效率值超过 1 的城市,2019 年,杭州、绍兴和金华超效率值分别为 1.33、1.09 和 1.65,说明这三个城市的投入产出同比增长 33％、9％和 65％。2019 年增长最快的是金华,其次是杭州,规模报酬递增阶段较明显。绍兴的投入产出比增长较慢,仍处于规模报酬递增的初步阶段。宁波 2018 年超效率值为 1.21,投入产出同比增长 21％,2019 年为 0.91,未超过效率值 1,处于规模报酬递减阶段,与 BCC 模型得出的结论一致。

从总体来看,浙江省文化产业进入全面扩张时期,规模报酬递增表现明显,但个别城市出现投入冗余现象,陷入规模报酬递减的陷阱。从效率变化来看,2011—2015 年,技术效率成为影响这一阶段浙江文化产业综合效率提升的重要因素。2015—2019 年,动态变化为规模效率。从地区发展来看,浙江省文化产业出现显著的地区差异。文化产业增长极处于带状分布,杭州、金华和温州沿浙江西北和东南呈现一条直线。越靠近增长极城市,文化产业的效率越高。

但是,个别城市出现规模报酬递减的原因是什么?衢州和丽水、台州毗邻杭州、金华、宁波等文化产业增长极,为什么比相同区位的湖州、绍兴等城市的综合效率低,地区经济水平、区位、文化资源禀赋是否会影响文化产业效率?浙江文化产业增长极在拉高中心辐射圈综合效率值的同时,是否对其他城市具有虹吸效应?因此需要对浙江文化产业的影响因素进一步研究分析。

(四) 文化产业影响因素 Tobit 模型分析

在完成文化产业效率测度的基础上,通过建立回归模型对浙江文化产业的影响因素进行进一步分析。由表 5 影响因素的回归系数来看,经济发展水平和人力资源水平在 1％的显著水平下对文化产业效率有着正向作用,市场需求在 10％的显著水平下对文化产业效率有着正向作用。影响系数为正且估计系数相对较大,表明经济发展水平和市场需求对文化产业效率提升要大于人力资源水平。科技创新水平、政府政策因素、资源禀赋因素估计系数为负,通过了 1％的显著性检验,表明三者对浙江文化产业效率提升有着显著的抑制作用,资源禀赋因素抑制作用最强。文化基础设施因素估计系数为负,在 10％的显著水平下对文化产业效率有着抑制作用。

表 5 Tobit 回归结果

变量名称	系数	标准差	t 统计量	p 值	R^2
Edl	1. 193 25 ***	0. 193 4	2. 48	0. 005	
Md	1. 716 545 *	0. 286 5	0. 49	0. 058 7	
Stl	−0. 848 54 ***	3. 161 8	−2. 47	0. 001	
Trl	0. 214 181 8 ***	0. 084 3	2. 76	0. 007	0. 967 3
Ci	−0. 526 272 *	1. 567 2	−1. 38	0. 084 2	
Gp	−0. 552 545 ***	1. 589 4	−0. 79	0. 001	
Re	−1. 294 727 ***	3. 199 5	−5. 92	0. 000	
常数项	−4. 785 ***	0. 048 6	2. 65	0. 000	

注:" *** "" ** "" * "分别表示在 1%、5% 和 10% 的水平上显著。

1. 稳健性检验

前文的结论可能会受到估计方法或变量选择的影响而存在偏误,为确保估计结果的稳健性,本文采用面板 Tobit 模型和改变样本区间的办法进行稳健性检验(表 6)。根据我国现行的统计调查制度,经济普查每 5 年进行一次,公布文化产业市场主体数量、产业规模、从业人数变动等微观指标,非普查年份公布两项统计数据,即规模以上文化及相关企业营收和文化及相关产业增加值。因此稳健性检验剔除了 2011—2012 年和 2019 年的数据,将 2013 年第三次经济普查和 2018 年第四次经济普查为始终,对 2013—2018 年的样本作为研究对象进行回归,从回归结果再次证实了上述结论具有稳健性。

表 6 稳健性检验

变量名称	系数	标准差	t 统计量	p 值	R^2
Edl	3. 205 14 ***	0. 536 7	3. 54	0. 001	
Md	2. 525 421 **	0. 308 65	0. 91	0. 04	
Stl	−0. 123 11 ***	4. 768 2	−3. 12	0. 001	
Trl	0. 253 79 ***	0. 092 75	2. 98	0. 005	0. 853 97
Ci	−0. 873 16 *	1. 456 21	−1. 67	0. 06	
Gp	−0. 479 31 ***	1. 974 0	−1. 54	0. 005	
Re	−2. 045 137 ***	4. 789 3	−5. 99	0. 001	
常数项	−3. 679 4 ***	0. 031 89	5. 76	0. 000	

注:" *** "" ** "" * "分别表示在 1%、5% 和 10% 的水平上显著。

2. 城市文化产业影响因素 Tobit 模型分析

由表7可知,从经济发展水平层面来看,经济发展水平的影响呈现出明显的地区差异显著。浙江省 11 市中,金华在 5% 的显著水平下呈现正向影响,系数是 2.424。嘉兴和舟山在 1% 的显著水平下呈现正向影响,系数分别为 4.626 和 4.009,其他城市均未通过显著性检验。经济发展水平影响城市文化基础设施建设、人才引进和文化产业招商引资,进而影响文化产业效率。金华经济发展水平每提高 1%,文化产业效率提高 2.424%,嘉兴和舟山经济发展水平每提高 1%,文化产业效率分别提高 4.626% 和 4.009%。

从市场需求层面来看,在通过显著性检验的城市中,杭州和绍兴在 5% 的显著水平下与文化产业效率呈正相关,宁波和舟山在 1% 的显著水平下呈现正向影响。文化消费是城市文化产业繁荣的基础,文化消费具有明显的总和经济效应。因此,杭州的市场需求每提升 1%,文化产业效率即提高 2.486%,宁波和舟山分别提高 5.572% 和 5.181%。其他城市文化市场活力不足,文化消费环境和氛围不浓烈,市场需求对城市的文化产业效率产生影响不显著。

从科技创新水平层面看,宁波和温州分别在 5% 和 1% 的显著水平下产生负向影响。绍兴和舟山分别在 5% 和 1% 的显著水平下呈现正相关,其他城市均未通过显著性检验结果。意味着在观察周期内,科技创新能够有效促进产业融合,引导有效创新投入产出。数据显示大多数城市科技创新并未对文化产业效率产生显著影响,甚至过多的科技干预降低了文化产业发展效率。宁波和温州文化产业的科技创新水平处于初级发展阶段,文化产业尚未产生集聚效应,促使整个科技创新型文化产业实现转型升级,因此科技创新水平对城市的文化产业效率产生影响不显著,甚至产生负面影响。

表 7　2011—2019 年浙江 11 市文化产业效率影响因素的 Tobit 模型估计结果

城市	C	Edl	Md	Stl	Trl	Ci	Gp	Re
杭州	6.570 (0.000)***	0.185 (0.852)	2.486 (0.012)**	−0.681 (0.495)	−2.969 (0.003)***	−0.718 (0.472)	−1.996 (0.045)	0.597 (0.550)
宁波	4.664 (0.000)***	0.859 (0.390)	5.572 (0.000)***	−2.889 (0.039)**	1.169 (0.242)	−0.861 (0.389)	−8.554 (0.000)***	1.125 (0.021)
温州	22.649 (0.548)	0.934 (0.350)	−0.148 (0.881)	−5.260 (0.000)***	0.101 (0.919)	−15.005 (0.000)***	2.895 (0.003)***	−6.306 (0.000)***
嘉兴	15.036 (0.000)***	4.626 (0.000)***	−0.773 (0.439)	1.092 (0.274)	0.261 (0.793)	−2.053 (0.040)	0.049 (0.962)	0.809 (0.418)

（续表）

城市	C	Edl	Md	Stl	Trl	Ci	Gp	Re
湖州	2.718 (0.006)***	−0.371 (0.710)	0.734 (0.462)	−2.513 (0.012)	0.544 (0.586)	4.220 (0.000)***	−1.928 (0.053)	−2.053 (0.400)
绍兴	11.689 (0.000)***	1.512 (0.130)	3.050 (0.023)**	2.785 (0.005)***	−4.198 (0.000)***	−10.394 (0.121)	−1.742 (0.008)***	−4.558 (0.000)***
金华	1.255 (0.209)	2.424 (0.015)**	−0.628 (0.529)	0.103 (0.917)	0.248 (0.803)	−1.674 (0.094)	0.424 (0.671)	−5.896 (0.000)***
衢州	−0.677 (0.498)	−1.421 (0.155)	−1.071 (0.284)	−1.917 (0.055)*	−0.617 (0.536)	2.726 (0.006)	2.386 (0.017)**	4.402 (0.000)***
舟山	−0.044 (0.964)	4.009 (0.001)***	5.181 (0.000)***	−1.515 (0.129)	9.628 (0.000)***	1.376 (0.168)	3.032 (0.002)***	4.666 (0.000)***
台州	2.952 (0.003)***	−1.027 (0.304)	1.137 (0.255)	−0.543 (0.586)	−0.965 (0.334)	−2.072 (0.038)	2.458 (0.014)**	−3.260 (0.001)***
丽水	2.970 (0.003)***	1.393 (0.163)	0.856 (0.392)	2.004 (0.045)**	−0.856 (0.391)	18.489 (0.000)***	−3.102 (0.001)***	0.898 (0.368)

注：各变量括号外数值为系数估计结果，括号内数据为 p 值；"***""**""*"分别表示在 1%、5%和10%的水平上显著。

从人力资源水平层面看，在通过显著性检验的城市中，杭州、绍兴在1%的显著水平下与文化产业效率呈现负相关，舟山在1%的显著水平下产生正向影响。文化产业是以文化知识为基础的知识密集型产业，这就决定了其对高端创意人才和高技术人才的需求比任何产业都大得多，而高端人才却是产业发展中最稀缺的资源和要素。杭州、宁波等城市具备得天独厚的人才吸引力及高端人才储备能力，人力资源水平较高的城市在文化产业人才的应用中忽略学校对口专业的建设，行业准入门槛偏低，使得文化产业市场出现低效冗余。

从文化基础设施层面看，温州在1%的显著水平下与文化产业效率呈现负相关，湖州和丽水在1%的显著水平下产生正向影响，其他城市均未通过显著性检验。我国文化产业的发展历程并不长，在推动其发展的过程中，很多时候是特事特办，其实质是用政策、资金上的倾斜、优惠替代了必要的基础设施建设。从公共文化设施来看，温州市每万人拥有文化设施建筑面积490.0平方米，远低于杭州（1 091.3平方米）、宁波（765.8平方米）等主要城市水平，温州的文化基础设施成为阻碍文化产业效率提高的重要因素。湖州和丽水文化基础设施每提高1%，文化产业效率则提高 4.22% 和 18.489%。

从政府政策因素层面来看,政府政策因素对城市文化产业效率影响具有明显区域性。在通过显著性检验的城市中,宁波、绍兴和丽水在 1% 的显著水平下与文化产业效率呈现负相关,温州、衢州、舟山和台州产生正向影响。温州、衢州和台州在文化产业建设中出台了一系列产业发展规划,加大资金投入和政策倾斜,使得地区文化产业发展效率有了相应提升。而宁波、绍兴存在较多长期性重大文化产业项目在短期内还看不到产出效果,投入产出呈现非均衡发展状态,影响文化产业效率提高。

从资源禀赋因素层面来看,资源禀赋因素对文化产业效率提升具有重要影响。在通过显著性检验的城市中,温州、绍兴、金华和台州在 1% 的显著水平下与文化产业效率呈现负相关,舟山在 1% 的显著水平下产生正向影响。温州、绍兴、金华文化产业综合效率较高,但温州在文化产业建设时没有抓住"瓯越文化",失去文化名城这张城市名片,导致城市文化品牌缺乏竞争力。绍兴紧挨杭州,文化产业园区虹吸效应明显。金华和台州文化产业园区及旅游资源挖掘不足,成为影响文化产业效率整体提升的关键。

3. 异质性分析

为验证估计结果在不同的样本或群体之间的传导是否存在差异,需要对不同的分类群体进行分组回归,并且对比分组回归的结果。浙江城市之间的发展水平不同,可能存在对于不同的城市发展水平,影响出现非线性结果。因此,本文以经济发展水平进行三组划分,将杭州、宁波、温州、绍兴划分为 A 组,将嘉兴、金华、湖州、舟山划分为 B 组,将衢州、台州、丽水划分为 C 组。

由表 8 可知,经济发展水平对 A 组和 B 组影响系数为正且估计系数相对较大,对 C 组影响系数为负,经济发展水平对文化产业效率的影响作用显著。市场需求对 A 组和 C 组影响系数为正且估计系数相对较大,对 B 组影响并不显著。科技创新水平对 B 组和 C 组影响系数为正且估计系数相对较大,对 A 组影响并不显著。人力资源水平对 B 组影响不显著,对 A 组影响系数为负,说明经济发达地区的文化产业人才存在溢出现象,对 C 组的影响系数为正且较大,说明经济水平相对低的地区,人才资源对于文化产业效率的提升具有正向作用。

表 8 异质性分析

变量	A组	B组	C组
Edl	5.326 (0.000)***	1.276 (0.005)**	−1.457 (0.012)**
Md	2.465 (0.000)***	0.859 (0.390)	4.584 (0.000)***
Stl	2.368 (0.548)	0.636 (0.005)***	−0.148 (0.001)***
Trl	−1.265 (0.000)***	2.654 (0.000)***	−0.446 (0.542)
Ci	1.638 (0.005)***	−0.653 (0.210)	0.734 (0.001)***
Gp	1.586 (0.000)***	2.437 (0.150)	2.864 (0.021)**
Re	1.259 (0.201)	2.426 (0.010)**	−0.658 (0.538)

注:各变量括号外数值为系数估计结果,括号内数据为 p 值;"***""**""*"分别表示在 1%、5% 和 10% 的水平上显著。

五、结论与政策建议

在国内经济保持双循环发展格局之下,文化产业对于促进消费增长、激发市场活力、稳定国内经济的重要性不言而喻。浙江省作为排名前列的经济强省和文化大省,文化产业效率的提升对于文化产业高质量发展起着关键作用。本文将文化产业效率测度下探到地级市,在一定程度上促进了地级市文化产业研究的深入发展,并为浙江城市乃至全国城市文化产业的高效发展提供了科学参考。通过浙江 11 个市 2011—2019 年的面板数据,综合运用 BCC 模型、基于 VRS 超效率模型和面板 Tobit 模型探析浙江文化产业效率演变及其影响因素,主要结论如下:第一,浙江文化产业效率时间变化较大。技术效率和规模效率相继成为 2011—2015 年、2016—2019 年两个时间段的影响因素。近 5 年文化产业规模报酬递增表现明显,但个别城市出现投入冗余现象。第二,研究期内,浙江省文化产业效率表现出显著的地区差异。文化产业增长极的城市处于带状分布,杭州、金华和温州沿浙江西北和东南呈现一条直线,但对周边城市的文化产业发展存在虹吸效应。第三,浙江文化产业效率受控于多重因素的影响,经济发展水平、市场需求、科技创新水平、人才资源水平、文化基础设施资源禀赋等因素对地区影响具有显著差异。在其他因素保持基本等同的情况下,文化基础设施和资源禀赋因素成为影响文化产业效率提升的关键。

基于上述结论,本文具有以下政策启示:首先,文化创意提升人类社会的边际收益,科技创新改善经济发展的边际成本。文化产业的效率提升需要促进信息化和工业化的融合,发展具有高创意设计附加价值的装备制造业和新型原材料等产业。并将科技交融渗透到文化产品创作、生产、传播、消费的各个层面和关键环节,提高文化企业技术装备水平和文化产品科技含量,推动传统文化产业改造升级。其次,做好顶层科学设计和政策规划。在战略设计上要"在线",就要改变串联思维,打破资源驱动、投资驱动、创新驱动、财富驱动(文化驱动)的时序,实施多轮驱动的并联战略。最后,继续深化文化体制改革,在发挥市场机制配置文化资源的基础性作用基础上,进一步增加财政对转企改制、引导社会资本投入、促进文化产业发展与效率提升的投入力度。

需要说明的是,本文通过大量的文献参考及专家意见确定文化产业效率影响指标,但文化效率受多种因素的影响,不同指标的选取会对结果产生轻微变动;为了最大限度地保证数据统计口径的一致,并围于指标数据的可得性,未对一些指标进行选取,如文化企业法人单位数、文化产业 R&D 投入与支出等。统计部门已经对文化产业采取《文化及相关产业分类(2018)》进行标准化操作,今后若能采取更精细的数据,所得的结果或能更加科学,这也是文化产业走向计量化、走向数字化的发展方向。

参考文献

[1] 高云虹,李学慧. 西部地区文化产业效率研究[J]. 财经科学,2017(2):112 - 121.

[2] 马立平,鲍鑫. 文化制造业集聚对技术效率的影响[J]. 中国科技论坛,2019(7):107 - 112.

[3] 雷宏振,李芸. 文化产业发展效率时空差异及影响因素分析[J]. 当代经济管理,2020,42(6):50 - 56.

[4] 袁海红,吴丹丹,马仁锋,等. 杭州文化创意产业集聚与城市建成环境场耦合性[J]. 经济地理,2018,38(11):123 - 132.

[5] 仲利强,王宇洁. 杭州文化创意产业发展特征评价与空间类型划分[J]. 城市规划,2017,

41(3):52-60.

[6] 陈颖.文化与科技融合创新指数的构建与评价[J].科技管理研究,2016,36(10): 44-49.

[7] 朱蓉.浙江文化产业园集聚模式及提升路径[J].对外经贸实务,2016(5):78-81.

[8] 王家庭,梁栋.中国文化制造业绿色全要素生产率测度及其影响因素研究[J].西安交通大学学报(社会科学版),2020(5):53-65.

[9] 王猛,王有鑫.城市文化产业集聚的影响因素研究:来自35个大中城市的证据[J].江西财经大学学报,2015(1):12-20.

[10] 顾江,王文姬.科技创新、文化产业集聚对城镇居民文化消费的影响机制及效应[J].深圳大学学报(人文社会科学版),2021,38(4):47-55.

[11] 成刚.数据包络分析方法与MaxDEA软件[M].北京:知识产权出版社,2014:28-30.

作者简介

骆梦柯(1993—   ),河南许昌人,深圳大学文化产业研究院博士生。研究方向为文化产业创新。

陈献勇(1972—   ),通信作者,辽宁沈阳人,沈阳师范大学旅游管理学院副教授。研究方向为文化产业和经济研究。

Research on Temporal and Spatial Differences and Influencing Factors of the Development Efficiency of Cultural Industries — Based on Data Tests of 11 Cities in Zhejiang

Luo Mengke   Chen Xianyong

Abstract: The high-quality development of the cultural industry is the requirement of national economic transformation and the inevitable development of cultural industry, and it is of great significance to analyze the temporal and spatial differences in the efficiency level of cultural industry development for the high-quality development of cultural industry. The BCC model, the VRS super-efficiency model, and the Tobit regression model are used to analyze the temporal and spatial differences, regional differences and influencing factors of the development efficiency of cultural industries in 11 cities in Zhejiang Province. The results show that: ① Technical efficiency and scale efficiency have successively become the influencing factors in the two time periods of 2011—2015 and 2015—2019. In the past five years, the increase in the scale of remuneration of the cultural industry has been obvious, but some cities have experienced redundancy in investment and fallen into the trap of decreasing scale returns. ② The high-efficiency areas of Zhejiang's cultural industry show a strip distribution, and the closer to the growth pole city, the higher the efficiency of the cultural industry, but it will be affected by the siphon effect. ③ The efficiency of Zhejiang's cultural industry is controlled by multiple factors.

Key words: cultural industry; efficiency; spatial-temporal differences; influencing factors

市场分割如何影响文化产业结构升级[*]
——基于资本、创新和劳动力要素的分析

李书琴　胡慧源

摘　要:产业结构升级关系到文化产业自身的高质量发展,本文利用 2014—2018 年 28 个地区的面板数据,从市场分割视角解读文化产业升级的内在机理。研究发现:市场分割本身不利于文化产业升级,但文化产业仍在成长期,产业规模的壮大有赖于地区支持和保护,产业规模与市场分割共同作用能够促进文化产业结构升级。就资本、创新和劳动力要素在上述关系里的中介效应而言,一是市场分割导致地方政府的投资挤出效应而非投资扭曲效应,考虑到当前文化产业升级有赖于一定的基础设施,在投资挤出效应之下市场分割阻碍了文化产业结构升级;二是市场分割对地方政府产生了创新挤出效应,阻碍文化产业结构升级;三是市场分割削弱了地区对高素质劳动力流动的拉力,在人力资本驱赶效应之下阻碍了文化产业结构升级。

关键词:文化产业;市场分割;相对价格法;产业结构升级;中介效应

一、引　言

　　文化产业高质量发展是繁荣社会主义文化、满足人民精神文化生活需求、建成社会主义文化强国的内在要求。《"十四五"文化产业发展规划》指出"十三五"以来文化产业发展取得了显著成效,"2015 年至 2019 年,全国文化及相关产业增加值从 2.7 万亿元增长到超过 4.4 万亿元,年均增速接近 13%,占同期国内生产总值

---

* 　基金项目:本文系 2022 年度江苏高校哲学社会科学研究一般项目(2022SJYB0735),南京工业大学浦江学院 2021 年校级哲学社会科学研究类课题(njpj2021 - 2 - 18)的阶段性研究成果。

比重从 3.95％上升到 4.5％"①,但产业结构转型升级、区域发展不平衡、文化与相关产业融合不充分等问题仍有待改善。

党的十九届五中全会通过的《中共中央关于制定国民经济和社会发展第十四个五年规划和二〇三五年远景目标的建议》提出了"加快构建以国内大循环为主体、国内国际双循环相互促进的新发展格局"②。2022 年 4 月《中共中央国务院关于加快建设全国统一大市场的意见》明确了"建设全国统一大市场是构建新发展格局的基础支撑和内在要求"③。

近年来文化产业增加值占 GDP 比重在 4％以上,但对尚处于发展初期的文化产业来说,在"双循环"新发展格局中,其自身发展同样面临着转型压力。如何在全球经济不确定的外部环境下,借助于区域一体化的力量,持续改善文化市场分割与地方保护问题,推动文化产业结构优化升级,仍是一个值得研究的问题。

二、文献综述

文化产业结构升级相关研究涉及两方面:一方面是产业结构升级的影响因素研究。现有研究关注到的因素集中于产业发展的各要素:① 劳动力。劳动力数量和质量(郝凤霞等,2021)、劳动力迁移(董丽霞和张子君,2021)、老龄化(刘成坤,2021;刘富华和梁牧,2021)等影响人力资本供给,进而影响产业结构升级。② 技术进步和创新。相关研究围绕创新创业(李治国等,2021)、人工智能与工业机器人(杜文强,2021;李诗韵和徐承红,2022)等话题,讨论技术和创新要素对产业结构升级的影响。③ 土地和房价。如讨论土地产权(吴清扬,2021),土地财政(张国建等,2021)以及房价上涨的消费抑制效应、投资扭曲效应、劳动力挤出效应(孙超等,2021)如何影响产业结构升级。④ 对外开放。对外开放能够提高技术扩散的速度、广度,增加其深度(曾倩等,2021),进而有效提高资源的配置和利用效率,助推产业结构升级。

---

① 中国网.《"十四五"文化产业发展规划》发布(全文)[EB/OL]. (2021 - 06 - 09)[2022 - 04 - 23]. http://news. china. com. cn/2021 - 06/09/content_77556916. htm.

② 人民日报. 加快构建以国内大循环为主体、国内国际双循环相互促进的新发展格局[EB/OL]. (2020 - 11 - 25)[2022 - 04 - 23]. http://www. gov. cn/guowuyuan/2020 - 11/25/content_5563986. htm.

③ 新华社. 中共中央国务院关于加快建设全国统一大市场的意见[EB/OL]. (2022 - 04 - 10)[2022 - 04 - 23]. http://www. gov. cn/zhengce/2022 - 04/10/content_5684385. htm.

另一方面是市场分割对产业结构升级的影响。现有研究基本认同市场分割阻碍了要素市场的有效供给并形成资源错配,政府通过市场分割来保护地方的产业发展这一观点。仝文涛和顾晓光(2019)利用2003—2017年的数据发现市场分割对制造业的升级效应呈倒U形;盛斌和赵文涛(2020)运用2000—2013年的省级数据发现市场分割正向影响产业结构合理化,但负向影响产业结构高级化。可知,市场分割对产业结构升级的具体影响仍存在差异。

现有文献为市场分割与产业结构升级的进一步研究奠定了基础,但仍存在以下不足:其一,较少关注市场分割在产业发展层面的作用;其二,文化产业的产业结构升级的相关研究总体上仍缺少直接测度文化产业结构升级水平;其三,鲜有从市场分割视角解读文化产业结构升级的内在机理。基于此,本研究的基本问题是市场分割如何影响文化产业结构升级。利用2014—2018年的28个地区的商品价格指数原始数据,构造国内大循环的市场分割指数,分析在当前文化产业的产业规模之下国内市场一体化能否推动文化产业结构升级,并从政府投资偏好、创新偏好和高素质劳动力供给等要素视角分析其作用机制。

三、作用机制与研究假设

市场分割与追赶型战略决定的增长体制有关(刘志彪和孔令池,2021)。中国式财政分权以政治集权下的经济分权为特征,一方面,地方政府拥有支配辖区内资源和制定本地产业政策的自主性,具有发展辖区内经济的激励作用(王立勇和高玉胭,2018);另一方面,伴随着中央对地方官员晋升自上而下的控制权,政绩考核压力下产生的数字锦标赛(周黎安,2007)意味着由地方政府主导的本地产业发展往往是非理性的"竞次"竞争。在计划向市场的经济转轨期,追求自身利益最大化的经济模仿发展战略必然导致产业同构,引发地方保护,地方政府进一步通过干预土地、资本、劳动力等要素,实施"诸侯经济"的分割策略(刘瑞明,2007;踪家峰和周亮,2013)。如图1所示,本部分分析市场分割对文化产业结构升级的直接影响,并从土地、资本、劳动力等要素出发,分析市场分割通过投资扭曲、创新挤出、人力资本挤出等要素错配效应作用于文化产业结构升级的机制,并提出研究假设。

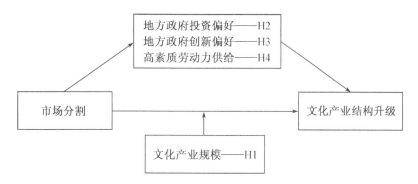

图 1　市场分割影响文化产业转型升级的作用机制

(一) 市场分割、产业规模与文化产业结构升级

　　产业结构升级是推动文化产业高质量发展的关键,本质上是资源配置的效率提高。林毅夫(2011)认为,要素禀赋结构决定经济结构,产业升级的源头在于规模经济和比较优势。长期以来,我国文化产业整体格局的结构性不合理问题突出,科技、传统产业与文化产业的融合仍处于初期(陈少峰,2012;顾江和郭新茹,2010;周锦,2014)。可以说,在产业成长期,市场分割对文化产业结构升级的影响同时也受到产业自身规模的制约。

1. 市场分割与文化产业结构升级

　　一定程度的市场分割维护了本地尚处发展初期、缺乏竞争力的产业,有利于地方短期内的经济发展;但随着产业规模的扩大,产业结构调整受阻(踪家峰和周亮,2013),最终导致地区间产业发展的重复建设和产能过剩。尽管市场分割对产业结构升级的影响并非总是负面的,现有对制造业(仝文涛和顾晓光,2019)、服务业(张国建等,2021)等经验研究也表明,一定程度的市场分割有利于尚未成熟的产业成长发展,但长期的市场分割则会阻碍产业转型升级。

　　市场分割对文化产业结构升级的影响表现在,一方面带来本地产业保护效应。对尚处于成长期的文化产业而言,本地市场尚未饱和,分割的市场某种程度上人为营造了一个缓冲区,避免文化产业在发展初期直接处于激烈的国内市场竞争中,提高了本地文化企业的生存能力。但另一方面也会产生负的外部性效应。不同于传统产业,文化产业或文化创意产业本身就"起源于个人的创造力、技能和才华",知识、创意等是不可替代的核心资源,产业的价值增值也来源于开放互动的创新网络环境。因此相对来说,封闭的本地文化市场阻碍知识溢出与相关产业集聚,区域间难以基于比较优势相互合作,长期看并不利于文化产业链的优化升级。换言之,长期的市场分割阻碍了文化产业发展要素的自由流动,使得产业提升更多的是地方政府依靠大量投资和资源支持的"注入式发展",这并不利于文化产业自主创新的"内涵式发展"。

2. 文化产业规模与市场分割交互影响文化产业结构升级分析

由上点可知,市场分割对文化产业结构升级的影响会因产业规模发展与生命周期的不同而存在差异。当文化产业规模较小时,市场分割可能会推动产业发展壮大,但市场分割的长久存在会造成国内市场被国外市场替代(陆铭和陈钊,2009),国内统一的文化大市场被分割为孤立的本地文化小市场,文化市场的一体化难以维系,提高了文化资源配置和文化生产要素流动的成本,减少了文化市场产品和服务的多样性程度,导致文化市场需求难以释放。产业发展只能以强化重复建设来获得增长,导致文化生产建设的同质化现象严重,产业趋同又阻碍了差异化的产业形态间的知识学习和创新,无法发挥规模经济优势。

结合市场分割与文化产业结构升级的关系,以及文化产业规模与市场分割交互影响的分析,提出研究假设1:

H1 在文化产业规模不断扩大的情形下,市场分割的产业趋同效应愈加凸显,不利于文化产业结构升级。

(二)市场分割对文化产业结构升级的要素错配效应

长期的市场分割意味着本地产业难以深入区域间的专业分工体系,导致了要素扭曲。市场分割通过影响地方政府行动导向,以及资本、创新、劳动力等要素的流动,进而对文化产业结构升级产生影响。这种要素错配效应的影响具体表现为以下三点:

1. 资本要素:投资扭曲效应

市场分割会带来地方政府投资偏好的扭曲。作为计划向市场转轨的产物(银温泉和才婉茹,2001),市场分割往往与地方保护主义相伴而生。地方分权的系列改革强化了地方局部利益,地方政府从社会主义市场经济的宏观调控者转变为经济活动和经济利益的主体(沈立人和戴园晨,1990)。这一变化令地方政府为实现地方经济增长目标而大力培育本地企业,扩大固定资产投资,为获取利润和财政收入而支持某些"短平快"的产业。就政府在文化产业领域的投资行为来说,相比"短平快"产业,文化产业项目的投资周期长、风险大,投资回报率具有高度的不确定性,多数项目为轻资产属性,以无形资产为主,固定资产的抵押担保物较少,再加上政策限制,导致文化产业的融资渠道狭窄,多数项目开展的第一道瓶颈就在于融资。更进一步,地方政府对文化产业项目的资金支持多属于"事业型投入",而非推动文化产业发展的"市场化投资"方式①,投资方式的不合理也进一步阻碍了我国文化产业结构升级。此外,地方政府投资偏好的固化反映到文化产业领域,最明显的现象是文化产业园区建设的"房地产化"和"大跃进式"圈地活动②,但这种扩张冲动并不利于文化产业的可持续发展。

文化产业发展需要大量资金支持,但在市场分割大背景下,以经济增长为核心的发展方式一定程度上导致地方政府的投资行为偏向于房地产等固定资产和硬件基础设施项目,文化项目由于风险和不确定性而在投资上遇冷,资本向文化产业领域投入的不足会阻碍文化产业结构升级。基于以上分析,本文提出研究假设2:

H2 市场分割通过影响地方政府的投资偏好,带来投资扭曲效应,进而阻碍文化产业结构升级。

2. 技术要素:创新挤出效应

如前所述,当地方政府转变为经济利益主体时往往更关注生产性活动,再加上在市场分割大背景下的地方保护,将会扩大地方政府"重生产、轻创新"的自利性投资偏好(李政和杨思莹,2018),从而削弱地方政府支持创新活动的内在激励,进而难以培育出有影响力的文化品牌和现代文化企业,具体表现为:在政府羽翼保护下成长起来的企业,在经营遇到困难时,往往不是改进经营方式,投资于研发活动,致力于加快产品升级换代,而是"找市长"(银温泉和才婉茹,2001)。如此,地方政府人为的市场分割不利于培育文化企业的市场意识、风险意识和竞争能力,文化企业创新经营的驱动力不足,模仿和跟风的经营模式更导致文化产业的同质化,在市场分割、重复建设中落入恶性竞争的泥沼,缺乏原创能力和精品意识,最终使得本地区文化产业的发展停留在低端技术层面,难以开发和生产高端文化产品服务,缺乏有影响力的文化品牌。

文化产业本身属于知识密集型产业,文化新业态的发展依靠科技进步,然而地方政府除了以上在培育创新主体(即文化企业)方面的不足外,由于由市场分割带来的创新要素难以自由流动,对于文化创意项目开发所需的创新环境建设、创新项目管理等方面的行动均有所滞后,总体来说市场分割之下地方政府的创新行为较为粗放,文化与科技尚未深度融合,新兴文化产业和新型文化业态的发展力量仍然

---

① 唐耀坤. 我国文化经济在 GDP 中只占 4.3％值得深思[EB/OL].[2022-03-27]. https://www.sohu.com/a/393784079_120669064.

② 经济参考报. 文化产业园区"房地产化"趋势明显[EB/OL].[2022-03-27]. https://www.chinanews.com.cn/house/2012/05-11/3880633.shtml.

薄弱。基于上述分析,提出研究假设3:

H3 市场分割通过影响地方政府的创新偏好,带来创新挤出效应,进而阻碍文化产业结构升级。

3. 劳动力要素:人力资本驱赶效应

市场分割的大环境下,地方政府往往采用行政管制手段来配置资源(银温泉和才婉茹,2001),包括劳动力等要素很难自由流动,也很难被高效纳入产业资源配置体系中:一是劳动力市场上的不完全竞争情况。与体制内劳动力市场价格被抬高形成鲜明对比的是体制外劳动力市场的过度竞争(杜鹰,1997),这一现象反映在文化产业劳动力市场则是"招聘难"与"就业难"的矛盾,多数文化事业单位一岗难求,但大部分中小文化企业的员工流动频繁。二是市场分割之下区域发展不平衡,特别是经济发展的差异导致多数欠发达地区对外部人才的吸引力较弱,户籍制度壁垒、社会保障体系差异也制约了本地劳动力的跨区域流动,即劳动力资源供需匹配错位,却难以通过市场配置自主调整。三是市场分割对文化产业结构升级所需的高素质劳动力供给的推力较强。一般来说,人力资本的积累与产业结构升级密切相关,近几年各个地方兴起"人才争夺"的原因也在于此。文化产业属于智力型产业,产业升级更依赖于创造新想法、新技术或新创意内容的"创意阶层"的集聚,以及由此带来的知识溢出和创新效应。创意阶层这一群体往往也更看重一个区域的差异性和价值,但市场分割基本阻碍了本区域积累人才、科技、宽容(Talent、Technology、Tolerance)这组3T要素,也就导致高素质的劳动力更倾向于选择自由和开放的地方,市场分割在某种程度上对高素质劳动力存在一种驱赶效应。没有人才的集聚,本区域也就难以实现文化产业集聚发展,进而难以参与和利用知识溢出效应,最终导致文化产业的产业结构升级受阻。

简言之,市场分割通过影响高素质劳动力的跨区域流动,进而影响文化产业结构升级。基于以上分析,本文提出假设4:

H4 市场分割通过阻碍高素质劳动力的跨区域供给,带来人力资本驱赶效应,进而阻碍文化产业结构升级。

四、变量与模型

(一)主要变量说明

1. 市场分割

市场分割指标主要是度量区域间市场整合程度,主要有贸易流法、生产法和相对价格法,但前两者难以控制规模经济和商品替代弹性等因素的影响,相对价格法的测算结果较为准确,参照桂琦寒等(2006),本文利用相对价格法测算市场分割指数。以《中国统计年鉴》2014—2018 年 28 个省(市、区)(不含西藏、重庆和海南)共计 16 类商品[①]的相对价格指数为原始数据,测算五年中 61 对接壤省(市、区)的市场分割程度。考虑到对后文研究假设的回归为 28 个地区五年的面板数据,本文参考刘志彪和孔令池(2021)的做法,按省(市、区)合并,对本地区与各个接壤地区的市场分割指数取平均值,得到每个地区的国内市场分割指数,由于数据较小,本文将所有市场分割指数乘以 1 000,得到最终的市场分割变量 fg。

2. 文化产业结构升级

产业结构升级[②]指的是产业结构从低级形态向高级形态发展,表现为生产要素和资源从劳动生产率低的部门向劳动生产率高的部门转移,资源配置效率提高,经济发展取得实质性进步(王磊和李金磊,2021)。参考刘伟等(2008),文化产业结构升级 gj 可表示为:

$$gj = \sum_{i=1}^{n} v_{it} LP_{it}^{N}$$

式中:v_{it} 表示 i 地区在第 t 年文化产业增加值占全国 GDP 的比重。标准化的劳动生产率 $LP_{it}^{N} = (LP_{it} - LP_{is})/(LP_{if} - LP_{is})$,其中 LP_{it} 为产业的原始劳动生产率;LP_{is} 为工业化初始时的劳动生产率,参考刘春济等(2014),本文取 1 941 美元;LP_{if} 为工业化完成时的劳动生产率,本文取 7 674 美元,并根据当年美元兑人民币的平均汇率进行换算。代入《中国文化及相关产业统计年鉴》中文化及相关产业法人单位从业人员的数据,最终得到 2014—2018 年文化产业结构升级的指标。

---

① 16 类商品主要包括:食品、饮食烟酒类、服装和鞋帽、纺织品、家用电器及音像器材、文化办公用品、日用品、体育娱乐用品、交通和通信用品、金银饰品、家具、化妆品、中西药品及医疗保健用品、燃料、书报杂志及电子出版物、建筑材料及五金电料。

② 对产业结构升级测量的现有指标一般分为两类,分别以干春晖等(2011)和刘伟等(2008)为代表。干春晖等(2011)从产业结构"高级化"指标和"合理化"两方面衡量,合理化指标度量产业之间协调程度和资源合理利用程度,以产业的结构偏离度表示;高级化指标度量产业结构升级(如第二产业向第三产业升级);刘伟等(2008)认为产业结构本质是资源配置的问题,必然与劳动生产率有关,其选择由产业在 GDP 中所占的比重和产业的劳动生产率决定的"产业结构高度"指标来衡量。考虑到本文对产业结构升级的衡量仅限于文化产业领域,并不存在第一、第二和第三产业间的协调(即合理化指标)或者从第二产业向第三产业的升级(高级化指标),因此参考刘伟等(2008)的指标进行测算。

3.其他变量

（1）文化产业规模 cul。选择"文化产业增加值占地区 GDP 比重"衡量当年文化产业规模，一般来说，当文化产业的产业增加值越大、产业规模越大，越有利于发挥规模效应，推动文化产业的转型升级。同时，根据研究假设 1，本变量作为市场分割 fg 与文化产业结构升级 gj 的调节变量。

（2）中介变量。① 地方政府投资偏好 tz。参考甘行琼等（2020）的做法，从房地产投资偏向的角度衡量地方政府的投资扭曲效应，用"房地产开发固定资产投资占固定资产投资总额的比重"表示。② 地方政府创新偏好 cx。参考李政和杨思莹（2018）的做法，用政府"财政支出中科学技术支出的比重"代表政府参与区域创新活动程度。③ 高素质劳动力供给 talent。劳动力供给主要指高素质的人才资源，参考黄琼和李光龙（2019），用"每十万人高等学校在校学生数"衡量人力资本水平。

（3）控制变量。① 经济发展水平 gdp。经济发展水平越高，文化产业转型升级的机遇越大，本文用"地区人均生产总值（元/人）"衡量。② 对外开放水平 open。对外开放程度越高，越有机会引进先进技术和管理经验，从而促进文化产业结构升级；参考杨志安和李梦涵（2019）的做法，用"外商投资进出口总额占地区生产总值的比重"来衡量对外开放水平。③ 城镇化水平 town。城镇化水平越高，地区经济发展和产业结构更趋于完善，相应的文化产业转型升级的基础设施支撑越好；参考杨志安和李梦涵（2019）用"城镇人口占年末常住人口比重"来衡量城镇化水平。

表 1 列出了回归变量数据描述性结果。

表 1　回归变量数据描述性结果

变量	变量说明	Obs	Mean	Std. Dev.	Min	Max
gj	文化产业结构升级	140	0.153 350 5	0.105 423 2	0.019 090 2	0.597 598 7
fg	市场分割指数＊1 000	140	0.113 986 6	0.114 577 8	0.013 38	0.752 66
tz	政府投资偏好	140	0.054 358 9	0.018 086 4	0.018 662 1	0.105 529 8
cx	政府创新偏好	140	0.020 938 4	0.013 898 6	0.005 635 6	0.061 401 8
talent	高素质劳动力供给	140	2 613.036	766.477 9	1 220	5 429
cul	文化产业规模	140	0.035 873 2	0.016 503	0.011 5	0.096 4
gdp	经济发展水平	140	55 715.48	27 349.92	25 202	153 095
open	对外开放水平	140	0.105 855 8	0.153 010 6	0.000 113 3	0.753 804 9
town	城镇化水平	140	0.589 120 6	0.120 668 2	0.381 833	0.937 816 3

（二）模型设立

根据市场分割影响文化产业结构升级的作用机制和研究假设（图 1）设立以下基准回归模型（1），用于检验市场分割在文化产业规模的调节作用下对文化产业结构升级的影响，其中 culfg 是市场分割 fg 与文化产业规模 cul 的交叉项，作为市场分割与文化产业结构升级的调节变量，控制变量 con 包括 gdp、open、town，ε 表示随机干扰项：

$$gj_{it} = \alpha_0 + \alpha_1 fg_{it} + \alpha_2 culfg_{it} + \alpha_3 con_{it} + \varepsilon_{it} \tag{1}$$

在以上基准模型的基础上，参考温忠麟和叶宝娟（2014）的逐步检验法，分别检验地方政府投资偏好、创新偏好和劳动力供给对上述关系的中介效应，具体包括以下三步回归：

第一，检验市场分割与三个中介变量的相关性，设立以下模型（2）—（4），其中控制变量 con 包括 gdp、town，ε 表示随机干扰项。

$$cx_{it} = \beta_0 + \beta_1 fg_{it} + \beta_2 con_{it} + \varepsilon_{it} \tag{2}$$

$$tz_{it} = \beta_0 + \beta_1 fg_{it} + \beta_2 con_{it} + \varepsilon_{it} \tag{3}$$

$$talent_{it} = \beta_0 + \beta_1 fg_{it} + \beta_2 con_{it} + \varepsilon_{it} \tag{4}$$

第二，检验三个中介变量与文化产业结构升级的相关性，设立以下模型（5）—（7），控制变量 con 包括 gdp、open、town，ε 表示随机干扰项。

$$gj_{it} = \chi_0 + \chi_1 cx_{it} + \chi_2 culfg_{it} + \chi_3 con_{it} + \varepsilon_{it} \tag{5}$$

$$gj_{it} = \chi_0 + \chi_1 tz_{it} + \chi_2 culfg_{it} + \chi_3 con_{it} + \varepsilon_{it} \tag{6}$$

$$gj_{it} = \chi_0 + \chi_1 talent_{it} + \chi_2 culfg_{it} + \chi_3 con_{it} + \varepsilon_{it} \tag{7}$$

第三，检验市场分割、中介变量与文化产业结构升级的相关性，设立以下模型（8）—（10），控制变量 con 包括 gdp、open、town，ε 表示随机干扰项。

$$gj_{it} = \delta_0 + \delta_1 fg_{it} + \delta_2 cx_{it} + \delta_3 culfg_{it} + \delta_4 con_{it} + \varepsilon_{it} \tag{8}$$

$$gj_{it} = \delta_0 + \delta_1 fg_{it} + \delta_2 tz_{it} + \delta_3 culfg_{it} + \delta_4 con_{it} + \varepsilon_{it} \tag{9}$$

$$gj_{it} = \delta_0 + \delta_1 fg_{it} + \delta_2 talent_{it} + \delta_3 culfg_{it} + \delta_4 con_{it} + \varepsilon_{it} \tag{10}$$

五、检验结果

模型（1）—（10）的检验结果如表 2 所示。模型（1）检验了市场分割与文化产业结构升级的关系，并检验文化产业规模在其中的调节效应。市场分割指数变量 fg 在 1% 的显著性水平下与文化产业结构升级 gj 负相关，市场分割与文化产业规模的交互项 culfg 显著为正,且系数值(11.93)较大,市场分割本身不利于文化产业结构升级,但在文化产业当前的产业规模水平下,市场分割与产业规模之间交互作用,对文化产业结构产生积极影响。由此说明,市场分割本身会带来文化产业趋同效应,不利于文化产业结构升级,研究假设 1 成立;但值得注意的是,可能是由于当前文化产业本身仍未到达成熟期,产业规模本身的壮大有赖于一定的地方保护,使得当前产业规模与市场分割共同作用,能够促进文化产业结构升级。此外,控制变量"对外开放 open"与文化产业结构升级负相关,同样佐证了文化产业依赖本地市场的保护,难以对外完全放开。

模型(2)和模型(4)中,市场分割变量分别在 5% 和 10% 的显著性水平下与政府创新偏好和劳动力供给负相关,证明了市场分割对地方政府的创新挤出效应和人力资本挤出效应,其中 talent 的系数绝对值高达 826.3,说明市场分割将会排挤高素质劳动力,阻碍劳动力的自由流动,不利于地区人力资本水平的提高。模型(3)中市场分割变量在 5% 的显著性水平下与政府的房地产投资偏向负相关,说明市场分割并不会恶化当前地方政府的投资扭曲效应。

模型(5)和模型(7)中地方政府创新偏好变量 cx 和劳动力供给变量 talent 分别在 5% 和 1% 的显著性水平下与文化产业结构升级指标正相关,说明地方政府的创新行为和区域高素质人才聚集有利于文化产业结构升级。模型(6)中地方政府投资偏好变量 tz 在 1% 的显著性水平下与文化产业结构升级指标正相关,地方政府对房地产等投资偏向有助于文化产业结构升级,说明当前文化产业结构升级有赖于一定的基础设施。

模型(8)至模型(10)中市场分割变量均在 1% 的显著性水平上与文化产业结构升级指标负相关,说明在市场分割仍然不利于文化产业结构升级。就资本要素和劳动力要素的中介效应检验而言,模型(9)和模型(10)中,地方政府投资偏好变量 tz 和劳动力供给变量 talent 仍然在 1% 水平下显著为正,说明这两个中介变量发挥部分中介效应。结合前述结果可得出以下结论:① 市场分割降低了地方政府的房地产投资偏向,考虑到地方政府的这一投资偏好本身有利于文化产业结构升级[即模型(6)的结果],此时资本要素方面所起的并非投资扭曲而是投资挤出效应,在投资挤出效应之下市场分割阻碍了文化产业结构升级,研究假设 2 部分成立。② 市场分割明显降低了地区高素质劳动力供给水平,考虑到高素质劳动力有利于文化产业结构升级,在人力资本驱赶效应之下市场分割阻碍了文化产业结构升级,假设 4 成立。就创新要素的中介效应检验而言,考虑到创新偏好本身有利于

表 2　模型回归结果

	(1) gj	(2) cx	(3) tz	(4) talent	(5) gj	(6) gj	(7) gj	(8) gj	(9) gj	(10) gj
fg	-0.366*** (-4.62)	-0.010 6* (-1.73)	-0.021 5** (-2.07)	-826.3** (-2.17)				-0.337*** (-4.17)	-0.282*** (-3.41)	-0.290*** (-3.58)
gdp	0.000 002 44*** (8.13)	0.000 000 357*** (9.27)	0.000 000 513*** (7.90)	0.004 83** (2.02)	0.000 002 45*** (6.91)	0.000 002 32*** (7.33)	0.000 002 65*** (9.07)	0.000 002 17*** (6.37)	0.000 002 12*** (6.83)	0.000 002 33*** (7.96)
open	-0.169*** (-3.72)				-0.154*** (-3.20)	-0.213*** (-4.32)	-0.090 0* (-1.95)	-0.182*** (-3.96)	-0.219*** (-4.61)	-0.132*** (-2.88)
town	0.111* (1.78)	0.019 7** (2.22)	-0.016 8 (-1.12)	4 170.5*** (7.59)	0.080 7 (1.23)	0.170** (2.60)	-0.078 5 (-1.04)	0.100 (1.61)	0.160** (2.54)	-0.019 3 (-0.26)
culfg	11.93*** (5.91)				4.042*** (3.74)	4.036*** (3.89)	4.019*** (3.87)	11.38*** (5.60)	10.17*** (4.95)	10.35*** (5.10)
cx					1.481** (2.47)			0.946 (1.63)		
tz						1.536*** (4.23)			1.086*** (2.91)	
talent							0.000 038 5*** (4.16)			0.000 028 1*** (3.01)
_cons	-0.038 8 (-1.30)	-0.009 36** (-2.45)	0.038 1*** (5.90)	-18.87 (-0.08)	-0.062 4** (-2.03)	-0.154*** (-4.32)	-0.056 1* (-1.89)	-0.037 1 (-1.25)	-0.106*** (-2.86)	-0.035 7 (-1.23)
N	140	140	140	140	140	140	140	140	140	140
adj. R^2	0.754	0.673	0.449	0.586	0.728	0.749	0.748	0.757	0.767	0.768

注："*""**""***"分别指统计值在 10%、5% 和 1% 水平下显著。

文化产业结构升级[即模型(5)的结果],但市场分割降低了地方政府的创新偏好[即模型(2)的结果]。模型(8)中地方政府创新偏好变量 cx 系数为正但并不显著,这一结果可以解释为此时地方政府创新偏好的中介效应被遮掩,研究假设 3 部分成立。③ 市场分割产生了创新挤出效应,当前地方政府的创新投入难以对文化产业结构升级发挥作用,进而使得市场分割不利于文化产业结构升级。

六、结论与对策

(一)结论

文化产业升级关系到文化产业自身的高质量发展,而市场分割又是当前构建"以国内大循环为主体、国内国际双循环相互促进的新发展格局"亟须扫除的主要障碍。鉴于此,本文关注市场分割如何影响文化产业结构升级,在考虑文化产业规模的基础上,分别从政府投资偏好、创新偏好和高素质劳动力供给三个视角从理论和经验层面分析市场分割影响文化产业结构升级的作用机制。基于 2014—2018年 28 个省(市、区)面板数据,本文得出如下结论:一是当前市场分割本身会带来文化产业趋同效应,不利于文化产业结构升级;二是当前文化产业本身仍未到达成熟期,产业规模本身的壮大有赖于一定的地方保护,产业规模与市场分割共同作用能够促进文化产业结构升级,且产业当前主要依赖本地市场保护,对外难以完全放开;三是市场分割带来的是地方政府的投资挤出效应而非投资扭曲效应,考虑到当前文化产业结构升级有赖于一定的基础设施,在投资挤出效应之下市场分割阻碍了文化产业结构升级;四是市场分割对地方政府产生了创新挤出效应,市场分割通过遮掩创新效用的发挥阻碍了文化产业结构升级;五是市场分割削弱了地区对高素质劳动力流动的拉力,在人力资本驱赶效应之下市场分割阻碍了文化产业结构升级。

(二)对策

根据上述结论,本文就以国内市场一体化为推力,积极助力国内大循环主体格局建设,促进文化产业升级提出如下对策和建议:

第一,积极推动国内市场一体化,以市场化为核心,发挥市场在资源配置中的决定性作用,以区域一体化为落脚点,以自身禀赋和比较优势为立足点,激发地方官员的企业家精神,积极推进本地企业融入区域间的产业合作与交流,鼓励文化产业的跨区域合作,在合作与竞争中做大做强本地文化企业,实现文化产业高质量发展。

第二,创新文化金融体制,鼓励多元投资主体参与文化产业投资,为文化产业和文化企业发展升级提供资金支持。建立多层次文化产业投融资体系,深化文化金融合作,例如银行创新信贷产品,解决中小微文化企业融资难问题;政府在文化领域推广 PPP 模式,在重大文化惠民工程、重大公益性文化活动等公共文化服务建设中,建立公平透明的招投标制度,鼓励和引导民间资本进入。

第三,地方政府转变发展思路,增加财政支出对创新的支持力度,加快文化科技融合的广度与深度,依托全国各区域丰富且各具特色的文化资源,借助 5G、人工智能、大数据等新兴技术手段,将文化资源优势转化为文化产业优势,创造出体现当代精神和现代审美的原创文化产品与服务,以创新创意为动力推进文化产业升级。

第四,支持文化创意人才的跨区域流动。一是以人才为本,创造宽松、自由的创意环境,提高城市的包容性,在创新创业政策、落户政策、社会保障政策等方面提供支持,吸引创意人才集聚,为文化产业转型升级提供智力支持;二是完善文化创意人才培养机制,在学校教育、合作办学、实务交流等方面挖掘和培养有潜力的文化创意人才,打造匹配本地文化产业发展水平的高素质人才队伍;三是建立有效的产、学、研联动机制,形成企业、大学与科研院所和政府之间的有效互动的创新网络环境,提供文化产业转型升级的智力后备军。

参考文献

[1] 郝凤霞,江文槿,楼永.劳动力流动与地区制造业升级:基于转移升级和转型升级角度[J].产经评论,2021,12(6):90 - 109.

[2] 董丽霞,张子君.劳动力迁移与中国制造业结构转型升级[J].技术经济,2021,40(11):84 - 93.

[3] 刘成坤.人口老龄化影响产业结构升级的作用机制研究[J].调研世界,2021(9):39 - 47.

[4] 刘富华,梁牧.新型城镇化、人力资本与产业结构升级:基于人口老龄化的调节效应[J].湖南师范大学社会科学学报,2021,50(6):46 - 55.

[5] 李治国,车帅,王杰.数字经济发展与产业结构转型升级:基于中国 275 个城市的异质性检验[J].广东财经大学学报,2021,36(5):27 - 40.

[6] 杜文强.工业机器人应用促进了产业结构升级吗?:对 2006—2016 年中国 284 个地级市的实证检验[J].西部论坛,2021(1):97 - 110.

[7] 李诗韵,徐承红.工业机器人对中国区域产业结构的影响研究[J].地域研究与开发,2022,41(1):6 - 12.

[8] 吴清扬.土地供给质量促进了产业结构变迁吗:基于微观土地交易数据的实证研究[J].

现代经济探讨,2021(12):12-22.

[9] 张国建,孙治宇,艾永芳.土地财政、要素错配与服务业结构升级滞后[J].山西财经大学学报,2021,43(8):57-70.

[10] 孙超,石绍宾,唐云锋.中国式分权、房价波动与产业结构升级[J].山西财经大学学报,2021,43(10):68-82.

[11] 曾倩,曾先峰,刘津汝."一带一路"背景下我国逆梯度对外直接投资的产业结构升级效应:基于技术进步路径的理论与分析[J].地域研究与开发,2021,40(4):6-11.

[12] 仝文涛,顾晓光.市场分割对制造业升级的影响效应研究[J].现代经济探讨,2019(11):106-112.

[13] 盛斌,赵文涛.地区全球价值链、市场分割与产业升级:基于空间溢出视角的分析[J].财贸经济,2020,41(9):131-145.

[14] 刘志彪,孔令池.从分割走向整合:推进国内统一大市场建设的阻力与对策[J].中国工业经济,2021(8):20-36.

[15] 王立勇,高玉胭.财政分权与产业结构升级:来自"省直管县"准自然实验的经验证据[J].财贸经济,2018,39(11):145-159.

[16] 周黎安.中国地方官员的晋升锦标赛模式研究[J].经济研究,2007(7):36-50.

[17] 刘瑞明.晋升激励、产业同构与地方保护:一个基于政治控制权收益的解释[J].南方经济,2007(6):61-72.

[18] 踪家峰,周亮.市场分割、要素扭曲与产业升级:来自中国的证据(1998—2007)[J].经济管理,2013,35(1):23-33.

[19] 林毅夫.新结构经济学:重构发展经济学的框架[J].经济学(季刊),2011,10(1):1-32.

[20] 陈少峰.关于文化产业发展模式的思考[J].华中师范大学学报(人文社会科学版),2012,51(4):77-81.

[21] 顾江,郭新茹.科技创新背景下我国文化产业升级路径选择[J].东岳论丛,2010,31(7):72-75.

[22] 周锦.产业融合视角下文化产业与制造业的融合发展[J].现代经济探讨,2014(11):35-38.

[23] 陆铭,陈钊.分割市场的经济增长:为什么经济开放可能加剧地方保护?[J].经济研究,2009,44(3):42-52.

[24] 银温泉,才婉茹.我国地方市场分割的成因和治理[J].经济研究,2001(6):3-12.

[25] 沈立人,戴园晨.我国"诸侯经济"的形成及其弊端和根源[J].经济研究,1990(3):12-19.

[26] 李政,杨思莹.财政分权、政府创新偏好与区域创新效率[J].管理世界,2018,34(12):29-42.

[27] 杜鹰.现阶段中国农村劳动力流动的群体特征与宏观背景分析[J].中国农村经济,1997(6):4-11.

[28] 桂琦寒,陈敏,陆铭,等.中国国内商品市场趋于分割还是整合:基于相对价格法的分析[J].世界经济,2006(2):20-30.

[29] 王磊,李金磊.区域协调发展的产业结构升级效应研究:基于京津冀协同发展政策的准自然实验[J].首都经济贸易大学学报,2021,23(4):39-50.

[30] 刘伟,张辉,黄泽华.中国产业结构高度与工业化进程和地区差异的考察[J].经济学动态,2008(11):48.

[31] 刘春济,冯学钢,高静.中国旅游产业结构变迁对旅游经济增长的影响[J].旅游学刊,2014,29(8):37-49.

[32] 甘行琼,李玉姣,蒋炳蔚.财政分权、地方政府行为与产业结构转型升级[J].改革,2020(10):86-103.

[33] 黄琼,李光龙.财政分权是否促进中国产业结构升级?[J].经济体制改革,2019(5):129-135.

[34] 杨志安,李梦涵.财政分权影响产业结构的机制与效应:基于中国省级面板数据的实证检验[J].工业技术经济,2019,38(11):115-122.

[35] 温忠麟,叶宝娟.中介效应分析:方法和模型发展[J].心理科学进展,2014,22(5):731-745.

[36] 干春晖,郑若谷,余典范.中国产业结构变迁对经济增长和波动的影响[J].经济研究,2011,46(5):4-16.

作者简介

李书琴(1995—),江苏高淳人,南京工业大学浦江学院助教。研究方向为文化产业。

胡慧源(1985—),江苏淮安人,华东政法大学传播学院副教授、南京大学长三角文化产业发展研究院特聘研究员。研究方向为文化与传媒经济。

How does Fragmented Market Affect the Upgrading of Cultural Industry? — Based on Analysis of Capital, Innovation, and Labor Factors

Li Shuqin   Hu Huiyuan

Abstract: The upgrading about the structure of Cultural Industry is crucial to the high-quality development of the Cultural Industry itself. This paper focuses on how fragmented market affects the upgrading of Cultural Industry and uses panel data of 28 regions from 2014 to 2018 to examine the mechanism. The research finds that the current market segmentation itself goes against to the upgrading of Cultural Industry. However, the expansion of industrial scale depends on local protection as Cultural Industry is in the growth stage, and the joint action of industrial scale and market segmentation can promote the upgrading of Cultural Industry's structure. In terms of the mediating effect of capital, innovation and labor factors on the market segmentation affecting industrial structure of cultural industry: ① Market segmentation leads to the investment crowding out effect of local governments rather than the investment distortion effect. Considering that it depends on certain infrastructure, the upgrading of the Cultural Industry's structure is hindered under the investment crowding out effect. ② Market segmentation has an innovative crowding out effect on local governments and hinders the upgrading of Cultural Industry's structure. ③ Market segmentation weakens the regional pull for the flow of high-quality labor and hinders the upgrading of Cultural Industry's structure.

Key words: Cultural Industry; market segmentation; relative price method; upgrading of industrial structure; mediating effect

基于 PMC 指数模型的数字文化产业政策量化评价及实证研究 *

赵尔奎　解星梅

摘　要:政策评价能够为政策调整和优化提供理论基础和决策支撑。本文选取 2017—2022 年数字文化产业政策为研究对象,采用文本分析方法对政策文本进行词频统计并对政策文本特征进行分析,运用 PMC 指数模型构建政策量化评价框架,计算各项政策 PMC 评价指数并生成 PMC 曲面图综合分析政策各维度特点。实证结果表明:我国数字文化产业政策综合评分等级相对较高,但各项政策评价表现差异较大,政策功能单一、产业监管不足以及法规管制内容缺失。根据分析结果,本文提出建立长短期相结合的政策规划、完善政策监管内容、强化法规管制建设等对策建议。

关键词:数字文化产业政策;内容分析;PMC 指数模型

一、引　言

自《中华人民共和国国民经济和社会发展第十四个五年规划和 2035 年远景目标纲要》提出传统文化数字化赋能以来,在区块链、人工智能等技术的加持下,数字文化产业发展不断衍生出新的文化业态。数字文化产业革新已经成为打破传统发展模式、探索高效发展路径的中坚力量。国家统计局数据显示,2021 年全国规模以上文化及相关产业中,数字文化新业态特征较为明显的 16 个行业小类实现营业收入 39 623 亿元,比上年增长 18.9%,两年平均增长 20.5%;2021 年我国数字经济总规模超过 45 万亿元,数字文化产业作为数字化经济产业增长的主要部分,发

---

* 基金项目:本文系陕西省社会科学基金项目(2021R018)、陕西省软科学研究计划项目(2021KRM120)的阶段性研究结果。

展十分迅速。① 数字文化产业的持续化发展,依托国家政策的强力支持,数字文化产业政策在优化资源配置和供给、文化资源数字化和虚拟化、产业跨界融合、引导市场消费方面发挥着引领作用。然而,在数字文化产业政策实施过程中仍存在产业政策整体性较弱、综合协调性不足、对新业态发展的保护不足、政策保障不完善、政策实施主体不统一等弊端。② 因此,对现有数字文化产业政策进行客观精准评价能够考量政策的科学性,为政策调整和优化提供依据,加快数字文化产业变革、推动数字文化产业高质量发展。

二、文献回顾

数字文化产业是以文化创意为中心,依托数字技术进行创作、生产、传播和服务,具有技术更新快、生产数字化、传播网络化、消费个性化等特点的新型产业。③当前数字文化产业包括文化产业数字化,即采用数字化技术对传统文化产业赋能以激发文化产业发展潜能,通过提高文化生产过程中信息收集、信息存储和信息处理等过程的效率来提升文化产业生产效能;除此之外,数字文化产业还包括数字产业文化化,指的是包括腾讯、阿里巴巴、百度在内的众多互联网公司与文化产业融合发展,在共同探索新发展模式过程中产生的数字产业不断渗透文化发展的过程,依托数字产业技术化和数字信息化的特征,持续创造数字文化产业的新业态、新理念和新模式。

近年来,学者们对数字产业政策的研究主要集中在财税政策运用、政策有效性分析、政策变革三个方向。在财税政策研究方面,魏鹏举和王玺认为支出型的财政补贴所带来的经济效益有限,相比之下收入型的税收扶持能够有效激励产业发展和创新效率,同时作者认为采用"营改增"的方法进一步提升税基式优惠、降低直接税率税额的优惠比例更有利于产业发展,如出台能够减免数字文化产业创新投入

① 国家统计局.2021年全国规模以上文化及相关产业企业营业收入增长16.0%,两年平均增长8.9%[EB/OL].(2022-02-08). http://www. stats. gov. cn/xxgk/sjfb/zxfb2020/202202/t20220208_1827252.html.

② 陈加友.论我国文化产业政策的调整与优化[J].云南民族大学学报(哲学社会科学版),2015,32(2):38-44.

③ 文化和旅游部.文化部关于推动数字文化产业创新发展的指导意见[EB/OL].(2020-12-04). http://zwgk.mct.gov.cn/zfxxgkml/zcfg/gfxwj/202012/t20201204_906313.html.

成本的产业增值税政策等;①胥力伟等主要通过研究税收政策与数字文化产业高质量发展之间的相关关系,得出经济政策引导产业发展的杠杆作用,因此主张通过税收政策解决数字文化产业资金链单一和融资空间不足的问题,并加强对创意产品数字化相关的辅助设施建设的支持。②

在政策有效性分析方面,李思屈、李义杰通过设计独立问卷的方法,对我国的八个主要动漫游戏产业园区进行调查,其中调查对象包括产业基地有关政府和企业,研究方向为数字文化产业政策的内容和执行过程;③刘吉发等认为政策在数字文化产业发展过程中发挥主导性作用,主要表现为通过政策引导数字文化产业相关资源向文化产业生产要素丰富的地区集聚,进而形成产业发展的核心圈,同时主张通过财税手段支持和培养一批数字文化产业链中的优质企业或组织,优化数字文化创新的市场环境,以优惠政策推动社会数字文化领域的消费;④周锦认为经济政策的表现形式包括文化政策,文化政策的经济作用突出表现为文化对经济复苏和经济发展的推动作用以及文化对中心城区复兴的社会效应,因此在文化政策制定过程中政策多样化尤为关键。⑤

在政策变革的研究中,周莹认为在当前数字化时代背景下产业创新和转型需要强力的政策支撑,具体表现为对传统经济模式下的政策体系优化创新,对政策自身的适用性、制度规则和实施路径等内容实施有效的系统化更新,为实现数字文化产业转型提供政策保障。⑥ 朱春阳等以动漫产业政策为研究对象,提出在吸引产业要素集聚、推动社会数字化消费、打造完整的数字化产业链和引导市场进行良性竞争等方面亟须强化政策功能转变;动漫产业政策须打破传统发展模式中以量取胜的固化思维,取而代之的是以高效聚集产业群凝聚成行业创新网络的高效发展

① 魏鹏举,王玺. 中国文化产业税收政策的现状与建议[J]. 同济大学学报(社会科学版),2013,24(5):45 - 51.

② 胥力伟,丁芸. 助推数字文化产业高质量发展的税收政策优化[J]. 税务研究,2021(11):115 - 118.

③ 李思屈,李义杰. 中国文化产业政策及其实施效果:基于国家八大动漫游戏基地(园区)政策调研的实证研究[J]. 西南民族大学学报(人文社会科学版),2012,33(3):141 - 146.

④ 刘吉发,熊英霞. 比较优势的动态化视角下数字文化产业的政策路径[J]. 国际文化管理,2018(1):101 - 107.

⑤ 周锦. 数字技术驱动下的文化产业柔性化发展[J]. 福建论坛(人文社会科学版),2018(12):90 - 95.

⑥ 周莹. 数字经济下产业创新的系统化转型及其政策组合原则[J]. 管理现代化,2020,40(4):40 - 42.

模式,主张打破传统区域发展中依托税收优惠和资金扶持吸纳企业入驻的低效模式,借由提升产业综合创新能力和可持续发展潜力来吸引企业。① 顾诚浩主张政策供给是数字文化产业持续发展的根本保障,在数字文化产业创新发展过程中,政府须扮演好服务者的角色,增强政策供给的精准性和有效性,同时强调政策在资金扶持、考核激励机制、监管执法、构建数据库方面的重要性。②

可见,学界对于数字文化产业政策的既有研究,多数依托于描述性分析,侧重于政策的效果评价,理论研究视角及研究对象相对单一,涵盖范围局限,国内外对比研究和以内容分析为主的定性研究成果颇丰,但缺乏对我国数字文化产业政策的系统研究,且在定量研究方法方面仍有极大的研究空间和研究价值,对数字文化产业政策量化分析的研究有待完善。本文借助文本挖掘和内容分析评价得出数字文化产业政策的特点,在政策文本分析的基础上创建 PMC 指标评价表,构建相应的 PMC 指数模型,通过对数字文化产业政策的量化评价反映政策在不同维度的特征。在量化分析的基础上得出相应的政策优化建议,以期促进数字文化产业政策优化,同时也能弥补以往政策研究的不确定性和模糊性,助推数字文化产业的科学化和持续化发展。

三、数据来源与研究设计

(一) 变量分类及参数选取

政策量化评价研究是当前学术界研究的热点,其中 PMC 指数模型运用领域丰富多元,主要优势在于其评价体系更具全面性,能够实现政策的系统化分析以及同一政策的纵向分析和不同政策的横向对比;各级指标依据政策群文本挖掘的结果确立,能够提升指数评价结果的科学性和准确度。PMC 指数模型是由 Ruiz Estrada 等提出的,他们认为在设立 PMC 指数模型的变量时应当充分考虑所有关联因素,最大限度做到不遗漏任何一个存在关联的变量。③ 基于以上特点,结合研究对象的特征,拟通过 PMC 指数模型对我国数字文化产业政策进行量化评价。

---

① 朱春阳,黄筱.基于钻石模型视角的区域动漫产业扶持政策比较研究:以杭州、长沙为例[J].新闻与传播研究,2013,20(10):84-102,128.

② 顾诚浩.苏州数字文化产业高质量发展路径研究[J].大众投资指南,2022(1):20-21.

③ RUIZ ESTRADA M A, YAP S F, NAGARAJ S. Beyond the ceteris paribus assumption: Modeling demand and supply assuming omnia mobilis [J]. International Journal of Economics Research, 2008(2): 185-194.

最先对"数字文化产业"做出界定的是 2017 年原文化部出台的《关于推动数字文化产业创新发展的指导意见》,该意见为首个从宏观角度对我国数字文化产业进行指导的官方文件。以此文件的颁布时间为起点,选取 2017 年之后国务院、文化和旅游部、国家新闻出版署、财政部等颁布的与数字文化产业相关度较高的 30 项数字文化产业政策作为研究对象。文本挖掘(Text Mining,TM)是对大规模的数据库文本进行全面分析,从中挖掘与研究内容关联的有效信息并细化分析的一种文本研究方法。[①] 文本挖掘需将选取的全部政策条目整合成一个文本文件并导入 ROSTCM6 软件中,文本挖掘数据库形成文档集合,再将文档集合置入软件,利用软件智能甄别采取分词化处理,通过统计文档集合中各个词组出现的次数生成频数分布表。对所得的词组排序集合进行二次处理,剔除文化、产业等对结果无明显作用的词汇,删除"尤其""很""非常"等程度副词以及"提高""推动""促进"等无实际作用的动词。在经过预处理后,整理出有效词汇中词频最高的 60 个词组(表 1)。

表 1　数字文化产业政策词频汇总

序号	词汇	词频	序号	词汇	词频	序号	词汇	词频
1	文化	798	16	工作	121	31	信息	93
2	旅游	736	17	体系	119	32	人才	91
3	发展	421	18	平台	118	33	部门	90
4	文物	408	19	技术	115	34	媒体	89
5	保护	311	20	生态	114	35	旅游业	84
6	服务	284	21	融合	113	36	规划	79
7	建设	275	22	市场	112	37	研究	78
8	创新	201	23	机制	110	38	合作	78
9	产业	169	24	产品	107	39	消费	75
10	管理	160	25	数字	105	40	科技	74
11	遗产	137	26	传承	102	41	国际	74
12	国家	134	27	算法	100	42	考古	73
13	企业	127	28	物质	98	43	社会	73
14	资源	124	29	国家级	95	44	设计	71
15	安全	121	30	创意	94	45	政策	71

① 张永安,周怡园.新能源汽车补贴政策工具挖掘及量化评价[J].中国人口·资源与环境,2017,27(10):188-197.

（续表）

序号	词汇	词频	序号	词汇	词频	序号	词汇	词频
46	传播	70	51	组织	64	56	引导	69
47	领域	69	52	质量	65	57	地区	70
48	特色	69	53	监管	66	58	设施	71
49	经营者	66	54	机构	67	59	博物馆	72
50	行业	64	55	在线	68	60	区域	73

基于词频表对数字文化产业政策的文本特征进行分析，"文化"一词在政策文件中出现的次数最多，可见对于数字文化产业而言，"文化"作为发展的内核，是产业创新的源动力。以数字化、智能化、人性化为特征的数字文化旅游是数字文化产业发展的重点板块，数字文旅通过打破传统文化旅游的空间限制，透过虚拟数字空间实现产业转型发展。此外，信息技术和大数据发展也重构了以往的数据收集和处理模式，通过数字化实现重生的文化产品以更加个性化和柔性化的形式为大众提供所需的消费体验感和互动感。产业融合也是政策内容的主要着力点，跨产业融合能够为数字文化产业发展注入新鲜血液，以数字技术推动文化创意与多产业渗透融合共同发展，培育出具有创新性的多元化产品、服务及新业态。跨产业融合的实现则需要加强人才队伍建设以推动服务升级，产业融合促进数字文化产业多元化建设，提供技术支持、资金补贴、资源供给等方面的支持以推动技术创新，建立数字化资源网络，保障资源合理利用和高效开发等。

（二）PMC 指标模型

在结合政策文本高频词抓取结果的基础上，以 Omnia Mobilis 假说为指导，设定本文的一级变量指标共 9 个，包括 X_1 政策性质（包括预测、建议、监管、描述、指导）、X_2 作用层面（包括国家、省市、区县）、X_3 政策时效（包括长期、中期、短期）、X_4 政策领域（包括经济、社会、政治、制度、技术）、X_5 政策评价（包括目标明确、规划翔实、鼓励创新、方案科学、依据充分）、X_6 政策功能（包括技术创新、产业融合、产品推广、扩大消费、人才建设、规范引导）、X_7 政策内容（包括服务、旅游、数字化、信息、消费、技术）、X_8 政策客体（包括产业、企业、国家、区域）、X_9 激励措施（包括人才引进、税收优惠、政策保障、融资补贴、资金支持），每个一级变量根据属性和范围再设若干二级变量，总计 42 个（表 2）。

表 2　PMC 指数模型变量设置

一级变量	编号	二级变量名称
X_1 政策性质	$X_{1;1}$	预测
	$X_{1;2}$	建议
	$X_{1;3}$	监管
	$X_{1;4}$	描述
	$X_{1;5}$	指导
X_2 作用层面	$X_{2;1}$	国家
	$X_{2;2}$	省、市
	$X_{2;3}$	区、县
X_3 政策时效	$X_{3;1}$	长期
	$X_{3;2}$	中期
	$X_{3;3}$	短期
X_4 政策领域	$X_{4;1}$	经济
	$X_{4;2}$	社会
	$X_{4;3}$	政治
	$X_{4;4}$	制度
	$X_{4;5}$	技术
X_5 政策评价	$X_{5;1}$	目标明确
	$X_{5;2}$	规划翔实
	$X_{5;3}$	鼓励创新
	$X_{5;4}$	方案科学
	$X_{5;5}$	依据充分
X_6 政策功能	$X_{6;1}$	技术创新
	$X_{6;2}$	产业融合
	$X_{6;3}$	产品推广
	$X_{6;4}$	扩大消费
	$X_{6;5}$	人才建设
	$X_{6;6}$	规范引导
X_7 政策内容	$X_{7;1}$	服务
	$X_{7;2}$	旅游
	$X_{7;3}$	数字化
	$X_{7;4}$	信息
	$X_{7;5}$	消费
	$X_{7;6}$	技术

（续表）

一级变量	编号	二级变量名称
X_8 政策客体	$X_{8;1}$	产业
	$X_{8;2}$	企业
	$X_{8;3}$	国家
	$X_{8;4}$	区域
X_9 激励措施	$X_{9;1}$	人才引进
	$X_{9;2}$	税收优惠
	$X_{9;3}$	政策保障
	$X_{9;4}$	融资补贴
	$X_{9;5}$	资金支持

1. 多投入产出表

多投入产出表包含众多一级指标,每个一级指标下具体划分多个二级指标,从多维度量化同一个变量得到其综合得分,所有变量不分级别,重要程度都相同,在多投入产出表中各个变量所占的权重均相同。在确定研究的模型变量之后,需要将 PMC 模型包含的所有二级变量统一设定为二进制格式,当政策内容符合二级变量时则赋值为 1,反之赋值为 0。本文结合 PMC 模型指标体系中的 9 个一级指标和 42 个二级指标建立多投入产出表(表3)。

表 3　多投入产出表

一级变量	编号
X_1	$X_{1;1},X_{1;2},X_{1;3},X_{1;4},X_{1;5}$
X_2	$X_{2;1},X_{2;2},X_{2;3}$
X_3	$X_{3;1},X_{3;2},X_{3;3}$
X_4	$X_{4;1},X_{4;2},X_{4;3},X_{4;4},X_{4;5}$
X_5	$X_{5;1},X_{5;2},X_{5;3},X_{5;4},X_{5;5}$
X_6	$X_{6;1},X_{6;2},X_{6;3},X_{6;4},X_{6;5},X_{6;6}$
X_7	$X_{7;1},X_{7;2},X_{7;3},X_{7;4},X_{7;5},X_{7;6}$
X_8	$X_{8;1},X_{8;2},X_{8;3},X_{8;4}$
X_9	$X_{9;1},X_{9;2},X_{9;3},X_{9;4},X_{9;5}$

2. PMC 指数的测算

PMC 指数的测算过程共 4 个步骤:首先将所有的变量指标分等级置入投入产出表中;再根据式(1)和(2)将投入产出表中的二级变量分别进行赋值计算;然后将

计算结果代入式(3),进一步算出所对应的一级变量指标值;最后将一级变量的计算结果代入式(4),最终得出 PMC 指数。

$$X \sim N[0,1] \tag{1}$$

$$X = \{XR[0,1]\} \tag{2}$$

$$X_t \left(\sum_{j=1}^{n} \frac{X_{tj}}{T(tj)} \right), t = 1,2,3,4,5,6,\cdots \text{ 其中 } t \text{ 为一级变量}, j \text{ 为二级变量} \tag{3}$$

$$\begin{aligned} \text{PMC} = &\, X_1 \left(\sum_{i=1}^{5} \frac{X_{1i}}{5} \right) + X_2 \left(\sum_{j=1}^{3} \frac{X_{2j}}{3} \right) + X_3 \left(\sum_{k=1}^{3} \frac{X_{3k}}{3} \right) + X_4 \left(\sum_{l=1}^{5} \frac{X_{5l}}{5} \right) + \\ &\, X_5 \left(\sum_{m=1}^{5} \frac{X_{5m}}{5} \right) + X_6 \left(\sum_{n=1}^{6} \frac{X_{6n}}{6} \right) + X_7 \left(\sum_{p=1}^{6} \frac{X_{6p}}{6} \right) + X_8 \left(\sum_{q=1}^{4} \frac{X_{4q}}{4} \right) + \\ &\, X_9 \left(\sum_{r=1}^{5} \frac{X_{5r}}{5} \right) \end{aligned} \tag{4}$$

3. PMC 曲面的构建

PMC 曲面能够直观显示出各项数字文化产业政策的数值特征,以曲面图的形式表示数字文化产业政策的评估结果。根据各个一级参数值列出各项数字文化产业政策的 PMC 指数矩阵,PMC 指标曲面所对应的矩阵值可由式(5)算出。

$$\text{PMC 曲面} = \begin{bmatrix} X_1 & X_2 & X_3 \\ X_4 & X_5 & X_6 \\ X_7 & X_8 & X_9 \end{bmatrix} \tag{5}$$

四、数字文化产业政策的实证分析

(一) PMC 评价指数计算

1. 实证分析文本选取

自中国政府网、统计局以及国家广播电视总局官网选取 2017—2022 年间发布的与数字文化产业相关的政策文本 30 项,统计各项政策文本中出现变量表中词汇的次数,以此为依据对政策文本与数字文化产业的相关度进行评估和筛选,最终选取其中 10 项作为实证分析的样本(表 4),并根据时间顺序进行排序,通过文本挖掘法及 PMC 指数模型将政策文本各级变量代入多投入产出表进行赋值,据此计算其 PMC 指数(表 5)。

表 4 数字文化产业政策文本列表

序号	政策名称	发布年份	发布机构
1	关于推动数字文化产业创新发展的指导意见	2017 年	文化部
2	国家级文化生态保护区管理办法	2018 年	文化和旅游部
3	国家级非物质文化遗产代表性传承人认定与管理办法	2019 年	文化和旅游部
4	关于加快推进广播电视媒体深度融合发展的意见	2020 年	国家广播电视总局
5	关于推动数字文化产业高质量发展的意见	2020 年	文化和旅游部
6	关于加强互联网信息服务算法综合治理的指导意见	2021 年	九部委
7	关于印发"十四五"文物保护和科技创新规划的通知	2021 年	国务院
8	关于做好 2022 年印刷发行重点管理工作的通知	2022 年	国家新闻出版署
9	关于印发"十四五"旅游业发展规划的通知	2022 年	国务院
10	关于推进实施国家文化数字化战略的意见	2022 年	国务院

2. PMC 指数计算

选定 10 项数字文化产业相关政策分别用 P1—P10 表示,采用文本挖掘分析和内容分析法分别对其各变量进行二进制处理,通过 PMC 指数模型得出各项政策的 PMC 指数值及最终得分(表 5)。

表 5 数字文化产业政策的 PMC 指数计算汇总

	P1	P2	P3	P4	P5	P6	P7	P8	P9	P10	均值
X_1 政策性质	0.80	0.60	0.80	1.00	0.60	0.80	0.80	0.80	1.00	1.00	0.82
X_2 作用层面	0.67	0.33	0.67	0.67	0.67	0.33	1.00	0.33	0.67	0.33	0.57
X_3 政策时效	0.33	0.67	0.33	0.67	0.67	0.33	0.67	0.33	0.67	0.33	0.50
X_4 政策领域	0.80	0.60	0.80	0.80	0.80	0.80	0.80	0.80	0.80	1.00	0.80
X_5 政策评价	0.80	0.80	0.80	0.80	0.80	0.80	0.80	0.80	0.80	0.80	0.76
X_6 政策功能	0.67	0.33	0.50	0.83	1.00	0.67	0.83	0.67	1.00	0.67	0.72
X_7 政策内容	0.67	0.67	0.83	0.50	0.67	0.50	0.67	0.50	1.00	0.83	0.68
X_8 政策客体	0.50	0.50	0.50	0.50	0.75	0.50	0.75	0.50	0.75	0.75	0.60
X_9 激励措施	0.80	0.80	0.60	1.00	0.60	0.60	0.80	0.40	0.80	0.60	0.70
得分	5.80	5.07	5.63	6.50	6.10	4.93	6.83	4.97	7.20	6.07	5.91

注:10—9 分评价为完美,8.99—7 分评价为优秀,6.99—5 分评价为良好,4.99—3 分评价为可接受,2.99—0 分评价为不良。

曲面构建能够展现 PMC 指数模型的优势,从各个维度评价政策的特征。基于上文量化评价框架选取的 10 项数字文化产业政策,将各项政策的一级指标得分以三阶矩阵的形式表现,根据各项政策对应的三阶矩阵构建对应 PMC 曲面图,得到 10 项数字文化产业政策的 PMC 曲面图(图 1—10)。

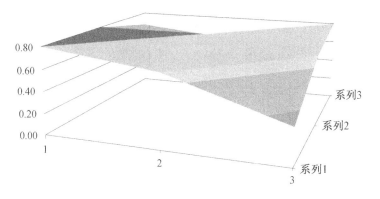

图 1　P1 的 PMC 曲面图

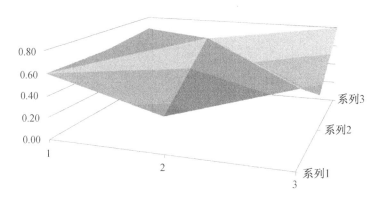

图 2　P2 的 PMC 曲面图

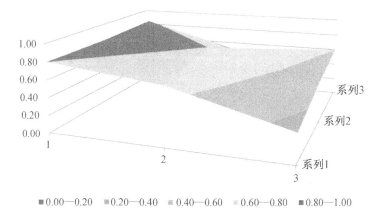

图 3　P3 的 PMC 曲面图

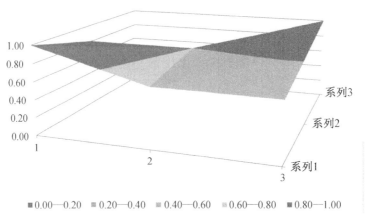

图 4 P4 的 PMC 曲面图

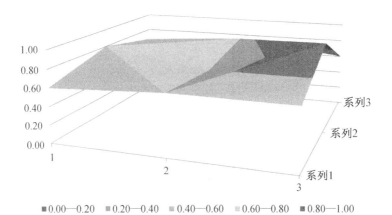

图 5 P5 的 PMC 曲面图

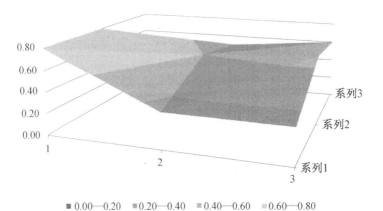

图 6 P6 的 PMC 曲面图

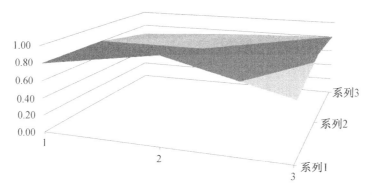

图 7　P7 的 PMC 曲面图

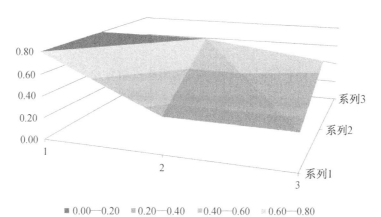

图 8　P8 的 PMC 曲面图

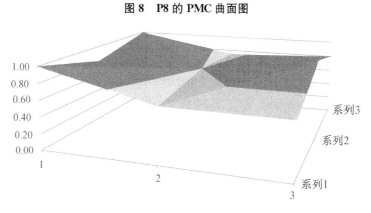

图 9　P9 的 PMC 曲面图

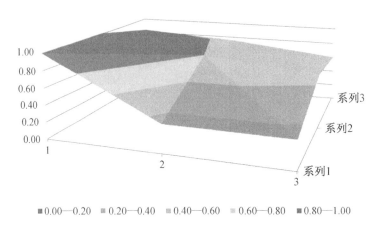

图 10　P10 的 PMC 曲面图

(二) 结果分析

1. 评价指标角度分析

据 PMC 评价指标评价表得分可知,10 项政策指标得分均值为 5.91,总体处于良好水平,只有《关于印发"十四五"旅游业发展规划的通知》一项政策评价为优秀,政策强调文化产业数字化转型的强动力之一是"以文塑旅""以旅彰文"的文旅一体化发展,文旅产业在数字化技术的加持下将实现更深层次、更广范围、更高水平的发展。其余 7 项为良好,2 项为可接受,无不达标政策文本。所选取的政策文本在政策性质 X_1、政策领域 X_4、政策评价 X_5、激励措施 X_9 中综合得分较为稳定,数字文化产业政策覆盖范围较为全面,政策目标重心主要涵盖产业监管与规制、鼓励技术创新和应用、内容和消费导向以及产业生态建设与投资等方面。

由各项政策的一级评价指标得分可知,政策性质 X_1 的均值为 0.82,预测、建议、指导及监管等多种政策表达共同保障和推动政策落实。政策作用层面 X_2 的均值为 0.57,数字文化产业政策在各个层面的政策执行不一致,国家层面的政策对于监管内容缺乏明确界定,省、市级的监管力度和范围未能做到统一标准。政策时效 X_3 的均值为 0.50,综合来看,数字文化产业政策的时限划分清晰,大部分预期政策效果都以 5 年为期限,体现出数字文化产业发展的前瞻性和长远性。政策领域 X_4 的均值为 0.80,10 项政策内容涉及社会、经济、政治、制度等领域,充分体现数字文化产业的经济属性和社会属性的双效统一,强调政府扶持和制度保障对政策落实的保驾护航作用。政策评价 X_5 的均值为 0.76,数字文化产业政策制定整体水平较高,国家层面的政策规划具有整体性和统一性,但可执行性不强,更多体现为政策引导和政策建议。因此,政策落地还需依托各级地方政府根据实际发展情况对上级政策进行细化和落实。政策功能 X_6 的均值为 0.72,数字文化产业政策功能呈现多元化,其中所有政策都涵盖了技术创新和规范引导,数字化环境下创新对于数字文化产业发展的引导价值可见一斑。政策内容 X_7 的均值为 0.68,政策客体 X_8 的均值为 0.60,数字文化产业政策执行以产业和企业为主,支持企业技术创新就是激活数字文化产业发展市场最高效的手段。激励措施 X_9 的均值为 0.70,数字文化产业政策在创新发展方面的激励手段涵盖人才引进、资金补贴、政策支持等方面,多头并进,打造数字文化产业发展新环境。

2. 政策样本角度分析

通过对比 10 项政策的一级变量值和平均值可知,所有政策在政策性质和政策领域两个方面都表现为优异,在政策评价、政策功能、激励措施三个方面表现良好,在作用层面、政策时效、政策内容和政策客体四个方面表现可接受。政策性质 X_1 和政策领域 X_4 两处表现优异,政策涵盖对当下数字化产业发展的宏观把控、对未来阶段发展的预测及指引和实施过程中的监管规范等内容;覆盖领域包含经济领域、社会领域和技术领域,数字化加持下的文化产业发展更加凸显双效统一的发展潜力,在制度健全和政企联合协同发展方面的政策仍需后续补充、完善。政策评价 X_5、政策功能 X_6 和激励措施 X_9 三个方面评价差值较小,各项政策在政策功能的具体方向中呈现多样化分布,政策目标明确、规划翔实、鼓励创新、依据充分,方案充分考虑政策影响因素,能做到科学合理。政策激励能够从源头推动政策的有效落实,《关于推动数字文化产业创新发展的指导意见》中包含人才引进、税收优惠、融资补贴、资金支持等五种政策激励措施,充分体现了政策激励对于政策实施的重要性。在作用层面 X_2、政策时效 X_3、政策内容 X_7 和政策客体 X_8 四个方面展现出不同性质政策内容的差异化,数字文化产业的宏观政策作用层面多为国家,具体的数字文化产业相关行业政策内容相对集中于省市、县区层面;政策时效普遍为短期和中期,部分长远性战略规划会涉及长远政策布局;政策内容主要覆盖技术创新、数字化及助推消费三个方面;政策客体表现也因各项政策目标不同而有所差别。

五、结论与建议

通过政策文本挖掘对政策特征进行分析,据此建立基于 PMC 指数模型的数字文化产业政策量化评价体系,选取 10 项相关度最高的数字文化产业政策进行指标量化评价。指标评价结果显示 10 项政策均在良好范围内。结合具体政策的内容对各维度量化结果进行分析，发现政策之间评价表现差异较大，政策功能单一、产业监管不足以及法规管制内容缺失，据此提出以下改进建议。

首先，建立长短期相结合的政策规划。前瞻性和预测能力是决定政策本身是否具有持续效力的关键，数字文化产业的潜力集中体现在产业融合创造新增长点、个性化定制满足消费新需求、"数字＋科技"新动能加速产业革新等方面。因此，在后续的数字文化产业政策制定过程中应当充分考虑政策时效与产业发展的关系，将短期政策举措的落实与长期政策目标的实现相结合。短期政策可以根据当前的发展情形和政策实施效果对政策内容进行调整，做到精准调控、务求实效。长期政策则是从宏观角度把控各区域的资源配置和流通，相机调控力度能把控未来一段时间内数字文化产业发展的进程，提振市场信心，通过靠前发力起到稳定市场作用，因此长短期政策相结合更有利于数字文化产业发展。

其次，完善政策监管内容。政策监管能够对数字文化产业发展起到严选把关的作用，也是产业创新和长效发展的前提。政策监管应当统一规范、权责清晰、层层落实。对数字文化产业的监管应当充分考虑数字文化产业"双效统一"的特殊性质，做到经济属性与社会属性双管齐下。在经济属性监管方面，数字文化产业持续发展离不开产业发展体系的健全、专利和创新成果的保护以及明确的赏罚机制；政策监管须平衡产业监管和权益保护的相关关系，加快构建产业监管机制，营造诚信、活跃的数字文化发展大环境，最大限度满足消费者的个性化需求，推动数字文化产业消费市场健康发展；在社会属性方面，政策落实与否涉及社会利益和公众利益，因此对数字文化产业的支持与培养、对数字文化创新的激励措施进行监管，是检验政策落实与否的试金石。当前政策体系完整度欠缺，仍须明确产业监管内容的具体范围和边界，统一数字文化产业监管执行力度和奖罚机制，真正地发挥政策对数字文化产业发展的托底效果。

最后，强化法规管制建设。法规管制范围的局限和管制边界模糊问题在数字文化产业领域亟待解决。数字信息滥用问题、数字版权问题、数字化背景下消费者隐私等问题的解决都要依靠法规管制建设高效的数字伦理秩序。数字化加持下的文化产业发展速度远超想象，"互联网＋"持续产出的内容创作和商业形态已重塑传统主流文化传播观念，打破价值观传播壁垒，这就要求法治规范成为坚守数字文化产业"精神性"内核和"双效统一"原则的"守门人"，通过政策法规引导数字文化产业建立正确的数字伦理观，强化版权保护观念，提升信息安全性。

作者简介

赵尔奎(1970—　),陕西泾阳人,西安建筑科技大学公共管理学院副教授。研究方向为区域文化产业管理。

解星梅(1999—　),山西静乐人,西安建筑科技大学公共管理学院硕士研究生。研究方向为区域文化产业管理。

Quantitative Evaluation and Empirical Research of Digital Cultural Industry Policy Based on PMC Index Model

Zhao Erkui   Xie Xingmei

Abstract: Evaluating policies can provide theoretical basis and decision support for policy adjustment and optimization. This paper selects the digital cultural industry policy from 2017 to 2022 as the research object, adopts the text analysis method to count the word frequency of the policy text and analyzes the characteristics of the policy text, uses the PMC index model to construct a quantitative policy evaluation framework, and calculates the PMC evaluation index of each policy. And generate PMC surface to comprehensively analyze the characteristics of each dimension of the policy. The empirical results show that: Chian's digital cultural industry policy comprehensive score is relatively high, but the performance of each specific policy evaluation is quite different. The policy function is single, the policy content is independent, and the policy incentive measures are single. According to the analysis results, some countermeasures and suggestions are put forward, such as improving the matching of fiscal and taxation policy tools, rationally using the authority of legal and authoritative policy tools, improving the policy content system, and optimizing policy incentive measures.

Key words: digital cultural industry policy; content analysis; PMC index model

澳门文化产业发展的演绎与路径*
——基于行动者网络理论视角

陈炳辉

摘　要:基于行动者网络理论,对回归以来澳门文化产业推动发展历程进行分析。结果表明:① 行动者网络理论有助于清晰归纳澳门文化产业不同发展阶段的特征,并可作为分期依据;② 澳门地区推动发展文化产业,经历了 3 个不同阶段:民间倡议期、政府主导期及市场主体期;③ 不同时期各方行动者的参与,通过转译过程构建起行动者网络,当中关键行动者随着不同阶段呈现出角色的转换与再定义,并与其他行动者相互作用,形成促进澳门文化产业发展的动力;④ 作为行动者之一的政府,不仅需要推出政策措施回应社会需求,更要通过与不同行动者的通力合作、各司其职,方可力图推动澳门文化产业发展。

关键词:澳门;文化产业;行动者网络理论;行动者

一 引　言

随着全球化与知识经济时代的来临,文化(创意)产业成为不少国家和地区创新发展与经济转型的引擎。我国于 1998 年在中央文化部辖下成立文化产业司,被视为我国文化产业的历史起点。①翌年,澳门于 12 月 20 日回归祖国,成为澳门特别行政区。自澳门回归以来,在"一国两制"方针和中央政策的大力支持下,尤其是在 2003 年传染性非典型肺炎(SARS)爆发后,中央推出内地居民赴港澳个人游的利好政策,使得澳门经济进入高速增长的发展阶段。从 1999 年至 2018 年,澳门经济总量由 518.8 亿增长至 4 446.7 亿澳门元,人均 GDP 由 12 万提高至 67 万澳门

---

* 基金项目:本文系国家社科基金艺术学一般项目"基于社交网络下的数字文化产业创新机制和生态体系路径建设研究"(21BH162)的阶段性研究成果。

① 中国政府网.文化部积极推动文化产业转型升级[EB/OL].2012 - 06 - 09.

元。2018 年澳门人均 GDP 位居亚洲第一、世界第二的水平。① 虽然回归以来澳门经济发展成就有目共睹,但同时存在经济结构单一的问题,尤其是 2008 年下半年的全球金融危机,导致澳门经济增长放缓,一业独大的博彩旅游业进入调整期,更突显出澳门发展经济适度多元、培养新兴产业的必要性和迫切性。

2009 年,国务院发布《文化产业振兴规划》,提出将文化产业培育成国民经济新的增长点。② 澳门特区政府紧随中央政策步伐,在 2010 年正式启动促进文化产业发展工作,成立专责部门,制定发展政策与策略,逐步推出扶持计划与措施。然而,政府推出产业政策并不一定就能获得有效的结果,需要多方行动主体与要素的协力和相互配合,才有望推动文化产业发展。澳门文化产业的发展及其演绎路径,可以说是一种地方社会关系相互协调与作用的复杂过程,多元主体推动文化产业发展的共同愿景,一定程度上通过行动者网络来实现。本文借助行动者网络理论(Actor-Network Theory, ANT)的观点与方法,对回归以来澳门文化产业推动发展过程与演绎路径进行深入剖析,以期解构澳门文化产业于不同阶段中行动者网络的构成及其协力促进的作用,并为推动文化产业发展提供建议与问题思考。

二、相关文献综述

行动者网络理论由法国科学知识社会学家布鲁尔·拉图尔(Bruno Latour)和米歇尔·卡隆(Michel Callon)等于 20 世纪 80 年代提出,90 年代中期以后被广泛传播和应用于许多领域。ANT 应用于文化产业主题研究方面,如曼努埃尔·蒂罗尼(2009)用以讨论圣地亚哥的实验音乐场景如何形成并富有生产力和创新性。叶仲超(2009)重构我国台湾地区数字游戏产业的发展策略,指出数字游戏可训练的技能包括设计原理、组织发展、决策能力等,建议朝这些能力发展数字游戏产业的行动者网络,重组整个产业生态。米歇拉·阿纳博尔迪和尼古拉·斯皮勒(2011)分析意大利北部山区的文化区之概念化过程,讨论由不同利益相关者的微观互动与合作,将有限的地理区域内相互依赖的实体概念化为旅游目的地,实现由文化的统一作用驱动持续的价值创造。洪荣志和蔡志豪(2011)审视台南地区安平剑狮文创商品的展演历程,发现行动者利用网络链接,从互动中安排彼此的位置与利益,使得一场原本无序的文创商品展演故事逐渐有序地浮现出来。任晓冬和穆

① 盛力. 回归后的澳门经济发展:成就、经验与展望[J]. 人民论坛,2020(1):58 - 63.
② 欧阳坚. 开启文化产业发展新纪元[J]. 求是,2009(24):13 - 16.

柳梅(2018)探析黔东南丹寨县的民族传统手工艺产业化发展过程,指出异质行动者通过充分发挥各自的能动性与彼此的互动关系,构建起产业化发展的行动者网络。刘方清和黄诗慧(2021)探索台湾苗栗苑里镇的地方手工艺协会和展览馆如何通过传播、生产开发和销售活动振兴当地草编文化产业。综观上述研究,ANT 有助于我们了解不同行动者的互动作用如何促进地方文化的价值创造与产业化发展,从而进一步为文化产业发展提供策略与建议。

自澳门特区政府大力发展文化产业以来,不少学者予以关注。澳门文化产业发展起步较晚,且相对于其他地区,澳门地方小、人口少、市场小。在发展文化产业之初,一来没有完善的市场机制,二来没有齐整的产业链条,三来没有充足的行业人才储备,在发展定位与方向上仍在不断摸索之中,因此过去无论是理论探索还是实践研究,多集中在文化产业的发展前景规划①、路径选择②、策略建议③及创意阶层培养④等方面,鲜有研究分析澳门文化产业的整体发展过程、不同阶段的特征及其在多元主体协同下的动力与作用。学者一般以 2010 年特区政府的政策推动作为澳门文化产业发展开端,也有学者以 2007 年或 2009 年⑤政府施政报告中对文化产业的表述为起始。事实上,早在回归翌年,澳门民间已开始提倡发展文化产业,并由此拉动政府促进文化产业发展的工作,至 2021 年底业已 22 年,其发展沿革有待我们系统梳理。本文借用 ANT 分析澳门文化产业发展过程,通过考察其中的行动者网络,帮助我们揭示网络中的人、物与组织之间的角色和关系,以及其相互依赖与促进的作用。目前我国文化产业研究领域对 ANT 应用尚少,仍有许多研究探索的空间,澳门地区尚未见基于 ANT 的文化产业主题研究⑥。本文为相

---

① LIU Fang-Ching, HWANG Shyh-Huei. Application of actor-network theory to explore the transmission and innovation of local cultural industry of rush-weaving craftsmanship in Yuanli[C]//Knowledge Innovation on Design and Culture—Proceedings of the 3rd IEEE International Conference on Knowledge Innovation and Invention 2020 (IEEE ICKII 2020). IEEE, 2021:65-69.

② 林如鹏,符翩翩.澳门文化创意产业的发展前景与规划[J].新闻与传播研究,2011,18(5):99-105+113.

③ 苏武江.澳门文化创意产业发展路径研究[J].科技管理研究,2012,32(24):64-68.

④ 王鹏.澳门博彩业与文化创意产业的融合互动研究[J].旅游学刊,2010,25(6):57-65.

⑤ 张方明.澳门文化创意产业发展与创意阶层培育[J].文化创新比较研究,2019,3(20):135-136+192.

⑥ 非物质文化遗产相关研究则有:李永汉.行动者网络理论视角下澳门土风舞的形成与发展研究[D].澳门:澳门城市大学,2017.

关理论应用与实践提供案例参考。

三、行动者网络视角下的分析框架

拉图尔认为,社会本质是由各种异质实体或要素构成的网络——行动者网络,而这些异质实体或要素被称为行动者,包括人类与非人类的行动者。① 行动者网络是一种动态网络,它能够连接起更深更广的异质要素,并可不断实现自身的再定义与转型②的过程。"转译"(translation)是 ANT 的核心概念,指行动者将其他行动者的问题和利益旨趣用自己的语言转换出来③,通过这种转换将所有行动者串联起来,从而建立起行动者网络。卡隆通过研究 1980 年代法国圣布里克湾(St. Brieuc Bay)的扇贝驯化恢复产量的科学知识建构事件,分辨出转译过程的四个环节:问题呈现(problematization)、利益赋予(interessement)、摄入/征召(enrollment)和动员(mobilization)。它们构成转译过程的不同时刻,但又可重迭发生。④

"问题呈现"是指关键行动者将不同行动者共同关心的对象问题化,通过指出利益实现的途径,从而结成联盟。关键行动者提出的问题与解决方案,成为实现各行动者目标的"强制通行点"(Obligatory Passage Points,OPP),各行动者如能对 OPP 相互协调,问题将可被解决,各方得益。"利益赋予"是指关键行动者通过共同利益的赋予将其他行动者锁定在特定的角色中,其结果是将行动者"摄入/征召"成为联盟成员。"动员"是指各相关群体以代言人参与行动并进行协商,通过一连串的中介者/物(intermediaries)的代表与置换(displacement)进行转译,最终实现由少数代言人代表各相关群体,而代言人的代表性是网络能否稳定运行的关键。行动者网络也会因为行动者的异议(dissidence)而不稳定甚至解散。正如卡隆指出的,转译是一种绝不会完全实现而且可能会失败的过程。

卡隆提出在分析过程中应遵循三个原则:一为广义不可知论(generalized agnosticism),观察者对于行动者要秉持没有观点享有特权、没有解释受到审查的

① 向勇,徐秀菊.澳门文化产业发展分析 I[M].澳门:澳门特别行政区政府文化产业委员会,2018:13.
② BRUNO Latour. Reassembling the social—An introduction to actor-network-theory[M]. Oxford:Oxford university press,2005:64-71.
③ 孙启贵.国外新技术社会学的三条径路[J].国外社会科学,2010(2):4-11.
④ 中国政府网.文化部积极推动文化产业转型升级[EB/OL].2012-06-09.

原则;二为广义对称性(generalized symmetry),以相同的术语来描述网络中所有异质实体及解释不同的观点;三为自由联结(free association),观察者必须放弃自然与社会事件之间所有先验的区别,同等对待人与非人行动者,以识别及串联行动者构建和解释其世界的不同要素。①

ANT 实际上是一种研究方法,它提供给我们一个分析框架,通过对构建网络的行动者的重点考察,分析网络中人与非人行动者实现联盟的过程,探讨不同行动者如何通过参与、协商及结盟,共同推进目标实践。本文依托 ANT 的分析框架,系统收集澳门文化产业发展相关的施政文本、政府文宣、新闻报导及研究论文等资料,通过文献分析和归纳总结,按事件先后时序梳理和重构回归以来澳门文化产业发展历程(2000 至 2021 年),对澳门文化产业在不同时期的行动者网络形成与转译过程进行解读,探讨异质行动者如何结成网络及其相互作用下如何促进文化产业在澳门发展。

四、结果与分析

根据澳门文化产业相关重要事件的发生时序,以及不同阶段的行动者之问题呈现与网络构成的特性,可将 2000 至 2021 年澳门文化产业的推动发展过程归纳为以下 3 个时期:民间倡议期(2000 至 2009 年)、政府主导期(2010 至 2013 年)及市场主体期(2014 至 2021 年)(图 1)。在推动发展过程中,人类行动者主要包括民间团体(澳门欧洲研究学会、街坊会、艺术与文创社团)、城市规划师、学者、文创工作者、艺术界人士、企业商户、政府等;非人类要素包括政策措施、政策框架文本、资源(空间设施、财政资助、行政支持)、产业统计、创意城市美食之都称号等。以下利用 ANT 剖析 3 个时期的转译过程。

(一)民间倡议期(2000 至 2009 年):行动者网络的形成

1. 主要行动者的问题呈现与网络形成

文化产业相关概念最早由民间机构——澳门欧洲研究学会(IEEM)引入澳门。该会在 2000 年首先举办"创意产业与发展研讨会"。当时立法议员、土木工程师兼城市规划师崔世平,在研讨会发表关于澳门《望德堂区作为创意试点区》的论文,开启了澳门本地关于发展文化创意产业的讨论。同年,澳门特区政府委托崔世

---

① 郭俊立.巴黎学派的行动者网络理论及其哲学意蕴评析[J].自然辩证法研究,2007(2):104-108.

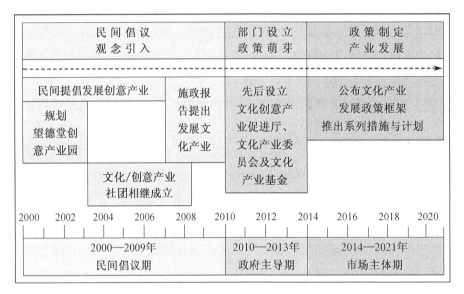

图1　澳门文化产业推动发展历程简图

平团队对望德堂区作为创意产业试点进行研究，2001 至 2003 年间完成望德堂"创意产业园区规划纲要"，并在澳门举办规划成果展。民间团体、学者在研讨会的学术场域构建起初始的行动者网络。作为关键的行动者之一，IEEM 于 2002 年再次召开"发展策略与亚洲和欧洲文化产业"研讨会，后于 2003 年 8 月成立澳门创意产业中心和澳门创意空间。根据该会主席麦健智阐述，其目的是"作为澳门创意者的平台，帮助提升职业水平，推动澳门在国际上的创意活动"；[①]而规划师则参考外地经验，认为澳门整座城市都可当作发展创意产业的基地，并考虑到规划导向性的作用，首先选定望德堂区作为试点发展区。[②]

2002 年末至 2003 年上半年，传染性非典型肺炎（SARS）肆虐，澳门虽避过疫情正面威胁，但经济活动仍受到影响，市况萧条。当时澳门水荷雀区街坊会理事长黄锡钧参观了"望德堂创意产业园规划"展览后，认为可进一步付诸实践，于是向时任立法议员、街坊会代表梁庆庭提出想法，获得同意并将其纳入活化旧区的"社会

①　CALLON M．Some elements of a sociology of translation：Domestication of the scallops and the fishermen of St Brieuc Bay［M］//Power，Action and Belief：A New Sociology of Knowledge．London：Routledge，1986：196‐223．

②　麦健智．文化创意产业及其在澳门的发展［J］．行政，2006，19（4）：1139‐1159．

经济"计划之内,该议案后获特区政府接纳。① 2003 年,澳门特区政府启动了对望德堂区的美化及重整工程②,基本营造成今日所见南欧街区风貌。之后,文化产业在澳门的发展渐渐引起社会大众关注。梁庆庭、黄锡钧于 2003 年和澳门漫画家陈伟辉(阿正)一起,发起将望德堂区发展成为创意园区的构想与行动,争取政府投入资源支持,吸引不同界别如艺术家、设计师、音乐人及商户等加入。2004 至 2006 年间,一些与文化产业相关的民间团体相继成立,包括澳门望德堂区创意产业促进会(2004 年成立)、澳门文化产业促进会(2006 年成立)等。

至 2007 年,"文化产业"一词正式出现在澳门特区政府施政文本中,成为探索推动发展的澳门新兴产业之一。③ 特区政府遂开展研究澳门文化产业的发展策略,举办座谈会,组织社会调查及外出考察等活动,并邀请外地学者完成一项策略研究报告。④ 望德堂区也被官方施政文本定为产业孵化试点。⑤ 2008 年 9 月,望德堂区创意产业促进会进驻的"疯堂 10 号创意园"启用,该大楼由政府借予,提供澳门艺术人士及文化团体展览及活动之用,吸引更多艺术界人士与文创工作者加入参与推动澳门文化产业发展的行列。2008 年下半年至 2009 年间全球金融海啸,使澳门经济原已持续数年高速增长的势头放缓,澳门博彩与旅游业等支柱行业进入调整期。虽然相较许多地区来说,澳门经济所受冲击不算十分严重,但也突显出澳门过度依赖博彩旅游业及整体经济结构单一的问题,促使澳门特区政府致力培养新兴产业,并在 2009 年施政报告中提出尽快成立"文化产业委员会"的决定。⑥ 至此,参与推动文化产业发展的行动者网络逐渐形成。

2. 转译过程分析

在 2000 至 2009 年此十年间,文化产业首先由民间团体倡议,引入相关概念。虽然民间团体、规划师、学者及政府等各自使用"文化创意产业""创意产业"或"文化产业"等不同名称,但实际上共同讨论和指涉的是大致相同的概念。民间行动者通过研讨会、座谈会、展览活动等一系列行动,呈现"发展澳门文化产业"的问题,吸

---

① 崔世平,兰小梅,罗赤.澳门创意产业区的规划研究与实践[J].城市规划,2004(8):93-96.
② 徐秀菊,钟渠盛.动感城市:澳门望德堂区创意文化园的发展案例[R].中华创意产业论坛 2012 研究报告——打造"创意城市":构筑创意城市的民间互动、法则与过程.香港:香港当代文化中心,2012:44-53.
③ 罗赤,李海涛.澳门创意产业园区规划[J].城市规划通讯,2006(11):15.
④ 中华人民共和国澳门特别行政区政府 2007 年财政年度施政报告[R].2007.
⑤ 澳门特别行政区政府社会文化领域 2008 年财政年度施政方针引介[R].2008.
⑥ 中华人民共和国澳门特别行政区政府 2008 年财政年度施政报告[R].2008.

引不同的行动者如文艺界人士、文创工作者、街坊会、商户、立法议员（兼街坊会代表或规划师），乃至政府亦被摄入其中。民间团体的代表（包括 IEEM、街坊会及文创社团等）透过自身的中介角色，进一步动员其代表的群体参与，逐渐形成行动者网络，以及达成推动文化产业发展的共识，即强制通行点（OPP）（图2）。各方行动者寄望通过 OPP 达至不同的目标，可大致归纳为：IEEM、艺术与文创人士、社团等借以提升创意工作者职业水平，推动创意活动；规划师、立法议员、街坊会等期待旧区活化，振兴社区经济活动；政府则回应民间诉求，邀请学者研究探索发展新兴产业，为澳门未来发展尝试解决经济结构单一的问题，同时规划活化旧区，推动经济发展。

特区政府作为被摄入的行动者之一，早于2000年望德堂区创意产业试点的规划研究、2003年起的美化工程、2008年"疯堂10号"所属建筑的无偿借予等活动，均可见政府对民间要求的回应，唯一直处于相对被动的角色。民间团体于此时期争取政府投入资源发展文化产业的努力是成功的，至少在社会舆论压力之下，政府已启动筹备政策推动的工作。而望德堂区创意产业试点的规划与实践，从一开始就与民间提倡发展澳门文化产业的观点联结在一起（OPP），是民间促进政府施政的关键论述和推动力。此外，由于当时澳门本土仍未对文化产业定义与分类，也未收集和建立起文化产业统计资料，整个社会对于澳门文化产业的行业门类、企业数量及产业规模等均缺乏足够的认知，文化企业的主体形象隐蔽不明。

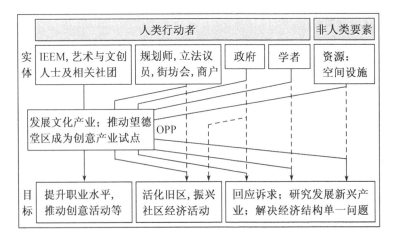

图2 民间倡议期的行动者网络

（二）政府主导期（2010 至 2013 年）：行动者角色转换与网络扩展

1. 关键行动者的角色转换

经过 2008 至 2009 年的筹备工作，澳门特区第三届政府自 2010 年起全力推动澳门文化产业发展，"在保持和巩固旅游业发展的同时，适当调控博彩业发展的速度和规模"①，"把文化产业纳入整个社会建设和发展的全局加以谋划，置于全澳经济结构调整和产业结构升级的战略高度加以研究，推进文化产业的发展，为社会经济发展培育新的增长点"②。此时期，特区政府由之前的被动角色，摇身一变成为主动的关键行动者。而发展新兴产业之一的文化产业（OPP），是推动澳门实现经济适度多元发展的重要一环。解决澳门整体经济结构单一的问题，成为此时期问题呈现的核心。

2010 年 3 月，澳门特区政府在文化局辖下增设文化创意产业促进厅，其职能主要为协助制定发展文化创意产业的政策和策略。同年 5 月，在澳门特区政府社会文化司辖下成立"文化产业委员会"，为咨询性质的机构，旨在为特区政府发展文化产业建言献策。委员会由社会文化司司长担任主席，委员共 43 名，其中政府官员代表 13 名，在文化产业领域具有功绩、声誉及能力的社会人士代表 30 名。文化产业委员会于 2010 年 8 月 31 日召开了第一次全体会议，澳门特区政府文化局介绍初步厘定的澳门文化产业政策方向，分为产业推广、产业资助、创意人才培养、行政与法律辅助、产业研究等 5 个部分，并选定视觉艺术、设计、电影录像、流行音乐、表演艺术、出版、服装及动漫等 8 大板块作为先行先试的重点扶持领域。③

澳门特区政府文化局自 2010 年起制定和推出扶持措施，包括重新利用闲置空间，给予文化企业进驻经营业务；推出澳门文化创意产业系列补助计划，培养创意人才；组织业界赴外参展，协助拓展市场，在境内外宣传推广澳门文化产业成果；并且聘请外地学者进行澳门文化产业统计指标体系研究。经过 3 年探索与实践，特区政府于 2013 年 10 月成立"文化产业基金"，运用财政资源支持澳门文化产业项目，2014 年起开始接受资助申请。文化产业基金与既有的文化产业委员会及文化局辖下文化创意产业促进厅，共同隶属于社会文化司之下，协同推动文化产业发展。特区政府首次明确澳门文化产业的定义："指源自于文化积累，运用创意及知

---

① 中华人民共和国澳门特别行政区政府 2009 年财政年度施政报告[R].2009.
② 澳门特别行政区政府经济领域 2010 年财政年度施政方针[R].2010.
③ 澳门特别行政区政府社会文化领域 2010 年财政年度施政方针[R].2010.

识产权,生产具有文化含量的商品并提供有关服务和体验,创造财富及就业机会,促进整体生活环境提升的经济活动。"①从内容来看,它综合自联合国教科文组织及其他国家与地区的文化产业定义,既着重经济效益,也关注社会文化效益,基本上可视为澳门文化产业发展的整体目标。

2. 行动者网络的扩展

此时期行动者网络的特征体现在政府主力推动、民间配合、相互协作(参看图3中白色部分的内容)。民间行动者在之前十年所争取的,终于获得政府积极回应。政府成为主导引领发展的角色相当明显,而民间文创社团与机构则担当着第三部门的中介角色。行动者网络的扩展,一方面体现在文化创意产业促进厅、文化产业委员会及文化产业基金等要素的增加,另一方面透过上述行政机构的增设而将更多的行动者摄入其中。如文化创意产业促进厅建立起澳门文化创意产业资料库,与文化企业、文创团体及个人工作者搭建联系网络,并且推动澳门文化产业的数据收集与统计。文化产业委员会则透过其委任委员和会议机制,将不同文化产业领域及相关社会人士作为代表摄入网络之中,在委员会的平常会议及专项小组会议中发声,并通过他们的业界代表身份,动员其背后更为广大的群体参与。此种会议机制,正是透过代言人的中介链,逐渐动员起各方本来分散的行动者,并且以代言人身份在会议场域中对文化产业政策制定提出建议,一定程度上影响政策措

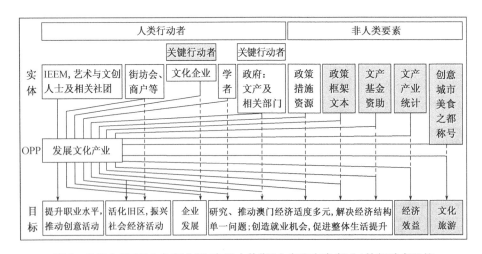

图3　政府主导期(白色部分)和市场主体期(白色和灰色部分)的行动者网络

---

① 澳门特别行政区政府新闻局网页. 文化产业委员会2012年第一次平常全体会议[EB].
(2012-07-05). https://www.gov.mo/zh-hant/news/106190.

施制定的方向。特区政府以上述行政部门的成立与相互协作,形成了澳门文化产业发展政策所需的行政支撑体系,通过行政力量及相关资源投入,进一步扩大行动者网络,成为推进文化产业发展的基础,继而进入下一阶段的市场主体期。

(三)市场主体期(2014 至 2021 年):非人要素转译与行动者角色再转换

1. 非人要素的增加与转译

早于 2011 年,澳门文化产业委员会邀请我国内地、香港及台湾地区的专家学者,分别开展 3 项同名为"澳门文化产业发展定位研究",目的为探索澳门文化产业的发展定位与方向。3 份研究报告后由文化产业委员会区域合作小组统合成《澳门文化产业定位及政策规划建议》综合报告,于 2012 年 7 月在文化产业委员会上公布。其后,澳门特区政府文产部门根据报告内容,综合考虑当时发展形势及 3 年来的政策执行经验,制定了《澳门特别行政区文化产业发展政策框架(2014—2019)》(简称《框架(2014—2019)》),并于 2014 年 5 月 2 日正式公布。

《框架(2014—2019)》将澳门文化产业按行业特征分为创意设计、文化展演、艺术收藏及数码媒体 4 个核心领域,涵盖数十个行业门类,将 2010 年初步选定的重点扶持领域纳入其中;在发展模式及途径上,短、中期将充分运用现时旅游博彩业的优势,重点推动文化旅游,以带动创意设计、视觉艺术及文化展演的发展;并运用区域合作平台和自由港的优势,发展文化贸易。长远而言,通过金融工具鼓励社会资本流入文化产业领域,拓展文化金融,壮大文化产业的资本规模。[1] 其后,特区政府为更新政策框架内容,于 2020 年上半年组织来自北京、上海、台湾、香港,以及韩国等地专家学者组成研究团队,提出新一个 5 年澳门文化产业发展的定位、目标与任务[2],并于 2020 年 11 月 16 日公布《澳门特别行政区文化产业发展政策框架(2020—2024)》,指出在新形势下支撑澳门文化产业发展应辅之以文化旅游、文化贸易和文化科技三大手段。[3] 由于政策框架内容涉及多个行政部门,如文化、旅游、教育、经济、科技、贸易投资、财政及统计等部门的工作,因此,自首个《框架》公布后,更多政府机构的行动者被政策框架文本摄入特定的角色之中,参与文化产业推动工作。

---

① 澳门特别行政区第 26/2013 号行政法规"文化产业基金"[Z]. 2013-10-28.

② 澳门特别行政区文化产业发展政策框架(2014—2019)[EB/OL]. (2014 - 05 - 02). http://www. fic. gov. mo/uploads/media/pdf/quadro_chinese. pdf.

③ 澳门特别行政区入口网站. 特区政府公布文产发展政策框架[EB]. (2020 - 11 - 16). https://www. gov. mo/zh-hant/news/352093/.

2017 年 11 月 1 日，澳门特区成功申获联合国教科文组织授予"创意城市美食之都"的称号。申都及相关后续工作主要由澳门特区政府旅游局筹备与实践，可见推动文化产业发展已不仅局限于文化产业部门。此外，在申都成功前，文化产业委员会于 2017 年 7 月 20 日宣布成立"美食·文化产业推动"小组，以推动文化创意与美食结合，配合特区政府建设"美食之都"，也足见当时委员会在串联政府部门与社会人士、并在推动工作上持续扮演着重要角色。

政策框架文本的主要作用在于为澳门文化产业推动和发展方向定位，为制定政策措施提供指引，而相对应地，需要建立起一套产业统计指标体系进行数据收集和分析，以观测政策措施与资源投入的效果。2014 年 11 月 5 日，澳门文化产业委员会宣布设立产业统计及评估指标小组，负责制定评估产业发展的机制与方法，根据《框架（2014—2019）》行业分类作指标选定、资料收集和统计等工作。自 2015 年起，由澳门统计暨普查局于每年 11 月公布澳门文化产业统计资料。根据已公布资料，2019 年澳门文化产业的营运机构共 2 454 间，按年增加 209 间；在职人数 13 659 名，按年增加 6.8%；服务收益 78.5 亿元，按年增加 8.7%；增加值总额 29.8 亿，上升 13.9%。2020 年因受疫情影响，澳门文化产业服务收益下跌 36.9%，至 50 亿元，增加值总额下跌 27.9%，至 21.4 亿元。[①] 由于澳门博彩业收益及所占份额较为庞大，相比之下，澳门文化产业的经济贡献一直维持在仅占整体比重 0.6% 至 0.7%。2020 年因博彩业收益大幅下降，文化产业占比才上升至 1.1%，在协力推动经济适度多元方面仍有较大提升空间。根据表 1 所示，疫情前 2015 至 2019 年澳门文化产业整体上呈现稳步发展的趋势，澳门经济贡献的增加值总额每年以约 7% 以上的幅度上升，为近年澳门文化产业领域的各方行动者尤其是文化企业的具体表现。虽然文化企业本身各自为其发展方向与目标而努力，然而通过统计数字和相关图表的转译，呈现出它们对澳门经济的总体贡献情况而备受社会关注。

---

① 澳门特别行政区文化产业发展政策框架(2020—2024)[EB/OL]. (2020 - 11 - 16). https://edocs. icm. gov. mo/DPICC/desenvolvimento/cn_20201116. pdf.

表 1　2015 至 2020 年澳门文化产业统计

年份	机构/间	增加/间	在职人数/名	变动/%	服务收益/亿	变动/%	增加值总额/亿	变动/%	占整体比重/%
2020	2 483	28	11 862	−13.4	50.0	−36.9	21.4	−27.9	1.1
2019	2 455	209	13 659	6.8	78.5	8.7	29.8	13.9	0.7
2018	2 246	155	12 719	8.5	71.8	1.9	26.0	9.7	0.6
2017	2 088	175	11 702	6.4	70.8	4.8	23.8	6.9	0.6
2016	1 913	200	11 003	7.7	68.6	9.7	22.4	8.5	0.6
2015	1 708	—	10 192	—	62.4	—	20.5	—	0.6

数据来源:澳门特别行政区政府统计暨普查局网页。

2. 关键行动者的角色再转换

此时期的政府与文化企业同为关键的行动者(图 3 中白色和灰色两部分)。特区政府推动澳门文化产业发展显然仍倾向于主导模式,而推动澳门文化产业发展(OPP)是实现澳门经济适度多元的手段之一,仍为此时期问题呈现的核心;并且在原有网络的基础上进一步扩展,摄入新的非人要素,尤其是政府应实际需要,推出政策框架和公布产业统计数据等要素,在促进澳门文化产业发展之同时,以数据观察产业发展状况。由于文化产业涉及商业活动性质,澳门作为开放的自由市场经济体,政府无论如何想引导业界发展,始终要以尊重市场规律,扶持企业发展为基本。而文化产业基金在财政支持上也以"企业投资为主,基金扶持为辅"为原则[①],吸引更多文化企业制订创意商业计划,撬动更多社会资本参与澳门文化产业发展。政府致力将文化产业发展的关键行动者角色重新转回至市场上从事经济活动的企业身上,推动市场主体发展成为此时期的特征。而文化产业统计数据的建立与公布,正突显出企业才是文化产业发展的关键主体角色,其经济表现与价值创造成为社会各界关注的焦点。

五、结论与建议

1. 结论

本研究借助 ANT 的分析框架及其独特视角,回顾和梳理回归以来澳门文化产业推动发展历程,分析当中各行动者之间的交互关系,阐释不同时期行动者网络

---

① 澳门特别行政区政府统计暨普查局网页. 文化产业统计[EB/OL]. (2021 - 11 - 23). https://www.dsec.gov.mo/zh-MO/Statistic? id=811.

的构成、扩展与角色转变的动态过程。研究表明,行动者网络理论有助清晰归纳澳门文化产业不同发展阶段的特征,并可以此作为澳门文化产业推动发展历程的分期依据。

澳门作为典型的微型社会,也是一个微型经济体系,有着不同于巨型社会的独特性,不仅反映在单一的经济结构上,也突显在社会文化特征上,尤其是在微型社会中的个体行动者更具影响力,个体之间的交互联系更为紧密和频繁。[①] 澳门文化产业的发展,涉及各方行动者的参与、连接、协商及相互作用,通过行动者网络转译过程中的问题呈现、利益赋予、摄入及动员等行动环节,形成推动文化产业发展的共同愿景,以达至多元主体的不同目标。

在 2000 至 2009 年的民间倡议期,由民间机构通过举办研讨会率先提出发展澳门文化产业的问题,透过展览、活动等逐渐招募更多志同道合的行动者加入,共同争取政府投入资源,并最终动员成功,逐渐形成行动者网络。在 2010 至 2013 年的政府主导期,特区政府应内外大环境的转变,担当起主导的角色,成为关键行动者,为实现澳门经济适度多元的命题,设立专责部门,推出扶持计划与措施,启动研究澳门文化产业发展定位和统计指标体系,通过文化产业委员会的"代言人"会议机制,牵动更多不同的行动者参与其中,行动者网络得到进一步扩展。在 2014 至 2021 年乃至今日的市场主体期,政府与文化企业同为关键的行动者,在原有网络的基础上,与民间文创人士和机构的相互协商、相互作用,加上政府政策本文的出台,产业基金资源的投入,文化企业的表现及其对经济的贡献通过统计数据的转译呈现,既引入了更多非人要素形成更深更广的行动者网络,同时突显出市场主体的关键角色。

澳门文化产业推动发展历程中的行动者网络,表现为多步骤、动态而复杂的形成过程,当中关键的行动者会随着不同阶段呈现出角色的转换和再定义,并持续与各方行动者和异质要素相互作用,交织而成一张合作之网,形成促进澳门文化产业发展的动力。作为行动者之一的政府,不仅需要推出文化产业政策措施回应社会需求,更要通过与不同行动者的通力合作、各司其职,方可力图推动澳门文化产业发展。

2. 建议

从过去以来澳门文化产业形成的行动者网络来看,网络的稳定运行、异质要素加入及不同要素间的相互协作效应为推动发展的关键。2021 年 11 月 29 日,澳门

① 第 16/2018 号行政长官批示"文化产业基金资助批给规章"[Z]. 2018-08-06.

特区政府公布多个文化范畴行政法规,包括:将澳门文化产业基金与原澳门文化局辖下文化基金合并成为新的澳门文化发展基金;而文化产业委员会亦与文化咨询委员会合并成为文化发展咨询委员会。相关法规于 2022 年 1 月 1 日起生效,澳门文化产业的行动者网络将因新形势而出现新的结构性变化。未来政府在继续推出既有或新的政策措施之同时,建议可进一步思考以下问题:① 如何适切透过行政支持的力量,在充分考虑过去行动者网络的结构与连接的关系特征上,有意识地确保和巩固现有文化产业推动网络的稳定性,并且促进网络扩展,形成推动产业发展的更大动力。② 提供财政支援的基金合并后,重新整合投入资源,同时对公益性文化项目和牟利性文化产业项目提供支持。由于公益性文化事业在于保障人民基本文化权益,满足人民基本文化需求,属于长远性的资源投入,与具有经济属性、追求商业利益及成本效益的文化产业项目不同,两者在项目评估与支持的观点上基于不同的立足点,不宜混淆,有需要确立好文化与文产的不同思维的政策制定与执行,以免影响整个文化生态。③ 在新时势下检讨和优化既有资助制度与行政程序之同时,应避免资源投入的突然性政策摇摆,减少窒碍已在进行而初见成效的文化或文产项目发展之可能性。④ 原先的文化产业委员会的会议机制专门为文化产业政策主题服务,合并后的文化发展咨询委员会兼顾更多文化事务,无论在会议的议题聚焦、讨论深度及委员的专业代表性等方面都较之前分散,对于过去相对通达而集中的对话机制及其功能是否已然被削弱,值得持续关注。⑤ 过去以来政府推出一系列政策措施,其实际成效如何?除了目前以宏观经济数据观察产业发展之外,还可以什么方法评估政策的实际绩效和影响,以及政府政策对社会文化方面的效益与作用?有需要建立起政府文化产业政策评估指标体系及进行绩效评估研究。⑥ 前瞻下一阶段的澳门文化产业发展,思考变革发展策略与措施,审度现有文化产业行政部门分立与协作的机制,优化调整部门设置,检视推动产业发展的政策制定与资源发放间的关系及联动执行的有效性,从检视现有行动者网络的结构中寻找未来发展之路。

参考文献

[1] TIRONI M. Gelleable spaces, eventful geopraphies:The case of Santiago's experimental music scene[C]//Urban Assemblages:How Actor-Network Theory Changes Urban Studies,2009:27-52.

[2] 叶仲超.文化创意产业行动者网络理论研究:以数字游戏产业为个案[J].嘉南学报(人文类),2009(35):452-466.

[3] ARNABOLDI M, SPILLER N. Actor-network theory and stakeholder collaboration: The case of cultural districts[J]. Tourism Management, 2011, 32: 641-654.

[4] 洪荣志,蔡志豪.从行动者网络理论看文创商品的展演:以安平剑狮的在地转译为例[J].创业管理研究,2011:105-122.

[5] 任晓冬,穆柳梅.ANT视域下少数民族手工艺类文化遗产产业化研究:以黔东南丹寨县民族传统手工艺为例[J].原生态民族文化学刊,2018,10(2):140-148.

[6] 程小敏,詹一虹."3T"理论视角下澳门文化创意产业发展与创意阶层培育[J].产经评论,2017,8(6):140.

作者简介

陈炳辉(1974—),澳门人,澳门城市大学人文社会科学学院文化产业研究博士生。研究方向为文化产业政策研究。

Interpretation and Path of Development of Macao Cultural Industries — Based on Perspective of Actor-Network Theory

Chen Binghui

Abstract：Based on the actor-network theory （ANT）, this paper analyzes the promotion and development process of Macao cultural industries since the handover. The results show that：① The ANT helps to clearly summarize the characteristics of different development stages of Macao cultural industries, and can be used as a basis for staging. ② The promotion of the development of cultural industries in Macao has gone through three different stages：the period of civil initiative, government-leading, and the market-based. ③ The participation of various actants in different periods builtd up an actor network through the process of translation. The key actants are changed and redefined their roles at different stages, and interact with other actants to promote the development of cultural industries. ④ As one of the actants, the government not only needs to introduce policies to respond to social needs, but also strives to promote the development of Macao cultural industries by cooperating with different actants and performing their respective roles.

Key words：Macao; cultural industry; actor-network theory; actants

文化贸易

互联网技术对中国文化产品出口的影响

寇凌云　冯　帆

摘　要:互联网作为一种新的经济力量,在社会经济活动中担任着重要角色。随着互联网技术的兴起,联合发展互联网技术和贸易活动成为经济增长的新亮点。本文以中国文化产品出口为研究对象,从供给端和需求端分别阐述了互联网技术对文化产品贸易的影响途径和作用机制。基于引力模型,选用 2007—2020 年间中国与 44 个国家或地区的面板数据,通过实证回归分析了贸易伙伴国与中国各自的互联网技术发展程度对中国文化产品出口的影响。研究结果显示,贸易伙伴国的互联网技术对中国整体的文化贸易和大部分种类的文化产品的出口均有显著的积极影响,但中国的互联网技术对文化产品的出口影响并不显著。细分了文化产品的种类后,中国的互联网技术的正向影响集中表现在"表演和庆祝活动类""音像与交互媒体类"这两类文化产品的出口上。

关键词:文化产品出口;互联网发展;引力模型

一、引　言

"文化兴国运兴,文化强民族强",在中国正日益走进世界舞台中央的当下,更要"传播好中国声音,展现可信、可爱、可敬的中国形象","深化文明交流互鉴,推动中华文化更好走向世界","不断提升国家文化软实力和中华文化影响力"。文化软实力的提升,文化的高质量发展,需要有文化产业的发展作为支撑。文化产品出口则是推动中华文化"走出去"、提升国际影响力的重要途径。随着我国文化产业的迅速发展,我国文化产品的出口增长明显。近年来,我国文化产品的出口一直稳居全球第一,2021 年,我国文化产品出口额达 1 384 亿美元,同比增长 33.9%。[①]

---

① 数据来源:中国文化产品行业发展深度调研与未来前景研究报告(2022—2029 年),2022年。

文化是传统的,网络是新兴的。互联网作为一种新的经济力量,在社会经济活动中担任着重要角色。随着互联网技术的兴起,联合发展互联网技术和贸易活动成为经济增长的新亮点。文化与数字科技的融合意味着互联网、大数据、5G 等技术参与到文化艺术产业的生产消费中,催生了新的文化业态,延伸了文化产业链,成为中国文化产业的发展趋势之一。网络空间和信息技术手段便利了国际贸易,互联网也因此成为促进中国文化贸易出口的有效力量(王江等,2017),"互联网+文化"已经成为中国文化对外贸易发展的新模式。

关于互联网对出口贸易的影响,学界已经有了很多讨论。大部分文献资料显示,互联网对国际贸易有一定的影响,而这些影响大多是通过改变贸易成本、数字化产业、便利信息交流等方式实现的。张莉(2015)总结了"互联网+外贸"模式的特点和发展趋势,指出互联网可以通过创新、价值创造、渠道扩张等功能提高中国外贸的竞争优势。韩玉军、李子尧(2020)研究了互联网普及程度与制造业产品贸易规模的关系,发现两者正向相关,因为互联网的应用可以提高生产效率、简化贸易流程、削减贸易阻力等。具体到互联网技术对文化贸易的影响方面,陈晓清、詹正茂(2008)基于美国与其他国家的双边贸易数据,通过引力模型研究国际文化贸易的影响因素,发现同种语言、电脑拥有率、贸易优惠政策均对文化商品贸易出口有显著影响。王海文(2016)从贸易格局、模式、结构等方面分析了互联网对文化贸易的影响。Kaimann 和 Bono(2020)基于欧洲国家的数据,在研究文化接近和数字化异同对文化贸易影响时发现,对互联网的使用明显扩大了文化产品的贸易规模。丁昶、吕鑫(2021)的研究发现,互联网的使用人数显著促进了我国文化类产品的出口。

综上,互联网通过资源调度、信息整合,在技术层面让贸易成本的降低、贸易流程的简化成为可能。同时,互联网提供的信息交流平台也增进了国家间的了解与认同,影响一个国家的整体形象与吸引力(OH S 等,2013)。因此,无论是从降低贸易成本的角度还是从缩小文化差异的角度,互联网技术都可能对文化贸易产生影响。而且,文化产品的特征不同于其他产品,文化产品具有艺术、审美、象征和精神价值,而且还具有不可复制性(Throsby,2001),因此文化贸易与其他产品贸易相比,既有共性,也存在着特性。关于互联网发展对文化贸易的影响,可结合文化产品自身的特征来进行进一步研究。本文基于联合国教科文组织对核心文化产品的界定和分类,希望能够系统地研究互联网技术对文化产品贸易的影响途径和作用机制。由于互联网技术可能从供给端和需求端同时影响着文化产业的发展,因此,本文把我国的互联网技术和进口国的互联网技术都纳入分析框架中,同时考察互联网技术对文化贸易供求两端的影响。另外,还讨论了基于文化产品不同种类从而导致的互联网发展水平对文化贸易影响的异质性。

二、研究假设

互联网自出现以来,不断改变着人们的生产和生活方式,对国际贸易的进出口也不例外。结合当前的研究文献以及传统贸易理论,本文认为,互联网的技术发展可能从供给端和需求端两个方面来促进文化产品的贸易。

(一) 供给端

互联网融合大数据手段,文化产品的生产性企业可利用公开透明的信息降低采购成本。互联网催生出的包括人工智能在内的其他技术手段,则可以在文化产品的生产过程中,减少人工成本,稳定产品质量,节约生产成本。同时,信息的流动也会促进生产要素的流通,资源聚集从而形成产业集群效应,生产商通过规模经济进一步实现生产成本的控制。网络还拉近了企业间的距离,国内企业得以在国际市场上学习生产管理经验,优化生产制造模式;上下游企业间的联通也降低了中间环节的成本。互联网技术带来的信息扁平化降低了企业经营外贸业务的门槛,拓宽了贸易市场的范围。依托互联网的发展建立起的跨境电商平台让文化产品贸易的市场边界进一步扩大。国内大批的中小企业也可以进行文化商品的出口活动,扩大了文化产品贸易的参与主体。已经从事对外贸易的企业也可以借助互联网平台延伸自己的销售网络,扩张自己的经营范围。由于网络的存在,"7 天 24 小时"的全天候模式让更多的贸易主体突破空间和时间的限制,因此,互联网的发展可以让文化产业出口企业压缩贸易成本,整体的文化产品出口可以在集约边际和扩展边际上都得到增长。互联网对供给方的作用除了降低成本,还有助于价值的创造。在互联网时代,大数据技术帮助企业收集整合消费者的行为习惯与消费偏好,追踪用户反馈,定制客户需求,将文化产品的价值从使用功能延伸到用户体验中,产品价值被放大并被更充分地利用。同时,传统的行业边界在互联网新颖的商业模式下被打破了,企业可以进行跨界经营、跨界合作,横向开发打造联合品牌,利用消费品之间的互补属性,用产品组合的形式将各文化产品的价值发挥到最大化,实现"1+1>2"的效果。此外,网络平台使同类产品间的竞争更加直观,迫使企业寻求创新,集思广益,对现有产品的生产和销售优化迭代,培养品牌的核心竞争力,创造品牌价值。

（二）需求端

为避免信息不对称导致的市场扭曲,不同的经济体之间进行交易前和交易时往往需要搜寻信息,而对于文化产品贸易,地理距离、语言障碍、文化差异等都在一定程度上阻碍了需求端信息的获取。互联网平台的搭建则便利了贸易方对于信息数据的获取与整合,减弱了信息搜寻的难度,提高交易效率(李兵、李柔,2017)。网络通信技术的及时性与可视化削弱了地理和语言的隔阂,缩短了谈判周期。信息更频繁的流通也让市场更加透明,Steinwender(2018)的研究认为更便捷的信息互换缓解的价格扭曲甚至相当于 7% 的从价关税。除此以外,互联网的普及还拓宽了消费者在国际文化购买的渠道,相关需求被进一步开发和满足。互联网同样弱化了文化距离的负面效应。各国人民在不同风土人情下形成了不同的生活方式,在对一些特定事物的看法和观念上存在着差异,不同文化间对于外来的产品往往有一定的抵触性,尤其是负载文化理念的文化产品。长期以来,文化相近的国家间更容易进行国际贸易,人们对于文化理念相悖或是差异过大的国家的产品总有一定的接受难度。互联网的出现是对文化传播渠道的有效补充,各国间的文化交流日益频繁,普通民众能够以互联网为窗口了解国外的文化理念与价值观,文化传播的范围得到扩大,影响程度进一步增强,各国对于来自外国的文化差异也有了更高的包容度,文化隔阂在文化贸易活动中的负面影响被弱化。

但是,我们又必须看到,文化贸易是一个复杂、笼统性的概念,"文化"一词所涉范围广泛,文化产品也有着多种不同的表现形式。对文化贸易的研究的难点可能在于对文化产品的界定,联合国教科文组织在 2005 年的时候把文化贸易定义为"传播文化产品的有形和无形的产品或服务的进出口"。把文化产品分为 A—F 六大类(详见表 1)。在这六类产品中,有无形的产品,也有有形的产品,考虑到不同种类的文化产品有着不同的表现形式,它们受互联网影响的程度应各不相同。

表 1　HS 2007 定义的文化产品分类及编码

类别	内容
A. 文化和自然遗产	古董
B. 表演和庆祝活动	乐器、录制媒介
C. 视觉艺术和手工艺	绘画、其他视觉艺术、手工艺、首饰、摄影
D. 书籍与报刊	书籍、报纸、其他印刷品
E. 音像与交互媒体	电影和视频
F. 设计和创意服务	建筑和设计

资料来源:《2009 年联合国教科文组织文化统计框架》。

综上所述,互联网对信息的整合、对市场上交易各方的连接,减少了交易成本,扩大了交易范围,使文化产品贸易在国际市场上更加容易达成。从共性上,文化贸易是国际贸易中的一个子领域,就交易流程与形式而言,文化产品贸易与国际贸易基本相似,互联网在其中发挥着正向的影响;从特性上,文化产品富含的文化属性是其独特于一般外贸的主要特点,互联网在促进信息交流的同时带动了文化的传播,各文化之间增进了解对文化产品贸易也有进一步的提升。结合不同类别的文化产品的特点和性质,基于以上分析,本文提出以下待验证的假设:① 我国互联网技术的发展水平促进了文化产品出口。② 进口国的互联网技术的发展水平促进了我国的文化产品出口。③ 互联网发展水平对文化产品出口的促进作用因文化产品的种类不同而存在着异质性。

三、模型和数据说明

(一) 计量模型

基于贸易引力模型,本文设定的模型方程式为:

$$\ln EXP_{j,t} = \beta_0 + \beta_1 \ln INT_{j,t} + \beta_2 \ln CINT_t + \beta_3 \ln GDP_{j,t} + \beta_4 \ln CGDP_t + \beta_5 \ln DIS_j +$$
$$\beta_6 \ln POP_{j,t} + \beta_7 \ln CUL_{j,t} + \beta_8 \ln TOT_{j,t} + \beta_9 LAN_j + \beta_{10} BORDER_j +$$
$$\beta_{11} RTA_{j,t} + \mu_{i,t}$$

式中:j 代表中国的各贸易伙伴国,t 为年份,β_0—β_{11} 为相对应变量的待估计参数,$\mu_{i,t}$ 为随机误差项。

(二) 变量说明

本文关注互联网技术的发展水平对中国文化产品出口规模的影响,选取的变量说明如下。

被解释变量:中国文化产品出口规模($EXP_{j,t}$)。根据《联合国教科文组织文化统计框架》,包括 A—F 六大类,对应 85 个六位 HS(2007)编码。

解释变量:贸易伙伴国的互联网普及率($INT_{j,t}$)、中国的互联网普及率($CINT_t$)。

控制变量:本文的控制变量首先选用了引力模型中常用的传统变量,包括贸易伙伴国的国内生产总值($GDP_{j,t}$)、中国的国内生产总值($CGDP_t$)、中国与贸易伙伴国间的地理距离(DIS_j)、贸易伙伴国的人口规模($POP_{j,t}$)。同时还选取了贸易条件($TOT_{j,t}$)、共同边界($BORDER_j$)以及是否签订区域贸易协定($RTA_{j,t}$)来控制这些因素对贸易规模的影响。文化方面选用了虚拟变量共同语言(LAN_j)以及文化差异（CUL$_{j,t}$）。特别需要说明的是，因文化产品除使用价值以外，还负载了抽象的文化内涵。文化差异可能会造成一国对外来商品的抵触，降低消费意愿，但互联网时代让世界各地的人们对异域文化有了了解机会，文化隔阂的负面作用可能有所减弱，并且对于文化产品来说，新颖的外来文化可能会给消费者带来新鲜感，较大的文化差异更能满足消费者对不同文化的体验需求和了解需求（汪颖、黄建军，2014）。

（三）数据来源

在时间范围上，本文选取了 2007—2020 年 14 年间的数据。在国家层面上，统计了近五年中国对世界各国家或地区的出口规模，综合选取了连续五年排名均在前五十的国家或地区，共计 44 个。中国对它们的出口额总和在近五年内均占中国对世界出口总额的 90％ 左右。

中国对各国家或地区的文化产品出口规模（EXP）数据取自联合国商品贸易数据库（UN Comtrade Database）。中国与各贸易伙伴的互联网普及率（INT）、国内生产总值（GDP）、人口规模（POP）以及贸易条件（TOT）数据来自世界发展指标数据库（World Development Indicators）。地理距离（DIS）、共同语言（LAN）、共同边界（BORDER）数据来自法国前景研究与国际信息中心（CEPII）数据库。区域贸易协定（RTA）数据来源于 WTO 区域贸易协定数据库（Regional Trade Agreements Database）。文化差异（CUL）数据取自世界价值观调查数据库（World Values Survey，WVS）。相较于 Hofstede 文化维度数据库，该数据库在受访者样本量、调查年份、覆盖范围上均有显著的优越性（杨连星等，2019）。自 1980 至 2020 年，该机构共进行过 7 次调查，分别为 1981—1984、1989—1993、1994—1998、1999—2004、2005—2008、2010—2014、2017—2020。本文中设定的文化差异为两国人文价值观差异的综合性指标，根据 Inglehart & Welzel（2005）的研究，计算公式为：

$$CUL_{j,t} = \sqrt{(TRV_{j,t} - TRV_{i,t})^2 + (SSV_{j,t} - SSV_{i,t})^2}$$

式中：TRV$_j$ 和 TRV$_i$ 分别表示 j 国与中国在"传统价值观/世俗理性价值观"维度的取值；SSV$_j$ 和 SSV$_i$ 分别代表 j 国与中国"生存价值观/自我表现价值观"的取值。对于少数数据缺失的国家，参考类似研究中的做法，选取与其文化同源或文化特征相似的国家或地区的数据平均值代替（方英、马芮，2018）。

四、实证分析

(一) 基准回归结果

综合考虑 Hausman 检验结果,以及样本中部分变量不随时间变化的情况,为显示出所有变量的拟合结果,本文选用混合 OLS 回归,同时控制个体固定效应,回归的结果如表 2 所示。

表 2　基准回归结果

变量	$\ln EXP_{j,t}$					
	(1)	(2)	(3)	(4)	(5)	(6)
$\ln INT_{j,t}$	0.621***	0.440***	0.408***	0.446***	0.448***	0.463***
	(15.10)	(7.43)	(7.22)	(7.57)	(7.67)	(7.79)
$\ln CINT_t$		0.377***	0.026	0.001	−0.030	−0.025
		(5.25)	(0.09)	(0.00)	(−0.11)	(−0.09)
$\ln GDP_{j,t}$			−0.049	−0.015	−0.053	−0.046
			(−0.57)	(−0.17)	(−0.59)	(−0.51)
$\ln CGDP_t$			0.364	0.454*	0.468*	0.446*
			(1.42)	(1.72)	(1.77)	(1.69)
$\ln DIS_j$				−1.286***	−1.153***	−3.730***
				(−4.91)	(−4.43)	(−10.12)
$\ln POP_{j,t}$				−1.022	−0.603	−0.742
				(−1.62)	(−0.95)	(−1.15)
$\ln CUL_{j,t}$					0.215***	0.214***
					(3.26)	(3.25)
$\ln TOT_{j,t}$					0.542***	0.518***
					(2.84)	(2.72)
$BORDER_j$						−5.753***
						(−10.31)
LAN_j						−5.759***
						(−3.15)
$RTA_{j,t}$						0.463***
						(5.68)
Constant	1.770***	1.086***	−0.475	14.945***	9.522**	35.644***
	(8.79)	(4.59)	(−0.37)	(3.53)	(2.04)	(6.57)
R^2-adjusted	0.891	0.898	0.898	0.899	0.901	0.901
个体固定效应	YES	YES	YES	YES	YES	YES

注:"*""**""***"分别指统计值在 10%、5%和 1%水平下显著;括号里为对应的 t 值。下同。

由于模型中包含变量较多,因此本文采用分组逐步回归,将变量依次加入。

根据表 2,核心解释变量贸易伙伴国的互联网普及率对中国文化产品的出口有显著的正相关,说明一国的互联网发展水平越高,中国的文化产品出口到当地就越有利。中国的互联网普及率在逐步加入 GDP、地理距离等变量后变得不再显著,回归结果(2)中该变量的系数也小于贸易伙伴国互联网普及率的系数,说明就出口贸易而言,出口目的国的互联网发展水平比本国的互联网发展水平对文化产品贸易规模的影响要更大一些,且其促进作用尚不足以抵消地理距离等因素造成的负面影响,这与丁昶、吕鑫(2021)的研究结果类似。

对于模型中的其他控制变量,当因变量为文化产品贸易的总规模时,贸易双方的 GDP 中仅中国的 GDP 通过了显著性检验,表明对于总体的文化产品贸易而言,中国的经济发展水平对文化产品的出口能力有重要影响,进而影响着出口的规模。贸易对象国的 GDP 系数为负但不显著,原因可能是一国的 GDP 对文化商品的需求和供给同时产生影响——GDP 越高,潜在的文化进口需求越大,但同时国内的生产能力也有所提高,所以最终关系取决于供求综合作用的结果(陈晓清、詹正茂,2008)。地理距离(DIS)呈显著的负向影响,因此,地理距离对于文化产品贸易的阻碍作用仍然存在,即使当今文化产品贸易中存在网络虚拟商品,但大部分商品的交易仍然依靠海陆空的物流运输,地理位置相距越远,运输的成本和难度越高,贸易受限越大。人口规模变量(POP)系数符号为负,但未通过显著性检验,原因可能有以下几点:其一,在其他条件一定的情况下,人口规模的增加使人均可支配收入减少,人均消费能力降低,抑制对中国文化产品的消费(蒙英华、黄宁,2012;许和连、郑川,2014);其二,较大的人口规模意味着较大的市场需求空间,资本的逐利性使得该市场上的竞争更激烈,对中国的文化产品有一定的"挤出效应"(郭新茹等,2018)。本文中的文化差异(CUL)侧重文化价值观的度量,在回归结果中系数为正,这与之前一些学者的研究结果相似,文化差异并非完全是阻碍贸易的因素,一些文化产品在要求文化相容的同时或许也需要反映多元化价值观(许和连、郑川,2014)。两个与外贸密切相关的变量——贸易条件(TOT)、区域贸易协定(RTA)均通过了显著性检验,且系数符号与理论预期一致,即对国际贸易有利的条件和环境同样有利于国际文化贸易。贸易对象国贸易条件的改善提高了该国对外贸易的收益,扩大了国民福利,从而增加了对文化产品的需求(臧新等,2012)。区域贸易协定的签订往往带来一系列的贸易优惠条件,有助于降低彼此之间的贸易成本,促进贸易往来,是促进文化产品贸易的重要因素(刘洪铎等,2016)。共同边界

(BORDER)的系数符号与预期结果相反,反映出中国对周边国家的文化产品贸易市场开拓尚有不足。而共同语言变量(LAN)的负号结果与文化差异的正系数相一致,一方面,互联网的技术手段,如网页翻译,使语言差异对交易造成的困难有所减弱;另一方面,华人聚集或语言相近的国家或地区意味着文化相近,在文化产品的选购中更倾向于多元文化的猎奇体验。

(二)分类回归结果

文化产品中包含不同的细分种类,不同种类的文化产品各有特点。当通过加入总的文化产品整体贸易规模作为因变量时,各分类的文化产品之间的不同特性被忽略了。因此,本文进一步对不同种类的文化产品分别进行回归,以期探究不同种类文化产品的特征会不会在影响中存在着异质性。将被解释变量依次替换为中国的A—F六类文化产品对各贸易伙伴国的出口额,同样使用混合 OLS 回归,并控制个体固定效应,结果如表 3 所示。

表 3 分类回归结果

变量	A	B	C	D	E	F
$\ln INT_{j,t}$	1.676 (1.43)	0.362*** (5.94)	0.470*** (7.70)	0.238*** (3.07)	0.336** (2.58)	0.209 (0.53)
$\ln CINT_t$	−3.641 (−1.51)	0.632** (2.06)	−0.141 (−0.59)	0.271 (0.91)	2.102*** (3.11)	−0.714 (−0.40)
$\ln GDP_{j,t}$	0.111 (0.05)	0.215*** (3.13)	−0.020 (−0.21)	0.042 (0.41)	0.352** (2.25)	0.565 (1.29)
$\ln CGDP_t$	1.281 (0.52)	−0.648** (−2.29)	0.708*** (3.17)	0.263 (0.95)	−1.086* (−1.71)	0.019 (0.01)
$\ln DIS_j$	−472.020 (−1.06)	−1.810*** (−4.34)	−3.028*** (−9.22)	−3.819*** (−9.32)	−5.952*** (−6.63)	−29.874 (−0.20)
$\ln POP_{j,t}$	12.379 (0.99)	1.558** (2.13)	−1.606*** (−2.90)	2.036*** (2.86)	−1.299 (−0.75)	1.320 (0.34)
$\ln CUL_{j,t}$	1.919* (1.95)	0.030 (0.44)	0.350*** (4.46)	0.191** (2.27)	−0.374** (−2.11)	1.028* (1.91)
$\ln TOT_{j,t}$	−2.896 (−0.75)	0.590*** (3.36)	0.519** (2.56)	0.759*** (2.96)	−0.024 (−0.04)	−0.833 (−0.63)
$BORDER_j$	−87.062 (−1.05)	−4.372*** (−7.79)	−3.310*** (−5.75)	−9.552*** (−14.58)	−13.715*** (−12.25)	−35.989 (−0.19)

（续表）

变量	A	B	C	D	E	F
LAN$_j$	198.053 (1.05)	2.665 (1.26)	−6.582*** (−4.23)	0.442 (0.21)	−11.252** (−2.25)	−16.363 (−0.16)
RTA$_{j,t}$	−526.593 (−1.06)	0.162** (2.04)	0.485*** (5.21)	−0.191 (−1.54)	1.095*** (3.13)	−1.180 (−0.78)
Constant	4 236.584 (1.06)	12.315** (1.98)	29.427*** (6.14)	22.860*** (3.74)	63.586*** (4.46)	272.941 (0.21)
Observations	198	616	616	616	613	384
R^2-adjusted	0.378	0.930	0.900	0.922	0.845	0.530
个体固定效应	YES	YES	YES	YES	YES	YES

注：因出口规模的差异，A、F 两类文化产品出口额单位为美元，其余四类为百万美元；对某类文化产品出口额为 0 的数据做删除处理，故部分类别的样本数与整体样本数略有差异。

　　进出口两国的互联网技术对文化和自然遗产类（A 类）产品出口的影响均不显著，可能的原因在于：A 类虽然承载了较多的文化价值，但出于对历史文物的保护，可用于交易的物品有限，本身出口规模较小，加之产品自身的属性特点与互联网的融合较为困难（王江等，2017），互联网对其的影响作用有限。F 类中的建筑、工程类的设计图纸，对当地地理特点的受限程度较大，远程操作难以代替实地考察；中国在广告、商业类的创意设计能力还有提升的空间。因此，互联网技术也未能有效影响此类产品。在其余四类文化产品中，贸易伙伴国的互联网发展水平均表现出了显著的正相关。中国的互联网发展水平对文化产品出口贸易的正向影响集中在 B 类（表演和庆祝活动类）、E 类（音像与交互媒体类）两种文化产品上。就B 类而言，对于出口国，互联网技术的发展为乐器的使用、音频的录制提供了展示平台和技术手段；对于进口国，互联网的使用方便了国内消费者对国外信息的接收，借助互联网技术的发展，各类器乐可以在更广阔的世界舞台上得到有效传播。E 类则与 B 类相似，互联网技术扩充了音像影视的交易渠道，提高了交易速度；网络技术的发展也使文化作品在视听效果上得到优化，消费体验提升，国产电影"走出去"的同时也增加了国外消费者对中国文化的了解和认同。控制变量的表现也各不相同，贸易双方各自的 GDP 水平对各类文化产品出口的影响不尽相同，贸易伙伴国的 GDP 通过显著性检验均为正相关，与模型的理论预期一致，而中国的GDP 显著性水平有正有负，说明随着中国购买力水平的提升，个别种类的文化产品更多地用于满足内销（蒙英华、黄宁，2012）。地理距离对各类文化产品基本上仍呈现出显著的负向影响。人口规模带来的市场扩大主要影响 B 类和 D 类(书籍与报刊类)文化产品出口,一国的人口增加会提高当地市场的进口需求,但同时总人口的增长也会降低人均购买力,本文中的研究结果表明,对于 B、D 这两类文化产品,前者的效应要大于后者,而由文化多元性带来的文化产品需求大多是 C 类(视觉艺术和手工艺类)和 D 类。贸易条件对 B、C、D 类文化产品均表现出理想的结果,但对 E 类的回归系数不显著,说明一国的贸易条件更多地影响实体商品而非电影视频类数字商品。进口国接受 B 类文化产品对相同语言的要求比其他几类更强烈。是否签订区域贸易协定较多影响 B 类、C 类和 E 类。值得注意的是,E 类的文化差异变量表现出显著的负向作用,说明该类文化产品对文化价值观的一致性仍有一定的要求,符合当地主流价值观的影视视频更容易出口。

(三)稳健性检验

为考察变量指标的解释能力,对基准回归模型做进一步的稳健性检验,分别采用替换自变量法、改变样本容量法、调整样本期、更换回归方法等方式。

1. 替换自变量

本文研究互联网发展对中国文化产品出口的影响,在量化其发展水平时,之前的模型侧重用户端的视角,使用的是互联网用户占一个国家或地区总人口的百分比,但互联网相关的基础设施数量同样反映了一个国家或地区的互联网发展水平。将基准回归中自变量使用的互联网普及率替换为每百万人拥有的互联网服务器数量(根据 TLS/SSL 证书统计,数据来源于世界银行),再次进行回归,结果见表 4 第二列。

表 4 稳健性检验结果

	替换自变量	改变样本容量	调整样本期	更换回归方法
$\ln INT_{j,t}$	0.067* (1.73)	0.112* (1.75)	0.442*** (3.61)	0.436*** (7.45)
$\ln CINT_t$	−0.165*** (−4.58)	0.007 (0.03)	−1.324* (−1.80)	−3.240* (−1.90)
$\ln GDP_{j,t}$	−0.282** (−2.30)	0.916*** (7.86)	−0.124 (−0.98)	−0.093 (−1.05)
$\ln CGDP_t$	1.439*** (5.86)	0.386* (1.72)	1.390** (2.56)	3.657** (2.10)
$\ln DIS_j$	−3.521*** (−6.61)	−2.036*** (−5.57)	−4.364*** (−8.40)	−3.414*** (−9.99)

（续表）

	替换自变量	改变样本容量	调整样本期	更换回归方法
$\ln POP_{j,t}$	0.668 (0.74)	−0.949* (−1.81)	−1.714 (−1.47)	0.246 (0.40)
$\ln CUL_{j,t}$	0.136* (1.87)	0.105* (1.66)	0.147** (2.05)	0.144** (2.49)
$\ln TOT_{j,t}$	0.440** (2.15)	−0.104 (−0.60)	0.511*** (2.71)	0.355* (1.96)
$BORDER_{j}$	−6.218*** (−8.01)	−1.125* (−1.78)	−6.153*** (−9.30)	−5.949*** (−10.66)
LAN_{j}	−2.640 (−1.02)	−3.280** (−2.08)	−8.760*** (−2.76)	−3.403** (−1.99)
$RTA_{j,t}$	0.285*** (3.54)	0.363*** (5.05)	0.369*** (3.08)	0.484*** (7.37)
Constant	22.925*** (2.92)	18.765*** (3.67)	42.514*** (4.82)	12.663 (1.20)
Observations	484	556	440	616
R^2-adjusted	0.919	0.867	0.928	0.908
时间固定效应	—	—	—	YES
个体固定效应	YES	YES	YES	YES

此时,表中的 $\ln INT_{j,t}$、$\ln CINT_{t}$ 分别表示 j 国与中国 t 时期的互联网服务器数量,世界银行数据库中该指标的数据时间范围为 2010 至 2020 年,因此样本总量为 484。通过比较可知,各变量回归系数的符号和显著性与之前大体一致,结论基本稳健。贸易对象国的互联网服务器数量与中国文化产品出口贸易额呈显著的正相关,表明当地的网络基础设施建设完成度有利于中国文化产品到当地的出口。中国的互联网发展水平由之前不显著的负号变成了显著的负号。与互联网普及率相比,互联网基础设施建设水平可能更偏向产业的生产和运输端,所以能有效促进国内市场的开拓,进而将交易由外贸转向内需,对文化产品出口有一定的减弱作用。

2. 改变样本容量

国别选择和时间范围共同确定了面板数据的样本,但样本中的极端值可能会影响研究的结果,因此剔除个别数据,改变样本容量同样能起到检验稳健性的效果。中国的文化产品出口地区的贸易规模同样呈现出分布不均匀的情况,为避免个别国家对实证结果的影响导致偏差,对样本数据做 5％分位上的双边缩尾处理再进行回归,结果如表 4 第三列所示。

缩尾处理后的各变量系数和显著性基本不变,表现出较好的稳健性。在去除了文化产品出口贸易额两端各 5％的极值后,贸易伙伴国的互联网普及率对中国的文化产品出口仍然起到显著的正向作用。不同的是,之前不显著的贸易伙伴国的 GDP 此时系数显著为正,即对于中国文化产品出口贸易额取值更居中的国家或地区,其自身 GDP 对进口中国文化产品的影响更为明显。而贸易条件这里的系数不显著,与贸易伙伴国的 GDP 表现相反,贸易条件对于中国文化产品出口贸易额偏高或偏低的国家和地区作用更为显著,这可能与边际效应有关。

3．调整样本期

数据集所处的时间段也可能会对研究结果产生影响,调整样本数据的时间范围验证研究结论是否一致可以作为稳健性的参考。中国从接入互联网到发展至今,历经了几番波折和数次行业内振荡,不同学者对其脉络的划分略有不同,但大致上以 2000 年、2009 年为两个主要时间节点。1994—2000 年是中国互联网的初始阶段,2001—2008 年中国的互联网模式基本形成,2008 年中国网民规模首超美国,2009 年之后,中国互联网进入移动社交时代。同时,部分变量 2020 年的数据存在缺失,在模型回归之前对原始数据进行了一定的处理。因此,为避免时代发展的外部环境和数据处理导致的偏差,截选 2010—2019 年的数据样本,回归结果如表 4 第四列所示。

与完整时间段的样本回归结果相比,大多数变量对因变量的影响没有发生改变,系数的显著性水平也基本相似,验证了研究结论的稳健性,贸易对象国的互联网普及率与中国文化产品到当地的出口规模表现出正向的相关关系。中国互联网普及率与整体回归中的相比,符号未变,t 检验结果由不显著变成了显著,说明在中国互联网更加蓬勃发展的时间范围内,互联网对中国文化产品内销的带动效应强于出口的带动效应(蒙英华、黄宁,2012;郭新茹等,2018),以至于对中国文化产品出口额表现出明显的负相关。

4．更换回归方法

对同一样本数据使用不同的处理方法、应用不同的模型回归,有可能得到不同的结果。为避免单一模型导致的结果偏差,在实证分析中可以通过多种回归方法进行反复验证。本文在基准回归中,考虑到模型中存在一些随个体变化而不随时间变化的变量,如地理距离、共同语言等,在回归中控制了个体固定效应。而在使用面板数据的贸易相关研究中,常见双向固定效应模型。因此,在原有基准回归的基础上,加入时间固定效应对原始样本再次进行回归,结果见表4第五列。

通过对比可以发现,双向固定效应模型的结果与之前的回归结果基本一致,显著性水平与主要变量的系数符号并未发生明显变化,仅系数大小略有差异,再次验证了互联网发展对中国文化产品出口的影响作用。

综上,替换自变量的衡量指标、改变样本量、调整样本时期、更换回归方法等不同的稳健性检验结果均与基准回归结果大体一致,证明了本文研究结论的稳健性。

(四)内生性检验

在实际中,被解释变量与解释变量之间可能存在相互影响,从而导致内生性问题,如中国文化产品的出口可能反作用于互联网的发展。为排除模型内生性问题对研究结果的干扰,本文使用工具变量法进行内生性检验。

工具变量(Instrumental Variable,IV)需要与被替代的解释变量相关,与随机误差项不相关,因此,将滞后一期的核心解释变量 $l\_\ln INT_{j,t}$ 作为工具变量(IV1)。同时,综合滞后一期的核心解释变量 $l\_\ln INT_{j,t}$ 与原变量 $\ln INT_{j,t}$,构建新的工具变量 $iv\_\ln INT_{j,t}$(IV2),2SLS 的回归结果见表 5。

表 5   2SLS 回归结果

	基准回归	IV1	IV2
$\ln INT_{j,t}$	0.463 *** (7.79)		
$l\_\ln INT_{j,t}$		0.541 *** (7.55)	
$iv\_\ln INT_{j,t}$			0.508 *** (7.89)
$\ln CINT_t$	−0.025 (−0.09)	−0.750 * (−1.84)	−0.751 * (−1.85)
控制变量	YES	YES	YES
Observations	616	572	572
R^2-adjusted	0.901	0.904	0.904
个体固定效应	YES	YES	YES

由表中的结果表明,工具变量的系数通过了 1% 的显著性水平检验,且方向与基准回归中的结果一致,但其系数略大于基准回归中核心解释变量 $\ln INT_{j,t}$ 的系数,说明在考虑内生性问题后,贸易伙伴国的互联网发展对中国文化产品的出口有

一定的促进作用,而且这种促进作用更加明显。

五、结论与政策建议

本文研究了互联网技术对中国文化产品出口的影响,得出以下几点结论:第一,整体而言,出口目的地互联网技术的发展对中国文化产品的出口有显著的正向影响,互联网在需求端所发挥的作用得到了验证。第二,我国互联网技术发展水平对我国文化产品出口总规模的影响不显著,互联网在供给端的作用并不明显。第三,进一步细分文化产品的种类后,互联网技术发展对中国不同种类的文化产品出口影响结果略有差异。对大多数种类的文化产品,出口目的国的互联网发展水平表现出了良好的促进作用,但对于个别几类,互联网的影响程度较弱,如古董和建筑设计。中国互联网技术显著的促进作用主要表现在表演和庆祝活动、音像与交互媒体两大类的文化产品上。

结合以上研究结果,本文提出以下政策建议:

首先,要充分发挥我国身为互联网大国的优势作用,推进全球互联网的融合发展。互联网是国际贸易的有利因素,数字化的技术让贸易往来更加快捷方便,同时也创新了文化艺术创作活动的呈现形式,网络空间也为世界各地的人们提供了了解其他文化的窗口。我国应通过务实行动,积极推进海外互联网基础设施建设,建立统一的电子交易系统,与当地的网络供应商达成合作,开创新的网络经营模式,提高进口国的互联网技术水平,从需求端为中国文化产品的出口铺设条件。

其次,文化产品有其特殊性,根据实证检验的结果,进口国的人口规模和GDP对我国文化产品的出口并没有特别积极的影响,由此,我国的文化产品出口企业在国际市场上,可更多关注与我国接壤、文化差异较小的小国细分市场。原因在于:一方面,异质性企业贸易理论认为出口是存在着固定成本的,而互联网技术的发展可以降低出口固定成本,通过互联网技术的发展,我国的文化产品出口企业可以以极小的成本了解文化接近的小国市场上客户的需求,更多的企业主体可以参与到国际文化贸易中,在供给端增强国内企业文化产品出口的能力。另一方面,文化接近的小国市场,虽然市场规模不大,但是与我国文化差异小,地理位置也接近,无论是贸易成本还是产品设计成本都比较低,有利于我国的文化出口企业特别是中小型出口企业集中企业资源,充分发掘国际文化市场上消费者的购买力,提高企业的经济效益。

再次,根据分类研究的结果,我国的互联网发展水平可以促进B类和E类即表演和庆祝活动、音像与交互媒体两大类的文化产品的出口,在这两类产品上,我们应加强文化传承创新,充分利用互联网技术的发展,结合大数据、人工智能,开发多种产品形式,重点培育辨识度较高的国际化品牌,提高国际市场占有率,实现从文化资源大国向文化贸易强国的转型。

最后,研究结果表明,区域贸易协定的签订有效地促进了文化产品的出口,所以我们需要加强国际合作交流,积极参与各大国际经贸组织活动和区域贸易协定,发展多边经贸关系,与重要的贸易伙伴国维持友好往来,督促文化贸易相关优惠贸易安排的落实与深化;参加国际文化贸易规则的制定,保证中国的国际话语权,为中国的文化产品出口争取更多的权益;通过对外文化沟通、文化贸易合作,宣传推广中国文化,通过举办文化节、博览会等活动提升中国文化的传播力和影响力,以文化交流帮助增强文化产品的认可度。尤其要注重互联网的带动优势,与科技水平先进的国家或地区积极开展文化交流和合作活动,让中国文化"走出去"。

参考文献

[1] 陈晓清,詹正茂. 国际文化贸易影响因素的实证分析:以美国 1996—2006 年对外文化贸易双边数据样本为例[J]. 南京社会科学,2008(4):90 - 94.

[2] 丁昶,吕鑫. 互联网发展对我国文化出口贸易影响的实证分析[J]. 对外经贸,2021(4):40 - 46.

[3] 方英,马芮. 中国与"一带一路"沿线国家文化贸易潜力及影响因素:基于随机前沿引力模型的实证研究[J]. 世界经济研究,2018(1):112 - 121 + 136.

[4] 观研天下产业研究院. 中国文化产品行业发展深度调研与未来前景研究报告(2022—2029 年)[Z]. 2022.

[5] 郭新茹,彭秋玲,刘子琰. 文化距离、文化贸易壁垒对中国文化产品出口的影响效应分析[J]. 江苏社会科学,2018(6):106 - 115 + 274.

[6] 韩玉军,李子尧. 互联网普及与国际贸易:基于出口方视角的研究[J]. 国际经贸探索,2020,36(10):22 - 39.

[7] 李兵,李柔. 互联网与企业出口:来自中国工业企业的微观经验证据[J]. 世界经济,2017,40(7):102 - 125.

[8] 联合国教科文组织统计研究所. 2009 年联合国教科文组织文化统计框架[Z]. 2011.

[9] 刘洪铎,李文宇,陈和. 文化交融如何影响中国与"一带一路"沿线国家的双边贸易往来:基于 1995—2013 年微观贸易数据的实证检验[J]. 国际贸易问题,2016(2):3 - 13.

[10] 蒙英华,黄宁. 中国文化贸易的决定因素:基于分类文化产品的面板数据考察[J]. 财贸研究,2012,23(3):40-48.

[11] 王海文. "互联网+"背景下文艺生产方式变革与当代国际文化贸易发展[J]. 社会科学,2016(8):35-42.

[12] 王江,陶磊,罗丹,等. "互联网+"对中国文化贸易创新发展的影响研究[J]. 科技管理研究,2017,37(10):228-232.

[13] 汪颖,黄建军. 消费网络外部性、文化亲近与文化产品贸易:基于中国双边文化产品贸易的实证分析[J]. 当代财经,2014(4):98-107.

[14] 许和连,郑川. 文化差异对我国核心文化产品贸易的影响研究:基于扩展后的引力模型分析[J]. 国际商务(对外经济贸易大学学报),2014(4):32-43.

[15] 杨连星,从欣,刘雪珂. 文化特征如何影响了文化贸易出口品质[J]. 宏观质量研究,2019,7(4):115-134.

[16] 臧新,林竹,邵军. 文化亲近、经济发展与文化产品的出口:基于中国文化产品出口的实证研究[J]. 财贸经济,2012(10):102-110.

[17] 张莉. "互联网+"对我国对外贸易竞争新优势的影响及对策[J]. 国际贸易,2015(7):31-35.

[18] INGLEHART R, WELZEL C. Modernization, cultural change, and democracy: The human development sequence[M]. Cambridge University Press, 2005.

[19] KAIMANN D, BONO, M D. The impact of cultural proximity and digital dissimilarity on cultural trade[J]. The International Trade Journal, 2020, 34(5): 447-469.

[20] THROSBY D. Economics and culture[M]. Cambridge University press, 2001.

[21] OH S, BAEK H, AHN J. The impact of Youtube on international trade[C]// Proceedings of 2013 Pacific Asia Conference on Information Systems (PACIS). [S. l.]. PACIS, 2013: 1-9.

[22] STEINWENDER C. Real effects of information frictions: When the states and the kingdom became united[J]. American Economic Review, 2018, 108(3): 657-96.

作者简介

寇凌云(1999—　　　),河南周口人,中国(江苏)自由贸易区研究院助理研究员。研究方向为国际贸易。

冯帆(1976—),江苏南通人,南京大学经济学院教授、博士。研究方向为国际贸易理论与实务。

Impact of Internet Development on China's Cultural Product Export

Kou Lingyun　Feng Fan

Abstract: The internet, as an emerging economic assistance, plays an important role in social economic activities. With the rise of internet technology, the joint development of the internet and trade has become a new highlight of economic growth. Focusing on the export of China's cultural products, this thesis expounds the influence and mechanism of the internet on the trade of cultural products from the supply and the demand respectively. Based on the gravity model, the panel data of China and 44 countries or regions from 2007 to 2020 are selected to make an empirical regression analysis of the impact of the internet development of trade partners and China on China's cultural products export. The results show that the internet usage of trade partners has a significant positive impact on the export of both China's overall cultural products and most categories, while the impact of China's internet technology on the export of cultural products is non-significant. After subdividing the types of cultural products, the positive impact of China's internet technology is mainly reflected in the export of two types of cultural products, that is, "performance and celebration activities" and "audio-video and interactive media".

Key words: cultural products export; the development of the Internet; gravity model

中国与"一带一路"沿线国家文化贸易：竞争性、互补性与发展潜力分析*

杨　辉

摘　要：根据 UN Comtrade 数据库统计数据，本文采用出口相似度指数、贸易互补性指数和贸易强度指数，从贸易竞争性、互补性和发展潜力三个方面对中国与"一带一路"沿线国家间文化贸易的竞争情况、贸易结构的吻合程度以及贸易紧密程度进行了测度与分析。研究结果表明：中国与东盟国家文化产品的贸易竞争性和互补性要高于"一带一路"沿线其他国家；中国与中东欧国家具有较强的贸易互补性，但双方之间的文化贸易紧密程度较弱；中国与"一带一路"沿线国家在表演和庆祝活动、书籍和报刊上随着时间的增加其贸易紧密度在增强，而在文化和自然遗产、音像和交互媒体上的贸易紧密度在减弱。为了促进中国与"一带一路"沿线国家文化贸易发展，我国应积极推进"一带一路"国际合作实施及开展多边文化交流活动，有选择性开拓文化贸易潜力市场，同时创新文化产品内容，提升文化产品附加价值。

关键词："一带一路"沿线国家；文化贸易；竞争性；互补性；发展潜力

一、引　言

党的十九大报告指出："文化是一个国家、一个民族的灵魂。文化兴国运兴，文化强民族强……推进国际传播能力建设，讲好中国故事，展现真实、立体、全面的中国，提高国家文化软实力。"这一论断深刻表明，在国际战略格局进入深度调整的时代背景下，国家文化软实力的提高和中华文化影响力的扩大直接关系着国家综合

---

* 基金项目：本文系深圳市哲学社会科学规划 2022 年度特别委托重点课题"城市文明典范研究"（SZ2022A005）、深圳市建设中国特色社会主义先行示范区研究中心重大课题"社会主义现代化强国城市文明典范研究"的阶段性研究成果。

国力的提升以及中国大国形象的展示。另外,习近平总书记在党的二十大报告中明确指出:"推进文化自信自强,铸就社会主义文化新辉煌。"文化产业作为一种新兴产业形态,不仅具有经济价值、文化价值,而且兼备创新价值和技术价值,已成为各国经济可持续发展和经济多元化战略的发力点。当前,促进文化贸易发展、推动中华文化走出去,是增强中华文化国际影响力的重要内容。

"一带一路"倡议的提出与实施,为中国文化贸易发展带来了新机遇,如 2017 年,文化部就发布了《"一带一路"文化发展行动计划(2016—2020 年)》。另外,在经济全球化和中美贸易战不断升级背景下,开辟和扩大中国文化产品出口国际目标市场,能够在一定程度上减少过分依赖传统国际目标市场所带来的风险。正如习近平总书记所说,共建"一带一路"不仅为世界各国发展提供了新机遇,也为中国开放发展开辟了新天地。因此,为了更好地推进和深化中国与"一带一路"沿线国家文化贸易合作,增强中国文化贸易竞争力和保持文化贸易发展优势,有必要更深入、全面地分析我国与"一带一路"沿线国家文化贸易竞争性、互补性和发展潜力,正确把握"一带一路"沿线国家文化贸易合作的新方向,推动中华文化"走出去"。

随着中国与"一带一路"沿线国家贸易的不断"升温",学者们运用出口相似度指数(ESI)、显示性比较优势指数(RCA)、贸易互补性指数(TCI)、贸易强度指数(TII)等测量指标对中国与"一带一路"沿线国家贸易竞争性、互补性和发展潜力展开了相关研究。一类研究的关注焦点是中国与"一带一路"沿线国家在某个具体领域的研究,其研究对象主要集中于农产品贸易[1]、林产品贸易[2]等方面,而文化贸易相关方面的研究较少。曾燕萍[3]对中国与"一带一路"沿线国家文化贸易的总体格局和互补性进行了研究,但关于竞争性和发展潜力方面的尚未提及。另一类文献则侧重于中国与沿线单个地区、单一国家的经贸问题,如中国—北欧[4]、中国—俄罗斯[5]等。当然,也有学者从整体出发,以 22 个商品大类数据为基础,研究中国与"一带一路"沿线国家的贸易合作。[6]虽然第一、二类研究能够较好地揭示中国某一类产品或者是中国与某一具体国家或地区的贸易特点和贸易潜力,但同时从竞争性、互补性和发展潜力三个方面来研究中国与"一带一路"沿线国家文化贸易的论文较少。

鉴于此,本文将"一带一路"沿线 65 个国家划分为 7 大区域①,同时借鉴联合国教科文组织出版的《2009 年联合国教科文组织文化统计框架》中的统计口径将文化产品分为文化和自然遗产、表演和庆祝活动、视觉艺术和手工艺、书籍和报刊、音像和交互媒体以及设计和创意服务六大类,共 85 种。由于《2009 年联合国教科文组织文化统计框架》中文化产品以 HS2007 编码,而 HS2007 中的贸易数据开始于 2007 年,为了获得完整的 2002—2006 年、2012—2016 年以及 2017—2019 年的文化产品数据,本文将 HS2007 编码和 HS2002、HS2012、HS2017 编码进行匹配,得到 106 个文化产品 HS 编码。但有些国家在 2002 年后仍沿用 HS1992 年和 HS1996 年编码,通过匹配发现有 6 个文化产品代码被使用,故总共得到 112 个文化产品 HS 编码。本文通过联合国商品贸易数据库(UN comtrade),利用 HS 编码获取 2002—2019 年文化贸易相关数据来深入分析中国(数据不包括中国港澳台地区)与"一带一路"沿线国家文化贸易的竞争性、互补性和发展潜力,能够为我国文化贸易政策的制定和科学决策提供现实依据。

二、中国与"一带一路"沿线国家文化贸易竞争性分析

贸易竞争性是反映双方贸易关系的重要指标,其衡量通常采用出口相似度指数。出口相似度指数(ESI)最早由 Finger 和 Kreinin[7] 于 1979 年提出,之后,为了避免国家规模差异对计算结果带来的影响,Glick 和 Rose[8] 提出了修正出口相似度指数,另外还有不少学者对其进行了修正。出口相似度指数是通过衡量两个国家在共同目标市场上出口产品的相似程度来反映两国出口产品的竞争程度。本文将利用 Glick 和 Rose 提出的修正出口相似度指数来探究中国与"一带一路"沿线

---

① 本文参考帅竞、成金华、冷志惠、王梓涵和史至瑶的文章,将"一带一路"沿线国家划分为 7 大区域。分别为东亚 1 国:蒙古;东盟 10 国:新加坡、马来西亚、印度尼西亚、缅甸、泰国、老挝、柬埔寨、越南、文莱和菲律宾;西亚 18 国:伊朗、伊拉克、土耳其、叙利亚、约旦、黎巴嫩、以色列、巴勒斯坦、沙特阿拉伯、也门、阿曼、阿联酋、卡塔尔、科威特、巴林、希腊、塞浦路斯和西奈半岛;南亚 8 国:印度、巴基斯坦、孟加拉国、阿富汗、斯里兰卡、马尔代夫、尼泊尔和不丹;中亚 5 国:哈萨克斯坦、乌兹别克斯坦、土库曼斯坦、塔吉克斯坦和吉尔吉斯斯坦;独联体 7 国:俄罗斯、乌克兰(2018 年退出独联体)、白俄罗斯、格鲁吉亚(2009 年退出独联体)、阿塞拜疆、亚美尼亚和摩尔多瓦;中东欧 16 国:波兰、立陶宛、爱沙尼亚、拉脱维亚、捷克、斯洛伐克、匈牙利、斯洛文尼亚、克罗地亚、波黑、黑山、塞尔维亚、阿尔巴尼亚、罗马尼亚、保加利亚和马其顿。由于联合国商品贸易数据库中只能查到国家数据,因此埃及西奈半岛的数据通过埃及来查询。

国家文化产品在世界市场与"一带一路"沿线国家市场上的竞争程度,其公式如下:

$$\mathrm{ESI}_{ij} = \left\{ \sum_{k=1}^{n} \left[\left(\frac{X_{iw}^k/X_{iw} + X_{jw}^k/X_{jw}}{2} \right) \left(1 - \left| \frac{X_{iw}^k/X_{iw} - X_{jw}^k/X_{jw}}{X_{iw}^k/X_{iw} + X_{jw}^k/X_{jw}} \right| \right) \right] \right\} \times 100$$

式中: w 表示 i、j 两国的共同出口目的地, X_{iw}^k/X_{iw} 和 X_{jw}^k/X_{jw} 分别表示 i 国和 j 国 k 类产品出口到 w 市场的贸易总额占 i 国和 j 国对 w 市场出口总额的比重。ESI_{ij} 指数的取值范围为 $[0,100]$,取值越大,表明两国出口结构越相似,两国在同一出口市场的竞争程度越高;反之则越弱。

从表 1 可以看出,在世界市场,中国与东盟、西亚、南亚和中亚国家文化产品出口在国际市场上的竞争程度要高于独联体和中东欧国家。从时间趋势来看, 2002—2019 年中国与东盟国家文化产品的 ESI 指数波动幅度较小,一直处于(63, 89)区间;与西亚、南亚、中亚和独联体国家文化产品的 ESI 指数波动幅度较大,分别处于(42,88)、(41,85)、(34,88)以及(26,81)区间内;与东亚国家文化产品的 ESI 指数波动幅度最大,最小值为 12.05,最大值为 92.35;而与中东欧国家文化产品的 ESI 指数波动幅度较小且呈下降趋势,这表明中国与中东欧国家文化产品出口在国际市场上的竞争整体呈现下降趋势。在"一带一路"沿线市场,中国与东盟、西亚、南亚和中亚国家文化产品的 ESI 指数同样要高于独联体和中东欧国家,其中与东盟国家文化产品的 ESI 指数最高。

不管是在世界市场还是在"一带一路"沿线市场,中国与东盟国家文化产品的 ESI 指数最高,表明自 2002 年以来中国与东盟国家文化产品出口竞争大,同时也说明了中国与东盟国家文化产品出口同质化严重,尚未充分利用文化背景相通、地理位置相近、要素资源充盈等优势,构建较为合理的文化贸易分工体系。造成中国与东盟国家文化产品出口竞争大的主要原因是两者皆属于发展中经济体,经济发展水平相近,容易产生产业结构雷同现象。[9]2013 年我国提出"一带一路"倡议后,在世界市场上,中国与东盟国家文化产品的 ESI 指数整体呈现下降趋势,表明双方文化产品出口结构在逐渐优化。因此,为了不断挖掘双方之间的文化贸易潜力,中国与东盟国家应充分利用双方各自的有利条件,以差异化竞争为导向,最终实现合理竞争。在世界市场和"一带一路"沿线市场,中国与独联体、中东欧国家文化产品的 ESI 指数较低,表明中国与独联体和中东欧国家文化产品出口存在弱竞争关系,具有较大的发展潜力和良好的合作前景。另外,中国与中东欧国家文化产品的 ESI 指数在世界市场上呈波动下降趋势,而在"一带一路"沿线市场上呈波动上升趋势,这表明在世界市场上中国与中东欧的文化产品出口结构逐渐趋于差异

表1 2002—2019年中国与"一带一路"沿线国家文化产品的出口相似度指数值

世界市场

"一带一路"	2002	2003	2004	2005	2006	2007	2008	2009	2010	2011	2012	2013	2014	2015	2016	2017	2018	2019
东亚	50.30	12.05	67.06	53.43	80.07	60.64	NA	NA	NA	NA	NA	58.53	92.35	54.11	13.86	72.12	70.81	71.61
东盟	63.77	70.78	75.95	69.63	69.60	74.81	64.40	67.44	73.56	86.78	87.67	88.47	86.47	79.78	73.20	66.33	70.43	76.42
西亚	62.04	61.00	58.09	58.32	54.68	49.67	42.98	55.01	67.21	76.86	76.93	84.01	87.46	72.80	65.97	63.15	64.95	66.96
南亚	68.99	67.07	60.27	58.33	55.85	52.28	41.75	47.96	59.84	70.22	74.81	81.72	85.00	70.41	64.13	59.71	64.28	67.40
中亚	62.80	58.77	64.04	50.04	52.13	51.64	44.04	56.22	65.66	75.02	64.23	34.07	87.16	75.58	63.06	59.21	62.87	64.90
独联体	29.87	30.35	36.11	46.32	37.35	35.72	27.29	27.85	26.84	26.15	65.73	78.92	80.53	46.55	48.28	42.03	39.81	37.07
中东欧	61.26	56.24	59.43	58.66	57.30	57.77	59.11	55.77	52.96	48.73	40.88	37.46	33.38	40.85	40.00	49.50	51.18	48.97

"一带一路"沿线国家市场

"一带一路"	2002	2003	2004	2005	2006	2007	2008	2009	2010	2011	2012	2013	2014	2015	2016	2017	2018	2019
东亚	56.35	91.03	70.72	67.10	35.07	45.60	NA	NA	NA	NA	NA	69.48	95.17	88.88	22.35	60.39	72.75	76.00
东盟	76.59	88.45	92.22	78.73	83.25	85.94	77.75	77.25	82.61	87.54	89.58	91.66	91.40	93.34	92.96	83.24	86.60	85.38
西亚	78.71	78.70	71.40	63.43	62.17	56.66	62.28	62.51	68.82	74.99	74.98	82.35	83.88	83.34	82.68	80.77	80.51	78.63
南亚	84.61	91.42	82.11	76.30	75.29	69.11	63.83	61.94	66.67	72.69	75.03	81.44	81.99	81.17	79.04	74.12	74.55	74.02
中亚	29.81	39.50	78.20	70.49	71.33	59.50	65.86	65.79	71.98	81.06	61.74	31.02	60.57	46.82	85.52	80.88	78.11	77.66
独联体	22.89	15.60	21.48	30.38	15.76	22.47	15.88	21.28	22.70	19.40	69.77	80.59	79.69	52.39	41.73	36.74	30.33	27.83
中东欧	37.44	32.23	36.69	44.40	42.59	44.24	46.33	54.40	54.21	49.03	62.64	59.96	45.75	48.27	49.88	58.01	67.23	60.23

注：NA表示数据无法得到。

化,但在"一带一路"沿线市场上中国出口中东欧国家的文化产品日渐趋同。

三、中国与"一带一路"沿线国家文化贸易互补性分析

反映双方贸易关系及其特征的指标除了贸易竞争性之外,贸易互补性也是其重要指标之一,它常用来衡量一国或地区的出口产品与其贸易伙伴进口产品之间的吻合程度。为了进一步剖析中国与"一带一路"沿线国家文化贸易结构的吻合程度,本文根据 Drysdale[12] 创建的贸易互补性指数(TCI)来进行测量。通过计算进而发掘中国与"一带一路"沿线国家文化贸易的发展潜力和发展空间。

贸易互补性指数计算是以显示性比较优势指数(RCA)为基础,具体计算公式如下:

$$C_{ja}^{i} = \sum_{i=1}^{n} \left(R_{j}^{i} \cdot D_{a}^{i} \cdot \frac{M_{w}^{i} - M_{j}^{i}}{M_{w} - M_{j}} \right) \tag{1}$$

式中:C_{ja}^{i} 表示 j 国出口与 a 国进口在 i 商品上的贸易互补性指数;R_{j}^{i} 表示用出口衡量的 j 国在 i 商品上的显示性比较优势;D_{a}^{i} 表示 a 国以进口衡量的 i 商品的显示性比较劣势。[5] R_{j}^{i} 和 D_{a}^{i} 的计算公式分别为:

$$R_{j}^{i} = \frac{X_{j}^{i}}{X_{j}} \bigg/ \frac{M_{w}^{i} - M_{j}^{i}}{M_{w} - M_{j}} \tag{2}$$

$$D_{a}^{i} = \frac{M_{a}^{i}}{M_{a}} \bigg/ \frac{M_{w}^{i} - M_{j}^{i}}{M_{w} - M_{j}} \tag{3}$$

式中:$\frac{X_{j}^{i}}{X_{j}}$ 表示的是 j 国 i 商品出口额占 j 国总出口额的比重;$\frac{M_{a}^{i}}{M_{a}}$ 表示 a 国 i 商品的进口额占 a 国总进口额的比重;M_{w} 代表 i 商品的世界总进口额;M_{j}^{i} 表示 j 国 i 商品的进口额;M_{w} 表示世界总进口额;M_{j} 表示 j 国总进口额。

因此,将式(2)和式(3)代入式(1),得到贸易互补性指数:

$$C_{ja}^{i} = \sum_{i=1}^{n} \left(\frac{X_{j}^{i}}{X_{j}} \cdot \frac{M_{w} - M_{j}}{M_{w}^{i} - M_{j}^{i}} \cdot \frac{M_{a}^{i}}{M_{a}} \right)$$

C_{ja}^{i} 指数越大,说明两国在 i 商品上的互补性越大;反之,说明两国在 i 商品上的互补性较小。一般认为,C_{ja}^{i} 大于 1,表明两国的贸易互补性较强,说明 j 国产品的相对出口份额与 a 国的相对进口份额较为匹配,存在潜在的贸易合作利益和明显的贸易机遇,而 C_{ja}^{i} 在 0—1 之间,表示两国的贸易互补性较弱。

表 2 给出了 2002—2019 年中国与"一带一路"沿线国家文化贸易互补性指数计算结果。从以中国作为出口方,以"一带一路"沿线国家作为进口方的文化贸易

互补性指数计算结果可以看出,中国与东盟、西亚国家的文化贸易互补性指数大于1并且明显要高于"一带一路"沿线其他国家;从时间趋势来看,中国与东盟国家的文化贸易互补性指数波动幅度较小,而与东亚的文化贸易互补性指数波动幅度较大。以"一带一路"沿线国家作为出口方,以中国作为进口方的文化贸易互补性指数的计算结果中可以得出,中国与东盟、中东欧国家的互补性指数大于1,其互补性程度较高。

表2 2002—2019年中国与"一带一路"沿线国家文化贸易互补性指数

年份	中国出口与"一带一路"沿线国家进口角度							"一带一路"沿线国家出口与中国进口角度						
	东亚	东盟	西亚	南亚	中亚	独联体	中东欧	东亚	东盟	西亚	南亚	中亚	独联体	中东欧
2002	0.000	0.876	0.938	0.732	0.669	0.638	0.902	0.485	1.459	0.732	0.917	4.433	1.474	0.831
2003	0.727	0.926	0.961	0.745	0.548	0.640	0.884	0.108	1.475	0.695	0.888	1.197	1.205	0.967
2004	0.772	0.985	0.996	0.837	0.650	0.632	0.918	2.043	1.399	0.623	0.725	0.776	1.005	0.754
2005	0.728	0.869	1.004	0.819	0.626	0.608	0.884	0.493	0.877	0.609	0.685	2.382	0.607	0.825
2006	0.864	0.858	0.923	0.815	0.620	0.620	0.841	0.680	0.854	0.517	0.620	0.575	0.521	0.765
2007	0.983	1.053	0.935	1.161	0.820	0.731	1.009	0.685	1.473	0.485	0.595	0.449	0.414	0.737
2008	0.000	1.007	0.886	0.907	0.602	0.734	1.017	0.000	1.354	0.570	0.510	0.465	0.433	1.380
2009	0.000	1.058	1.010	1.223	0.772	0.774	1.042	0.000	1.213	0.663	0.655	0.612	0.434	1.425
2010	0.000	1.073	1.038	1.054	0.651	0.858	0.990	1.015	0.643	0.578	0.568	0.551	1.111
2011	0.000	1.065	1.056	0.933	1.024	0.801	0.941	0.000	1.089	0.572	0.515	0.610	0.510	0.869
2012	0.000	1.032	1.135	1.109	0.839	0.877	0.894	0.000	1.200	0.567	0.558	0.577	0.616	1.136
2013	0.567	1.091	1.210	0.925	0.813	0.781	0.838	0.804	1.124	0.785	0.770	0.685	0.704	1.058
2014	0.623	1.162	1.252	0.867	0.601	0.897	0.775	0.804	1.079	0.724	0.697	0.696	0.698	1.188
2015	0.702	1.014	1.076	0.792	0.859	0.980	0.938	0.743	1.114	0.611	0.588	0.697	0.653	1.333
2016	0.586	0.960	1.048	0.768	0.874	0.975	1.088	1.737	1.059	0.575	0.560	0.557	0.723	1.388
2017	0.518	0.862	1.054	0.771	0.867	0.994	1.172	0.709	1.260	0.660	0.618	0.619	0.935	1.234
2018	0.517	0.876	1.055	0.740	0.952	0.995	1.160	0.792	1.259	0.745	0.707	0.697	1.170	1.224
2019	0.585	0.923	1.049	0.742	0.943	1.038	1.239	0.891	1.117	0.836	0.796	0.785	1.067	1.128

不管是中国出口、"一带一路"进口,还是"一带一路"出口、中国进口的文化贸易互补性指数计算结果中,中国与东盟国家的贸易互补性较强。一方面,中国与东

盟国家同属儒家文化圈的亚洲地区,其文化相似度较高;另一方面,自古以来东盟就与中国东南沿海以及南方各省贸易关系密切,在 2002 年中国与东盟签署了《中国—东盟全面经济合作框架协议》,进一步增强了双方之间的贸易往来。较高的文化相似度和频繁的贸易往来提高了双方之间对文化贸易商品的需求,进而国家间的文化贸易互补性较高。另外,综合文化贸易出口与进口,中国除了与东盟的互补性程度较高以外,还与西亚、中东欧国家的互补性程度较高,其原因在于中国与这些国家由于自然生长环境和发展历史的影响,其文化具有差异性,故生产的文化产品也将有所不同。不同的文化产品能够满足消费者多样化的精神文化需求,促进双方之间的文化贸易往来,这也正好反映了文化互补理论所强调的商品的贸易是以商品的使用价值和文化价值为基础的主要内容。值得注意的是,中国与东盟国家文化贸易互补性较高的同时其在世界市场和"一带一路"沿线市场的竞争程度也高,表明了中国与东盟国家文化贸易产品结构既具有互补性又有竞争性,这就要求我国应不断加深与东盟国家之间的文化贸易往来,通过采取差异化生产战略深入挖掘双方之间的文化贸易潜能。

四、中国与"一带一路"沿线国家文化贸易发展潜力分析

在"一带一路"倡议提出后,我国与沿线国家的对外贸易取得了极大的发展,2019 年,我国对"一带一路"沿线 65 个国家文化产品出口总额达 87.98 亿美元,比 2012 年同比增长 44.07%。在分析了中国与"一带一路"沿线国家文化贸易的竞争性与互补性之后,为了进一步推动双方之间的合作及开拓新的贸易空间,则需了解中国与"一带一路"沿线国家文化贸易的发展潜力。在此基础上,本文将利用 Kojima 构建的贸易强度指数来衡量双边文化产品贸易联系的紧密程度,以此来判断两国间文化贸易的发展潜力。贸易强度指数最先由经济学家 Brown 提出,之后 Kojima[13] 对该指数不断完善,其计算公式表示如下:

$$I_{ij}^k = \frac{X_{ij}^k}{X_{iw}^k} \bigg/ \frac{M_{jw}^k}{M_{ww}^k - M_{iw}^k}$$

式中:I_{ij}^k 表示 i 国与 j 国 k 商品的贸易强度;X_{ij}^k 表示 i 国 k 商品对 j 国的出口额,X_{iw}^k 表示 i 国 k 商品对世界的出口额;M_{iw}^k、M_{jw}^k、M_{ww}^k 分别表示 i 国、j 国和世界 k 商品的进口额。[6] 若 I_{ij}^k 大于 1,则意味着 i 国对 j 国 k 商品的出口额度大于 j 国 k 商品同期在世界市场所占的进口份额,即代表两国 k 产品的贸易强度较高,说明两国在 k 商品上的贸易联系较强,反之亦然。

　　根据表3计算结果所示,在2002—2019年间,东亚对中国绝大多数年份的文化贸易强度指数的值要远大于1,两者之间存在紧密的贸易关系。这主要是由于我国与东亚蒙古国地缘相近,人文相亲,且东亚蒙古国是最早同我国建立外交关系的国家之一,双方之间有着良好的信任基础,有利于两者之间的文化贸易往来。中国对东盟以及东盟对中国的文化贸易强度指数仅有少数年份小于1,说明总体上中国与东盟国家之间具有较紧密的贸易关系。中国对南亚的文化产品贸易强度指数在2008年、2015年、2016年、2017年、2018年和2019年皆大于1,表明在这6年中,中国对南亚的文化产品出口水平要高于同时期内南亚在世界进口市场中所占份额,意味着中国与南亚在文化产品上的贸易联系较高,两者之间存在紧密的贸易关系;而南亚对中国的文化贸易强度指数在2002—2019年均小于1,其文化贸易联系程度较低。中国对中亚的文化产品出口额度要大于中亚同期在世界市场所占的进口份额,而中亚对中国的文化产品贸易强度指数只有2009年和2010年大于1,其他年份皆小于1,表明了中国对中亚的文化贸易联系程度要高于中亚对中国的水平。2002—2019年中国对独联体的文化贸易强度指数大部分年份小于1,相对于独联体对中国的文化产品贸易强度指数较小,表明了中国对独联体的文化贸易联系程度低于独联体对中国的水平。

　　近年来,中国对西亚的文化贸易紧密度在不断减少,其贸易强度指数从2002年的1.37下降到2019年的0.47,但双方之间的贸易互补性指数大于1,这充分表明了中国与西亚国家的贸易互补性和比较优势尚未完全发挥,文化贸易存在巨大的发展潜力。中国对中东欧国家以及中东欧国家对中国的文化贸易强度指数在2002—2019年期间的最高值不到0.8,与"一带一路"沿线其他国家相比其值是较低的,但根据表2所示,双方之间具有较强的贸易互补性,这说明中国与中东欧国家之间的潜在贸易优势并未得到显现。造成这一现象的主要原因在于政策因素的影响,中东欧大部分国家已加入欧盟,欧盟的一些外贸政策严重阻碍了中国与中东欧国家的文化贸易。因此,在未来的发展中,我国应不断挖掘与中东欧国家的文化贸易发展潜力,多方面开展文化交流与合作。

　　从表4的结果来看,2002—2008年中国对"一带一路"沿线国家文化和自然遗产的出口额要高于同时期内"一带一路"沿线国家从世界市场上的进口额,双方在文化与自然遗产上具有较为紧密的贸易关系。从时间序列来看,虽然2011年中国对"一带一路"沿线国家文化与自然遗产的贸易强度大于1,但整体上其贸易强度指数随着时间的递增出现了下降的趋势,甚至在2013年、2015年以及2016年的

表3 2002—2019 年中国与"一带一路"沿线国家文化贸易强度指数

中国对"一带一路"沿线国家文化产品出口

	2002	2003	2004	2005	2006	2007	2008	2009	2010	2011	2012	2013	2014	2015	2016	2017	2018	2019
东亚	NA	8.90	6.87	4.90	2.77	6.14	NA	NA	NA	NA	NA	0.22	0.44	0.10	0.08	0.22	0.20	0.33
东盟	0.73	0.75	0.60	0.87	1.04	1.24	1.36	1.63	1.27	1.11	1.10	1.15	0.93	1.46	1.39	1.56	1.75	1.92
西亚	1.37	1.19	1.29	0.63	1.68	0.70	0.61	1.90	1.60	1.59	0.49	0.51	0.44	0.60	0.63	0.68	0.42	0.47
南亚	0.29	0.45	0.59	0.59	0.75	0.93	1.55	0.65	1.00	0.65	0.29	0.98	0.69	1.08	1.23	1.02	1.79	2.28
中亚	0.28	0.81	0.50	1.12	1.64	1.73	2.06	3.19	1.95	0.93	1.30	1.29	0.71	1.56	1.57	1.99	1.60	1.44
独联体	0.76	0.67	0.89	1.23	1.15	1.40	1.71	0.90	1.19	1.02	0.61	0.40	0.61	1.20	1.03	0.74	0.74	0.88
中东欧	0.17	0.19	0.20	0.21	0.24	0.59	0.75	0.78	0.44	0.28	0.38	0.24	0.12	0.20	0.24	0.43	0.42	0.59

"一带一路"沿线国家对中国文化产品出口

	2002	2003	2004	2005	2006	2007	2008	2009	2010	2011	2012	2013	2014	2015	2016	2017	2018	2019
东亚	0.872	0.022	30.181	0.107	3.405	0.635	NA	NA	NA	NA	NA	14.888	7.382	2.776	11.782	26.846	6.766	14.103
东盟	0.678	2.257	2.075	0.970	0.837	3.399	3.150	2.341	2.111	2.362	2.614	1.988	1.870	1.634	2.465	5.060	4.296	3.427
西亚	0.019	0.015	0.037	0.152	0.616	0.031	0.286	0.118	0.115	0.066	0.031	0.055	0.108	0.089	0.472	0.159	0.067	0.167
南亚	0.022	0.022	0.057	0.037	0.032	0.033	0.049	0.719	0.060	0.012	0.018	0.034	0.075	0.023	0.268	0.039	0.024	0.050
中亚	0.234	0.279	0.644	0.004	0.010	0.014	0.003	3.084	5.213	0.010	0.339	0.348	0.248	0.080	0.044	0.072	0.015	0.010
独联体	8.714	7.471	2.827	3.165	4.364	3.044	1.258	3.785	4.185	4.200	2.621	1.063	0.828	2.042	2.277	1.413	2.129	4.043
中东欧	0.053	0.109	0.038	0.138	0.195	0.188	0.163	0.268	0.178	0.114	0.146	0.122	0.189	0.110	0.184	0.208	0.277	0.231

注：NA 表示数据无法得到。

表4　2002—2019年中国对"一带一路"沿线国家各类文化产品的贸易强度指数①

	文化和自然遗产	表演和庆祝活动	视觉艺术和手工艺	书籍和报刊	音像和交互媒体	设计和创意服务
2002	2.05	0.45	0.80	0.18	0.71	1.47
2003	1.15	0.48	0.79	0.21	0.31	1.17
2004	2.30	0.46	0.76	0.19	0.35	1.41
2005	1.78	0.63	0.59	0.19	0.64	1.13
2006	1.49	0.81	1.09	0.23	0.67	1.08
2007	4.11	0.54	0.92	0.23	0.81	1.27
2008	3.64	0.61	1.00	0.28	1.10	0.63
2009	0.31	0.57	1.39	0.28	1.49	0.71
2010	0.22	0.62	1.00	0.35	1.69	0.12
2011	1.61	0.61	0.79	0.42	0.84	0.09
2012	0.35	0.66	0.42	0.49	0.67	0.32
2013	0.00	0.73	0.49	0.59	0.60	0.76
2014	0.03	0.81	0.39	0.57	0.45	0.25
2015	0.00	0.81	0.77	0.41	0.26	0.40
2016	0.00	0.84	0.82	0.39	0.22	0.82
2017	0.02	0.99	0.93	0.40	0.36	0.54
2018	0.07	1.21	0.81	0.39	0.33	0.48
2019	0.01	1.29	0.86	0.50	0.48	1.36

贸易强度指数为零,表明了中国与"一带一路"沿线国家在文化与自然遗产上的贸易紧密度在下降。中国对"一带一路"沿线国家表演和庆祝活动的贸易强度除了在2018年和2019年大于1以外,其他年份都小于1,但在2002—2019年期间,其贸易强度指数呈上升趋势,表明了中国与"一带一路"沿线国家在表演和庆祝活动上的贸易紧密度在增加。在视觉艺术和手工艺上,中国对"一带一路"沿线国家的贸易强度除了2006年、2008年、2009年和2010年之外,其他年份的贸易强度指数均小于1,说明我国对"一带一路"沿线国家视觉艺术和手工艺的出口水平要低于同时期内"一带一路"沿线国家从世界市场上的进口额,两者在该类别上不具有紧密的贸易关系。同样,在音像和交互媒体上,我国与"一带一路"沿线国家存在较弱的

---

① 将"一带一路"沿线国家定义为一个整体,计算时采用"一带一路"沿线国家的总值。

贸易关系,且贸易紧密度在不断减少。在设计和创意服务上,中国与"一带一路"沿线国家在 2008 年之前存在较为紧密的贸易关系,之后贸易关系逐渐变弱,到 2019 年贸易关系再次加强。另外,在书籍和报刊上,中国对"一带一路"沿线国家的贸易强度指数较低,皆小于 1,但其贸易强度呈上升的趋势,双方之间存在较大的发展空间。

五、结论与建议

本文基于 UN Comtrade 贸易数据,利用出口相似度指数、贸易互补性指数以及贸易强度指数对中国与"一带一路"沿线国家文化产品贸易的竞争性、互补性和发展潜力进行了分析,研究发现:第一,从出口相似度指数来看,中国与东盟国家文化产品的贸易竞争性要高于"一带一路"沿线其他国家,双方之间的出口竞争大,文化产品出口同质化严重,但自 2013 年"一带一路"倡议提出后,中国与东盟国家在世界市场上的文化产品的 ESI 指数整体呈下降趋势,其文化产品出口结构在逐渐优化。第二,从贸易互补性指数来看,中国与东盟、西亚和中东欧国家的互补性程度较高,这表明了在文化贸易过程中,一方面我们要充分利用文化背景相通的优势来加深双方之间的贸易往来,并在此基础上采取差异化生产战略激发贸易潜能;另一方面要有效利用文化差异来加强文化贸易。第三,从贸易强度指数来看,不管是中国对"一带一路"沿线国家还是"一带一路"沿线国家对中国,中国与东盟之间存在紧密的文化贸易关系,而中国与中东欧国家之间存在较弱的文化贸易关系,但却具有较强的贸易互补性,说明中国与中东欧国家文化贸易合作的潜力尚未得到充分挖掘,合作空间较大。此外,整体而言,中国与"一带一路"沿线国家在表演和庆祝活动、书籍和报刊上随着时间的增加其贸易紧密度在增强,而在文化和自然遗产、音像和交互媒体上随着时间的增加其贸易紧密度在减弱。

根据上述结论,首先,中国与"一带一路"沿线国家应在充分发挥各自比较优势的基础上,积极推进"一带一路"国际合作实施及开展多边文化交流活动,进一步扩大文化交流与合作。如当前我国与东盟国家具有较大的贸易发展潜力,故应不断深化中国—东盟自贸区建设,推动双方经贸合作不断取得新进展,加强文化贸易合作;同时,我国应通过多种渠道、多种方式举办高水平文化交流活动,增强中国与东盟国家之间的文化认同感。其次,坚持以供给侧结构性改革为主线,立足我国丰富的文化资源,通过借助互联网等数字技术开发数字创意产品,积极推动文化和科技的深度融合,提升文化产品附加价值,实现文化产品的高端化、品牌化,为消费者提供多层次、差异化的文化产品,不断优化我国文化产品出口结构。最后,中国与中东欧国家的文化贸易互补大于贸易竞争,合作空间较大,加之中国与中东欧国家具有文化传统的差异性。我国应在全面的市场调研基础上,有针对性开发面向中东欧市场的差异化产品,不断推进双方之间的文化贸易。

参考文献

[1] 别诗杰,祁春节.中国与"一带一路"国家农产品贸易的竞争性与互补性研究[J].中国农业资源与区划,2019,40(11):166-173.

[2] 苗永洁,潘伟光,刘涛,等.中国与"一带一路"沿线国家林产品贸易的互补性与竞争性研究[J].世界农业,2018(6):122-128.

[3] 曾燕萍.中国与"一带一路"沿线国家文化贸易总体格局与互补性研究[J].上海对外经贸大学学报,2020,27(2):41-50.

[4] 刘春鹏,肖海峰."一带一路"背景下中国与北欧国家农产品贸易:互补性、竞争性与发展潜力[J].大连理工大学学报(社会科学版),2019,40(4):48-55.

[5] 刘志中."一带一路"战略下中俄双边贸易的竞争性、互补性及发展潜力[J].经济问题探索,2017(7):95-102.

[6] 杨承佳,何继业.中国与"一带一路"沿线国家贸易合作的竞争性与互补性[J].求索,2018(5):48-55.

[7] FINGER J M, KREININ M E. A measure of "export similarity" and its possible uses [J]. The Economic Journal, 1979, 89(356): 905-912.

[8] GLICK R, ROSE A K. Contagion and trade: Why are currency crisesregional? [J]. Journal of International Money and Finance,1999,18(4): 603-617.

[9] 王洪涛,周莉.中国与东盟文化贸易的竞争性与互补性研究[J].学术论坛,2015,38(11):129-135.

[10] DRYSDALE P. Japan, Australia, New Zealand: The prospect for western pacific economic integration[J]. Economic Recoed,1969, 45(3): 321-342.

[11] KOJIMA K. The pattern of international trade among advanced countries [J]. Hitotsubashi Journal of Economics,1964, 5(1): 16-36.

作者简介

杨辉(1993—),湖南益阳人,南方科技大学人文社会科学荣誉学会青年会士。研究方向为文化贸易、城市文明。

Cultural Trade Between China and Countries Along "the Belt and Road": Competitiveness, Complementarity, and Development Potential

Yang Hui

Abstract: Based on the data of the UN Comtrade database, the export similarity index, trade complementarity index and trade intensity index are used to measure and analyze the cultural trade competition, the degree of fit of the trade structure and the degree of closeness of trade between China and the countries along "the Belt and Road" from the three aspects of trade competitiveness, complementarity and development potential. The research shows that the trade competitiveness and complementarity of cultural products between China and ASEAN countries are higher than those of other countries along "the Belt and Road". Trade complementarity between China and Central and Eastern European countries are strong, but they have a weak cultural trade closeness. Trade closeness between China and countries along "the Belt and Road" has increased over time in performances and celebrations, and books and newspapers, while it has weakened in cultural and natural heritage, and audiovisual and interactive media. In order to promote the development of cultural trade between China and countries along "the Belt and Road", China should actively promote the implementation of "the Belt and Road" international cooperation and carry out multilateral cultural exchange activities. Moreover, it should selectively explore potential markets for cultural trade. At the same time, it should innovate the content of cultural products to enhance the added value of cultural products.

Key words: countries along "the Belt and Road"; cultural trade; competitiveness; complementarity; development potential

文化传播

新时代红色文化的社会化传播探索
——以雨花英烈精神为例

谭志云 何 淼

摘 要：新时代红色基因的传承，需要有效的红色文化社会化传播。目前，雨花英烈精神在传播主体上形成了政府主导下的多元主体介入，在传播内容上涵盖了"人""物""事""魂"四个维度，在传播受众上实现了多类人群的覆盖，在传播效果上实现了红色基因向居民价值取向的嵌入，但仍存在内容特色不够凸显、新兴媒体运用不够充分、受众导向意识不够明确等问题。对标新时代红色文化创造性转化、创新性发展的要求，应通过充分挖掘特色、加强顶层设计、推进分众传播、注重 IP 构建，进一步提升雨花英烈精神的社会化传播水平，从而发挥好红色文化在社会主义现代化国家建设中的作用。

关键词：红色文化；社会化传播；雨花英烈精神

一、新时代背景下促进红色文化传播社会化的时代意义

红色文化是中国特色社会主义文化的重要组成部分，蕴含着丰富的革命精神和厚重的历史文化内涵，承载着中国共产党人的初心和使命，是中华民族优秀文化的重要组成部分，体现了马克思主义与中华民族优秀文化的有机结合。党的二十大报告指出："弘扬以伟大建党精神为源头的中国共产党人精神谱系，用好红色资源。"这充分表明，在新时代实现中华民族伟大复兴的征途上，红色文化作为一种稀缺性与不可复制性资源，具有极其重要的意义。雨花英烈精神是红色文化的重要组成部分，更是南京市、江苏省乃至全国一份宝贵的红色资源。2014 年 12 月 14 日，习近平总书记在视察江苏时发表重要讲话，指出雨花台烈士的事迹展示了共产党人的崇高理想信念、高尚道德情操、为民牺牲的大无畏精神；要注意用好用活丰富的党史资源，使之成为激励人民不断开拓前进的强大精神力量。站在新时代的历史起点上，推动红色文化的社会化传播，既有利于让红色文化穿透历史，真正"走

入寻常百姓家",书写文化自信;又有利于将红色文化转化为建设社会主义现代化国家的精神动力。

一是有助于为党的先进性建设提供"红色支撑"。习近平总书记曾强调,把党的政治建设作为党的根本性建设,为党不断从胜利走向胜利提供重要保证。其中,加强党的长期执政能力建设、先进性和纯洁性建设构成了新时代党的建设总要求的主线。作为党的执政合法性的根本来源,作为确保党的凝聚力、战斗力和号召力的根本要求,党的先进性建设要求坚持与创新马列主义及其中国化成果,继承和发扬中华民族优秀传统。雨花英烈精神所蕴含的"理想信念"的价值取向、"一心为民"的宗旨、"集体主义"的价值观、"爱国主义"的情怀,都与党的先进性建设品格存在着互构关系,应当纳入党的先进性的研究视野,凸显其在党的先进性建设中的宝贵价值。因此,面向党员干部加强红色文化的传播,有助于使雨花英烈精神所承载的信仰力量、忠诚品格、为民情怀实现定向传播,借助开展宣传教育活动、打造宣传教育载体等多种手段激励广大党员干部弘扬革命精神,在理想信念、价值理念、道德观念上紧密团结在一起,进一步构筑新时代党的先进性建设的精神堡垒。

二是有助于为精神文明建设提供"红色风尚"。从内涵来说,红色文化具有对精神发展和人格发展起着塑造和引导作用的文化价值;具有发挥政治导向,增强党的执政能力,营造良好执政氛围和维护社会稳定的政治价值;具有发挥文化产业和文化事业的生产力作用的经济价值和指导与规范人们社会生活的教育价值。[①] 红色文化所承载的历史事实与客观内容能够转化为大量的红色文化产品、作品,有助于将社会主义核心价值观的抽象内容具体化、实践化、生动化,转化为人民群众乐于享受、易于接受的精神文化产品,实现对人民群众思想境界、道德水平的有效渗透。雨花英烈精神的有效传播,不仅能够将社会主义核心价值观更加有效地植入人民群众的土壤之中,也能满足人民美好生活需求对精神文明发展的诉求。因此,红色文化的社会化传播将有助于提升广大人民群众的思想道德与精神文明境界,孵化正确的人生观、价值观、世界观,创造良好的社会文化氛围,同时,更能通过各种物化表征让人民群众在潜移默化中修身立德,形成爱国爱家的红色文明风尚,对于凝结建设社会主义现代化国家的社会共识具有重要现实价值。

三是有助于为社会经济发展提供"红色动能"。当今时代已进入文化驱动发展

---

① 张华波,邓淑华. 红色文化与社会主义核心价值观培育[J]. 重庆邮电大学学报(社会科学版),2017(6):7-14.

的时代,优秀的文化资源是推动经济发展的重要动力源泉。文化不仅可以为经济社会发展提供强大的智力支持、精神动力、道德支持与良好的文化氛围,还能凝聚人心,集结社会经济发展的大合力。而如果文化发展滞后,则会带来核心认知模糊、社会道德失范,缺少凝聚力和认同感等问题,一定程度上阻碍社会经济发展。从这一层面而言,红色文化不仅具有重要的政治、文化和教育功能,还是社会经济发展的重要动能,具有重大的社会经济价值。习近平总书记曾多次强调推动中华优秀传统文化的创造性转化、创新性发展。其中,红色文化的挖掘与利用是新时代文化发展的重要课题。目前,围绕雨花英烈精神,仅雨花台烈士纪念馆中就陈列了620件烈士遗物,450幅珍贵图片,以及恽代英、邓中夏等128位烈士的事迹和文献资料。这些宝贵的红色文化资源都能够在社会经济条件下衍生出新的价值形态,形成以红色文化为内核的红色文化产业。因此,作为南京红色文化中最具代表性的文化资源,"雨花英烈精神"的社会化传播,将有助于让"雨花英烈精神"走出雨花台,有助于实现南京红色文艺、红色旅游等红色文化品牌在市场经营模式下的传播,从而在保护与利用并重、社会价值与经济价值共赢的基础上,提供社会经济发展的"红色动力因"。

二、雨花英烈精神的社会化传播现状

在传播学史上,美国学者拉斯韦尔分析并提出一个完整的传播过程所具备的五种基本要素,即:谁(Who),说了什么(Says What),通过什么渠道(In Which Channel),对谁说(To Whom),取得了什么效果(With What Effect)。这五种要素构成了文化传播的 5W 模式,分别对应着"控制(主体)分析""内容分析""媒介(方式)分析""受众分析"以及"效果分析"。[①] 从这一框架来看,目前雨花英烈精神的社会化传播现状为:

一是传播主体为政府主导下的多元主体介入。政府层面形成了"区委区政府—街道社区"的联动式传播主体。区委区政府主要承担着顶层设计的主导作用,通过将红色文化传播纳入区发展规划、出台《雨花台区红色文化城建设实施方案》等方式,做好红色文化传播的政策制定者与后勤保障者的角色。街道社区构成面向人民群众的日常化传播主体,通过诗歌朗诵会等形式尝试将红色文化传播与群

---

① 哈罗德・拉斯韦尔.社会传播的结构与功能[M].何道宽,译.北京:中国传媒大学出版社,2013.

众日常生活实践相结合。社会层面,学校、媒体、典型人物正成为雨花台区红色文化传播的重要力量。学校的课堂式教育是传播主体,通过开发适合青少年立德益智的精神文化产品、把雨花英烈精神纳入中小学校本课程、举办雨花台区学校红色主题教育成果现场会等方式面向青少年传播红色文化。媒体的积极报道是广泛传播的有效保证,如以"追寻信仰、传承信念"为主题的快闪活动得到人民网、央视新闻、共青团中央、中国文明网等主流媒体的转载、推荐,传播效能大大增加。同时,借助独有的红色文化,典型人物成为雨花台区红色文化传播的重要主体,如雨花台革命烈士孙津川的侄女孙以智自 1980 年起担任雨花台区实验小区"孙津川中队"的校外辅导员。

二是传播内容涵盖"人""物""事""魂"四个维度。红色文化在内容上可以分为物质层面和精神层面。[①] 物质层面主要是雨花英烈相关的革命遗址、文物。在雨花台烈士纪念馆中陈列了 620 件烈士遗物、450 幅珍贵图片。通过定期组织党员干部参观雨花台烈士纪念馆内陈列物,听讲解,让党员干部身临其境,切身感受烈士精神。精神层面主要是雨花英烈的革命经历,通过在雨花英烈诞辰日时组织"雨花大讲坛",邀请专家学者讲解雨花英烈故事实现社会化传播。

三是在传播方式上形成了分众化、多样化、精准化的传播方式。针对中小学生,主要运用故事化、形象化的方式传播红色文化,通过雨花台微故事,用手绘连环画及微电影等生动的形式再现雨花英烈的故事。同时开设校外辅导站,通过将科技活动融入党史国史、爱国主义教育、社会主义核心价值观教育,以激发学生知党、爱党、信党、跟党走的信念。针对认知水平较高、具备较强知识吸收能力的大学生,则通过话剧、音乐剧、实地学习、理论宣讲、科研项目、组织生活、社会实践活动等方式实现传播。针对党员干部,主要运用党员宣誓会、签名墙、红歌会、现场教育、实地参观等多样活动,让党员干部深入体会烈士精神,提高党员干部党性修养。针对广大群众,主要通过建设革命故事讲解队伍、革命歌曲歌唱队伍、舞蹈队伍"三支队伍",举办红色诗歌朗诵会、文艺创作汇演等方式将红色文化以广大群众喜闻乐见的方式呈现出来,实现"接地气"的表达。

四是传播受众实现了多类人群的覆盖,传播效果实现了红色基因向居民价值取向的嵌入。雨花英烈精神的受众主要包括六类人群:① 机关事业单位的党员干部;② 学校的青少年学生;③ 非公企业内的党员;④ 各类社会组织的负责人和从

---

① 夏春花.红色文化研究的现状与思考[J].才智,2016(11):195-196.

业人员;⑤ 驻区部队官兵;⑥ 普通群众。通过教育引导、舆论宣传、文化熏陶、实践养成、内涵挖掘等多种手段,"雨花英烈精神"广为传播,正成为广大干部群众与青少年不断开拓前进的精神力量,实现了红色基因向居民信仰生成、价值选择的正向嵌入。

但同时,对标新时代红色文化创造性转化、创新性发展的要求,可以发现,雨花英烈精神在社会化传播中还存在内容特色不够凸显、新兴媒体运用不够充分、受众导向意识不够明确等问题:在内容形态上,目前雨花英烈精神传播上存在特色性不足、差异性不明显的问题,主要突出的是个人英雄主义色彩,对人物内心精神世界的阐述尚显不足,未能将红色文化所伴随的巨大社会变迁与个人的现实命运紧密结合起来,往往呈现出"大杂烩"式介绍、宣讲英雄人物事迹、红色文化历史的模式,模式化、程式化、脸谱化的问题还未得到有效解决,红色文化的穿透力还有待提升;在传播方式上,雨花英烈精神在传播上对新媒体、互联网平台的运用相对不足,网络平台的推送以文字插图和短视频为主,缺少动画、H5、游戏等,未能充分利用当前网络新媒介的优势;在传播导向上,雨花英烈精神传播的红色文化信息多为自上而下的"硬"新闻,是典型的"诉诸理性"的说服式传播,有明显的宣传色彩和浓厚的说教味道,缺乏与受众的有效互动与体验,导致无法引起受众的足够关注与情感共鸣。

三、推动雨花英烈精神社会化传播的路径探索

习近平总书记曾强调:"红色基因就是要传承。中华民族从站起来、富起来到强起来,经历了多少坎坷,创造了多少奇迹,要让后代牢记,我们要不忘初心,永远不可迷失了方向和道路。"新时代红色基因的传承,需要有效的红色文化传播。应通过充分挖掘特色、加强顶层设计、推进分众传播、注重 IP 构建,形成雨花英烈精神社会化传播水平的立体矩阵,从而发挥好红色文化赋能社会主义现代化国家建设的作用。

(一)充分挖掘特色,找准红色文化社会化传播的内容定位

红色文化传播力的强弱很大程度上取决于对其内涵与特色的挖掘是否深入。只有这样才能打破同质化、套路化的叙事,彰显特定红色文化的独特魅力与受众吸引力。从内涵上来看,信仰至上、慨然担当、大爱为民是雨花英烈精神的核心内容,"信仰、忠诚、为民、担当"是对在雨花台牺牲的革命烈士精神品质的高度凝练和升

华,构成雨花英烈精神最具特色的精神内涵。① 一是突出雨花英烈"信仰至上"的精神灵魂。"为信仰而献身"作为雨花英烈精神的核心灵魂所在,最为突出且独特,构成进行理想信念教育的重要资源。应将信仰教育作为雨花台红色文化社会化传播的重要内容,从理论宣讲、舆论宣传、实践体验、行为养成、文化浸润等多个方面深入阐释雨花英烈的坚定信念,使受众通过"触摸"雨花英烈精神,坚定对马克思主义的信仰、对中国特色社会主义的信念。应在雨花台烈士陵园中有计划、有步骤地设计和建设标志性、有特色的、规范的、样板性的党员信仰教育固定场所,使这一场所成为最庄严、最神圣又最有感召力的信仰教育传播圣地。二是彰显雨花英烈"慷慨担当"的英雄作为。雨花台英烈始终战斗在党最需要、革命最危急的关头,其所表现出的担当精神是中国共产党的脊梁精神。② 而这种慷慨担当的英雄作为反映在当下就是为了人民的美好生活向往而积极作为,是新时代使命意识的重要体现。应将使命教育纳入雨花台红色文化的社会化传播,发挥雨花英烈精神的熏陶作用,帮助受众启迪使命认同,激发使命意识,培养使命情感,强化使命能力,担当使命行为。应融通雨花英烈精神与新时代共产党人的使命,使之转变为当下不断开拓前进的精神动力。三是强调雨花英烈"大爱为民"的理念精髓。雨花台英烈之所以能够用必死的决心投身革命,就在于他们把个人追求深深融入谋求民族振兴、人民幸福之中,他们最根本的追求是实现人民幸福,最大的爱是爱人民③,是典型的"大爱"精神。应在雨花台红色文化的传播过程中突出"大爱"特色,用"大爱文化"铸就区域特有的精神标志,弘扬爱党爱国爱人民的良好社会风尚。应针对党员干部开展大爱教育,以雨花英烈精神的感染力与穿透力引导党员干部戒除"旁边心态",真正把人民群众的困难与问题当作第一要务。

(二)加强顶层设计,提高红色文化社会化传播的战略站位

红色文化的社会化传播是一项系统工程。对于雨花区而言,既需要确立具有地域特色的红色文化传播内容,也需要各个具体的传播平台、传播渠道的构建,更需要精准把握人民群众的精神文化需求。因此,必须通过顶层设计和总体规划,做到整体推进和重点突破,实现对红色文化社会化传播的系统观照。一是制定全面系统详细的《红色文化社会化传播整体方案》。从组织领导、平台建设、资金投入、

① 王跃.雨花英烈精神的时代价值[J].群众,2016(7):18-19.
② 吴光祥.雨花英烈精神的当代价值及传承向度[J].群众,2016(8):32-33.
③ 王燕文.共产党人要有牺牲精神:雨花英烈精神的当代启示[N].人民日报,2016-06-28.

线路设计等方面进行组织规划研究,将红色文化传播纳入"十四五"发展规划与区域文化发展战略,为红色文化的传播创造良好的政策环境。应进一步提升传播主体作为"把关者"的知识水平与文化素质,提升红色文化传播的质量与效果。二是实现多元传播主体联动,集结红色文化传播大合力。以整体性、系统性思维为主导,通过政府牵头,整合党史、宣传、档案、文物、文旅、共青团、街道、社区等相关部门,构建资源共享、优势互补的红色文化传播复合体系。区委区政府与宣传部应发挥统筹优势,统一制定规划,促进各类红色文化传播主体之间的联系互动,实现以雨花台烈士陵园为主的红色实体资源、研究机构的人才和信息资源、大众媒体的受众资源的"跨界"整合。三是推动红色文化传播与雨花台区全民教育体系的对接。将传播雨花台区红色文化作为加强全民党史国史教育的重要内容,开展常态化的、全社会的、从娃娃抓起的社会教育与社会传播活动。以"红色教育"引领学校德育工作,制定《雨花台区中小学红色教育实施指南》,把红色文化纳入教师进修课程,把雨花英烈精神纳入中小学校本课程,在中小学校打造一批"英雄中队",举办雨花台区学校红色主题教育成果现场会。成立"雨花英烈精神与两史教育"领导小组,在居民社区中设立"雨花英烈精神与两史教育"联络员,结合社区文化站设置"雨花红色转角",积极推动红色文化传播"每月一主题,周周不停歇"的长效态势。将红色文化传播注入商务楼宇,专门建立企业"红色传播员"队伍,为非公企业支部开展红色文化传播活动提供预约服务,以量身定制的特色活动积极推进辖区内新社会组织、新经济组织中的红色文化传播。

（三）推进分众传播,明确红色文化社会化传播的精准方位

受众是文化传播的"目的地",又是文化传播效果的"显示器"。在红色文化社会化传播过程中,必须在考虑受众接受特征的基础上建构有利于受众理解的红色文化传播环境,才能实现有效传播。对于雨花英烈精神的社会化传播而言,应当树立受众意识,积极推进分众传播,提高红色文化传播的精准性。一是针对党员受众与体制内受众,持续推进有组织的常态化传播。精心研究辖区内党政机关、事业单位、非公企业、社会组织、驻区部队官兵等不同群体的心理需求,围绕理想信念、党性教育、正风反腐等方面,分类打造党员红色文化传播活动,通过党课、纪念、瞻仰、慰问、走访、座谈等多元形式构建全方位的传播平台,着力做好雨花英烈精神的新时代阐释。二是针对青少年学生群体,拓展研学实践等情境式、渗透式传播。避免简单地对青少年进行灌输和填鸭式的宣传和教育,灵活设置研学实践课程,引导青少年群体将课内外、书内外结合起来。设立雨花英烈精神研学实践"打卡地",同时通过网络投票、资源报名等方式,选拔各个资源点的"小小代言人"。依托"五四""六一""七一""十一"等重要节点,在各个资源点开展读红色书籍、讲红色故事、忆红色历史、办红色讲堂、唱红色歌曲、绘红色事迹等活动,增强研学实践类活动的情感体验。三是针对广大群众,推动红色文化传播的生活化。推动文艺产品创造与雨花英烈精神的全面融合,推出更多更好的红色文艺佳作,让人民群众接受感情滋养、道德教化和价值引领。发挥红色旅游在面向更大范围内的人民群众的传播作用,串联雨花台、皖南事变三烈士墓等红色资源,推进雨花英烈精神"进地铁""进站台",打造雨花英烈精神文化旅游品牌。四是借助融媒体技术形成符合现代受众需求的传播模式。采用声音、影像、动画等多种媒介的表现手段增强雨花英烈精神社会化传播的美感与艺术吸引力,制作 H5、图解、漫画、微视频等全媒体产品进行传播。与微博、抖音"大 V"、网络红人合作,推送雨花英烈精神的微文本,增强对"90后""00 后"受众的吸引力。

(四) 注重 IP 构建,拓展红色文化传播的发力点位

所谓 IP,就是二次或多次开发,其内涵在于"核心竞争力+产业链"。在红色文化的传播中,IP 的构建将有助于在内容生产的基础上形成更多具有核心竞争力的红色文化传播载体。应当在雨花英烈精神的社会化传播过程中牢固树立 IP 意识,形成可持续的传播力。一是开发红色文创产品。采用自主研发,与高校及设计类、创意类企业合作研发等多种模式,设计以"雨花英烈"为主题的文创产品,将红色文化与当代人的生活、审美、需求对接起来,进一步丰富目前旅游纪念品、商务纪念品、专题仪式纪念品三个系列的产品内容,打造"带回家"的传播载体。针对目前国内市场中红色文创产品趋同性强、内涵挖掘不够的问题,研发实用有趣且具有雨花特色的红色文创产品。加强红色文创产品的线上线下融合互动,以"互联网+红色文创"的形式为雨花红色文创产品制作线上专题、党课视频等传播内容,通过历史图片、历史声音等生动的展现方式推动红色文化传播。二是建立红色文化视觉识别系统。围绕雨花英烈的红色事迹,邀请专业团队设计雨花台区红色文化视觉识别系统,并在此基础上衍生办公用品、标志系统、城市家具方面的产品设计。三是推出红色文艺作品。创新红色文艺作品形式,除话剧《雨花台》、大型演出《雨花颂・信仰》、越剧《丁香》等传统文艺形式外,依托雨花英烈精神的丰富内涵开发浸没式戏剧、环境戏剧等,形成具有时空代入感的传播体验。四是打造红色精品课程。借助红色教育基地,开设"雨花英烈精神现场课",丰富红色文化展示内容,推广研究式、案例式、体验式、模拟式授课,突出仪式感,做到史论结合、情理交融。

作者简介

谭志云(1973—),湖南邵阳人,博士,南京市社会科学院、江苏省扬子江创新型城市研究院研究员,研究方向为城市文化战略。

何淼(1987—),江苏扬州人,博士,南京市社会科学院、江苏省扬子江创新型城市研究院研究员副研究员。研究方向为城市文化空间。

Exploration on Socialized Communication of Red Culture in the New Era — Taking the Spirit of the Rain Flower as an Example

Tan Zhiyun　He Miao

Abstract: The inheritance of the red gene in the new era requires effective socialized communication of red culture. At present, the spirit of the Rain Flower has formed the intervention of multiple subjects under the guidance of the government in the communication subject, covered the four dimensions of "people" "things" "things" and "soul" in the communication content, achieved the coverage of multiple groups of people in the communication audience, as well as the embedding of the red gene into the residents' value orientation in the communication effect. However, there are still some problems, such as insufficient highlighting of content characteristics, insufficient use of new media, and insufficient awareness of audience orientation. To meet the requirements for the creative transformation and innovative development of red culture in the new era, we should further improve the socialized communication level of the spirit of the Rain Flower by fully excavating the characteristics, strengthening the top-level design, promoting demassify communication, and paying attention to the construction of IP, so as to give full play to the role of red culture in enabling the construction of a socialist modern country.

Key words: red culture; socialized communication; spirit of the Rain Flower

城市文化软实力建设的困境与提升路径研究[*]

孙悦凡

摘　要:城市文化软实力是城市历史文化传承和现代文化流行所形成的文化感召力和吸引力。提升城市的文化软实力需重视文化背后的东西——让文化得以产生影响力的路径,运用策略使文化转化为文化软实力。本文总结了城市文化软实力的来源,从现实出发,梳理我国城市文化软实力建设的困境。基于国内外城市文化软实力建设的理论研究和实践探索,从中国国情出发,探究城市文化软实力的提升路径。

关键词:城市;文化软实力;困境;路径

习近平总书记指出:"体现一个国家综合实力最核心的、最高层的,还是文化软实力,这事关一个民族精气神的凝聚。"①改革开放以来,中国城市文化软实力建设取得了重要成就。党的十八届三中全会就已经提出推进国家治理体系与治理能力现代化的战略目标。城市治理体系与治理能力现代化是实现目标的重要抓手,对城市文化软实力建设提出了新的要求。我国当下的城市文化软实力建设遇到了市民缺乏文化认同、文化资源到文化软实力转换率低、城市硬实力对文化软实力建设的支撑作用不足、文化政策制定流程有待完善、文化生态发展不成熟等现实问题。从城市文化软实力建设的理论逻辑与实践经验出发,本文分析了城市文化软实力建设的困境,总结归纳了新时代提升城市文化软实力的有效路径。

---

* 基金项目:本文系上海市哲学社会科学规划"全面提升上海城市软实力"专项课题"上海提升城市文化软实力的策略——以纽约为借鉴"(2021XSL014)的阶段性研究成果。
① "改革的集结号已经吹响"——习近平总书记同人大代表、政协委员共商国是纪实[N].人民日报,2014 - 03 - 13.

一、城市文化软实力及其来源

（一）城市文化软实力

文化，包罗万象，无所不在。古往今来，人们对文化却从来没有统一的认识。文化就是以文化人。何为文？是内容，是品位，是让人得到灵魂滋养的精神载体。何为化？是感化，是教化，是让人更好地成为人的过程。胡适把文化定义为"人们的生活方式"。梁漱溟认为，文化是"人类生活的样法"。尽管不同领域的专家、学者对文化的定义不同，但大多数学者都认同将文化粗略地划分为物质文化、精神文化和制度文化。文化的三重构成体现了文化与城市的联结，城市是人类物质文化、精神文化和制度文化的集大成者。

文化软实力是城市的灵魂。城市是人类文明发展至今最为先进的人类聚居形态，深深地打上了人类文明的烙印。它来源于历史，指向未来，处在不断地发展变化之中。东方文化和西方文化有着不同的根脉，然而东西方城市都面对着人类文化需求不断升级的新时代。从历史到未来，从经典到流行，文化散发着永恒的魅力，成为人们与城市、与社会以及自身价值追求相联系的魂牵梦绕之地。文化资源丰富的城市并不一定是文化软实力发达的城市。历史悠久的古都拥有丰富的历史文化资源，却不一定拥有强大的文化软实力。城市的文化软实力更多地体现为本土文化的影响范围不断扩大，影响力不断提升，认可程度不断深化。这是一个动态的过程，显示出文化软实力需要具备发展的可持续性以及自我生长与繁荣的能力。城市文化软实力是城市历史文化传承和现代文化流行所形成的文化感召力和吸引力。城市历史文化资源、公民文化价值认同、硬实力支撑、文化品牌知名度、文化政策导向、公民文化权利实现程度、文化生态系统活力等因素，是提升城市文化软实力背后的路径。

（二）城市文化软实力的来源

1. 文化软实力的坚实根基

城市文化软实力的坚实根基是城市所积淀的历史文化。人类经历数千年文明演进，留下了难以计数的文化种类、难以估量的文化价值。无论城市还是乡村都有着各自的文化，它们生生不息，代代相传，唯有经典文化才能永久存留，成为人类历史记忆的见证和永恒的精神家园。黑格尔指出："'精神'不是过去的，不是将来的，只是一个本质的现在的。既然只有现在，故'精神'必然是把先前的一切阶段都包括在内。"①历经岁月,人类从蛮夷走向文明,从部落走向城市。城市是人类文明的产物,它立足古今,面向未来,象征着历史的记忆,也昭示着希望的未来。城市文化从历史走来,过往的文化形态经历生长、成熟、优胜劣汰才成为今天的城市文化。

2. 文化软实力的价值观来源

价值观是文化软实力的深层内涵。它关乎人的信仰、信念和价值追求。从古至今,东方与西方有着不同的价值观。资本主义是西方城市的文化之基,致使西方城市在文化领域产生了消费主义、后福特主义、多元文化主义等带有资本主义精神的文化认同。中国形成了以儒释道为核心的传统文化。西方文化强调"个人主义""自由"和"理性",中国文化强调"集体主义""伦理"和"道德"。这种文化传统造就了今天我国城市在文化建设过程中重视社会效益,重视文艺的道德尺度、伦理意义,以及城市文化为人民共建共享的根本遵循。城市文化软实力背后的价值观来自一个国家、一个民族的价值取向,结合城市独特的个性与气质而形成。社会主义核心价值观是我国现阶段的核心价值信仰,城市文化软实力须建立在核心价值观之上,具体表现则是丰富多样的,是核心价值观与城市文化相交融而形成的文化影响力。比如发展北京文化,致力于将古都文化、红色文化、京味文化和创新文化融会贯通;发展上海文化,则立足于红色文化、海派文化与江南文化。

3. 文化软实力的硬实力支撑

软实力和硬实力一起支撑起城市的伟大与光荣。在硬实力方面,城市始终与人类先进生产力和生产关系紧密联系。城市与工业化大生产相联系,集聚了现代化生产技术;与资本相联系,集中了社会财富;与高科技相联系,汇聚了推动人类生存方式变革的最新成果。在软实力方面,城市始终与人类的价值追求和文明进步相联系。这里有人类最先进的社会管理模式、制度、法律、规章;有人类古往今来的文化积淀、历史文化遗存、历史事件和伟大人物纪念地以及象征现代人价值追求的城市文化新地标。从世界范围看,大多数文化软实力领先的城市硬实力较为发达,如纽约、伦敦、巴黎和东京等,其本质原因与城市文明的延续与传承密不可分。另外,新时代文化样式的发展更依赖技术的进步、传播方式的变革、消费能力和习惯的影响等一系列复杂因素。功能多样的文化设施是城市文化软实力的物质基础。路易·沃斯指出:"城市,尤其是大城市的优势是下列因素在城市集中的结果:工业、商业、金融、行政设施及活动、交通和通讯、新闻业、电台、剧院、图书馆、博物馆、

---

① 黑格尔. 历史哲学[M]. 王造时,译. 上海:上海世纪出版集团,2021:73.

音乐厅、歌剧院、医院、大学、研究和出版中心、专业组织以及宗教和福利机构等文化和娱乐设施。"①城市文化软实力需要别具特色的文化机构、文艺作品、文化展演、文化名人、文化空间来承载，让人们通过感受五彩缤纷的文化之"象"，领悟底蕴深厚的文化软实力之"道"。硬实力虽不能决定一座城市的文化软实力，却是一切文化软实力得以立足、发展、传播的必要条件。

4. 文化软实力的政策保障

文化政策是城市文化软实力得以实现的保障。如果一座城市没有适宜的文化政策对已有文化资源进行保护和利用、吸引文化人才集聚、为社会大众参与文化活动提供机会，虽然其文化底蕴无法动摇，却丧失了城市文化自我成长的能力，其文化不具有生命力，无法形成文化软实力。文化政策为文化的发展创造了一种"软环境"，犹如艺术品的保存需要在恒温恒湿的环境中，城市文化只有在适宜的文化政策环境中才能永续繁荣发展。吉姆·麦圭根指出："文化政策有三种话语：国家话语、市场话语和市民/交流话语。"②在不同国家的城市，三种话语地位是不同的。在中国的城市，国家话语占据主导地位。中国政府每五年出台"中华人民共和国国民经济和社会发展五年规划"，为社会发展制定远景目标，文化被纳入了单独的规划门类，这是一种从上到下、有步骤、分阶段的文化政策供给模式。

5. 文化软实力的智力储备

城市公民的文化资本是文化软实力的智力储备。正如德国文化人类学家蓝德曼所言："我们是文化生产者，但我们也是文化的创造物。"城市文化软实力最直接面对的是城市市民，与市民之间是一种命运共同体的关系，是彼此的成就者。布迪厄将文化资本分为三种存在形态：① 身体化形态。社会或家庭环境所赋予的个人禀赋，如知识、技能、品位等。② 客观形态。文化的物化形态，如绘画、书籍、工具、艺术品等。③ 制度化形态。主要指通过制度化形式，将身体化、客观化的文化资本形式予以认证，比如文凭。③ 城市公民拥有更多的文化资本，表现为受教育程度普遍较高，可以接触到多样化的文化商品，拥有文化艺术鉴赏能力或文艺特长。城市集聚了一批创造文化的创意阶层，如建筑师、设计师、作家、画家、音乐家、导演、文化企业家等，为城市文化软实力建设贡献自身的文化资本。

---

① 路易·沃斯. 作为一种生活方式的都市主义[M]. 陶家俊，译. 北京：北京大学出版社，2008：142.
② 史蒂文森. 文化与公民身份[M]. 陈志杰，译. 长春：吉林出版集团有限责任公司，2007.
③ 段钢，冯佑明. 文化资本与当代城市发展[J]. 学海，2009(3)：132-136.

二、城市文化软实力建设的困境

（一）文化的概念模糊不清，市民缺乏文化认同

城市应具有文化凝聚力，让市民拥有文化认同感和归属感。今天，人们对城市文化的记忆往往停留于个别知名地标建筑、景点，缺乏对城市文脉的深入了解，对城市历史文化的认识粗浅化、表面化，对城市现代文化的认识不系统、不全面。城市文化是立体多面的，既包括历史文化的经典，也包括现代文化的流行；既有欣赏型文化，也有体验型文化；既有文化消费，也有文化志愿者；既有休闲娱乐型文化，也有知识成长型文化。文化＋科技、文化＋教育、文化＋体验、文化＋创意、文化＋艺术、文化＋休闲等复杂多样的新文化样式在城市涌现，面向现代人高级的文化需求。人们对城市文化的全貌并不能全面地洞察与了解，主要问题表现为一是城市文化体系尚未建立，二是文化资源类信息共享度低、系统性和协同性较差，三是缺乏城市文化品牌标志，城市文化特色不够显著，四是城市文化宣推途径滞后、覆盖面不够广泛，五是缺乏对城市多元文化的系统梳理与全面总结等。

（二）文化精品匮乏，文化资源到文化软实力转化率低

城市文化软实力依托于独特的城市文化资源。文化资源并不能天然地转化为文化软实力，必须通过科学合理地开发。我国的城市在文化资源开发方面还存在一些问题：一是传统城市文化资源未能充分发掘。传统文化资源开发需要从现代人的视角和需求出发，对传统文化资源进行创造性转化。现实中，城市文化建设遇到了对城市历史文化认识不足、保护不到位、改造手段不科学等问题。习近平总书记在中央城市工作会议上的讲话指出："现在，很多建设行为表现出对历史文化的无知和轻蔑，做了不少割断历史文脉的蠢事。"①二是现代城市文化精品匮乏。城市拥有种类丰富的文化资源，如剧院、音乐厅、博物馆、美术馆、主题乐园、创意园区、文化节庆、文化活动等。我国的城市虽具备了文化多元化的特征，但缺乏具有影响力的文化品牌。

（三）忽视文化软实力与硬实力的关系，硬实力支撑有待增强

城市文化软实力离不开硬实力的支撑。我国的城市对支撑文化软实力的硬实力重视不足。当今时代，发展城市文化不能求多、求全，而要求精、求高质量。我国一些城市的文化建设仅仅停留在表层。如上海打造亚洲演艺之都，强调区域内集

---

① 习近平. 坚定文化自信，建设社会主义文化强国[J]. 求是，2019(12).

聚了多少家剧院,而不重视每家剧院的质量如何,与世界知名剧院的内部设施、舞台装备相比有何差距。"上海演艺大世界区域内有剧场和展演空间 39 个,其中人民广场周边 1.5 平方公里区域内,运营的剧场及展演空间 21 个,密度高达 14 个/平方公里,是全国规模最大、密度最高的剧场群。"①上海拥有如此丰富的剧院资源,却未能打造出一部经典驻场演出剧目,原因在于对剧目质量、舞台装备、舞台技术、呈现效果等重视不足,文化装备等硬实力成为痛点,阻碍了文化软实力的发展。

(四)公民文化权利需拓展,文化政策制定流程仍需优化

卡尔·曼海姆认为"文化的民主化是现代社会发展进程中必不可少的一个阶段"。② 文化的民主包括公民文化权利的平等。公民文化权利通常被理解为文化需求侧的满足,这种理解是片面的。公民文化权利还包含了文化供给,即创造什么样的文化,为谁创造文化。相关政府部门主导城市文化政策制定,政策制定的过程距离社会大众较远,未能调动社会力量共同参与城市文化建设。我国的城市文化政策以文化发展五年规划为典型,与西方国家的一些城市缺少连续性的文化政策相比,有步骤、分阶段的具有稳定性的文化政策供给模式对城市文化的发展大有裨益。然而,我国的文化政策也存在一些问题,我国的城市文化发展五年规划是文化领域的纲领性文件,其内容重规划,在实施策略方面指导性不足。例如《上海市社会主义国际文化大都市建设"十四五"规划》阐明了"十四五"期间上海在文化领域应达到哪些目标。政策如何实施、由哪些主体来执行、预期多长时间完成等具体实施方案未涉及,导致社会不同主体站在自身立场解读政策,给政策落实效果带来不确定性。同时,政策的制定与执行是一个动态的过程,我国城市未能出台相关配套政策跟进文化政策的执行状况。

(五)文化生态发展不成熟,缺乏强大的自我成长能力

犹如大自然的生态系统拥有自我更新、孕育多样性物种的能力,城市文化也是一个生态系统,需要尊重文化发展的内在规律。当前,我国在培育城市文化生态方面遇到一些挑战。① 文化资助生态单一。我国城市文化主要依靠政府资助。城市文化具有多层次、多样化的特点,单靠政府的力量难以全面顾及,给政府文化部门带来沉重的负担,社会力量没有得到充分调动,造成资源浪费。② 文化空间生

---

① 黄昌勇.“亚洲演艺之都”的现代之路,中国城市文化报告 2018/2019(长三角卷)[R].上海:同济大学出版社,2020.

② 卡尔·曼海姆.文化社会学论集[M].艾彦,郑也夫,冯克利,译.沈阳:辽宁教育出版社,2003.

态薄弱。我国城市的文化空间生态建设不够成熟,很多城市未能构建起系统化、主题化的城市文化空间。③ 文化流动生态活力不足。城市文化犹如磁场,将外来文化吸引过来,文化流动能力反映了城市的文化活力以及国际化程度。我国城市文化流动的方式主要包括文化艺术节庆、文化交流、文化访学、文化旅游等,在文化流动生态方面还有提升的空间,如扩大文化艺术节庆的影响力、丰富文化交流的形式、拓宽文化资助的渠道等方面。

三、城市文化软实力建设的提升路径

(一) 建立文化价值认同,挖掘城市文化精髓

城市需要彰显共同的价值认同,提升作为文化共同体的凝聚力。一方面,构建独特的城市价值认同。个人有个人的秉性气质,家有家风,国家有国家的核心价值观,城市也有自身的价值认同,它是国家核心价值观的具体化,是高于个人和家庭的一种普遍价值认同。城市的价值认同来源于城市的文化气质,它既是一种集体无意识,也是一代代人文化资本积累的结果。中国的很多城市具有鲜明的气质,凝聚成为各具特色的城市精神。如北京作为五朝古都和伟大首都所积淀的"爱国、创新、包容、厚德"的城市精神,上海作为改革开放的前沿城市和中西文化的碰撞之地所形成的"海纳百川、追求卓越、开明睿智、大气谦和"的城市精神,深圳作为"改革开放的排头兵"和重要的国际门户城市所展现的"敢闯敢试、开放包容、务实尚法、追求卓越"的城市精神。城市精神彰显了城市的文化气质,折射出不同的价值追求。文化软实力建设不能只停留在城市外在文化的打造,还要深入其价值内核,建立体现城市精神气质的文化价值认同。另一方面,正确处理好历史文化与现代文化的关系。对于历史文化,须懂得以恰当的手段呈现,即"讲故事的方式"。比如,赋予历史建筑生命力,运用先进科技手段展示历史文物,利用现代传播手段塑造城市历史文化形象等。现代文化资源的开发来自现代人的创意眼光,由具有想象力的人们重构一个无可替代的新世界,即"讲述什么故事"。比如,上海迪士尼乐园、北京环球影城,以及 2021 年 8 月在深圳落户的全球最大的乐高乐园度假区,每座城市都努力以独特的创意体验构建城市现代文化品牌。还有一种方式可以融通古今——通过电影、戏剧、交响乐、绘画等艺术形式表达城市文化。电影《少年的你》被提名第 93 届奥斯卡金像奖最佳国际影片,斩获了众多国内外电影节奖项。该电影选择重庆为拍摄地,山多平地少的城市地形,主人公放学走过长长的梯坎,展示了重庆独特的城市景观魅力。透过电影,城市文化软实力潜移默化地植入国内外

观影人心中。我们要站在历史与未来交汇处系统梳理城市文化资源，以敏锐的文化洞察力和战略眼光挖掘、再造、传播城市文化。

（二）诠释城市文化符号意义，打造经典文化品牌

城市文化资源精髓需要人们概括和提炼，形成具有辨识度的文化符号，最终塑造成为城市文化品牌。塑造城市文化品牌，可重点从两方面着力：① 借助现代科技手段，打造文化创意体验。发掘城市历史文化经典应具有现代性意识，除了经典内容的现代性提炼，还有呈现形式的现代性探索。运用各种科技手段、媒介创新城市文化的表现形式，如在 VR、AR 技术浪潮下，使用先进文化装备呈现经典。加强城市文化同各种艺术形式的结合，提升个人体验感，如沉浸式戏剧、脱口秀、5D 电影、元宇宙等。② 培育经典文艺作品，打造经典驻场演出剧目。从纽约百老汇到伦敦西区，再到上海近年来正在打造的亚洲演艺之都，旅游演艺成为彰显城市文化软实力的窗口。发展旅游演艺必然要培育一定数量的经典驻场演出剧目，经典剧目的意义已超越了剧目本身，成为独特的城市文化符号。《歌剧魅影》是英国最长寿的音乐剧之一，1988 年来到纽约曼哈顿的美琪剧院，成为百老汇上演时间最长的一部音乐剧。《歌剧魅影》成为纽约和伦敦两座国际大都市的经典文化品牌，提醒我们培育经典驻场演出应具有世界眼光，既可原创也可引进。

（三）硬实力与软实力建设并举，精准发力文化软实力的硬实力支撑

发展文化软实力不能同发展硬实力割裂开来。印度孟买的宝莱坞歌舞电影让人着迷，而其电影的布景、服装、特效和摄像等方面终究不能与硬实力较强的美国洛杉矶好莱坞电影抗衡，其电影的宣发渠道也无法与传媒巨头林立的美国纽约等量齐观。由于经济硬实力问题，宝莱坞影片的盗版势力猖獗，电影工业化程度和产业链的规范程度与好莱坞不可相比。盗版成为阻碍印度宝莱坞电影正当营利的障碍，行业尊严被践踏。很多百老汇剧院只上演一个剧目，却长演不衰，但当这些剧目赴他国巡演却难以达到在原剧院演出的效果，原因在于剧院设施和舞台装备未能达到最佳呈现效果。同样的作品和演员，这些剧目赢在硬实力承载的艺术细节。硬实力看似与文化软实力无直接关联，却决定了其究竟能走多远。我们须仔细研判某种文化软实力背后的硬实力是什么，如何通过提升硬实力来支撑文化软实力的发展。比如，发展影视文化软实力需要完善电影产业链，与国际电影制片规范形成对接，与国际传播渠道建立合作；发展戏剧文化软实力需要提升舞美、服装、道具的水准。传统艺术门类的发展需要新技术赋能，人工智能、大数据、人机交互等新技术成为城市文化发展的新方向，具有"硬实力"学科与"软实力"学科交叉背景的

文化人才成为时代发展的需要。

（四）完善文化政策制定流程，调动社会力量参与文化建设

习近平总书记提出"人民城市人民建"的重要指示，人民不仅是文化软实力的受益者，还要广泛参与到文化软实力建设中。须从政策制定流程层面，赋予人们参与城市文化建设的机会和平台，优化文化政策系统。一方面，建立开放包容的文化政策制定系统。第一，政府文化部门制定文化政策应广泛听取其他政府部门的建议，包括建筑、医疗、科技、农业、社会保障等部门，找到不同部门的结合点，实现跨领域、跨部门合作。第二，建立鼓励社会主体参与的开放性政策系统。广泛参与模式有利于吸纳来自社会的资金，缓解政府财政压力，赋予社会大众知情权、参与权与话语权。城市文化建设应鼓励更多人参与进来，包括企业、专业咨询机构、学界、政府、智库、慈善机构以及普通市民。另一方面，推动文化政策的功能转型，从"目标导向型"转向"方案导向型"。制定城市文化政策需要进一步细化实施方案，涵盖项目的实施主体、实施周期以及实施标准等方面的具体内容。

（五）塑造城市文化形象，打造"点、线、面"相结合的文化空间生态

城市文化形象是立体多面的，需要以立体的视角培育"点、线、面"相结合的城市文化空间生态。首先，绘制文化地图。"文化绘图所绘制的不仅仅是文化内容，还是场所景观的标志和痕迹。个体与集体在场所的经历，将意义、信仰及情感融合在一起。"①我们可以绘制不同主题的文化地图，系统化、主题化地梳理城市文化资源：第一，文化艺术节庆地图。总结归纳城市文化艺术节庆，介绍节庆的经典活动与特色。第二，表演艺术机构地图。系统梳理各剧院、音乐厅等表演艺术机构的演出排期与特色。第三，博物馆及美术馆地图。博物馆与美术馆承载着城市的阅历和品位，它们的特色与亮点需要系统地归纳梳理。第四，文创空间地图。旧厂房承载着城市经济发展方式的转型，是后工业时代城市发展的缩影，如今变为城市中的创意新天地。第五，文化街道地图。富有特色的城市文化街道传承着城市文脉，为人们留住城市的记忆。其次，开辟文化线路。线性文化发端于欧洲委员会提出的"文化线路"(cultural routes)，"指一条道路围绕某个主题，穿越一个或多个国家或地区的历史线路，此线路的地理分布和内容意义能体现典型的欧洲历史、艺术及社

---

① 黛博拉·史蒂文森.文化城市：全球视野的探究与未来[M].董亚平，何立民，译.上海：上海财经大学出版社，2018：49.

会特征"①。线性文化体现出一种基于线性的文化主题特征,凸显出城市街区作为文化单元的整体性以及街道业态之间的相互关联性与协同性。城市应打造一批富有特色的文化街区,形成具有鲜明辨识度的街区文化品牌。如果保护是输血,那么如何造血?可通过培育新业态为历史文化建筑注入现代性,吸引创意人才集聚,让街区文化具有可持续发展的原动力。城市的江河资源也是一种具有文化符号属性的文化线路。近年来,我国城市注重打造兼具自然和人文价值的江河文化符号,如北京副中心致力于大运河文化带建设,建设大运河国家文化公园,实现大运河京津冀段水域旅游通航;上海着力打响"一江一河"文化品牌,以"一江一河"交汇处的"世界会客厅"为起点,串联江河两岸文化景点,实现水陆文化旅游联动发展。最后,培育文化场景。美国新芝加哥学派提出的场景理论强调文化场景对塑造城市文化的重要意义。"场景理论以消费为导向,生活娱乐设施是它的载体,将文化实践作为一种形态来推动经济增长,实践后工业城市的新改观。"②当前我国城市文化空间、城市街区的划分多数停留在地理的划分,须强调文化场景的划分,构建具有符号意义的文化场景认同,打造一批标志性城市文化空间,从空间功能、空间属性、空间文化形态等方面精准定位,形成城市功能与文化空间相互促进、协调发展的格局。

(六) 增强文化的内生力量,培育可持续的城市文化成长生态

唯有有生命力的文化才能形成持久的文化软实力,使文化能够凭借自身力量获得成长所需的必要资源。我们从以下方面推动建立充满活力的城市文化生态:① 建立中心引领、多层次与多样化的城市文化资助体系。城市文化建设单靠政府部门资助难以满足各层面的需求,须扩大文化艺术资助主体范围,加强城市文化资助体系的韧性与活力。政府是领导城市文化发展的中心而非具体文化事业的执行者,须完成从中心负责到中心引领的职能转变,建立由政府文化部门、文化企业、文化基金会、个人共同构成的城市文化资助体系。② 赋能城市文化经济,积极开展文化产业项目。根据城市文化业态的特点,积极举办具有商业性质的文化活动,通过文化贸易、文化投资、文化产品展览推介树立城市形象,助力城市文化实现经济效益。"2021年9月,第十七届文化产业博览会在深圳国际会展中心举办,主会场

① SORINA C. Cultural european routes:Transfer experiences, share solutions(Certess)[J]. Cultural Routes, 2012(1). DOI:10.1260/2047-4970.1.0.175.
② 特里·尼科尔斯·克拉克,丹尼尔·亚伦·西尔.场景:空间品质如何塑造社会生活[M].祁述裕,吴军,等译.北京:社会科学文献出版社,2019.

共吸引 2 468 家政府组团、文化机构和企业参展,另有 868 家机构和企业线上参展。"①深圳利用城市在文化产业、创意产业领域的优势,将文博会打造成了最闪亮的城市文化名片,在传播文化软实力的同时促进了我国的文化贸易。③ 增强文化的流动性,打造具有影响力的文化艺术节庆。第一,打造文化艺术节庆的标志性主场和仪式感。"公共艺术既要展示场所,又要培育场所身份和场所认同感。"②城市文化艺术节庆要有固定的举办地点和标志性仪式,有让人们对节庆的认识不至于抽象的文化内容,还有人们对文化空间的认同。第二,提升文化艺术节庆的包容性。纽约的文化艺术节庆包容性较强,种类多样,包括地区艺术节庆(如纽约亚洲电影节)、细分艺术门类节庆(如纽约小剧场戏剧节)、特殊群体艺术节庆(如纽约酷儿实验电影节)等。多元化节庆主题体现出城市对艺术家和受众个性的包容,释放出一种信号:纽约欢迎具有任何背景、品位、性取向的艺术家和受众。我国的城市应增强文化艺术节庆的包容性,不但要举办规模宏大的国际文化艺术节庆,而且要创造性地举办一些"小而美"的节庆,以小见大,彰显城市文化的包容气度。

作者简介

孙悦凡(1991—),河南安阳人,中共上海市委党校哲学教研部与复旦大学哲学学院联合培养博士后。研究方向为文化软实力、城市文化、文化产业。

---

① 踏上新时代新征程文化深圳铿锵脉动:2021 年深圳宣传文化十大事件[N]. 深圳特区报, 2022 - 01 - 30.

② GROGAN D, MERCER C, ENGWICHT D. The cultural planning handbook: An essential australian guide[M]. St Leonards: Allen & Unwin, 1995.

Research on the Dilemma and Promotion Path of City Cultural Soft Power Construction

Sun Yuefan

Abstract：The cultural soft power of cities is a kind of cultural appeal and attraction formed by its historical culture inheritance and modern culture popularity. To enhance the cultural soft power of cities, we need to pay attention to the things behind culture—the path to make culture influential, and use strategies to transform culture into cultural soft power. This paper summarizes the sources of cultural soft power of cities, and combs the construction difficulties of cultural soft power of cities in China from the reality. Based on the theoretical research and practical exploration of the construction of cultural soft power in citieses at home and abroad, and starting from China's national conditions, this paper explores the promotion path of city cultural soft power.

Key words：cities；cultural soft power；dilemma；path

短视频平台阅读推广的价值共创实现机制研究[*]

王　爱

摘　要: 近年来,短视频成为阅读推广的一种新的重要手段,通过重新建立起图书与读者之间的联系,创造了新的价值。但是,这种基于开放式网络平台的创新服务模式仍是一个"黑箱",各利益主体通过何种机制进行互动,如何实现价值共创等问题仍未被揭开。本文拟从互动耦合的视角切入,通过动态展开短视频平台各利益主体之间的资源交互过程,发现各主体在资源交互中不断进行的资源协同演化与资源整合,是价值共创的重要实现机制。在资源整合中,平台组织机制渐趋完善,出版机构供应链进一步整合,意见领袖从个人化交易媒介进化到品牌化交易媒介,用户阅读价值得到延伸,各主体核心资源都得到了进一步的强化,保证了短视频阅读推广的创新性和价值共创的可持续性。

关键词: 短视频阅读推广;互动耦合;协同演化;价值共创

一、引　言

2020 年,新冠疫情暴发,短视频平台抖音海外版 TikTok 上有年轻人开始分享自己读过的书籍,并最终催生了#BookTok 这个标签。截至 2022 年 2 月,该话题的浏览量已超过 418 亿次。^①根据 NPD BookScan 的统计数据,#BookTok 标签切切实实地提高了图书销量:自 2020 年起,TikTok 对图书行业的影响力就开始飙升,2021 年美国图书销售更是达到了有记录以来最高的 8.25 亿本。在英国,这些

---

* 　基金项目:本文系国家社科基金艺术学项目"我国解构型大众文化产品的价值观引导机制研究"(19BH145)的阶段性研究成果。

① 　让年轻人为书痴狂! 外网爆火的#booktok,到底有什么魔力? https://zhuanlan.zhihu.com/p/507203027? utm_medium＝social&utm_oi＝78099194576896.

短视频同样促进了图书销售，英国出版商协会最新的年报显示，2021 年出版业的销售额达到了 67 亿英镑，比前一年增长了近 50％。很多实体书店都设置了 BookTok 专区，北美著名的出版商 Barners & Noble 在其网站上设立了 BookTok 专栏，就连亚马逊也在销售图书时加上了"TikTok made me buy it"（看了 TikTok 我才买的书）的标签，且效果显著。

在国内，抖音、快手等短视频平台上的阅读类短视频也正在兴起。2022 年 4 月，抖音发布了《抖音电商图书行业发展报告》。报告显示，截至 2021 年底，抖音上"书籍推荐"类内容同比增长 441％，成为增幅最大的品类；抖音电商日售图书超 45 万本，月消费人数超 1 000 万，同比增长 205％；万粉以上的视频创作者们贡献了超七成的销售额。从国内外阅读类短视频产生的效应来看，短视频扛起了"阅读复兴"的大旗。

2022 年，"全民阅读"连续第九次被写入了政府工作报告。表述从"倡导全面阅读"变为"深入推进全民阅读"，体现了全民阅读工作要更加重视人民需要的变化。面对越来越多娱乐方式的冲击，当前阅读的根本问题在于人们阅读参与的降低、阅读互动的断裂。阅读短视频以一种大家喜闻乐见的方式，通过名家、学者、大咖、网络达人的书籍推荐和阅读分享，让读者围绕阅读话题重新形成互动，让读者与图书重新建立连接。在构建起来的新的连接中，产生新的关系，丰富了价值网络。

随着短视频阅读推广效应的显现，对短视频阅读推广的研究也逐渐增多。现有研究主要集中于阅读推广类短视频的传播特征、传播结构、传播策略，短视频阅读推广的模式、机遇与挑战，短视频阅读推广效果的影响因素分析，从阅读场景等方面分析短视频促进阅读推广的原因等方面。但实际上，短视频能取得如此成功的阅读推广效果，离不开其背后庞大的服务生态系统，包括平台运营方、图书供应商、短视频创作者、普通消费者、技术提供商、网络运营商、云服务提供商等。这些合作伙伴在平台方的主导下，形成了一个开放式的阅读服务生态系统。各参与方在平台上通过资源交互与资源整合，开展服务创新，共同创造价值。但是，这种基于开放式网络平台的创新服务模式仍然是一个"黑箱"。它的过程如何？各利益相关方在其中的贡献如何？各方通过何种机制来进行互动，共创价值？搞清楚这些问题对于平台更好地协调各主体之间的利益关系、适应性地服务好用户、持续性地实现价值共创具有重要意义。本文拟从互动耦合的视角切入，通过动态展开短视频平台各利益主体之间的资源交互过程，探寻各主体之间如何通过资源交互实现协同演化,进而促进阅读推广,实现价值共创。

二、文献综述与理论基础

协同共生是互联网经济下企业的一个基本的生存状态。价值共创理论强调价值共创主体通过服务交换和资源整合共同创造价值的思想,为我们研究互联经济下的价值创造提供了一个重要的理论工具。

价值共创概念由 Vargo 和 Lusch 于 2004 年在"服务主导逻辑"理论中提出。后来,在顾客体验和服务主导逻辑视角下,价值共创理论得到了充分的发展。① 早期的服务主导逻辑关注企业与顾客二元关系的价值共创,强调顾客中心导向,顾客体验是价值的关键决定因素。因此,顾客的消费不再被视为纯粹的"价值消耗",而被视为价值创造的关键活动。企业关注的焦点也逐渐从提供产品转向为顾客营造良好的体验环境。顾客与企业的互动是价值共创的基本方式。企业通过与顾客的互动来提高顾客的价值感知,没有顾客的互动参与,企业将无法创造任何价值。因此,企业的战略重点在于提高与顾客的互动质量,吸引顾客互动参与。②

后期的服务主导逻辑拓展至服务生态系统,价值共创主体也进一步拓展至所有关联主体。③ 在服务生态系统中,每个参与主体都是资源整合者,即根据自己的价值目标,通过与其他主体的互动整合资源,实现价值创造。④ 资源整合是基于资源的异质性、适用性、开放性而进行的跨组织边界的资源识别、资源共享和资源对接。

短视频平台作为一个开放的互联网平台,不直接生产内容,但可以聚合大量内容生产者、消费者、供应商等构成一个服务生态系统,实现自身的运营和发展。⑤

① 简兆权,令狐克睿,李雷. 价值共创研究的演进与展望:从"顾客体验"到"服务生态系统"视角[J]. 外国经济与管理,2016(9):3-20.

② PRAHALAD C K, RAMASWAMY V. Co-creation experiences:The next practice in value creation[J]. Journal of Interactive Marketing, 2004,18(3):5-14.

③ 申玲玲. 价值共创视角下自媒体平台内容创作者扶持政策研究[J]. 出版科学,2021(5):80-91.

④ VARGO S L, LUSCH R F. From repeat patronage to value co-creation in service ecosystems:A transcending conceptualization of relationship[J]. Journal of Business Market Management, 2010, 4(4):169-179.

⑤ 张志安,李霭莹. 变迁与挑战:媒体平台化与平台媒体化:2018 中国新闻界年度观察报告[J]. 新世纪,2019(1):4-13.

视频创作者提供创意,是服务生态系统中的关键服务主体。但短视频创作者并不能独立完成短视频的创作和传播,需要其他主体在创造活动中提供资源和服务,支持其创意资源的价值转化。短视频平台凭借其资源优势为资源短缺的短视频创作者提供了肥沃的土壤,短视频创作者通过将自身的创意与平台提供的技术、流量、资金、培训等资源进行整合生产出大量短视频内容,吸引大量用户加入平台,进行消费。出版机构通过提供基础性产品,借助短视频创作者的影响力获得经济收益。短视频平台的价值在于最大限度地整合外部的创意资源、创新技术、创新产品等来实现平台的价值目标。创作者是最具创意的主体,其创新性最强,但困难在于资源短缺。融入短视频平台生态,短视频创作者能够与其他主体协作获得互补性资源,专注于创意生产。因此,在短视频平台生态系统中,主体间通过开放协作、分享彼此所需的互补性资产,进行服务创新,实现整个生态系统的价值共创。①

三、短视频平台阅读推广的价值共创特点

短视频阅读推广的价值共创贯穿于短视频创作、传播、消费的全过程。在此过程中,各主体(尤其是用户)的主动参与、网络社群的互动传播、短视频平台的协同推进发挥着重要的作用。

(一)用户的生产性参与

在短视频平台上,广大用户既是消费者,又是创作者。正如价值共创理论所强调的,用户成为短视频平台最主要的价值创造主体,成为短视频平台的产消者。书籍的价值在于传播,没有传播就没有价值。而用户基于阅读内容进行的再创作,或者融入读者自己的知识、技能、人生经验等进行了新的解读,或者分享了自己阅读时的切身体验、真实情感。无论哪种形式的创作,都在一定程度上给其他读者提供了新的阅读情境,生成了新的内容,产生了新的意义,对读者形成了新的触动,从而促进了图书内容的二次传播,产生了新的价值。

在互联网空间,消费即生产。用户的一切信息消费行为都是在扩大信息的波及面,使信息由单个传播节点变为若干个传播节点。在移动短视频阅读平台上,内容生产与消费的关系发生了革命性的变化,用户在平台上的一切消费行为——搜索、点击、浏览、评论、转发、下载等都在自觉或不自觉地进行着信息的扩散和传播,

---

① 戴亦舒,叶丽莎,董小英.创新生态系统的价值共创机制:基于腾讯众创空间的案例研究[J].研究与发展管理,2018(4):24-36.

是一种切切实实的生产性行为。同时,用户的行动轨迹又在互联网上留下了大量的数字痕迹,这些数字痕迹经过后台大数据技术的处理形成重要的数据资源,为平台更好地了解用户阅读偏好、精进算法以及优化服务提供了重要的依据。

所以,无论是用户将自己制作的图文、音频、视频等上传网络空间,还是点击浏览图文、收听收看音视频、搜索转发信息等活动,在短视频阅读推广中都成为一种生产性活动,前者是一种内容生产,后者是一种数字化生产。无论哪种生产都是平台需要的,都为平台带来价值。

(二)社群的裂变式传播

在移动阅读场域中,用户表现出了高度的分化离散和迅速的同类聚合。一方面,原来以年龄、性别、职业等划分的群体已经高度分化,人口统计学标准逐渐隐退;另一方面,人们又因相似的生活状态、相同的兴趣爱好、相通的心理迅速形成新的集聚,形成有共同兴趣爱好和价值诉求的社群。社群越来越成为企业与消费者共创价值的平台。在社群中人际交互越频繁、平台技术越便捷,越有利于用户内容信息的传播、个人情感的表达、社会交往的进行。用户之间互动分享越多,就越能产生稳定的价值共生关系。短视频平台基于这一特点,不断发起新的阅读话题,邀请权威学者、关键意见领袖、网络达人等粉丝量级用户参与到短视频的创作中来,引发其他用户的共同关注。而作为 UGC(用户生成内容)的次级生产者——素人用户,从开始的围观、点赞、转发,到后来的模仿创作,形成对该话题的进一步传播。而且素人用户的模仿创作又会受到其他用户的关注和互动,在收获自我表达的满足感和来自其他用户认同感的同时,又会带动更多的素人用户加入传播与创作。由此,循环往复的情感能量激励和免费用户创作,形成了短视频平台阅读话题的裂变式传播。

互动是价值共创的基础。在这一过程中,短视频平台提供"拍同款""一键成片"等技术,优化短视频创作流程,激励用户的参与热情。在平台话题引导和技术赋能的双重作用下,网红用户带动素人用户积极投入内容创作和传播中,不断生成新的内容,产生新的联结,创造新的价值。

(三)平台的协同性推进

短视频平台阅读推广除了内容创作者、平台、用户等核心主体之外,还包括出版机构、MCN 机构、技术服务提供商、网络运营商等利益相关主体,这些主体整合在一起形成一个阅读推广的服务生态系统。Vargo 和 Lusch 指出服务生态系统是自发感应和响应的松散耦合的时空结构。① 在这一高度离散化的耦合系统中,各主体的市场目标并非完全融合,他们在选择以服务生态系统的方式提供服务的同时,又在追寻着自身利益的最大化。一方面,服务生态系统为参与者提供了良好的合作环境,拓展了各利益相关者的利润空间②,系统中各利益相关者竞合共生,构成了相互联系的"关系性"的利益取向;另一方面,各利益相关者又在系统的竞争合作中追求自身利益的最大化,表现出"有限理性"的一面。这种市场目标的差异性一定程度上影响了价值共创系统目标的实现。因此,服务生态系统强调制度的约束和调节作用,认为通过制度和制度安排来促进、协调参与者价值共创行为,才能保证参与者利益与服务生态系统整体目标的一致性,最终保证整个服务生态系统的稳定和可持续发展。

短视频平台各利益主体正是在平台的组织机制下,相互关联、协同资源、增进互信,形成利益共同体,共同赋能内容创作,促进内容传播,实现价值共创。各主体之间通过协同演化实现价值共创。主体间的协同演化即强调主体间的相互依存关系,具体是指一主体的某一特性因回应另一主体的某一特性而进化。③ 例如,为邀请专家学者参与短视频的创作,平台会组织专门的制作团队协助其完成短视频制作。为鼓励普通用户参与互动、创作,平台组织技术提供方不断优化技术,使短视频创作更加便捷,互动、传播的功能更加强大,用户的使用体验更优,使用意愿更强。为助力关键意见领袖的阅读推广,平台组织专业出版机构为其策划选题、提供产品、保障供应,形成围绕关键意见领袖的完整供应链体系。在各主体的协同演化、资源整合的过程中,平台的组织机制发挥了关键作用。

四、短视频平台阅读推广的价值共创实现机制

各利益主体因为共同的目的——价值实现而聚集到一起,因资源的交互整合、能力的协同互促而实现价值共创。短视频阅读推广的核心主体包括短视频平台、

① VARGO S L, LUSCH R F. From repeat patronage to value co-creation in service ecosystems: A transcending conceptualization of relationship[J]. Journal of Business Market Management, 2010, 4(4): 169 – 179.

② 陈菊红,王昊,张雅琪. 服务生态系统环境下利益相关者价值共创的演化博弈分析[J]. 运筹与管理,2019(11):44 – 53.

③ 吴瑶. 从价值提供到价值共创的营销转型:企业与消费者协同演化视角的双案例研究[J]. 管理世界,2017(4):138 – 157.

用户以及图书出版机构,其中用户根据其在阅读推广中的作用不同,又分为关键意见领袖(KOL)与普通用户。各主体之间通过异质资源的交互和重新整合催生出了新的服务方式,创造出了新的价值。基于对各主体异质性资源及其交互性的分析,本文梳理出五条主要的价值共创互动关系,分别是用户(意见领袖)与平台之间的互动、用户(意见领袖)与用户(普通用户)之间的互动、平台与用户(普通用户)之间的互动、出版机构与用户(意见领袖)之间的互动以及出版机构与平台之间的互动。

(一)用户(意见领袖)与平台之间的互动

短视频阅读推广最理想的效果是将对该话题感兴趣的每一位用户都吸引进来,并能够主动参与话题互动。但实际情况是,虽然人人都有表达的欲望,但并不是人人都具有表达的情感能量,即表达观点的主动性。根据互动仪式理论,普通用户要参与短视频互动、创作,成为这场集体活动的关注焦点,需要更多的情感能量。[①] 因此,短视频平台一般会在发起阅读话题后首先邀请一些关键意见领袖,如专家学者、名人明星、网红达人等参与到阅读话题的短视频创作中来。意见领袖一般拥有专业的知识、短视频制作经验、一定的社会影响力等资源,因此他们具有较高的情感能量,容易成为表达的先驱。为了使意见领袖创作出高质量的短视频,平台往往会以支付费用、技术支持等方式帮助其完成短视频的制作,并通过平台精准算法推送、分发渠道扶持等技术手段使特定内容可以结合不同场景、跨平台触达更多用户。[②] 因此,在流量上,平台与意见领袖之间形成了相互加持的效应。平台依靠自身规模吸引意见领袖,并依据意见领袖的粉丝流量以及未来发展潜力对其进行选择。意见领袖进驻后,平台通过加强与用户的互动增加用户黏性,将意见领袖的私域流量逐渐沉淀为平台的公域流量;[③]同时,为进一步扩大意见领袖的推广能力,平台也会利用自己的渠道资源努力扩大短视频的流通范围,使短视频能够触达更多用户,用平台的公域流量为意见领袖引流。2020 年以来,快手、抖音、B 站、好看视频等短视频平台相继推出了各种知识类创作者扶持计划,吸引了大量知识主播入驻,在双方的资源整合下,泛知识类意见领袖活跃用户渗透率持续上升。除此

① 兰德尔·柯林斯.互动仪式链[M].林聚任,王鹏,宋丽君,译.北京:商务印书馆,2019.
② 申玲玲.价值共创视角下自媒体平台内容创作者扶持政策研究[J].出版科学,2021(5):80 - 91.
③ 赵哲,贾薇,程鹏,等.垂直电商的服务创新与价值共创实现机制研究:基于服务主导逻辑的视角[J].大连理工大学学报(社会科学版),2017(10):64 - 73.

之外,平台也通过现金奖励、流量分成、收益分成等方式鼓励创作者生产优质内容。

所以,意见领袖利用自己的知识、技能制作优质视频内容,形成用户共同关注的焦点,平台则通过流量扶持等进一步扩大视频的影响范围,并且通过技能培训、技术支持、数据服务等提高意见领袖与普通用户之间的交流互动的便利性与交流互动意愿,使意见领袖与更多用户之间形成情感联结,产生情感信任,从而带动用户图书购买行为的发生。也就是说,在平台与意见领袖的资源对接中,平台整合自身的流量、资金、技术、培训等资源支持意见领袖的阅读推广活动,助力其成长。意见领袖则利用自己的文化资本和社会资本创作出优质视频内容,聚拢了用户,在意见领袖与用户的频繁互动中形成基于情感联结的关系,从而带动图书销售,实现价值共创。

(二) 用户(意见领袖)与用户(普通用户)之间的互动

互动仪式理论指出,情感能量是互动仪式市场中的一种关键资源。情感能量是指在社会互动中采取主动行动的能量。① 那些乐于在社群中进行分享、与大家互动的人具有高度的情感能量,成为社交明星,而情感能量较低的人则缺乏参与互动的主动性。意见领袖通过整合自己的专业知识与平台的共享资源生产优质短视频内容,主要是分享图书内容、阅读体验以及价值观念等,在分享的过程中吸引到一群有相同价值诉求的粉丝的关注并向粉丝传递情感能量。意见领袖的短视频制作对粉丝起到鼓励和示范作用,在平台技术赋能、情感赋能(平台的滤镜技术使用户更加自信地参与到短视频制作中来)下,粉丝逐渐参与到与意见领袖的互动中来,在互动中形成双方的相互关注和情感连带,粉丝增强对意见领袖的情感认同。这种认同反过来又会进一步强化意见领袖的专业自信,鼓励其做出更多的优质阅读内容。在此过程中,不仅有粉丝与意见领袖之间的情感交互,粉丝与粉丝之间也会感受到彼此的存在与情绪状态,随着越来越多的人加入互动,他们之间的情绪感染力也会增强,最终引发集体兴奋与情感共鸣。社群内粉丝对意见领袖的情感认同越高,意见领袖对粉丝的情感支配性越强。粉丝对意见领袖形成情感信任甚至情感依赖,就会引发购买行为的发生。

短视频平台能够形成成功的情感交流和情绪感染,还在于短视频直观、高效的表达方式。意见领袖通常运用情景演绎、角色化描述等方式推介图书,通过记录情绪变化、内容分享、阅读评价等方式与大家进行阅读交流,表达方式灵活多样、直观

---

① 兰德尔·柯林斯.互动仪式链[M].林聚任,王鹏,宋丽君,译.北京:商务印书馆,2019.

生动,很容易将读者带入故事情境,引起读者的共鸣。尤其是一些直接的情绪表达(如 Tik Tok 上图书推荐标签衍生出的"让我凌晨三点哭泣的书"等特色标签),很容易使读者产生想要阅读一本书的冲动。并且,相较于长视频,短视频的传播效率更高。有数据显示,TikTok 上的 BookTok 与 YouTube 上的 BookTube、Instagram 上的 Booktagram 相比,TikTok 用户进行冲动购物的可能性比 Facebook 和 YouTube 高出 17%,比 Instagram 高出 68%。短视频平台鼓励创作者以多种创作方式构建多元化的阅读互动场景,在阅读互动场景中容易重新建立图书与读者的连接。例如,亲子阅读达人@清华妈妈马兰花以为自己孩子挑选图书的高标准向其他宝妈推荐图书,不仅要挑选出版方和作者,更关注图书内容,由此带火了很多之前没有销量的图书,使被埋没的好书重新被读者看到,有效地促进了图书的销售。

总之,意见领袖与粉丝之间是基于情感能量的交互形成阅读社群,并随着情感能量的感染性积累不断强化粉丝对意见领袖的情感信任。用户是出于对意见领袖个人魅力或者专业知识的崇拜而聚集,因意见领袖知识技能、价值观念的分享形成情感能量的流动。这种情感流动是双向的:一方面,意见领袖通过短视频分享向社群成员传递情感能量;另一方面,社群成员通过互动表达对意见领袖的情感认同。在这一互动过程中,双方都获得了积极情感,驱动双方进入下一次的互动。如此,在反复的互动中情感能量得到双向的增强,双方产生情感信任,形成集体团结,这种集体团结转化为社群稳定的生产力。①

(三)平台与用户(普通用户)之间的互动

价值共创理论强调顾客中心导向,指出服务生态系统中各利益主体围绕顾客的需要进行资源整合,共同创造价值。只有顾客的价值实现了,其他利益相关者的价值才能得以实现,顾客是价值共创的核心。对短视频阅读推广来说,平台就是一个融合各利益相关主体的中介服务系统,平台要做的就是整合各种资源为用户提供服务。平台要服务好用户首先要留住用户。为了吸引用户的注意力,平台利用其算法技术为用户匹配、推送其感兴趣的视频内容,提高用户使用平台的有效性、便捷性、趣味性。在此过程中,用户并不是被动地消费,用户的搜索、浏览、点赞、评论、转发等活动都在平台上留下数字痕迹,经过大数据处理形成数据资源。平台利用积累的用户数据可以更好地分析用户兴趣与偏好,更精准地为用户匹配内容,用

---

① 周懿瑾,白玫佳黛. 明星代言的价值共创新机制:基于多个粉丝社群的网络民族志研究[J].
外国经济与管理,2021(1):3-22.

户也因为更好的消费体验、更多的价值获得而增加了对平台的黏性。由此可见,平台对用户进行的精准内容推送是在用户的数字化劳动(数字留痕)与平台的算法技术的交互中不断提升的。

当然,这种浅层次需求的满足只能维持短暂的停留。要想长期留住用户,还要关照到用户更深层次的需求——自我表达、自我成长以及获得认同等。平台通过适时推出阅读话题,设计参与任务,通过学者、名家、网红的影响力引导用户参与。为了鼓励普通用户的模仿参与,平台主要从情感赋能和技术赋能两方面予以支持。在情感方面,通过不断向用户推荐意见领袖的同类视频以及其他用户的模仿视频给予用户情感上的鼓励,对自己长相不够自信的用户,平台提供滤镜技术鼓励其参与拍摄创作。在技术方面,为了给予用户充分的拍摄自主性,平台不断优化视频创作技术,简化创作流程,用户可以选择"拍同款""一键成片"等即可生成自己的短视频,大大激发了用户的短视频创作热情。在平台技术赋能、情感赋能下,逐渐形成了 PGC 带动下的"PGC+UGC"的内容生产生态,既丰富了平台内容,又满足了用户自我表达的需要,并在与其他用户的互动交流中获得认同以及群体归属感。即使用户不参与短视频内容的创作,也可以通过点赞、评论、转发、私信等方式参与互动,既贡献了自己的数字化劳动,又推动了短视频内容的传播,平台则通过对互动专区的优化,激发用户参与的主动性,提升参与热情,形成一个自生产、自传播、自组织的内容生态系统。

所以,平台通过技术共享,引导用户参与,在互动中用户贡献了自己的创意、社会资源以及数字化劳动等。在用户与平台的共融共创过程中,用户从点赞分享,与其他用户热情互动,到主动参与创作,逐渐从互动的边缘走向互动中心。用户随着参与程度的加深,对社群的归属感也会越来越强,就会更加愿意为之贡献自己的资源,不遗余力地推动话题传播。因此,平台要做的就是整合技术等资源,鼓励用户参与,助力用户成长,实现用户价值。

(四)出版机构与用户(意见领袖)之间的互动

在意见领袖与粉丝社群的长期互动中,逐渐形成一种稳定的连接关系——基于情感信任的强连接。这些忠实粉丝成为意见领袖的私域流量,对意见领袖的忠诚度、信任度高,从而粉丝社群的变现率、复购率高,成为意见领袖的重要资源。意见领袖对粉丝社群的带动能力逐渐受到出版机构的重视,并纷纷寻求与意见领袖的营销合作。在合作中,出版机构主要从图书及供应链两方面提供后端支持,从印刷、备货到发货,甚至为意见领袖提供图书专供,意见领袖则整合个人文化资源和社会资源帮助企业更好地连接用户,通过资源对接、服务粉丝,出版机构与意见领袖实现了价值共创。而粉丝社群则支撑和加速了出版机构与意见领袖之间的价值双向流动。除了与意见领袖的合作外,出版机构越来越认识到培养自己的意见领袖的重要性。为打造专业的主播及达人团队,出版机构在产品策划、营销话术、市场意识等方面经常邀请平台及相关的专业培训机构对员工进行培训、教育、分形,以增强员工的自我成长意识,从而在其中挑选合适的人员孵化意见领袖,组建营销团队从而实现出版机构在短视频图书推广、图书直播营销等方面的重点布局。

但粉丝社群的情感和人员都是流动的,存在不稳定性。① 特别是随着营销推广达人群体的扩张,消费者的注意力会自然地转移或消退,最终导致基于个人的营销媒介影响力的减弱。因此,为了继续维持甚至强化意见领袖营销中介的作用,出版机构通过企业资源的共享助力意见领袖实现个人阅读服务的品牌化,进一步使意见领袖从个人化交易媒介进化为品牌化交易媒介,②进一步强化用户对其服务质量和价值的认同,将用户对个人魅力的崇拜提升为对品牌的信任。在这一过程中,出版机构整合产品资源、组织资源等支持意见领袖的营销活动及品牌化发展。在产品方面,大多数阅读推广达人都是集中于某一领域的垂直化阅读服务,聚集起来的也多是在某一领域有价值诉求的粉丝,所以出版机构可以选择与自己出版资源相契合的达人予以扶持,帮助其策划选题、选择产品、设计内容等,共同实现为粉丝提供在垂直领域的个性化服务。在组织资源方面,出版机构针对合作的意见领袖特点与其进行资源对接和资源的适应性调整,为其打造内容创作、短视频录制、直播等的服务团队,提升意见领袖的个人影响力,打造阅读服务个人品牌。

(五) 出版机构与平台之间的互动

出版机构清楚地认识到,未来的图书营销越来越离不开短视频与视频直播的方式,营销销售一体化的趋势更加明显。因此,各大出版机构纷纷布局短视频领域,在各大平台开设短视频账号。为了更好地进行图书推广,有些出版机构同时在不同的短视频平台开设多个短视频账号,构建短视频阅读推广矩阵。首先,各短视频账号之间可以进行差异化定位。定位于品牌传播的账号,通过名人微访谈等活动提升出版机构品牌格调,积累文化资本;定位于吸引流量的账号,围绕当下热点

---

① 周懿瑾,白玫佳黛.明星代言的价值共创新机制:基于多个粉丝社群的网络民族志研究[J].外国经济与管理,2021(1):3-22.

② 吴瑶.从价值提供到价值共创的营销转型:企业与消费者协同演化视角的双案例研究[J].管理世界,2017(4):138-157.

制作现象级爆款内容,实现快速增粉;定位于知识传播的账号,围绕出版机构的资源优势,采用通俗的语言和生动贴切的事例将晦涩难懂的知识传递给用户,吸引用户参与互动,有效进行流量转化。通过不同账号之间的差异化定位,可以多节点、多层次地触达用户。其次,短视频账号之间、平台之间可以实现联动效应。短视频矩阵通过不同视频号的布点、连线与更迭,可以根据出版机构的品牌特征、业务领域、市场定位等进行联合推广,实现核心用户的相互转移,形成全方位的覆盖。①最后,可以通过"机构账号+子账号"的方式实现个性化服务。在机构账号下设立更有针对性的子账号,更进一步地为平台用户提供学习资源、科学知识等针对性服务,对用户的个性化诉求做出有效的回应,增加用户的品牌黏性,打造一个多节点、多层次、多功能联合和闭环的阅读推广矩阵。

在短视频的图书推广效应显现后,出版机构越来越主动地参与到与平台的合作中。在平台与出版机构的资源交互中,出版机构通过在多个短视频平台开设具有不同功能定位的短视频账号布局自己的营销矩阵,借助平台的技术、数据服务,以及意见领袖的影响力实现出版机构的营销目标。

总之,短视频阅读推广是一种创新的服务模式,这一服务模式基于平台方、出版机构、短视频创作者、技术提供商、普通用户等的共同参与,形成一个庞大的服务生态系统。其中,意见领袖因其重新建立起图书与读者的连接,是价值创造的核心主体。平台通过流量、资金、技术等资源助力意见领袖的快速成长,是创新生态系统的助推器。出版机构通过供应链提供资源保障。各主体基于服务生态系统的总体目标而进行资源的交互与整合(图1),从而形成了新的竞争优势,创造了新的价值。同时,在资源的重新整合和协同演化中,各主体核心资源又得到了进一步的强化:平台的组织机制更加完善,出版机构的供应链进一步整合,意见领袖从个人化交易媒介进化到品牌化交易媒介,用户的消费从信息价值的获得进一步延伸至情感价值和社会价值的提升。这种因资源整合而形成的资源强化是平台生态系统进行适应性服务创新和持续性价值创造的重要保证。

---

① 吴倩倩.新媒体矩阵下出版机构私域流量池的搭建及留存[J].出版广角,2021(20):66-68.

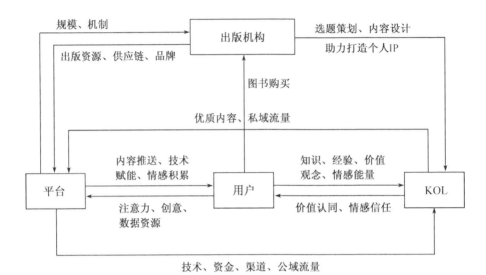

图 1　短视频平台图书推广价值共创互动机制

五、结　语

　　互联网经济下,网络数字技术对传统的阅读社会结构产生了巨大的冲击,造成传统的以文本生产为中心的阅读结构向以读者为中心进行转移。以读者为中心这一新的阅读结构的形成,要求其他一切阅读要素(出版机构、阅读平台、意见领袖等)都要自觉地服务于这一中心①,因为只有使读者获得好的阅读体验和阅读价值,其他阅读要素的价值才能得以实现。因此,如何满足读者需求、提升读者价值,就成为未来阅读服务主体努力探寻的主题。尤其在数字阅读时代,用户的阅读方式被移动互联技术打破,阅读习惯逐渐从个体内省式阅读向群体社交式阅读转变,除了内容价值、信息价值,读者越来越注重在阅读分享、交流、互动中的情感价值和社会价值,情感体验和情感共鸣成为新的阅读驱动要素。因此,未来短视频平台在阅读服务方面应更加注重平台互动机制的优化,在互动中实现资源效率的提升,助力主体成长,实现价值共创。

---

①　黄晓新.试论全民阅读的社会学理论化及其逻辑体系[J].出版发行研究,2022(1):5-15.

作者简介

王爱(1975—),山东威海人,山东财经大学文学与新闻传播学院副教授、硕士生导师。研究方向为数字文化产业、文化市场营销等。

Research on Value Co-creation Mechanism of Reading Promotion on Short Video Platform

Wang Ai

Abstract: In recent years, short video has become a new and important means of reading promotion. By reestablishing the connection between books and readers, it has created new value. However, this innovative service model based on open network platform is still a "black box", and the problems of what mechanism each stakeholder interacts through and how to realize value co-creation have not been solved. This study intends to start from the perspective of interactive coupling, through the dynamic expansion of the resource interaction process between the stakeholders of the short video platform, and finds that the continuous resource collaborative evolution and resource integration of the stakeholders in the resource interaction are an important realization mechanism of value co-creation. In the process of resource integration, the platform organization mechanism is gradually improving, the supply chain of publishing institutions is further integrated, opinion leaders have evolved from personalized trading media to branded trading media, the value of users has been extended, and the core resources of all stakeholders have been further strengthened, ensuring the innovation of short video reading promotion and the sustainability of value co-creation.

Key words: short video reading promotion; interaction coupling; co-evolution; value co-creation

乡村振兴背景下农产品网红营销策略研究

李珍晖　蓝翊嘉

摘　要:直播带货作为电商新模式,赋能农村电商,成了实现乡村振兴的新手段、助推器,为实现乡村振兴增添了强大动力。根植于乡村背景下的农产品直播带货,催生的农产品网红这一新生群体,成为农村电商精准扶贫的重要载体和渠道。本文基于农产品直播带货的现状,选取抖音平台上知名农产品网红,从农产品信息、农产品网红基本信息、短视频基本信息、直播基本信息四个方面梳理其群体特征,发现专业化程度不高、品牌意识薄弱、新媒体经验欠缺是目前农产品网红存在的主要不足。通过定性比较分析,梳理出9种高影响力农产品网红的实现路径,发现粉丝基础是高影响力的必要条件;高带货口碑与良好的短视频传播效果是实现高影响力的组合条件;增多直播场次可以有效弥补农产品网红品牌意识薄弱的短板。本文为建设农产品品牌、打造和培养农产品网红等工作提供借鉴,为乡村振兴工作中培养直播带货的农产品网红提供经验性支撑与理论性洞见。

关键词:直播带货;农产品网红;乡村振兴;定性比较分析方法

一、引　言

短视频和移动技术的普及,为农村直播电商的兴起奠定了基础。各大电商平台相继发布了助农计划,助力乡村振兴。从 2012 年起,YY 直播开启了电商直播的新模式,到 2016 年网络直播元年的到来,源于乡村生活的直播内容在百花齐放的各类直播内容中脱颖而出,以其乡村情怀、返璞归真的情感特征博取了广泛关注。2017 年,西瓜视频旗下的"巧妇九妹"以农村美食短视频吸引了大量粉丝,再结合电商平台销售水果,打造出了知名农村电商品牌;2018 年,阿里巴巴为农产品开辟独立直播板块,吸引了 6 万多名农民入驻,促销贫困地区农产品,并于 2020 年推出了与政府深度合作的"春雷计划";同年,快手成立了扶贫办公室,开展了"福苗计划""乡村振兴官"等一系列乡村振兴活动,以直播带货为主要形式带动贫困地区发展;京东与拼多多则发动政府官员的公信力,邀请市长、县长参与农产品直播带货,助力农村好物破圈。

据国务院发布数据,2020 年农村电子商务的交易额达 1.79 万亿元,而农产品作为农村电商的核心和驱动力占据重要地位,农产品直播带货也成了政府乡村振兴脱贫攻坚工作的重要手段。2013 年,国务院提出"互联网+"扶贫的概念;2016年,把电子商务纳入贫困村扶贫开发体系。此后,相继颁布了乡镇快递服务、信息服务体系建设的政策指导方案。2021 年,《"十四五"电子商务发展规划》开辟电子商务助力乡村振兴专栏,包含"数商兴农"行动、"互联网+"农产品出村进城工程等指示。[1]

乡村振兴是当下脱贫攻坚工作的重中之重,扶持政策与商业实践双管齐下,农村直播电商已经得到了广泛实践,在网红经济背景下,农产品网红这一新生群体应运而生,成为下一步乡村振兴工作的潜力所在。刘大为和骆金琳(2021)认为,网红是指在社交媒体平台上通过各种形式自我呈现得到网民关注、喜爱和认同,从而建立起一定的个人影响力和稳定的粉丝圈,同时具有快速变现能力的个体。农产品网红,顾名思义是以农产品为核心的网红群体,如今,抖音、快手等各大平台上的农产品网红依托积累的粉丝流量,以直播带货形式传播当地特色农产品,将自身流量转化为经济效益,打造知名农产品品牌,不仅促进自身所在地区的农产品流通,还带动农业、旅游业等多产业发展,促进贫困地区脱贫工作与乡村振兴。

综上,乡村振兴背景促使农产品网红的诞生,而对农产品网红展开研究又将反哺于乡村振兴工作,充分关照社会现实,兼具理论意义与实践意义。现有不少研究关注到了农村电商,但对于农产品直播带货研究仍有所欠缺,而聚焦于农产品网红研究则寥寥无几。农产品网红作为乡村振兴工作的下一个发力点,本文以此为研究对象,描绘农产品网红的群体特征,挖掘高影响力农产品网红所具有的共性,同时提出高影响力农产品网红的实现路径,为以直播带货为渠道的乡村振兴扶贫工作提供建设性方案。

二、文献综述

国内有关农村电商的研究起源较早且理论体系也较为成熟,随着直播带货在近几年的兴起,区别于传统网店类的农村电商,不少学者开始针对直播带货背景之

---

① 商务部,中央网信办,发展改革委."十四五"电子商务发展规划[Z].2021-10-09.

下的农村电商进行研究,尚未形成完善的理论体系。从研究内容的角度看,已有研究大致可以分为以下两类:

第一类研究关注直播带货对乡村振兴和电商扶贫而言的价值所在,大多关注农产品流通与农村经济增益。贾玮娜(2021)通过实地走访,发现抖音、快手等直播带货平台确实能够增加农民家庭的营收;李晓夏等(2020)指出直播助农模式带来的链条效应将通过盘活农副产品流通、提高农民主动脱贫能力,成为乡村振兴和网络扶贫在农村电商模式上的全新探索。研究均证实了直播带货形式电商与其他扶贫方式相比在提高农产品销售额和激活当地经济活力方面更胜一筹,成为乡村振兴工作良好的落脚点与发力点。

第二类研究对农村直播带货的发展现状和存在问题进行梳理,并试图对农产品电商模式进行总结,提出相应优化建议。昝梦莹等(2020)对于存在问题的分析与梳理较为全面,从农产品本身、平台以及带货主播三个层面详细分析,认为目前夸大宣传、以次充好、标准化程度低、品牌意识弱、基础配套服务跟不上、平台监管不完善、直播内容同质化等问题,制约了农产品电商直播的扶贫效果;庞爱玲(2021)则强调优质农产品文化内涵的增效;朱海波等(2020)从平台类型将农产品直播带货模式分为两类,一是以快手等短视频平台为渠道的娱乐型平台模式,二是以淘宝和拼多多等传统电商为渠道的交易型平台模式,同时针对流通成本高、组织化程度低、电商主体融资难等问题,提出农产品品质化、品牌化,培养"电商新农人"及专业团队等相关建议;阳美燕等(2017)总结了互联网平台和直播平台在"直播+农产品"模式的应用,提及阿里巴巴"农村淘宝"、腾讯"为村"开放平台、花椒直播的开心农场、一亩田的"乐农计划"等,针对内容创业乏力、流量依赖过度和平台泡沫威胁三个方面给出优化建议。

农村直播电商的研究,较本文所聚焦的农产品直播电商,其涵盖范围更广,农村电商更多的是发挥渠道作用,而忽视了农产品在其中的核心地位,农产品作为乡村本土产品,才是乡村振兴的内生动力和持续赋能的着力点。农产品直播电商形成的关键在于农产品网红,而对于这一群体的研究相对匮乏。对农产品网红的有限研究中,已有文献以定性研究为主,存在以个案探讨运营机制与成功因素,或者以短视频为依托对其传播内容进行研究,缺少对知名农产品网红群体这一主体的研究。曾亿武等(2016)运用扎根理论,基于七个农产品淘宝村,总结出包含五个要素的农产品淘宝村形成因素理论框架;李宁(2018)探究微博知名三农短视频博主的视频内容和评论区,从传播内容角度给予乡村传播以启示;郭娜等(2020)剖析

"巧妇九妹"的成功因素,包括内容创作、制作过程和流量入口等,为网红农产品直播带货模式提供案例经验;徐照朋(2020)基于李子柒、华农兄弟等,总结网红经济背景下短视频的创作特征以及短视频生态的发展策略;雷方超等(2021)利用问卷调查法,指出西安"新农人"群体具有浓厚的乡土情结等特点。无论是个案研究,还是定量调查问卷法,都存在明显缺陷,前者典型性过高,外部推广性不足,而后者存在选择偏差。本文将选取定性比较分析方法弥补上述缺陷,而以组态形成结论,在实践中更具借鉴意义。

本文中提及的农产品网红,指以农产品以及农副产品为主要商品的、具有一定粉丝基础和知名度的群体。针对已有研究的不足,本文明确以农产品网红为对象,选取抖音平台上高影响力的农产品网红,通过定性比较分析方法,研究其群体特征,为以网红直播带货为手段的乡村振兴工作提供理论基础与经验性借鉴。

三、研究问题与研究设计

(一) 研究问题

"巧妇九妹""丽江石榴哥"代表性的农产品网红脱颖而出,具有较高的影响力,无论是在自身经济收益的增长,还是在促进农产品的流通和提升当地知名度等方面都有着显著影响。因此,探究这些高影响力的农产品网红身上有着何种共性,又有哪些影响因素以及路径组合对其影响力造成了怎样的影响,这一系列问题的回答对乡村振兴工作中如何培养和运营农产品网红是极具意义的。

(二) 研究数据

农产品网红以短视频和直播带货作为两种主要的信息传播渠道以及销售变现手段。

本文从传播主体和传播载体两个角度来探究产农产品网红影响力的影响因素及其组态,具体划分为农产品网红自身基本信息、农产品信息、短视频基本信息、直播基本信息四个维度(表1)。农产品网红的选取参考了西北大学发布的抖音农产品主播影响力排名,同时还给出了影响力排名的得分。利用 python 编写爬虫框架,从蝉妈妈和抖音两个平台上获取名单上农产品网红的具体指标。其中,以蝉妈妈平台为主要数据来源,抖音平台用于核实和弥补缺失值,结合数据的可获得性和网红自身现状,最终保留 35 名农产品网红。

表 1 农产品网红指标

分类维度	指标数量	具体指标
农产品网红基本信息	10 个	年龄、性别、省市、达人分类、达人认证、是否 MCN 签约、带货口碑评分、带货口碑评级、个人简介、粉丝数量
农产品信息	4 个	农产品品类、最常推广品类、最常推广品牌、销量最佳品牌
短视频基本信息	3 个	短视频平均时长(秒)、月均短视频数、短视频平均点赞数
直播基本信息	3 个	平均开播时长、月均开播场次、近 30 天直播销售额

(三) 研究方法

本文结合统计性描述与定性比较分析(QCA)方法,后者区别于传统定量统计方法,认为变量之间并非相互独立,而是相互影响的。本质上而言,QCA 方法是基于组态视角下挖掘哪些条件变量组合共同导致了结果变量,适用于中小样本案例,弥补了案例研究外部推广性不足的问题。而农产品网红影响力的各个变量共同作用于农产品网红的影响力,例如达人认证、MCN 机构签约代表的权威性对农产品网红本身的短视频发布频率、粉丝数量和带货口碑评价均会产生影响。因此,选取 QCA 作为本文的研究方法。

(四) 变量选取与校准

在收集到的所有指标中,选取部分合适指标用于组态分析,选取 0.95、0.5、0.05 作为完全隶属、交叉点、完全不隶属的校准锚点(表 2)。解释变量为抖音农产品网红的影响力得分,参考西北大学发布的排名结果。

表 2 结果变量与解释变量的指标描述与校准

变量		指标描述	完全隶属	交叉点	完全不隶属
		结果变量			
	农产品网红影响力	依据粉丝数、播放量、点赞点、评论量、活跃度五个因素计算出的影响力排名得分	95.20	82.60	66.22
		解释变量			
农产品网红基本信息	达人认证	有达人认证编码为 1,反之为 0	—	—	—
	MCN 签约	签约 MCN 编码为 1,反之为 0	—	—	—
	自营品牌	拥有自营品牌编码为 1,反之为 0	—	—	—

(续表)

	变量	指标描述	完全隶属	交叉点	完全不隶属
	粉丝数量	—	21 728 950	1 451 000	26 650
	带货口碑评分	—	4.96	4.66	3.74
短视频基本信息	月均短视频数	—	46.70	24.50	6.00
	短视频平均点赞量	—	298 100.00	15 000.00	258.65
直播基本信息	平均开播时长	—	10.35	2.00	1.00
	月均开播场次	—	36.50	11.00	1.00

四、组态视角下农产品网红现状分析

(一) 必要条件分析

对各个变量进行必要性检验,识别出能对高影响力农产品网红进行解释的必要条件,通常将一致性大于等于0.9的条件变量视为必要性条件,一致性小于0.9但大于0.8的条件变量可以视为充分条件。

如表3所示,高影响力农产品网红的一致性均低于临界值0.9,但是未签约MCN机构、高粉丝数量和高平均开播时长三者一致性均超过了0.8,分别为0.852、0.819和0.805,说明三者对农产品网红的高影响力有一定的推动作用,但仅是充分条件,而非必要条件。

在低影响力农产品网红的必要条件分析中,未签约MCN机构、低短视频点赞量的一致性分别达到了0.911和0.909,说明这两者可能是解释农产品网红低影响力的必要条件,即低影响力农产品网红中有91%的是未签约MCN机构的、低影响力农产品网红中有91%短视频平均获赞数不高。

表 3　必要条件分析

条件变量	高影响力农产品网红		低影响力农产品网红	
	一致性	覆盖度	一致性	覆盖度
认证	0.544	0.525	0.459	0.475
未认证	0.456	0.439	0.541	0.561
签约 MCN 机构	0.148	0.608	0.089	0.393
未签约 MCN 机构	0.852	0.465	0.911	0.535
自营品牌	0.320	0.525	0.270	0.475
未自营品牌	0.680	0.464	0.730	0.536
高粉丝数量	0.819	0.894	0.345	0.404
低粉丝数量	0.453	0.392	0.909	0.844
高带货口碑评分	0.689	0.598	0.627	0.584
低带货口碑评分	0.520	0.565	0.568	0.663
高月均短视频数	0.728	0.739	0.502	0.548
低月均短视频数	0.555	0.509	0.761	0.750
高短视频平均点赞数	0.677	0.786	0.419	0.522
低短视频平均点赞数	0.589	0.485	0.828	0.734
高平均开播时长	0.805	0.707	0.650	0.613
低平均开播时长	0.559	0.598	0.689	0.792
高月均开播场次	0.694	0.654	0.583	0.590
低月均开播场次	0.564	0.557	0.658	0.698

（二）条件组态分析

组态分析结果展示的是导致结果变量发生的多个解释变量构成的组合,根据不同组态结果解释各个变量的差异性适配关系。本文将频数阈值设为 1,一致性阈值设为 0.75。具体来看,这 9 种条件组态的一致性为 0.93(表 4),均高于 0.8,表示 9 种组态均有较强的解释力,即在这 9 类条件组态的特征中,有 91% 的农产品网红有高影响力;解的覆盖度为 0.61,这 9 类组态可以解释 58% 高影响力农产品网红的案例。两者均高于 QCA 条件组态分析的最小阈值。

表 4　高影响力农产品网红条件组态分析

条件组态	组态一	组态二	组态三	组态四	组态五	组态六	组态七	组态八	组态九
达人认证	⊗		●	●	⊗	●	●	●	●
签约 MCN	⊗	⊗	⊗	⊗	⊗		⊗	⊗	⊗
自营品牌	●	●				●	⊗		⊗
粉丝数量	●	●	●	●	●	●	●	●	●
带货口碑评分	⊗			⊗	⊗	⊗		⊗	
月均短视频数	●	⊗	●	●		●	⊗		⊗
短视频平均点赞数		●	●	●	●	●	⊗	⊗	●
平均开播时长	●				●		●	●	●
月均开播场次	●	●	⊗		⊗	●	⊗	●	⊗
一致性	0.95	0.93	0.98	1.00	0.91	0.96	0.83	0.89	1.00
原始覆盖度	0.13	0.21	0.16	0.08	0.08	0.12	0.09	0.05	0.03
唯一覆盖度	0.09	0.07	0.05	0.01	0.01	0.05	0.02	0.04	0.03
解的一致性	0.93								
解的覆盖度	0.61								

注：●或●表示该条件存在，⊗或⊗表示该条件不存在；●或⊗表示核心条件，●或⊗表示边缘条件。空代表条件可存在也可不存在。

（三）结果分析

结合组态视角与统计性描述分析，对高影响力农产品网红的现状、内在构建机制详细分析。

1. 粉丝基础是打造高影响力农产品网红的首要条件，而时间投入也成为辅助条件，农产品网红亟须科学指导意见

组态结果显示："平均开播时长"和"粉丝数量"是农产品网红产生高影响力的充分必要条件。其中，"粉丝数量"被作为组态成立的核心条件，相较于时间投入更为关键，目前，农产品网红的粉丝数量级基本在十万及以上（表5），在实际工作中，培养分析基础是首要。

高平均开播时长在形成高影响力农产品网红的过程中，也起到了辅助作用。目前，农产品网红的平均开播时长集中在 1.6 小时至 2.5 小时（图1），超过半数的农产品网红的月均开播场次超过 16 次，达到了两天一次的频率（图2），而超过七成的农产品网红能确保每个月发布 16 个及以上的短视频(图 3)。但研究发现在短视频与直播基本信息的相关指标(表 5)中还存在时间成本投入与经济收益极度不对等的情况。达人"丽江石榴哥"的直播频率高达每月 55 次,并且平均直播时长 4 小时;达人"云南小花"月均直播 27 场,每场时长达 4 小时,但两者月均交易额均止步于一两万元。相比之下,达人"贫穷料理"一月一播,平均时长 2.5 小时,月均交易额却近十万元,前两者都属于未认证、未签约 MCN 的农产品网红,而"贫穷料理"签约了 MCN 机构奇迹山,在三次转型后才找到了合适的创作风格,被称为美食圈的相声咖。由此观之,农产品网红迫切需要专业化、合理化的指导,避免此类问题消减农产品网红的主观能动性。

表 5　短视频与直播基本信息以及粉丝数量级

指标	分类	所占百分比/%
短视频平均时长	120 秒以上	8.6
	59—120 秒	14.3
	29—60 秒	42.8
	30 秒及以下	34.3
月均短视频数量	60 个以上	2.9
	31—60 个	23.6
	16—30 个	44.1
	15 个及以下	29.4
短视频平均点赞数	10 万以上	14.7
	10 001—10 万	47.1
	1 001—1 万	23.5
	101—1 000	8.8
	100 及以下	5.9
粉丝数量	1 000 万以上	22.3
	1 000 001—1 000 万	34.3
	100 001—100 万	31.9
	10 001—10 万	8.6
	1 万及以下	2.9

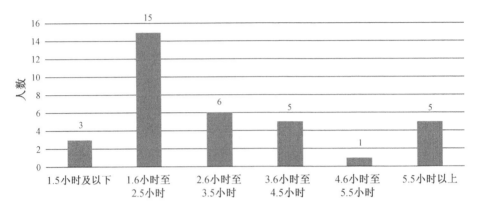

图 1　平均开播时长

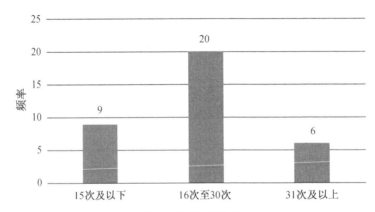

图 2　月均开播场次

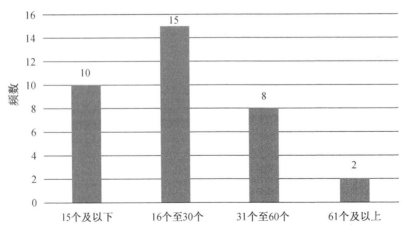

图 3　月均短视频数

2. 农产品网红专业化程度不高,亟须新媒体人才

"达人认证"作为农产品网红专业化程度的衡量标准之一,在 5 个组态中作为核心条件出现,而另外一个专业化程度指标"签约 MCN"却常不存在(表 4),而两者在总体样本中占比也低(表 6)。

表 6　农产品网红基本信息

指标	分类	所占百分比/%
结构	男	34.3
	女	62.9
	企业号	2.8
年龄	21 岁—29 岁	24
	30 岁—39 岁	64
	40 岁及以上	12
是否 MCN 签约	未签约	88.6
	签约	11.4
认证	未认证	58.6
	个人认证	30
	企业认证	11.4
达人分类	美食	51.4
	三农	31.4
	旅游	5.7
	剧情搞笑	2.9
	综合	8.6
认证类型	美食自媒体	8.6
	优质美食自媒体	11.4
	优质美食自媒体、抖音创作者学院合作讲师	5.7
	抖音扶贫达人	2.9
	字节跳动"字节乡村计划"官方账号	2.9
	三农短视频达人	2.9
	茶圈大魔王官方账号	2.9
	人气视频创作者	2.9

（续表）

指标	分类	所占百分比/%
认证类型	广西荔浦桂凤生态农业有限公司	2.9
	抖音乐人	2.9
	宁化县本物食品小店	2.9
	山阳县电商办官方授权运营账号	2.9
	其他	48.2

MCN是当下网红经济运作模式,本质上是一个对接网红和平台的中介机构,通常也会提供网红包装、内容推广、商业变现的专业化服务,保障内容的持续输出。"我是不白吃""嘉绒姐姐阿娟""贫穷料理"和"大脸小圆球"4位农产品网红选择与MCN机构合作签约,他们不仅在粉丝数量、带货口碑、交易额等指标上的表现要优于未签约的农产品网红,还在视频质量、盈利方面更胜一筹。而达人认证则是抖音官方给定的较为权威性的标识,存在黄V、蓝V之分,分别代表个人认证与企业认证。在研究样本中,取得认证的只有17个,仅有4个是企业认证。个人认证相较于企业认证而言,无论在短视频的拍摄、制作等专业技术方面,抑或是自身宣传运营以及输出的稳定性等方面表现参差不齐。

这是由于目前农产品直播电商处于初步实践阶段,尚未标准化与体系化,并且由于农产品可盈利空间有限,即使是有一定影响力的农产品网红也不愿意承担签约MCN形成的额外成本,而农产品网红的年龄分布主要集中在30岁至39岁,这一年龄阶层的中青年人群缺乏"互联网基因",对直播带货这种互联网新形式了解程度不高,大多局限于接触层面,在社交媒体使用的熟练度和灵活程度上,与30岁以下成长于互联网时代的群体相比,有所欠缺。千万级带货达人"大野蜜探·背锅侠"从14岁时便开始从事婚礼摄像和策划,多年的经验积累致使她的视频质量堪比专业团队,高质量的视频和专业化的策划使其在2020年的带货榜上位居第二,仅次于罗永浩。由此可见,农产品网红整体专业化程度低,亟需拥有互联网思维或新媒体运营经验的人才。

3. 农产品网红的高带货口碑与良好的短视频传播效果是实现高影响力的组合条件,需要农产品的保鲜技术与物流渠道的基础保障

"带货口碑评分"和"短视频平均点赞量"两个变量通常以相同值的形式出现,说明两者密切相关。前者代表对农产品的评价,后者则是日常运营效果,短视频平均点赞量高说明粉丝基础佳、知名度高,被关注达人短视频所吸引而引发购买行为的粉丝,便成了购买者,而购买者在购买体验良好时同样也会接触到达人发布的短视频,所以粉丝和购买者有极大的重合部分,不难理解两者在变量层面的表现高度相关。只有在组态六中,两者取值相反,由于高月均短视频数量代表着农产品网红活跃度高、短视频更新频率快、受众面积大,故平均点赞数理应更高。

其中,"带货口碑评分"取决于农产品本身。描述性统计分析发现食品饮料成为农产品直播带货的首选品类(表7),其中最主要的是方便速食、速冻食品、粮油米面、南北干货、调味品五个小类,此类农产品与农副产品在运输与保存方面占据绝佳优势,在运输过程中的风险低,保留了最原始的味道,导致这类达人的带货口碑评级整体高于生鲜蔬果类。生鲜蔬果类农产品只占比 34.2%,新鲜水果占了大部分,剩余也包含"乐和农业"饲养的生禽鸭子,"90后种地哥"售卖的种子以及"茶圈大魔王"专营的茶叶等,这一品类无论是在运输难度还是保鲜难度上都具有挑战性。

表7　农产品基本信息

指标	分类	所占百分比/%
农产品品类	食品饮料	51.4
	生鲜蔬果	34.2
	饮品零食	5.7
	综合	5.7
	旅游	2.9
最常推广品牌	自营品牌	25.7
	非自营品牌	74.3

农产品具有低值、易损和难包装的特点,所以运输保鲜的问题正是农产品带货过程中痛点之一,也是近两年乡村振兴工作中农村电商板块的关注重点。大部分农村的基础设施薄弱,有些农村地区在交通运输方面还尚有不足,更不用提物流系统。而直播带货的实现很大程度上依赖于农村物流系统的建设,缺少良好的物流体系首先是无法实现农产品的流通,其次,物流效率也决定着农产品交付时的新鲜程度,若是不能全程保证农产品品质,后续会影响甚至决定达人的带货口碑、粉丝黏性等问题。达人"攀枝花东区阿么特色农产品"是最好的证明,阿么在商店中只销售苹果、梨、杨桃、甜橙等新鲜水果,水果保鲜要求高,并需要在宜食用期内送达,

所以在包装与运送环节上都是严峻的考验,因此阿么的带货口碑低。除却阿么以外,在其他以生鲜蔬果为主要产品品类的农产品网红中也普遍存在评分偏低的现象,可见生鲜蔬果品类在品控方面存在严重不足。此外,物流还需要合理定价。农产品本就属于低价产品,原本利润就不太可观,而物流就成了主要成本构成,再者过程中如何合理定价、采用何种收费方式、如何合理包装实现农产品溢价和增收等问题值得商榷。

4. 农产品网红群体品牌化意识低,但可以通过增多直播场次来有效弥补

"自营品牌"和"月均开播场次"两个变量在组合中通常是以相反值的形式出现。农产品品牌化作为提高知名度和粉丝黏性的重要手段与保障,在实际中有自营品牌意识的农产品网红占比却不高,这类组态揭示了在农产品网红品牌化意识不足或者农产品尚未达到品牌化要求的情况下,可以通过增加直播带货的场次来弥补这一缺陷。最常推广的品牌和销售最佳品牌显示(表7),仅有8位农产品网红建立了特色农产品品牌,如"贫穷料理""巧妇九妹""蜀中桃子姐"等以自己的名字创建了农产品品牌。前些年电商扶贫工作在本质上而言是"次抛"性的,由政府拨款对接当地农民与需求方,解决了当下农产品的销售问题,同时相应地建立了电商扶贫站点,但对于农民而言只是换了一种有保障的销售渠道,可触底的收益并不能引起农民的主动参与。直播带货注重于提升知名度和忠诚度,也反哺于达人本身的形象树立。

5. 典型组态分析

组态二在样本中的原始覆盖度达到了0.21,代表在所有高影响力农产品网红能被组态二解释的案例占了21%,并且唯一覆盖度为0.07,代表有且仅有7%的案例能够通过组态二来解释,相较于其他条件组态,组态二较为典型,有较强的解释力度。

组态二:未签约MCN机构×未自营品牌×高粉丝数×高带货口碑评分×低月均短视频数×高短视频点赞数×高平均开播时长×高月均开播场次

将组态还原后,发现这一特征下的农产品网红们没有签约MCN机构,也没有自营品牌,专业化程度并不高,短视频的更新频率也不高,但是却通过在直播中投入时间成本,在短视频创作与质量上花费功夫,同时保障自身农产品品质,拥有了较高带货口碑评分,收获了良好的粉丝基础,从而实现了自身的高影响力。对应农产品网红有"云南小花"与"喂谷美食记",两位在短视频创作和产品的品质保障方面做了长期且充分的工作,云南小花为了在视频中反映真实自然的环境,经常在人

迹罕至的山上或者原始森林里驻扎数日;喂谷美食记发布的每一条小而精的短视频,除了研究美食味道以外,还要琢磨如何将其拍得美观,几乎每发布一条都至少需要花费半天的时间来包装和打磨。这个组态可以作为培养高影响力农产品网红的首要选择。

五、总结与讨论

近些年网红经济和短视频平台的兴起,为乡村振兴工作提供了一个全新思路,通过农产品网红直播带货的形式,实现农产品的流通与变现,相比于之前的农村电商扶贫的方式,具有较好的经济效益与社会效益。除了促进农业高质量可持续发展,还能带动当地基础设施建设和相关产业的发展。尤其是由字节跳动运营的官方账号"山货上头条",开展"字节乡村计划",与云南、陕西等 16 个省的农业农村厅签署合作协议,开展公益帮扶活动,除却在抖音平台上线当地特色农产品外,还覆盖了当地教育和文化旅游产业。例如,为当地院校开设电商、网红经济等相关课程,抑或是为当地输送专业团队培养骨干青年农民,改善了农村的产业结构,这一系列举措都是从内生动力这一根本上实现乡村振兴的可持续发展。

本文选取抖音平台上高影响力的农产品网红,从农产品信息、农产品网红基本信息、短视频基本信息、直播基本信息四个方面对其群体特征的现状进行分析,结合定性比较方法,给出 9 种高影响力农产品网红的实现路径,其中粉丝基础是高影响力的必要条件,农产品网红的培养便应该以粉丝基础为首要,依据当地现实条件,参考组态结果中的不同路径来开展。

研究发现,农产品网红仍然存在不足,如专业化程度不高、品牌意识薄弱、新媒体经验浅薄等。针对现状,要加强农产品网红的专业化程度,提高农产品品牌化,尤其是在视频拍摄与制作、账号的日常运营和网络直播过程中的话术等方面,短视频质量高、拥有品牌意识的达人通常有更坚实的粉丝基础,也有更高的影响力,实际上大部分农产品网红在这些方面缺乏经验。2018 年 9 月,快手在清华大学开设的乡村创业学院,给农产品网红们提供了品牌推广等全方位的学习,这种平台方与高校合作的成功范例值得推广。

农村物流等基础设施技术亟须提高。物流决定生鲜蔬果类农产品交付时的新鲜程度,体现在运输与保鲜要求高的农产品品类的带货口碑评分普遍偏低。本质上而言,农产品的质量才是农产品直播带货实现的根本,无论是平台方还是农产品网红本身都需要参与进农产品质量的把控和交易标准化的相关过程建设。此外,作为一种自媒体,农产品网红还需要具有责任意识与吃苦耐劳的精神,短短一分钟的短视频,背后可能是数倍的时间投入,在直播之前和过程中都需要大量的、充分的准备工作。

基于研究结果,对提升农产品网红营销方面有以下建议:首先,优质的粉丝基础是农产品网红培养的关键所在,营造良好的直播氛围、与粉丝频繁地交流互动都是吸引粉丝、保持黏性的有效方法。其次,农产品网红们要关注粉丝利益,赢得良好的高带货口碑,不仅农产品品类上要有所选择,选取质量过关的产品和品牌进行推广,还要注意到配送对产品的影响,保障粉丝到手时农产品品质。最后,重视短视频质量,提高短视频传播效果,有专业团队加持的农产品网红只有极少数,大部分农产品网红们并非科班出身,所以在短视频创作方面,更应该利用乡村美景、乡村生活这类题材资源,无须过分专业的视频摄制技术,也无须哗众取宠的宣传手段,以其真挚乡村情怀、返璞归真的情感,来收获更多的关注,提高自身的影响力。

本研究还存在一定的局限性:在资料的获取上,影响力排名与得分是二手资料且时效性并不高,农产品网红更替速度快,并不能涵盖所有的头部农产品网红;在定性比较分析中,由于已有的相关研究匮乏,因此在条件变量的设置和选取上存在主观性,最后即使得出了条件变量与结果变量的对应关系,但由于前两个不足,不能进行完整的因果解释。今后研究可在本研究基础上提高条件变量选取的科学性和合理性,进一步探索案例选择的丰富性与时效性。

参考文献

[1] 刘大为,骆金琳. 网红、网红经济与网红带货能力研究综述[J]. 杭州电子科技大学学报(社会科学版),2021,17(4):8-14.

[2] 贾玮娜. 抖音与快手等直播带货对农民增收的影响研究[J]. 农业经济,2021(7):135-137.

[3] 李晓夏,赵秀凤. 直播助农:乡村振兴和网络扶贫融合发展的农村电商新模式[J]. 商业经济研究,2020(19):131-134.

[4] 昝梦莹,王征兵. 农产品电商直播:电商扶贫新模式[J]. 农业经济问题,2020(11):77-86.

[5] 庞爱玲. 新网络营销时代特色农产品的网红营销之路[J]. 农业经济,2021(8):140-142.

[6] 朱海波,熊雪,崔凯,等. 深度贫困地区农产品电商发展:问题、趋势与对策[J]. 农村金融

研究,2020(10):47-55.

[7]阳美燕,田淼.乡村直播的兴起及优化发展[J].新闻战线,2017(23):77-80.

[8]曾亿武,郭红东.农产品淘宝村形成机理:一个多案例研究[J].农业经济问题,2016,37(4):39-48+111.

[9]李宁.自媒体时代下"三农"短视频的乡村传播[J].新闻研究导刊,2018,9(20):55-56+169.

[10]郭娜,程祥芬.网红经济背景下农产品线上销售模式研究[J].价格理论与实践,2020(4):124-127.

[11]徐照朋.新媒体时代网红经济的内容创作:基于短视频形态的案例分析[J].西部广播电视,2020(3):21-22.

[12]雷方超,衡希.乡村振兴背景下西安"新农人"群体特征及发展现状研究[J].山西农经,2021(22):113-115.

作者简介

李珍晖(1976—　),湖北孝感人,中国传媒大学经济与管理学院副研究员。研究方向为媒体管理。

蓝翊嘉(1998—　),浙江丽水人,中国传媒大学经济与管理学院传媒经济学博士生。研究方向为传媒经济学。

Research on Marketing Strategy of Agricultural Product Online Group in the Context of Rural Revitalization

Li Zhenhui   Lan Yijia

Abstract: As a new mode of e-commerce, live broadcast with goods has empowered rural e-commerce and become a new means and booster to achieve rural revitalization, adding a powerful impetus to the realization of rural revitalization. Rooted in the rural context, the live broadcast of agricultural products has given rise to a new group of agricultural product net celebrities, which has become an important carrier and channel for rural e-commerce to precisely alleviate poverty. In this paper, based on the current situation of agricultural product live streaming with goods, we will select famous agricultural product net celebrities on the ShakeYin platform and sort out their group characteristics from four aspects: Information on agricultural products, basic information on agricultural product net celebrities, basic information on short videos and basic information on live streaming. It is found that a low degree of specialization, weak brand awareness and shallow experience in new media are the shortcomings of the current agricultural product net celebrities. Through qualitative comparative analysis, the nine paths to achieve high influence of agricultural product net celebrities are sorted out, and it is found that the fan base is a necessary condition for high influence; while high reputation for carrying goods and good short video communication effect are considerable combination conditions for achieving high influence; increasing the number of live broadcasts can effectively make up for the shortcomings of weak brand awareness of agricultural product net celebrities. It provides a reference for building agricultural brands, creating and cultivating agricultural product net celebrities, and provides empirical support and theoretical insight for cultivating agricultural product net celebrities who bring goods live in the work of rural revitalization.

Key words：live streaming with goods；agricultural product net celebrities；rural revitalization；qualitative comparative analysis method

"十四五"时期怎样高质量建设国家文化公园？*

——以大运河国家文化公园江苏段为例

摘　要:高质量推进国家文化公园建设,对于健全现代文化产业体系、推动文旅深度融合发展、推进国家文化治理创新,具有重大而深远的现实意义。本文以大运河国家文化公园江苏段为分析对象,发现国家文化公园作为"十四五"时期一项重大的文化创新,其在建设过程中存在建设和管理主体不明确、文化资源创造性转化不足、统筹协调能力不强等问题。由此,围绕"十四五"时期如何高质量推进国家文化公园建设,提出以下建议:① 制度创新,即完善管理与保障体系;② 业态创新,即探索传统文化创新型生产模式;③ 传播创新,即打造有社会影响力的文化品牌。最后,本文提出相关政策建议,以期为国家文化公园建设提供借鉴。

关键词:国家文化公园;"十四五"时期;大运河江苏段

一、问题的提出

"十四五"时期是社会主义文化强国建设的关键时期。习近平总书记强调,"要围绕国家重大区域发展战略,把握文化产业发展特点规律和资源要素条件,促进形成文化产业发展新格局"。改革开放以来,伴随着我国国民经济持续快速发展和经济结构的调整,文化产业的发展被摆在了愈来愈突出的位置。国家文化公园是国家近些年来持续推进实施的重大文化工程。自 2017 年 1 月中办、国办发布的《关

---

*　基金项目:本文系国家社科基金艺术学重大项目"5G 时代文化产业新业态、新模式研究"(20ZD05)、研究阐释党的十九届四中全会精神国家社科基金重点项目"健全现代文化产业体系和市场体系研究"(20AZD065)的阶段性研究成果。

于实施中华优秀传统文化传承发展工程的意见》提议建设一批国家文化公园后，"国家文化公园"这一新颖名词就越来越密集地出现在各种媒体报道与政府文件之中；2019 年 2 月，《大运河文化保护传承利用规划纲要》印发，从国家战略层面落实了大运河文化保护传承利用工作；2019 年 7 月，《长城、大运河、长征国家文化公园建设方案》审议通过，确立了国家文化公园建设首批试点项目；2020 年 10 月，建设长城、大运河、长征、黄河等国家文化公园被写入《中共中央关于制定国民经济和社会发展第十四个五年规划和二〇三五年远景目标的建议》；2021 年上半年，大运河沿线六省两市相继将建设大运河国家文化公园写入省、直辖市"十四五"规划和2035 远景目标纲要中。基于以上背景，强化文化价值引领，推进国家文化公园建设与大运河文化高质量传承与发展，不仅是建设资源节约型和环境友好型社会的重要一环，也是引领"十四五"时期文化产业高质量发展的战略抉择。但大运河等国家文化公园建设的主体往往时空跨度广、历史源流多、文化意蕴深，导致其建设过程中易发生概念混淆、权责模糊、创新不足等问题。而文化产业的渗透性和旅游产业的开放性可使得国家文化公园建设相关主体更易达成共识，以文化为内核的旅游体验推动文化地缘性进一步发展为广泛的文化认同、文化自信，文旅产业天然存在绿色产业属性（毕浩浩，2021），也有利于国家文化公园可持续发展。根据文旅融合的理念，将土地、人才、技术、管理和信息等要素进行整合，不仅能推动文旅产业新业态和新模式产生，也有助于中华优秀传统文化保护传承与弘扬利用。因此，需要在文旅融合视域下针对大运河文化与国家文化公园建设的发展现状与存在问题，积极探索出适合的解决对策，进一步推动"十四五"时期文化产业高质量发展与文化遗产保护。

二、大运河国家文化公园江苏段建设现状

素有"江南水乡"美称的江苏省在大运河国家文化公园建设中兼具先天条件与后天优势：一方面，大运河江苏段开凿最早、综合利用效率最高，干支流覆盖全省各市。大运河江苏段作为"美丽中轴"串联起江苏南北各市，留下诸多历史文化遗产。另一方面，江苏省旅游业发达，品牌效应高，淮扬运河段至今仍是通航最繁忙、充满生机活力的大运河河段。江苏省在大运河国家文化公园建设的实践中，亦不断推出创新之举，如全国首部大运河文化带保护地方性法规、全国首支大运河建设专项基金、全国首部《运河志》等。因此，大运河国家文化公园江苏段的实践案例对于其他省（市）国家文化公园建设具有重要的参考价值。

（一）强化顶层规划与理论支撑

大运河江苏段是目前全国首个且唯一的大运河国家文化公园建设重点示范段，江苏省政府对运河文化保护传承利用高度重视，成立了省大运河文化带建设工作领导小组。自 2019 年《大运河文化保护传承利用规划纲要》出台后，江苏省率先出台全国首部大运河文化带建设地方性法规，相继制定《江苏省大运河国家文化公园建设保护实施方案》等各项规划，并实施了一批重大项目，包括建设扬州中国大运河博物馆、设立全国首个大运河文旅基金、发行全国首只大运河文化带建设专项债券等，从文化遗产保护传承、生态文明建设、文旅融合发展等多个领域全方位地进行相关工作部署，积极探索大运河国家文化公园建设模式。

江苏省自古以来高度重视办学与教育，人才、科技等资源积累丰厚，这些资源在大运河国家文化公园江苏段建设过程中得到了充分利用，理论与实践实现了统一。一方面，成立专家智库，研究大运河文化遗产保护、发展历史与相关理论。2018 年 4 月，江苏省社科院成立大运河文化带建设研究院，并在大运河城市先后设立徐州、苏州等 7 家分院。另一方面，积极举办各类学界、业界盛会、论坛，交流大运河文化保护传承利用的实践成果与理论推进。自 2018 年起，长三角一市三省依托文化产业集聚优势已连续举办三届长三角国际文化产业博览会。每两年举办 1 次的江南文脉论坛自 2018 年起在无锡已举办 2 次。2019 年，由苏州市政府、苏州大学牵头的江南文脉论坛在苏州成功举办。2021 年 6 月，大运河文化发展论坛在扬州中国大运河博物馆举行。2021 年 11 月，由南京大学长三角文化产业发展研究院和国内多所高校共同发起的首届中国文化产业学术年会在南京举办。2022 年 6 月 27 日，国家文化和旅游部与江苏省人民政府联合举办的 2022 世界运河城市论坛在扬州正式开幕。

（二）整合文物及文化资源

大运河江苏段将楚汉文化、淮扬文化、金陵文化、吴文化和江海文化等江苏五大地域文化有机串联，大运河文化有力助推了江苏文化多元化与一体化。苏州市目前已编撰《苏州丝绸志》，中国大运河饮食研究中心拟编撰《中国大运河餐饮志》，扬州中国大运河博物馆正式开放，淮安大运河水工科技馆主体已基本建成，苏州大运河图书馆收录昆曲艺术巨著《昆曲艺术大典》……手工技艺、戏曲文艺、饮食习俗、名人故事等非物质文化遗产在大运河国家文化公园江苏段建设中得到充分保护、传承与利用，实现"各美其美，美美与共"的文化旅游区域协同发展局面。

在推动大运河沿线生态环境整治和文化遗产、文物资源保护传承利用过程中，江苏省政府充分发挥政府的引导、增信功能,吸引社会资本参与到大运河文化带和大运河国家文化公园建设过程中。江苏省大运河文化旅游发展基金通过政府投资20亿元,撬动社会面投资200亿元,认缴金额达170亿元。江苏省大运河文化旅游发展母子基金已投资项目19个,投资总额为22.75亿元。各城市根据地方文旅现状与城市特色,综合利用基金开展大运河文化带及大运河国家文化公园建设。譬如,扬州借助江苏省大运河(扬州)文化旅游发展基金设立扬州古城保护与发展基金和扬州平衡数字文化产业发展基金,从传统保护与创新利用两方面整合大运河扬州段文物及文化资源。苏州借助江苏省大运河(苏州)文化旅游发展基金投资苏州山塘旅游发展有限公司,推进历史街区山塘街建设,提供观光游览、店面租赁、纪念品销售、会展、文艺活动表演等文化旅游服务。

(三)推进跨区域协同合作

在大运河国家文化公园江苏段建设过程中,江苏省选取淮扬运河的关键节点淮安和扬州,重点开展运河文化遗产保护与文化传承利用工作,并有序推进其他城市的建设以及城市之间的互动。具有"世界运河之都""世界美食之都""东亚文化之都"称号的扬州建成中国大运河博物馆,成立世界运河历史文化城市合作组织并举办世界运河城市论坛,努力成为运河城市文化保护传承利用的"扬州样板"。淮安大运河水工科技馆构建运河沿岸"百里画廊",展现"运河之都,伟人故里"风光。此外,江苏省以大运河江苏段为"美丽中轴线"串联江苏南北各市,并结合徐州"楚风汉韵,彭祖故里"、苏州"手工艺与民间艺术之都"、南京"世界历史文化名城""世界文学之都"等城市特色,努力打造"水韵江苏"的文旅品牌,构建区域文旅合作发展新局面,综合利用好运河资源,合理布局,统筹兼顾,建立区域文旅合作新机制。

江苏省政府充分利用金融的资源配置功能,围绕大运河国家文化公园江苏段建设开展区域金融合作,以此加快区域文旅及相关产业协同发展。这一过程中,江苏省在文化金融领域实现多项创举,成立全国首个大运河文化旅游发展基金,发起成立大运河文旅产业投资联盟,建成扬州中国大运河博物馆,发行我国首只大运河文化带发展专项债……在投资范围上实现省市县区地方政府投资联动,在投资模式上实现投贷结合、股债联动、母子基金联投等金融创新,在投资参与主体上实现政产学研等的合作共赢,江苏省通过金融"活水"激发文化产业内在活力,以文化金融创新打通文旅产业链,推动大运河沿线各区域、各部门、各行业间的资源共享与互利共赢。

（四）数字化赋能文旅产业转型升级

在新一轮通信技术革命与产业变革下，产业数字化转型是推动产业结构合理化、高级化的关键。江苏省积极推动科学技术创新，以科技赋能文旅产业，推动文化旅游数字化、智能化、网络化发展。全面推动文化和旅游深度融合发展，以文塑旅，以旅彰文，并利用新一代信息技术驱动文旅产业转型升级，打造运河文化的沉浸式体验。扬州中国大运河博物馆通过5G、裸眼3D等数字化手段，赋予游客"秒行千里"之能，尽览苏州吴门桥、无锡清名桥等运河沿线美景，通过360度全域投影全面还原历史场景，以技术手段模拟昼夜、晴雨变化，进行极具真实感的运河文化展示。无锡建设大运河数字博物馆，以数字化可视化手段保护传承大运河文物和文化资源。江苏省文投集团建立大运河国家文化公园数字云平台，再造一条"数字大运河"。江苏省大运河（南京）文化旅游发展基金参与投资的南京市文学之都文化产业发展基金助力南京文学之都数字云平台和数字虚拟人"宁好"上线，推动大运河相关文化内容创作与宣传推广。

借助大数据分析、人工智能、"知识图谱"技术、GIS地理信息系统等数字技术，江苏省以文化科技深度融合推动大运河沿线文旅产业转型升级，从数字治理、公共服务、文化消费、场景体验、数字营销等多端发力，推进政府政务治理、企业业务处理、产业业态升级、用户丰富体验、国内国外互联，使大运河文化更易被感知、被理解。但在数字化赋能大运河国家文化公园建设过程中，各类云平台、数字虚拟人、数字藏品等数字技术成果层出不穷，因分属于不同的平台或服务体系，易造成功能重叠与资源浪费。由此，应接入国家文化大数据体系，共建省级文化数据中心和大运河文化数据中心，形成开放共享的大运河数字文化生态体系，推动大运河优秀数字文化成果全民共享。

三、高质量推进国家文化公园建设的理论研究和现实依据

（一）高质量推进国家文化公园建设的相关理论研究

基于空间功能、价值内涵和理念立场等维度，高质量推进国家文化公园建设相关研究的理论基础主要为线性文化遗产理论、文化共同体理论、"两山"理论与"两河"理论。

1. 线性文化遗产理论

线性文化遗产理论是我国借鉴西方"文化线路""遗产廊道"理念，在新发展阶段结合我国本土化实践形成的文化遗产保护理念。线性文化遗产旨在通过"文化

线路"的形式将原本相互独立的文物、文化遗产串联在一起,并强调对文物、文化遗产周围自然环境和人文环境的整体保护,重视区域的整体性、系统性文化价值(王林生、金元浦,2021)。文化线路、遗产廊道和线性文化遗产理论这三个理论分别由欧洲、美国和中国提出,是各国或地区为了适应国情与时代发展需求做出的决策。文化线路相较于线性文化遗产,有明显的政治和文化诉求,强调了身份识别和文化认同对于政治统一的意义(李飞、邹统钎,2021)。遗产廊道概念发源自美国,从属于国家公园体系,主要目的是希望通过遗产促进沿线经济复兴,美化自然环境,丰富人文景观,改善美国少数族裔的生存与发展条件。与文化线路和线性文化遗产相比,遗产廊道没有关于国家或国际层面的"统一""认同"等政治诉求,也没有"国家象征"的意味。目前,国家文化公园概念仍处于探索发展阶段,文化线路、廊道遗产和线性文化遗产理念都是其理论源流。现有的五大国家文化公园属于线性文化遗产,但随着相关实践的探索与理论研究的创新,国家文化公园的概念也将不局限于线性文化遗产。

2. 文化共同体理论

"共同体"(community)概念属于马克思主义的研究范畴,符合事物普遍联系的客观规律。马克思认为唯有在共同体内才能实现人的自由全面发展,"只有在共同体中才可能有个人自由"。文化共同体是高级层次的共同体概念,属于精神共同体的范畴(钟晟,2022)。文化共同体指建立在共同或类似价值观念与文化心理定式之上的社会群体,属于某种特定文化观念与精神追求体现在组织层面的有机统一体(余冬林、傅才武,2021)。长江、大运河等线性文化遗产较为明显的特征之一是区域文化存在个性而流域文化存在共性(涂文学、王耀,2018)。国家文化公园在线性文化遗产沿线"生活共同体"的基础上,通过线性文化遗产的文化认同逐步形成"文化共同体",凝聚同一流域不同区域、不同族群之间的价值共识,实现"价值共同体",将文化理念、价值观念与民族命运、国家命运相关联,与世界其他线性文化遗产交流互鉴,共建"命运共同体"。

3. "两山"理论与"两河"理论

"两山"理论与"两河"理论均来源于习近平的重要论述。"绿水青山就是金山银山"的"两山"理论是习近平于2005年在浙江省湖州市安吉县余村考察时提出的科学论断,体现了马克思主义处理人与自然关系的理论立场和研究方法。"我们既要绿水青山,也要金山银山。宁要绿水青山,不要金山银山,而且绿水青山就是金山银山。"这段论述对这三个层次关系的把握标志着习近平"两山"理论的成熟。在深入推动长江经济带发展座谈会上,习近平针对生态环境保护与经济发展的关系也强调了"两山"理论的重要性。"两河"理论来源于 2020 年习近平在扬州视察时提出的重要论述,"统筹保护好、传承好、利用好"大运河,"运河滋养两岸城市和人民,是运河两岸人民的致富河、幸福河。希望大家共同保护好大运河,使运河永远造福人民"(黄杰、包振宇,2021)。用"两山"理论和"两河"理论指导大运河的保护传承利用,在大运河国家文化公园建设过程中应着眼大运河的"致富"和"幸福"属性,将大运河打造成"缤纷旅游带""璀璨文化带"和"绿色生态带"。

上述所有理论,都扎根自中华民族优秀传统文化,来源于我国人民生产实践过程中针对人与世界关系的探讨,由此凝结为各类文化基因:处理人与人关系方面,"大道之行也,天下为公""兼爱非攻""海纳百川,有容乃大""和羹之美,在于合异";对待人与自然关系方面,"天人合一""道法自然""天地与我并生,而万物与我为一"等;看待人与社会关系方面,"民惟邦本,本固邦宁""圣人无常心,以百姓心为心""凡治国之道,必先富民"等。各类文化基因在党的科学领导下,适应时代背景,逐步发展为线性文化遗产理论、文化共同体理论、"两山"理论与"两河"理论等。在"十四五"建设社会主义文化强国的关键时期,国家文化公园理论的提出是基于上述理论推进国家文化治理创新的重大工程,更体现了党一切以人民为中心的发展理念。党和政府将人民的福祉放在首位,致力于丰富人民群众物质生活和精神文化生活,改善社会生活环境,努力构建自然共同体、经济共同体、社会共同体和文化共同体,为实现人类命运共同体而奋斗。

(二)高质量推进国家文化公园建设的现实依据

1. 国家文化公园建设的现实意义

(1) 健全现代文化产业体系的必然要求

国家文化公园由西方的国家公园概念引申而来,但又有所发展与超越,在自然生态环境保护基础上力求打造一个承载中国人民集体文化记忆和弘扬中华民族伟大精神的公共文化空间(秦宗财,2022)。一方面,良好的生态环境是国家文化公园建设的基础,譬如大运河等国家文化公园的建设须注重水体质量的改善、淤泥等沉积物的清理与再利用;另一方面,国家文化公园的建设对于满足我国人民美好生活精神文明层次的需要具有重要的实践意义。长江、长城等线性文化遗产承载了我国悠久深厚的历史文化,国家文化公园的建设带动文化资源的创造性转化、创新性发展,有助于健全现代文化产业体系,使得文化资源与遗产的内涵更符合新时代特征,更与人民群众精神文化生活深度融合。

（2）推动文旅深度融合发展的典型示范

国家文化公园在保护文化遗产的同时,也在推动基于文化资源的内容生产,引领文化产业及相关领域多元消费,打造文旅深度融合发展的典型示范区。国家文化公园丰富的文化资源是重要的文化创意来源,有助于高质量的文化产品生产,带动周边文旅消费及产业链延伸。同时,国家文化公园因其区位特点往往成为区域经济发展的重要抓手,如江苏省"十四五"文化和旅游发展规划中明确大运河作为串联江苏各文化带、旅游区的"美丽中轴",借此高效整合沿线旅游资源。并且,国家文化公园是面向人民群众的公共文化空间,能够有效提升公共文化服务水平。为打造大运河国家文化公园重点建设区,江苏省从运河戏曲、运河美食、运河志、运河文创、大运河博物馆、大运河国家文化公园数字云平台等方面着手对公共文化产品的内容与形式进行创新,极大提升了公共文化服务的水平。

（3）推进国家文化治理创新的重要探索

国家文化公园的概念一经提出便存在鲜明的国家主权属性,对于国家文化治理意义重大。对内而言,国家文化公园的建设能坚定中华民族人民群众的文化自信。国家文化公园通过构建兼具中华民族传统文化特征和新时代特色的文化标志体系,阐释中华文化以增强人民群众文化认同感、中华民族凝聚力,助推团结一致的文化共同体形成。对外而言,国家文化公园的建设是提升中国文化国际影响力的重要途径。长江、黄河、大运河和长城是世界文化遗产的重要组成部分,悠久的历史、交流互鉴的属性使国家文化公园的建设具备人类命运共同体的价值,其文化形象的传播面向国际跨文化群体也更易获得认同,有利于打造世界级的国家文化名片。

2. 国家文化公园建设应具备的基本特征

立足概念本身,国家文化公园的基本特征应该涵盖三个方面的内容:首先是国家性,国家文化公园的建设需要体现国家形象特征和文化传统,在整合文化遗产和文化资源后反映出整体的国家意义;其次是文化性,国家文化公园的建设应注重展现中华各民族共同缔造、发展、巩固统一祖国的历史,引领群众不断增强文化认同和文化自信;再次是社会公益性,国家文化公园的建设应满足国民欣赏自然、了解历史文化的需求,具有科普、教育、休闲、旅游的功能。

大运河文化带同时具备"国家""文化"和"公园"这三重特征。国家是大运河文化的鲜明烙印,大运河是中华民族"活"的文化遗产,纵横三千里,将黄河文化、齐鲁文化、江淮文化、西部文化等错综融合,形成了中华民族多元一体、独一无二的大运河文化,大运河文化包容并蓄,是中华民族发展的重要支撑。文化是大运河国家文化公园的内在灵魂,大运河贯穿南北,联通古今,承载着丰厚的历史文化底蕴和人文风貌,是"流动的文化",是中华文化的根与魂,在中国及世界运河史中都占据重要地位。公园是大运河国家文化公园的基本定位,大运河是中华文明的"活化石",它所蕴含的文化遗产必须以公园化的形式进行经营管理,对文化本体及文化生态实施严格的封闭化管理和保护。与此同时,公园作为大运河文化交流与展示的平台,可以将"活态"的文化以看得见、摸得着的形式加以展现,增强大运河文化的传播力和影响力。

3. "十四五"时期国家文化公园建设亟须解决的问题

（1）概念界定不清晰,文旅空间功能与特征不明确

国家文化公园这一概念引入较晚,相关理论研究与概念阐释较少,因而在定位上易与国家公园、文化旅游带等特色文旅空间发生混淆。国家文化公园是对国外提出的"国家公园"概念体系的创新,两者既有联系又有区别。目前,相关概念界定的争议主要在于:一是国家文化公园与国家公园两者的异同点。国家公园"以保护具有国家代表性的大面积自然生态系统为主要目的",而国家文化公园的概念由国家公园引申而来,国家文化公园相对更凸显"文化"这一属性。国家公园侧重于自然环境资源及生态系统的保护,属于物理空间,而国家文化公园强调对传统工艺、民俗故事、戏曲文艺等非物质文化遗产的保护,属于承载集体文化记忆的文化空间(胡梦飞,2021)。二是国家文化公园与文化遗产旅游廊道、文化旅游区、文化旅游带等特色文旅空间的区别,两者均依托一定的开放空间和文化遗产实现文化教育、旅游观光功能,但国家文化公园偏向于建设一个对文化资源、文化遗产进行保护与展示的公共文化空间,而文化遗产旅游廊道等特色文旅空间的功能则带有一定经济属性。

（2）建设和管理主体不明确,文化旅游体系有待完善

当前阶段国家文化公园建设主要起重点示范、先行带动作用。大运河国家文化公园建设已取得一定成果,但整体仍在摸索实践阶段,反向推动理论探索深入发展的作用力较小,目前对于国家文化公园的建设和管理主体并没有在规划层面做明确说明,给具体落实带来一定的挑战。国家文化公园的建设是对我国线性文化遗产的保护传承与开发利用,但其地理跨度广,因而涉及的省(市)较多。以大运河国家文化公园为例,其建设范围涉及 8 个省、直辖市,地理跨度极广。虽然规划中已经进行了责任分工,明确了牵头单位与责任单位,但主要是省部级层面的分工,

仍需国家文化公园沿线各省(市)根据自身情况进行具体分工安排。同时,因国家文化公园的建设需进行保护传承、环境配套、文旅融合、数字再现等工作,涉及的学科、技术领域较多,使得确定建设主体较为困难。国家文化公园建设主体的不明确,一定程度上导致其管理体制也比较模糊。国家文化公园建成后,如何确立一套完备的环境管理、安全管理、活动管理、设施管理体制有待更深入的研究。应进一步完善文化旅游体系,以文旅产业为抓手落实大运河国家文化公园建设和管理主体责任。

(3)文化资源创造性转化不足,文化旅游特色不明显

国家文化公园不仅在空间布局上跨度大,在文化内涵上也范围广、源流多、意蕴深,使得目前文化资源创造性转化与创新性发展难度较大。譬如:大运河江苏段便涵盖刚强雄浑的楚汉文化、豪放与婉约并存的淮扬文化、兼收并蓄的金陵文化、细腻清新的吴文化、大胆开放的海洋文化等五大文化体系,衍生出六朝文化、民国文化、明清建筑文化等。更为具化、细化的文化层面上,在文学、戏曲、美术、舞蹈、音乐、方言等领域呈现出特色鲜明、差异明显的地方文化特征。文化的多样性与复杂性增加了文化内涵挖掘梳理工作的难度与深度,对大运河文化的内涵挖掘不充分,导致沿线城市难以讲好运河故事、传承好运河文化,相关文化旅游资源有待深入开发。应在文化认同的基础上,探寻地方独特文化基因,凸显地域文化旅游特色。

(4)统筹协调能力不强,区域文旅合作机制有待确立

目前在国家文化公园建设过程中,各部门(主要为文化和旅游及相关部门)间长效合作机制并未确立,跨地区、跨部门统筹协调能力不强,责任边界模糊,存在多头管理、各自为政等问题,容易导致管理的碎片化、开发和监管的真空区等管理问题与重复建设等工作低效率问题,不利于国家文化公园完整统一形象的确立。因此,应全面提升政府治理的数字化、信息化水平,强化统筹协调能力,避免重复投资和挤出效应,实现规模效应、范围经济。

四、"十四五"时期高质量推进国家文化公园建设的路径选择

"十四五"时期是由全面建成小康社会向全面建设社会主义现代化国家转变的第一个五年,也是建设社会主义文化强国的关键时期。国家文化公园作为"十四五"时期中央推进的重大文化工程,具有创新意义。创新是高质量推进国家文化公园建设的重要保证。"十四五"时期高质量推进国家文化公园建设的路径选择,应

以创新为核心,从制度创新、业态创新、传播创新三个角度进行思考,形成国家文化公园高质量发展体系。

(一)制度创新:完善管理与保障体系

"十四五"时期,高质量推进国家文化公园建设应当建立完善的管理与保障体系,发现现有制度的"缺口",创新管理模式,为建设范围内各省(市)的责任分工、统筹管理、合作建设扫清障碍,确保国家文化公园建设的各个环节实现资源有效利用,分工合作明确,运营协调一致,效能充分发挥。自 2019 年 7 月《长城、大运河、长征国家文化公园建设方案》发布以来,长城、大运河、长征国家文化公园成为第一批国家文化公园建设队伍。这一时期,一方面,国家文化公园的试点实践有序推进,已产生一定成效;另一方面,省(市)层面积极响应国家战略要求,重视落实相关规划,并结合地域特点,通过制定大运河生态治理、遗产保护等法规条例,建设大运河博物馆等方式贯彻落实国家文化公园建设。然而,由于地理跨度广因而涉及的省(市)较多,建设和管理主体不明确,国家文化公园的管理体制较为模糊,缺乏建设的稳定性和持续性。因此,在国家文化公园建设过程中应注重顶层设计与统筹规划,综合考虑地域经济发展、区位条件、习俗文化等方面的差异性,因地制宜,注重不同主体间的协调合作,政府主导与公众参与间形成互补。完善法律法规与规章制度,实现跨地区跨部门协调合作,有效推进国家文化公园沿线文化遗产的保护、传承、弘扬与利用。国家主体层面,省、市、区、县分级管理,遵循规划中"河为线,城为珠,线串珠,珠带面"的原则,加强对文化遗产的系统性保护。社会主体层面,完善公众参与机制,建立多元主体合作平台,以人民群众为中心,提升国家文化公园沿线居民的参与感、幸福感。

(二)业态创新:探索传统文化创新型生产模式

"十四五"时期,应紧紧抓住因科技发展带来的新机遇,尤其是以 5G 技术为代表的互联网技术,能够打破文化资源的空间局限,触发文化资源形态的创新,带来文化产品与服务内容的有效升级,将为文化旅游提供全新的关键基础设施,成为国家文化公园建设的重要引擎。当前,由于国家文化公园建设范围内地方文化特征差异明显,文化资源挖掘不够充分,文化资源创造性转化与创新性发展有所欠缺,文化旅游产品吸引力不足。归根结底,国家文化公园作为文化旅游的重要形态,在建设过程中存在文化产品和服务的供需矛盾,具体表现为传统文化业态创新驱动与创新能力不足,难以与新业态相融合,产品科技含量亟待提升。因此,由科技创新带来的供给侧结构性调整和改革,是推动国家文化公园业态转型升级的有效手段和方法,是实现文化产品和服务供需有效匹配的重要路径。随着数字技术广泛融入社会,文化产品的数量与种类将会不断丰富,具有可视化、交互性、沉浸式等特性的数字创意产品和服务将不断涌现。将这种数字创意产品和服务应用于国家文化公园的建设中,可以创造性地改变传统的文化旅游产业体验方式,为游客提供沉浸式的文旅体验,进一步加深对大运河、长江、黄河等文化形态的认知,增强民族文化自信。与此同时,现阶段居民文化消费模式由大众化向多元化、个性化转型,数字技术在文化产业中的应用,将极大提高文化产品的生产效率、增强文化产品的吸引力、扩大文化服务的供给范围、实现文化产品定制化生产,推动我国文化产业结构向高级化迅速发展,实现国家文化公园相关旅游产品的有效供给。

(三)传播创新:打造有社会影响力的文化品牌

国家文化公园的建设并非仅仅是打造一个文化地标,而是依托公园建设范围内的自然资源和文化遗产资源,打造一个承载着民族记忆和文化认知的新时代中华民族文化品牌,弘扬民族精神。长江横贯东西,大运河联通南北,此类文化遗产自古以来便承担着交通运输、经济生产和文化交流的重要功能。国家文化公园的建设应在保护文物和非物质文化遗产的同时,摸清文化遗产资源"家底",挖掘文化遗产精神内涵与时代价值,借助创新创意开发利用文化资源,弘扬中华民族"四个伟大"精神。并且各地区建设国家文化公园过程中应融入地方文化基因,使得国家文化公园及周边旅游目的地形象更加鲜明,推动文旅深度融合,彰显地方文化特色,打造世界级文化品牌。文化品牌凝聚着一个国家独特的文化基因,是提升国家文化影响力的关键。将国家文化公园打造成具有社会影响力的文化品牌,充分利用长江、长城、黄河和大运河等线性文化遗产的交流互鉴属性,深挖大运河等"流动的文化"蕴含的精神内核,借助这些最能代表中华民族的文化符号,讲好中国故事、阐释中国文化、传递中国精神。

五、"十四五"时期高质量推进国家文化公园建设的政策建议

(一)深挖文化遗产内涵,多元主体共塑文旅融合示范区

基于文化遗产轨迹,深入研究大运河文化带地方历史文脉,探索地方文化基因,深入挖掘民俗风情、故事传说、诗词歌赋、传统技艺,通过各种艺术表现形式,讲好运河故事,弘扬大运河文化。同时,建立多元主体合作平台,共同参与国家文化公园建设,将大运河国家文化公园打造成文旅融合的示范区。强调公众参与在国家文化公园的建设与治理过程中的意义。生活在大运河沿线及附近的民众本就对

大运河文化非常熟悉,历史上的民众更构成大运河文化的重要主体,因而建设、治理的过程必然需要这些民众参与其中。建设国家文化公园的根本目的是推进我国大运河文化遗产保护、传承和利用,满足我国人民美好生活精神文明层次的需要,公众参与符合国家文化公园作为公共文化空间的大众属性,能够有效激发建设的潜力与活力,也会显著提高国家文化公园建设过程中的创新能力,提供更加丰富多元的文化产品与服务,满足公众的参与感、幸福感和归属感。

(二)坚持保护优先原则,探索生态文明与文旅发展有机衔接模式

生态文明建设是国家文化公园建设的重要支撑,国家文化公园建设是生态文明建设的新动能。应坚持"保护优先,强化传承"的原则,将文旅产业作为国家文化公园建设的重要抓手,探索生态文明与文旅发展有机衔接的新模式。以实现大运河流域内人与自然和谐共生为目标,注重生态环境保护,突出绿色低碳发展,实现水生态良性循环。完善流域内非物质文化遗产名录体系,大力实施大运河文化保护传承,展现生态多样性,促进大运河沿线地区生态文明整体发展。借助大运河网状分布、支流密集的特征,将沿线的文化生态旅游资源"连点""成线""组网",促进自然与人文景观的整体保护和塑造,全面推动文化和旅游深度融合发展,以文塑旅、以旅彰文,并利用新一代信息技术驱动文旅产业转型升级,打造大运河文化的沉浸式体验。建设文化旅游融合产业带,全方位全流域推进文旅融合发展,将国家文化公园建成世界级文化旅游目的地。

(三)做好文物活化利用,多渠道提升文化遗产保护水平

在科学系统推进国家文化公园建设的过程中,应在保护传承的基础上加强对其开发利用,通过创新理念、创意形式或技术手段使文化遗产以更适应现代思维模式的姿态走入人们视野。例如,依托现代展示技术和体验技术,适当开发高水平文创项目。依托优质文化遗产资源,打通线上和线下平台,线上借助融媒体等数字技术,将国家文化公园博物馆馆藏资源数字化,构建一个包括自主参观和趣味互动的数字化虚拟场馆,实现文化遗产数字化发展,提高中华传统文化影响力,创造良好社会效益。线下开辟国家文化公园文化旅游路线,发展特色文创纪念品、文化艺术表演、沉浸式文化体验等,在保护文化遗产的前提下发掘大运河文化的经济效益。制度保障层面,应健全大运河文化遗产保护机制,完善文化遗产保护制度,将法律法规与规章制度落实到保护河道、岸线、遗址遗迹等物质文化遗产和传说、风俗等非物质文化遗产两方面。

（四）加强统筹规划设计，建立区域文旅合作新机制

政府应做好统筹规划和顶层设计，加强省级层面的引导，打破行政区划界限，建立跨地区、跨部门的区域文旅长效合作机制，加强大运河沿线地区协同联动。基于文物与文化资源、地理位置、人民需求等进行合理规划，充分发挥大运河文化作为活态文化遗产的功能，丰富拓展沿线文物和文化资源保护利用形式，提高综合效益，让大运河文化真正"活"起来。以大运河为纽带，串联沿线单个文化遗迹、历史城镇、乡村田园、自然景观等资源要素，建立文化带上省（市、区）的联动机制，积极融入和服务"一带一路"建设、长江经济带发展、长三角区域一体化等发展战略，通过共建大运河国家文化公园，实现沿线省（市）基础设施共享、文旅品牌共塑、精品线路共推。

（五）数字赋能国家文化公园，催生文化旅游消费新业态

在文化保护传承的基础上利用好大运河文化遗产，是国家文化公园的主要目标功能，系统性、全方位地展示大运河文化，离不开现代信息技术的支持。创新文化遗产传承发展方式，以5G、物联网、区块链等技术为支撑，提升文化遗产展览展示的现实感、体验感，使大运河文化可感、可知、可信、可行。充分利用信息技术，建立数字化管理和监控平台，对文化遗产进行实时监测。建立大运河文化资源数据库，对具有代表性的文化遗产进行数字化信息收集和整合，并做到全面覆盖、实时更新、有序分类，实现数据共享，为国家文化公园的研究和建设提供数据支撑。运用 AR/VR 等多媒体技术数字化展示文化遗产，为游客提供沉浸式、互动式体验，譬如扬州大运河博物馆通过 360 度全域投影全面还原历史场景。把握数字经济发展机遇，加快文旅产业数字化转型，创新国家文化公园建设模式，打造文化旅游消费新场景、新业态。

（六）树立大运河特色文旅品牌，打造世界级文化名片

大运河国家文化公园的建设应注重展现中华各民族共同缔造、发展、巩固统一祖国的历史，引领群众不断增强文化认同和文化自信，为实现中华民族伟大复兴汇集磅礴力量。积极利用海外中国文化中心、境（涉）外旅游推广中心、驻外旅游办事处等渠道，加强与国内主流媒体海外平台、世界知名旅游杂志、社交媒体大 V 等合作，在国家文化年、中国旅游年等活动中融入大运河文化元素，打造大运河文化对外传播符号，展现具有世界影响力和吸引力的文化品牌，塑造兼具民族性与世界性的旅游目的地形象。

参考文献

[1] 毕浩浩.论长江文化的时代价值及其创造性转化[J].学习与实践,2021(5):134-140.

[2] 王林生,金元浦.线性文化理念:城市文化遗产保护利用的实践走向与结构变革:以北京"三条文化带"为对象[J].北京联合大学学报(人文社会科学版),2021(4):16-24+48.

[3] 李飞,邹统钎.论国家文化公园:逻辑、源流、意蕴[J].旅游学刊,2021(1):14-26.

[4] 马克思恩格斯选集(第1卷)[M].中共中央马克思恩格斯列宁斯大林著作编译局,译.北京:人民出版社,1995:119.

[5] 钟晟.文化共同体、文化认同与国家文化公园建设[J].江汉论坛,2022(3):139-144.

[6] 余冬林,傅才武.中华民族文化共同体的内涵、形成及历史演变[J].北京社会科学,2021(12):4-12.

[7] 涂文学,王耀.繁荣长江文化 复兴长江文明:基于长江文化带建设的考察[J].学习与实践,2018(6):125-132.

[8] 黄杰,包振宇.以"两河理论"推动大运河文化带高质量建设[J].美术观察,2021(10):16-18.

[9] 秦宗财.大运河国家文化公园系统性建设的五个维度[J].南京社会科学,2022(3):162-170.

[10] 胡梦飞.山东省大运河国家文化公园建设路径与策略研究[J].华北水利水电大学学报(社会科学版),2021(6):24-29.

作者简介

陈璐(1997—),江苏南通人,南京大学商学院博士研究生,江苏文化产业研究基地助理研究员。研究方向为文化产业经济学。

石志如(1997—),江苏淮安人,南京财经大学艺术设计学院硕士研究生,南京大学长三角文化产业发展研究院助理研究员。研究方向为文化产业经济学。

How to Build a High-Quality National Cultural Park During the "14th Five-Year Plan" Period?
— Taking the Jiangsu Section of the Grand Canal National Cultural Park as an Example

Chen Lu　Shi Zhiru

Abstract: Promoting the construction of national cultural parks with high quality has great and far-reaching practical significance for improving the modern cultural industry system, promoting the in-depth integration and development of cultural tourism, and promoting national cultural governance innovation. This paper takes the construction status of the Jiangsu section of the Grand Canal national cultural park as the object of analysis, and finds that the national cultural park, as a major cultural innovation during the "14th Five-Year Plan" period, has problems in the construction process of unclear construction and management subjects, insufficient creative transformation of cultural resources, weak overall planning and coordination capabilities, etc. Therefore, focusing on how to promote the construction of national cultural parks with high quality during the "14th Five-Year Plan" period, the following conclusions are put forward: ① Institutional innovation is to improve the management and security system; ② business innovation is to explore innovative production models of traditional culture; ③ communication innovation is to create a cultural brand with social influence. Finally, this paper puts forward relevant policy suggestions, in order to provide reference for the construction of national cultural parks.

Key words: national cultural park; the "14th Five-Year" peirod; the Jiangsu section of the Grand Canal

媒介融合背景下红色文创的价值链分析与提升路径

——基于新华文创实例的思考

顾　萍

摘　要:打破红色文创发展瓶颈、提升红色文创创新发展水平,需要在红色文创价值链的关键环节上培育和获取核心竞争力。新华文创通过提炼新华报史中的红色记忆,以多样化的叙事方式满足不同群体偏好,以"文化＋创意＋技术"助力产品传播,依托报史馆深入开展红色教育,实现创新发展。借鉴新华文创的实践经验,媒介融合背景下红色文创要实现创新发展,需要基于红色文化寻找历史与时代的结合点,以产品化思维建构更加通俗的红色叙事,拓展融媒视野带动红色文化产业共同发展,更要结合红色研学活动深入开展红色教育。

关键词:新华日报;红色文创;媒介融合;价值链

一、研究缘起:媒介融合背景下红色文创的新发展

新形势下,我国对红色文化资源保护与开发利用持续推进,红色文创的开发热度也在日益提高。红色文创是指以红色文化资源为主题,以传承与发扬红色精神为目标,经由创意转化后以有形或无形载体进行表现的文化创意产品。它不仅能展现红色文化资源的美学价值,还能使受众深刻感受红色文化资源的精神内核。[1-2]近年来,我国政府高度重视对文化创意产业的鼓励与引导,《关于进一步推动文化文物单位文化创意产品开发的若干措施》从推动优秀文化创造性转化与创新性发展、培育弘扬社会主义核心价值观以及建设社会主义文化强国的高度,指出依托文化资源加强文化创意产品开发的必要性与紧迫性。其中,红色文化资源是中国共产党及其领导的革命、建设和改革成功经验的历史积淀[3],基于此开发的红色文创将有助于进一步坚定文化自信,增强价值认同。

政策赋能背景下,我国文化创意产业的规模和效益得到了显著提升,红色文创也依托我国丰富的红色文化资源表现不俗,近 3 年红色文创线上商品数量年均增长达 150％、各类红色文创产品成交额年均增长率也保持在较高水平;[4]红色文创大赛、"红色文创联盟"等的举办与成立[5-6],显示出红色文创产业化发展的倾向。但是,"红色文创热"日益高涨的背后,红色文创在创意水平、产品形式、传播渠道等方面仍存在雷同、单一的局限[7],产品设计理念滞后、对消费者吸引力不足、市场规模偏小等问题日益突出[8],使得红色文创的产品市场魅力不足,限制了红色文创进一步升级和发展。打破红色文创发展瓶颈,需要充分激发红色文创的创新性,系统提升红色文创水平。目前对红色文创的创新发展研究主要集中在红色文创产品设计本身[9],鲜少有人结合数字时代媒介融合日益深化的整体环境对红色文创发展进行分析。媒介是文化传播的重要承载者,在媒介融合的新环境中,文化传播的理念、空间以及个性化与创新都发生了明显转变[10],而这或许正是帮助红色文创"破局"的新视野。从张文的红色文化资源大众化研究来看,媒介融合已经成为传播红色文化资源的新场域。[11]据此,本文提出核心问题:作为红色文化资源创意转化结果的红色文创,如何在媒介融合背景下进行优化创新,进一步提升发展水平?

本文将首先从理论视角进行分析,然后以新华文创为案例进行考察。新华文创是以新华日报红色文化资源为主题创设的红色文创品牌。作为中国共产党第一张政治机关报,新华日报拥有悠久党报传统和厚重党史资源;同时新华日报近年来深度参与到媒介融合的时代新潮中,横向整合党报资源、深度转变传播语态、纵向集成关联产业。[12]新华日报积极涉足红色文创领域,正是基于推进深度融合、建设"四全媒体"的集团布局,因此新华文创的案例具有很强的代表性,可以为媒介融合下红色文创的发展提供路径借鉴。

二、理论框架:基于价值链的视角

与普通消费品不同,红色文创所属的文化产品具有较强的综合性复合型属性,文化消费具有较强的链式效应和关联效应。[13]因此,构建红色文创的创新机制必须特别关注和把握其生产和消费中的关键环节,笔者将引入价值链理论对这些环节进行抓取。价值链概念由波特(Michael E. Porter)于 1985 年在《竞争优势》一书中提出,指的是企业"设计、生产、营销、交付和支持产品一系列活动的集合"。[14]随着数字时代影响的深化,价值链进化为价值网理论,更加强调消费者联系的重要性。[15]目前已有不少研究将价值链引入文化创意产业的研究中,主要围绕创意策

划、产品设计和生产、市场推广以及消费者服务等环节构成其基本的价值链。[16-18]

结合文化创意产业价值链的既有研究,笔者认为,红色文创的价值链具体包括红色文化资源的搜集和创意转化、红色文创的设计和生产、红色文创的营销和传播以及相关红色教育活动的组织与展开四个部分。红色文创在媒介融合背景下的创新机制,就是研究相关企业如何依托媒介融合在上述四个价值链关键环节上培育和获取重要核心能力,以形成和巩固企业在红色文创领域的竞争优势。

(一)红色文化资源的搜集和创意转化

从符号学视角看,符号是文化积累传承的基本载体[19],美国人类学家克利福德·格尔茨认为,文化概念实质是符号学的概念[20]。文创产品是集文化符号与创新思维、创意成果于一体的消费型产品[21],文化符号是使文创产品区别于其他的重要特质。红色文创可以被视为在媒介融合所带来的日益开放的话语空间中叙述主流话语的新方式,它需要具备权威性,以起到引导和规范舆论的作用;还需要具备公共性,从公众视角出发吸引公众参与其中,完成精神的洗礼与升华。因此,红色文创设计的首要立意,就是以物质化的符号表征方式,将厚重抽象的红色文化凝固在人为编织的意义之网中。例如上海中共一大红色文创"树德里"系列,就是对中共一大会址"树德里"的符号化设计,它将革命先辈内心层面革命理想的崇高精神表达具象化,与广大人民群众关于家国情怀的精神诉求产生共鸣。因此,红色文创中的资源搜集和创意转化环节,关键是要强化红色文创精神内核,增强红色文化资源的公众认同。这既能够强化对中国共产党百年红色历史的共识,也能够根据企业所掌握的红色文化资源强化产品的独特性。

(二)红色文创的设计和生产

自习近平总书记在2013年全国宣传思想工作会议上首次提出"讲好中国故事"的概念以来,对"中国故事"叙事方式的研究已经从印刷文化下单一的书面情节上升到更为宏大多元的文化叙事主题上来。[22]数字浪潮下主流媒体传播语态发生巨大变革,媒体叙事的受众群体变得更加多元、开放和包容,"用户本位、构建魅力、营造流行"[23]成为再造主流话语形态的关键。红色文创的设计,应该立足于讲好新时代红色故事根本愿景,对红色文化资源进行更加深入人心的阐释。如2021年首届"延安故事"文旅创新创意大赛作品《三元梅园红宝乳》,由三元乳业和梁家河红枣联名,以"为革命增强体质"语言表达和产品自身的"非语言"表达,突破时空限制,将红色文化资源的内涵间接传达给受众,达成红色文化资源深度传播的效果。同时,还有许多红色文创从年轻群体审美切入市场,通过与热门IP联名、引入盲盒形式等方式,在"讲故事"的同时营造"流行"语境,将红色文化资源、商业消费趋势、当代时尚潮流以及主流媒体引领深度融合,以新颖、趣味、亲民、年轻的语态营造品牌魅力,吸引消费者目光。总的来说,在红色文创的设计和生产环节,能否创新红色叙事方式、打造年轻亲民语态,将极大影响该红色文创的辐射能力。

(三) 红色文创的营销和传播

美国学者迈克尔·巴斯卡尔认为,承载内容的"框架"和内容推广方式已经由机器向算法时代转变。[24]智能媒体时代来临,泛媒介化、注意力解放、内容产消者崛起等快速发展,促使媒介产业的产品模式和产业生态发生剧烈变革[25],各种传播工具和技术的融合成为媒介融合的基础[26]。文化创意产业本身就是在高科技、数字化环境下孕育的新业态,媒介深度融合正在从技术层面重构生产方与消费者间的链路,因此,对红色文创的市场推广必须充分依靠数字技术力量,根据不同红色文创产品的特质,全面开拓它们的应用场景,以不同社交媒体和营销渠道进行宣传推广,覆盖常规和定制、普投和定向、线上和线下结合的各个领域。目前比较常规的营销方法是借助主流文创电商平台的渠道优势,对红色文创进行地推式宣传,如依托"天猫小满""故纸堆""极创翼"等电商营销媒介,还有依托媒介融合的传播方式值得进一步探索。整体而言,在红色文创的营销和传播阶段,能否以"文化+创意+科技"赋能产品传播实现文创的立体化营销推广,将是决定红色文创竞争优势的关键。

(四) 相关红色教育活动的组织与展开

开发红色文创,本质目的在于发挥红色文化资源的资政育人作用,即习近平总书记所说的"要把红色资源作为坚定理想信念、加强党性修养的生动教材"。如果脱离了对消费者的深层教育而仅仅销售红色文创,受众将难以与红色文化产生精神共鸣,红色文创最重要的教育价值将无从体现。因此,红色文创的开发与传播需要依托一定的红色文化产业集群,如党史馆、纪念馆、革命博物馆等党和国家红色基因库,还有红色旅游、红色影视等。相关红色文化创意产业可以给予消费者沉浸式红色体验,增强红色文化的感染力,强化受众对红色情感的共鸣。例如上海中共一大纪念馆的立体书文创、鲁迅博物馆系列文创、契合《觉醒年代》人物和故事原型的国家博物馆"新青年"系列文创,都以富有红色教育意义的场馆或场景生动再现了中国共产党的历史,再配合多样化的红色文创,使受众对红色文化资源认知更加形象具体。因此,在相关红色教育活动的组织与展开环节,需要依托情境式红色文化教育,增加受众对红色文创的理性认知与情感认同。

三、案例分析:基于新华文创的实例

作为媒介融合背景下红色文创开发的典型案例,新华文创积极推动文化与科技、创意与市场的有机深度融合,以新华日报的红色文化资源为抓手拓宽发展格局,强化新华日报原创内容的覆盖面和竞争力。从红色文创价值链的视角来具体分析新华文创的创新经验,可以发现如下特征:

(一) 红色内核:提炼新华报史中的红色记忆

新华文创的文化价值,主要依托于新华日报悠久的党报历史所沉淀的红色文化资源。新华报史文物中最珍贵的莫过于凝固其中的红色记忆,文创产品的研发团队将这些红色记忆中的文化价值进行提炼,以简明的符号语言进行彰显,以触发受众情感共鸣、重返语境。以新华"雁"标志演绎的新华报业传媒集团标志为例,白色主体、红色背景的群雁形象最为鲜明,寓意新华报人正振翅飞翔、遨游九天。"雁"标志也是新华红色文创在设计时的重点阐述,表达敢于创新的"头雁"精神。创新是新华历史跃迁的不竭动力,也是新华红色基因的主要构成。新华日报是中国共产党第一张全国公开发行的大型报纸,民国时期以敢为人先的锐气和灵活办报的智慧冲破日寇和国民党反动派层层封锁,将对抗战形势的正确判断、对人民争取独立解放的鼓舞传遍大江南北。[27]在新时代舆论生态新格局中,新华日报创新、转型与融合步履不停,舆论宣传与经营管理"两手抓、两手硬",努力构筑跨界共赢的泛媒体产业圈,打造自身现代新型主流媒体集团中的"头雁"地位。红心向党、勇往直前的新华报人团体,是新华日报取得今天成就的根基。创刊至今,从华北战场的奔赴与牺牲、小报童群体的奔走呼号,到今日突发事件和灾难现场逆行的新华联军,"新华方面军"英才辈出、薪火相传。因此,在实物设计中,代表创新精神与团队精神的新华"雁"符号被置于"新"传承、"新"时尚系列的多款文创显著位置,借此将新华日报的精神风貌传递给受众。

(二) 多元叙事:以多样化的叙事方式满足不同群体偏好

以实用与新潮融合的产品设计为"表",以深厚红色基因为"里",新华文创目前已经开发出十大系列。如新华"红"系列,以新华 PANTONE 红为主色调,设计文具礼盒、环保包、生日报等。根据线索利用理论,消费者更倾向于利用简单易得的产品外部线索(如包装、价格)等形成评价。[28]适宜的产品颜色将快速直观地向消费者传达产品信息、展示形象定位,通过影响视觉感知和品牌审美,对品牌认同产生重要影响。新华日报是见证中国共产党新闻事业与革命历史的"活"文物。思想

上坚持"政治家办报""党报姓党",行动上秉持"为民族而生""为抗日战争的宣传鼓动而服务",新时代以来更鲜明提出"传承'新华红'基因"的口号。"新华PANTONE红"实际是以视觉叙事向大众传达了新华的红色基因。又如"新华小报童"以及"新华人"系列品牌知识产权(Intellectual Property,IP)形象的开发。在 IP 开发中,打造具有鲜明人格的卡通造型是常见范式之一,继而借此进行持续商业营销和价值转化。[29]设计巧妙的 IP 形象能够代表品牌,在多元化渠道中高效传播,助力品牌深入人心。"新华小报童"以及"新华人"系列灵感来源于新华日报发展史的记者、摄影、编辑、报童等新华报人群体,拥有坚持正确舆论导向的政治自觉、重视新闻传播规律的行业精神以及植根人民服务群众的为民情怀赋予 IP 形象以灵魂。新华日报品牌 IP 形象,以亲切有趣的外形深受年轻消费者的喜爱,将新华人的职业精神具象为真实可感的流量和记忆点;同时,大胆采用盲盒娃娃等新潮模式制作相关衍生品,覆盖年轻群体进行品牌营销。总结来看,新华文创的产品群既涵盖了偏向观赏性的时尚饰品,又与办公用品及生活用品有所关联,兼备文化价值与实用价值,以多样化的叙事方式满足不同年龄群体的消费爱好,更易为大众所接受。

(三)融媒赋能:"文化+创意+技术"助力产品传播

融合理念在新华文创的发展过程中得到了充分体现。一方面,新华文创积极打破产业边界整合资源,以内容价值附加服务价值,做好"媒体+文化"的文章。如跨界合作进行品牌联名,与英雄钢笔联名合作,打造"新华英雄"钢笔礼盒,提升新华文创的品牌价值。在产业间的合作中,双方品牌作为价值观载体,内涵得以相互渗透补充;同时,吸引了潜在的对书报历史、红色文化感兴趣的消费者,在销售产品的同时为新华日报创造了更高的品牌价值。另一方面,新华日报的品牌融媒体能够凝聚传播资源,形成新的传播能力。近年来,新华日报致力于打造由报纸、网络、移动客户端等多元传播形态组成的全媒体融合矩阵。2018 年新华报业传媒集团启动全媒体指挥中心,目前,新华日报拥有 14 份报纸、8 份刊物、9 家网站、6 个客户端、100 多个微信微博账号,被誉为"最典型的全媒体集团"。新华文创传播积极借助新华融媒体平台,依托"传媒+"多元技术增加产品曝光率,推动融媒流量积极变现。

(四)沉浸体验:依托报史馆深入开展红色教育

新华文创以新华日报红色文化资源为核心,同时依靠新华日报报史馆的物理空间和教育功能与消费者进行深入互动。新华日报报史馆占地 1 800 余平方米,发掘 400 多件珍贵史料文物,创建全国红色教育基地、爱国主义教育基地"双基地"。[30]作为打造象征新华精神的重要红色场景,报史馆浓缩了《新华日报》发展历程,全景展示新华红色历史,是传播新华文创的本体。报史馆凝聚了新华日报丰富的报史资源,以重要历史节点为线索,展示了党的老一辈领导人对新华日报的关爱、新华日报发展的里程碑事件、社会主义建设中的现代跃迁,这是新华文创叙事与符号的根本来源。新华日报历史展览面向社会公众开放,除文字图片形式的珍贵史料,还有沉浸式复原场景、融媒体技术加持的"新华视窗",通过 VR/AR、小程序等方式提升沉浸式体验,还开发以"红色新华"为蓝本的趣味小游戏增强游戏体验感等,让参观者在可视、可触、可带入的智能化体验中更好观展,在潜移默化的红色教育过程中产生对新华红色文化资源的强烈情感共鸣。在报史馆尽头专门设立新华文创区域,使受众有机会在充分接受红色教育后与新华文创进行深入接触。

四、现实启示:媒介融合背景下红色文创的提升路径

通过对新华文创在红色文创价值链关键环节上创新点的分析可以发现,新华文创在红色文创价值链的四个关键环节上都积极运用新华日报所掌握的资源,努力培育和获取核心竞争力,抓住媒介融合机遇进行创造性发展。在新媒体时代,红色文创需要勇立潮头锐意创新,打破"同质化"迷局,而新华文创的实践经验,给予媒介融合环境下的红色文创以发展路径上的诸多启示。笔者将从红色文创价值链的关键环节出发,对此进行具体分析。

(一) 以红色文化为基,寻求历史内核与时代语境结合点

从文化强国的视野来看,新华日报打造红色文创品牌,是将主流红色话语向"国潮"(中国本土文化、本土品牌及产品所引领的消费文化潮)[31]转化的有益实践。在产品设计中,新华文创紧扣新华日报报史馆本体,将历史记忆与红色底蕴提炼为"雁"标志、创刊号、铅字木刻等文化符号,基于新华人群体打造"小报童"、新华人系列品牌 IP,始终坚持正确的政治方向,展示党媒精神风貌,始终将产品的社会效益放在首位,以增强新华红色文化资源在当代年青群体中的感染力、生命力、影响力。

从新华文创的实践经验来看,红色文创必须始终以红色文化为精神内核,坚持以社会主义核心价值观的引领,保护、传承与弘扬革命文化和社会主义先进文化,深入挖掘历史文化资源中的精神内涵,使文化创意产品成为广大群众感悟红色文化、培育文化自觉、增强文化自信的当代载体,通过产品中更好的渗透性、更新的启

示意义，使受众自然地将对红色历史的景仰融入日常，最终培植文化底蕴，引领文化风尚，实现更高效的文化再生产。

（二）树立产品化思维，建构红色叙事的当代传播语态

文创具有"文化"与"产品"的二元性，优秀的文创产品在保证社会效益的同时必须获得市场流量，提升经济效益。新华文创坚持产品原创，实现文化价值与实用价值的有机统一，大胆打破了传统的说教性、脸谱化红色叙事方式，采用更加亲和、潮流、年轻化的语态，如表现形式上使用品牌联名、盲盒娃娃，将新华日报中的金句印制在服装上以代表年轻人的个性表达和价值态度，消解宏大历史叙事与个体之间的距离，使产品更加自然地融入生活。

因此，在将红色资源向优秀文创产品转化时，需要以产品化思维塑造主流文化的态度表达和叙述方式。注重实用性，使红色文创贴近大众、贴近生活，将现实使用情景与历史革命情感融为一体，使作品在潜移默化中与受众形成共情。注重互动性，明确产品市场定位，了解受众的兴趣点，结合当代流行表达，构建红色文创魅力，使受众在讨论参与中实现红色文化资源再创造。

（三）拓展融媒视野，以红色文创带动文化产业共振共生

从新华文创的传播经验来看，新华文创在立足红色党媒主业、依托报史资源优势的基础上，将融合思维渗透产品推广的方方面面，既以"传媒＋"引领思想拓展发展格局，走出"红色文创＋助农""红色文创＋环保"等独特路径；更积极借助以新华日报为"头雁"，融报纸、刊物、新闻网站、移动客户端、手机报、微媒体及参股公司为一体的"融媒雁阵"积极推动流量变现。良好的传播环境加强了新华文创原创内容的核心竞争力。

因此，在红色文创的营销传播过程中，需要用好市场手段提升传播效能。利用融媒等数字手段打破传统单向传播方式，创建全媒体营销渠道；加强用户互动制造全网话题，依托去中心化的线上红色文创社群，增强红色文化关注度。同时，媒体融合不只是技术进步，在媒介融合走向深入的过程中，以融合理念提升文化传媒产业将愈发成为共识。因此，红色文创经营还需要确立产业思维，在立足自身文化优势的基础上加强顶层设计规划，以"文创＋"统筹文化核心产业、关联产业与外围产业，全面开拓红色文创的应用场景，深化红色文创向其他日常领域的渗透，在创意与市场、文化与科技的融合中建设更富影响力的红色文化创意产业。

（四）结合红色研学，围绕红色文创积极开展红色教育

在新华文创的开发与传播中，"讲好红色故事"始终是最关键的核心主题。文

创只是新时代讲述红色故事的一种途径,最终还是要在潜移默化中使波澜壮阔的新华红色历史深入人心。因此,新华文创在阵地上立足于新华日报报史馆本体,通过主题的链接将新华文创中的核心设计思想与报史馆中的各项展览紧密呼应,以流媒体播放、数字展厅、触摸屏交互等融媒形式增强体验。同时,在新华"融媒雁阵"中也有党报主题的红色教育内容。新华日报依托场馆与媒体优势,展开了众多"红色资源+课堂"的红色研学活动。这些红色研学活动使新华文创有所依托,增强了受众对新华文创的理解与共鸣。

因此,在红色文创的受众服务环节,需要通过多样的红色教育活动增强与受众的情感联结,使他们对红色文创有所共鸣。一方面,要依托既有红色资源场馆,除了传统的以图片物品静态展示为主的展陈内容,红色资源场馆更要善于运用数字化技术,增强红色场景的互动性,提升对参观者尤其是青少年群体的吸引力;另一方面,也要开发其他类型的红色文旅产品,抓住大众偏好趣味、娱乐的心理,积极开发红色主题的艺术表演、动漫影视以及手办盲盒等,使红色教育更易接受、更加深入人心。

参考文献

[1] 鲍娴,管慧勇.红色文创出版价值与立体开发策略[J].中国出版,2021(6):39-42.

[2] 毕红,杨光.基于TRA理论的公共图书馆红色文创产品运营策略研究[J].图书馆工作与研究,2022(7):97-103.

[3] 胡继冬.中国共产党对红色文化资源的保护与开发利用:百年历程、经验总结和趋势展望[J].理论月刊,2021(7):5-12.

[4] 红色文创前景广阔[N].经济日报,2022-07-02(9).

[5] 首届上海红色文创大赛揭晓,呈现潮流化年轻化特色[EB/OL].(2020-06-30). https://www.thepaper.cn/newsDetail_forward_8050580.

[6] 应妮.全国首个"红色文创联盟"在国家博物馆成立[EB/OL].(2020-12-11).http://www.chinanews.com/gn/2020/12-11/9359907.shtml.

[7] 杨佳奇,张娜.发展红色文创 传播红色精神[N].中国社会科学报,2022-04-21(8).

[8] 惠鸣.红色文创产品更要提升魅力[N].中国文化报,2021-02-04.

[9] 符雅琪.红色文创产品研究综述:基于中国知网统计分析[J].美与时代(上),2021(12):28-31.

[10] 梁晓敏.探析媒介融合对文化传播的影响[J].青年记者,2009(23):49-50.

［11］张文.媒介融合背景下的红色文化大众化研究［M］.北京：中国社会出版社，2019.

［12］双传学.涅槃：从一张报到现代新型主流媒体集团的跨越：新华日报 81 年发展创新之路［J］.新闻与写作，2019（10）：24－28.

［13］顾江.全球价值链视角下文化产业升级的路径选择［J］.艺术评论，2009（9）：80－86.

［14］迈克尔·波特.竞争优势［M］.陈小悦，译.北京：华夏出版社，2005：36.

［15］迟晓英，宣国良.价值链研究发展综述［J］.外国经济与管理，2000（1）：25－30.

［16］顾江.全球价值链视角下文化产业升级的路径选择［J］.艺术评论，2009（9）：80－86.

［17］邢华.文化创意产业价值链整合及其发展路径探析［J］.经济管理，2009，31（2）：37－41.

［18］赵星，冯家红，董帮应.博物馆价值网络拓展路径探析：以南京中国科举博物馆为例［J］.文化产业研究，2020（2）：269－284.

［19］莱斯利·A.怀特.文化的科学：人类与文明研究［M］.沈原，黄克克，等，译.济南：山东人民出版社，1988：33.

［20］克利福德·格尔茨.文化的解释［M］.韩莉，译.南京：译林出版社，2014：5.

［21］张津玮.SIPS 模型视域下传媒机构文创产品营销路径探析［J］.传媒，2020（23）：91－93.

［22］胡晓菲，胡翼青.破界、融合、创新：“讲好中国故事”研究的现状与展望［J］.传媒观察，2021（9）：5－16.

［23］喻国明.再造主流话语形态的关键：用户本位、构建魅力、营造流行［J］.新闻与写作，2019（9）：54－57.

［24］迈克尔·巴斯卡尔.内容之王：出版业的颠覆与重生［M］.赵丹，梁嘉馨，译.北京：机械工业出版社，2017.

［25］刘庆振.媒介融合新业态：智能媒体时代的媒介产业重构［J］.编辑之友，2017（2）：70－75.

［26］丁柏铨.媒介融合：概念、动因及利弊［J］.南京社会科学，2011（11）：92－99.

［27］韩辛茹.新华日报史：1938—1947［M］.重庆：重庆出版社，1990.

［28］WOODSIDE A G. Consumer evaluations of competing brands：Perceptual versus predictive validity［J］. Psychology & Marketing, 2012, 29（6）：458－466.

［29］张立，吴素平.2019 我国短视频领域年度报告：市场格局与投资观察［J］.传媒，2020（11）：9－10,12.

［30］中国江苏网.新华日报报史馆正式开馆［EB/OL］.（2021－07－12）. https://baijiahao.baidu.com/s? id=1705029823370476314.

［31］金文恺.“国潮”视域下主流话语传播语态的变革［J］.传媒观察，2020（4）：56－62.

作者简介

顾萍(1980—),江苏南通人,河海大学技术经济管理博士。研究方向文化产业。

Value Chain Analysis and Promotion Path of Red Cultural and Creative Product Under the Background of Media Convergence: Reflections Based on the Example of Xinhua Red Cultural and Creative Product

Gu Ping

Abstract: To break the bottleneck of red cultural and creative product and raise the level of innovative development, it is necessary to cultivate and obtain core competitiveness in the key links of the value chain of red cultural and creative product. Xinhua Red Cultural and Creative Product refines the red memory in the history of Xinhua Daily, satisfies the preferences of different groups with diversified narrative methods, promotes the dissemination of products with "culture + creativity + technology", and carries out in-depth red education relying on the newspaper History Museum. Thus, innovative development has been realized. Based on the successful experience of Xinhua Red Cultural and Creative Product, under the background of media convergence to achieve innovation and development, red cultural and creative product needs to find the combination of history and times based on red culture, construct more popular red narrative with product thinking, expand the vision of fusion media to promote the common development of red culture industry, and further carry out red studies.

Key words: Xinhua Daily; red cultural and creative product; media convergence; value chain

文化遗产

数字化情境下古镇文化遗产的审美体验研究[*]

——以长沙望城湘江古镇群为例

贺小荣　徐海超　史吉志　秦俊娜

摘　要：数字化技术为文化遗产对外传播提供了重要的媒介与平台，而关注传播受众的主观体验与感受是优化传播过程中的重要一环。本文基于 SOR 理论，以湖南长沙湘江古镇群为案例地，借助问卷调查以及结构方程模型（SEM）分析方法，剖析了文化遗产数字化传播、审美体验与旅游行为意愿三者之间的作用关系。研究表明：① 文化遗产数字化传播直接影响旅游行为意愿；② 文化遗产数字化传播正向影响传播受众的审美理解、审美共创和审美评判，以上审美体验的三大维度又同时正向作用于旅游行为意愿；③ 审美理解、审美共创和审美评判均在感官刺激、场景构建对旅游行为意愿影响中起部分中介作用，审美评判在人机互动对旅游行为意愿的影响中起到部分中介作用，而审美理解和审美共创在社会交往对旅游行为意愿的影响中起部分中介作用。

关键词：文化遗产；数字化传播；审美体验；SOR 理论；古镇

一、引　言

习近平总书记强调，让收藏在博物馆里的文物、陈列在广阔大地上的遗产、书写在古籍里的文字都活起来，丰富全社会历史文化滋养。在此背景下，中共中央办公厅、国务院办公厅印发了《关于推进实施国家文化数字化战略的意见》，指出我国

* 基金项目：本文系国家社会科学基金后期资助项目"文化遗产活化"（21FGLB070）、湖南省自然科学基金资助项目（2022JJ30387）"遗产旅游地应对气候风险的弹性社区建构研究"的阶段性研究成果。

计划要在 2035 年完成建立高效、科学、共享的国家文化大数据体系,促进中华文化的数字化传播与数字化成果全民共享。此外,新冠肺炎疫情的冲击也使得数字化时代加速到来,数字化与旅游的结合催生出多样化的旅游形态,成为旅游业发展的新动能。①② 旅游本身是集自然美、艺术美和社会美于一身的审美体验活动,而审美体验是旅游中的核心价值③,也是旅游体验研究中的热门话题④。研究发现,在旅游活动中积极寻找审美体验是游客的原始动力⑤,而且审美体验能帮助旅游者参与建构和重塑心理结构⑥。旅游环境的数字化使得旅游体验转型升级,面对数字化的旅游客体,审美体验是否受到冲击、审美体验与旅游产品之间的关系以及审美体验变动对旅游行为意愿的影响均是亟待研究的现实问题。此外,古镇作为文化遗产的重要载体,能够在一定程度上反映某一地域的风俗传统和发展历史,是遗产旅游地的典型代表,具有极高的保护与传播价值。⑦ 近年来数字化技术也成了古镇文化遗产保护与传承的重要手段,文化遗产数字化传播丰富了古镇的多层次感官体验,并提升其文化遗产艺术表达的感染力,带来了全新的审美体验。

　　基于以往关于文化遗产的传播,数字化技术在其传播的过程中起到了重要作用,但较少文献关注文化遗产数字化传播对于传播受众的真正影响,而审美体验的结果作为衡量文化遗产数字化传播的重要维度,这引起了我们的关注。因此,本文通过 SOR 理论、数字传播理论、审美理论来共同建构文化遗产数字化传播下审美体验的理论模型。刺激—机体—反应(Stimulus Organism Response,SOR)理论模型起源于环境心理学,被用于解释外部的刺激因素如何影响有机体的反应与行为。SOR 理论包括三个维度:刺激、有机体和行为。⑧ 刺激是指影响个体内部状

① 周湘鄂. 文化旅游产业的数字化建设[J]. 社会科学家,2022(2):65 - 70.
② 邬江. 数字化视域下文旅融合推动智慧旅游创新研究[J]. 经济问题,2022(5):75 - 81.
③ 吴恒,何文俊. 因何而美:旅游审美体验的溯源与机制[J]. 旅游学刊,2022(1):99 - 108.
④ 周彬,陈园园,虞虎,等. 传统古村落研学旅行游客满意度影响因素研究:以西递、宏村为例[J]. 地理科学进展,2022(5):854 - 866.
⑤ 吴恒,何文俊. 因何而美:旅游审美体验的溯源与机制[J]. 旅游学刊,2022(1):99 - 108.
⑥ 曹晶晶,章锦河,王昶,等. 距离欲对旅游者目的地选择影响的解释框架[J]. 地理学报,2020(4):860 - 877.
⑦ 全耀. 面向大学生的古镇文化数字化保护与传播平台设计研究[D]. 桂林:广西师范大学,2021.
⑧ MODY M A,SUESS C,LEHTO X. The accommodation experience scape:A comparative assessment of hotels and Airbnb[J]. International Journal of Contemporary Hospitality Management,2017,29(9):28.

态的外部情境因素；有机体作为一种内在状态介于刺激和行为之间，包括认知与情感活动，行为反应被定义为个体最终采取的行为方式。① 刺激变量涵盖了环境氛围、员工、产品，甚至品牌形象；中介变量包括基于刺激产生的心理认知、情绪情感，如享乐体验、地方认同等；反应变量常见的如重购意愿、生态友好行为等。②③ SOR 理论被广泛应用于旅游业环境特征、居民行为和旅游景观等刺激对用户心理状态和行为意愿的研究。

　　文化遗产传播作为 SOR 里面的刺激要素，主要集中于大众传媒、数字典藏、互联网、沉浸式传播四大模式。现有研究多从物质和非物质两个角度分别讨论文化遗产的数字化传播方式和路径。现代传播是保护传承非遗的重要载体，有学者认为多样化数字展示形态对提高非遗传播效率具有重要作用，认为新旧媒体传播方式是兼容和互补的关系。④ 张吕等提出包含多元行动主体的非遗信息传播"数字共同体"，能够产生链接效应和发散效应，进而激发非遗活力。⑤ 物质文化遗产作为文化符号，其本身就是媒介记忆的一种形式。⑥ 章立等以自然交互为设计理念，完成了惠山古镇的金莲桥及御碑亭等建筑遗产的高保真虚拟场景的构建，为复杂的文化信息传播内容提供了新的设计思路。⑦ 赵哲超等从复制性、互动性、动态化和立体化四个维度分析了"云游敦煌"的传播方式，并提出要把握好表现形式艺术性与文化遗产原真性之间的平衡。⑧

　　审美体验是 SOR 理论模型当中的机体反应，主要是指审美主体在观察客体时

---

① 潘涛涛，吕英杰. 在线健康社区中基于 SOR 模型的用户参与行为影响因素研究[J]. 情报资料工作，2022(2)：76 - 83.

② HYUN S S, KANG J. A better investment in luxury restaurants：Environmental or non-environmental cues？[J]. International Journal of Hospitality Management，2014，39：57 - 70.

③ 赵莹，林家惠，刘逸. 基于眼动实验的旅游地景观视觉评价研究：以珠海市唐家古镇为例[J]. 人文地理，2020(5)：130 - 140.

④ 谈国新，何琪敏. 中国非物质文化遗产数字化传播的研究现状、现实困境及发展路径[J]. 理论月刊，2021(9)：87 - 94.

⑤ 张吕，雷雨晴. 数字化生存语境下非遗的传播与传承[J]. 中国电视，2021(10)：72 - 76.

⑥ 赵哲超，王昕. 媒介记忆视域下物质文化遗产的数字化传播：以微信小程序"云游敦煌"为例[J]. 新闻与写作，2021(3)：99 - 102.

⑦ 章立，赵文轩，邱钰，等. 基于自然交互的建筑文化遗产传播模式研究：以金莲桥为例[J]. 包装工程，2021(22)：20 - 25.

⑧ 赵哲超，王昕. 媒介记忆视域下物质文化遗产的数字化传播：以微信小程序"云游敦煌"为例[J]. 新闻与写作，2021(3)：99 - 102.

产生的知觉感受与心理活动相互作用的共同产物。① 旅游审美体验是审美体验理论在旅游活动中的具体应用,作为旅游体验研究的具体类型被广泛研究。除对审美体验自身理论溯源和演化外②,更多是应用在游客满意度③、品牌提升④、目的地选择⑤和多种旅游形式的体验研究⑥等内容中,鲜有学者研究文化遗产在旅游活动中的审美价值。在乡村旅游发展中,有学者开始讨论农业文化遗产的审美价值,认为乡村文化遗产的原真性是审美体验和遗产价值的本质。⑦

综上,以往研究大多从供给方角度对文化遗产数字化保护角度进行剖析,忽略了文化遗产传承与利用中传播受众作为需求方的个体感知,研究方法上主要集中于从定性角度对旅游现象中的审美问题进行分析,较少从实际案例中检验审美体验对于旅游者的具体行为态度影响。因此,本文基于文化遗产数字化传播与旅游行为意愿,构造以审美体验为中介的调节模型,探讨在数字化情境下文化遗产旅游目的地的审美体验机理,以期对其他历史文化古镇或文化遗产旅游地的数字化转型提供借鉴与参考。

二、研究模型与研究假设

(一)研究模型的提出

数字技术普及时代,文化遗产开始重新走入大众视野,而不是仅限制于小范围内的文物遗址、书本新闻上的模糊概念。随着新冠疫情这一突发事件对于我国旅游市场的冲击,各旅游目的地也开始通过利用数字化技术来减少旅游业的损失,例如"云游古镇""古镇旅游直播"等形式,古镇文化遗产通过数字化形式传播。其中,

① 龙娅琳,吴俊.国内外审美体验在旅游中的应用研究综述[J].旅游导刊,2020(3):87-104.

② 吴恒,何文俊.因何而美:旅游审美体验的溯源与机制[J].旅游学刊,2022(1):99-108.

③ 周彬,陈园园,虞虎,等.传统古村落研学旅行游客满意度影响因素研究:以西递、宏村为例[J].地理科学进展,2022(5):854-866.

④ 张冬冬,杜华勇,何芙蓉.基于 Lovemark 理论的主题公园型旅游企业品牌提升研究[J].企业经济,2021(7):152-160.

⑤ 曹晶晶,章锦河,王昶,等.距离欲对旅游者目的地选择影响的解释框架[J].地理学报,2020(4):860-877.

⑥ ZHANG Q, XU H. Understanding aesthetic experiences in nature-based tourism: The important role of tourists' literary associations[J]. Journal of Destination Marketing & Management,2020,16:100429.

⑦ 陈加晋,卢勇,李立.美学发现与价值重塑:农业文化遗产的审美转向[J].西北农林科技大学学报(社会科学版),2021(5):137-144.

文化遗产数字化的传播要素,在一定程度上影响了受众在参观过程中的心理状态。① 而这种心理状态的变化怎样作用于受众的参观行为以及信息的获取,对于受众的行为反应产生了怎样的影响,值得我们进行深入探究。

本文基于 S-O-R 刺激反应模型,梳理了文化遗产数字化传播的相关因素,探究文化遗产数字化传播中的审美体验对受众行为的影响。在刺激反应模型中,S 代表了刺激源,O 是人的机体,代表了人的内在状态,涵盖了人的感知以及心理状态,R 则代表了人的反应。刺激源作用于人的机体,对人的心理感知产生影响,并产生相应的行为反应。本模型中的刺激源主要来自文化遗产数字化的传播,在参考以往学者研究以及实地调研的基础上,将其划分为:感官刺激、场景构建、人机交互以及社会交往。② 刺激源可以分为外部和内部刺激。本文中,场景构建以及社会交往属于外部刺激,感官刺激以及人机交互属于内部刺激,审美体验包括审美理解、审美共创和审美评判,受众的行为包括重游行为、信息获取行为等。综上,研究模型如图 1 所示。

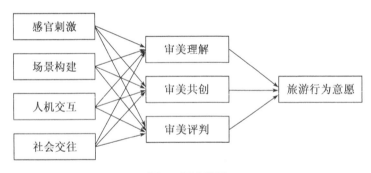

图 1 概念模型

(二) 研究假设

1. 文化遗产数字化传播与旅游行为意愿

文化遗产数字化传播有利于多角度、全方位地挖掘潜在的旅游者,有可能从媒介传播的多感官信息来改变旅游者原有的消费习惯,通过数字化生产的非传统场

① 秦璇,周锦,蔡咏琦."互联网+"时代与艺术的融合:以昆剧艺术的数字化传承为例[J].文化产业研究,2021(2):278-290.
② 杨婧言.虚实对话:数字化博物馆的沉浸式传播[D].南京:南京大学,2021.

景影响其消费者的行为动机与决策。① 此外,旅游吸引物要素的数字化传播不仅能够持续增加虚拟旅游的行为意愿,而且也不会对现实物理旅游的行为意愿起到严重的抑制效应,进而对线上线下的旅游意愿起到共同的促进作用。② 有学者对虚拟旅游社区研究发现,旅游虚拟社区中的社会交往现象十分普遍,有利于在多方价值共创的基础上促进线下同伴旅游的意愿。③ 本文提出以下假设:

H1(a) 感官刺激对旅游行为意愿有显著正向影响;

H1(b) 场景构建对旅游行为意愿有显著正向影响;

H1(c) 人机交互对旅游行为意愿有显著正向影响;

H1(d) 社会交往对旅游行为意愿有显著正向影响。

2. 文化遗产数字化传播与审美体验

文化遗产通过数字化手段,将其原来的实物载体,例如传统的材料金属、纸、泥、瓷器、木板等内容转变为计算机图形、数据、数字影像等非实体内容,通过建模软件不断地重构文化遗产的形式与内容,带给传播受众新的知觉感受。④ 而相关的仿真场景搭建、人机交互等人工智能技术在能够方便传播受众的时间与地点的同时,也为文化遗产的传播内容、传播渠道等方面的创新提供了条件。⑤ 有学者对防空洞遗产地的 VR 体验进行研究,发现数字化传播不仅可以激发旅游者的审美兴趣和审美想象,还能让传播受众从不同角度理解文化遗产,提高其审美享受。⑥ 有学者在对西澳大利亚的沉船博物馆的 3D 虚拟学习项目研究后发现,文化遗产数字化传播中的场景设计、多人协作模式、科学技术的运用能够提升传播受众对文

① 刘赟. 自媒体短视频传播对青年群体旅游消费意愿的影响研究[J]. 商业经济研究,2021
(10):80 - 82.

② KONRAD K, WITTOWSKY D. Virtual mobility and travel behavior of young people—Connections of two dimensions of mobility[J]. Research in Transportation Economics, 2017, 68: 7.

③ 朱腾腾,谢礼珊,吴一景. 多方价值共创:旅游虚拟社区结伴同游意愿的形成[J]. 旅游学刊, 2021(12):99 - 113.

④ 牛春舟,朱玉凯. 梅洛-庞蒂知觉理论与数字艺术审美体验转向[J]. 社会科学战线,2022 (1):251 - 257.

⑤ 樊传果,孙梓萍. 人工智能赋能下的传统手工艺非物质文化遗产传播[J]. 传媒观察,2021 (8):68 - 73.

⑥ SCHAPER M, SANTOS M, MALINVERNI L, et al. Learning about the past through situatedness, embodied exploration and digital augmentation of cultural heritage sites[J]. International Journal of Human—Computer Studies, 2018, 114: 15.

化遗产的审美兴趣、审美效果,加强他们的文化学习效果。① 基于此,本文提出以下假设:

H2(a)　感官刺激对审美理解有显著正向影响;

H2(b)　感官刺激对审美共创有显著正向影响;

H2(c)　感官刺激对审美评判有显著正向影响;

H3(a)　场景构建对审美理解有显著正向影响;

H3(b)　场景构建对审美共创有显著正向影响;

H3(c)　场景构建对审美评判有显著正向影响;

H4(a)　人机交互对审美理解有显著正向影响;

H4(b)　人机交互对审美共创有显著正向影响;

H4(c)　人机交互对审美评判有显著正向影响;

H5(a)　社会交往对审美理解有显著正向影响;

H5(b)　社会交往对审美共创有显著正向影响;

H5(c)　社会交往对审美评判有显著正向影响。

3. 审美体验与旅游行为意愿

审美需求是当代社会中个体必要的高级心理需求之一②,而旅游活动是审美体验实践的重要活动载体,人们的审美需求会天然地引发外出旅游实践活动。③有学者对新技术实施下博物馆的数字化传播服务研究后发现,数字化技术不仅能够提升游客感知、增强其游览记忆,而且这样具有创新性的多层次审美体验也能够增强旅游者的游览兴趣与重游意愿。④ 有学者在文化遗产数字化传播中的审美体验研究中发现,虚拟空间将真实性与创新结合在一起,而新多媒体技术对于传播受众的行为意愿起到增强作用,让博物馆成为沉浸式文化场所。⑤ 基于此,本文提出以下假设:

---

① KASSAHUN B M, ERIK C, DAVID M M, et al. The influence of collaborative and multi-modal mixed reality: Cultural learning in virtual heritage[J]. Multimodal Technologies and Interaction, 2021, 5(12): 1.

② 刘志成. 特色景观的审美心理表现形态研究[D]. 武汉:华中科技大学,2008.

③ 吴恒,何文俊. 因何而美:旅游审美体验的溯源与机制[J]. 旅游学刊,2022(1):99-108.

④ DELLA LUCIA M, TRUNFIO M. The role of the private actor in cultural regeneration: Hybridizing cultural heritage with creativity in the city[J]. Cities, 2018, 82: 35-44.

⑤ TRUNFIO M, CAMPANA S. A visitors' experience model for mixed reality in the museum [J]. Current Issues in Tourism, 2020, 23(9): 1053-1058.

H6（a） 审美理解对旅游行为意愿有显著正向影响；

H6（b） 审美共创对旅游行为意愿有显著正向影响；

H6（c） 审美评判对旅游行为意愿有显著正向影响。

三、研究方法与数据来源

（一）量表设计

本研究中所涉及的变量在借鉴国内外研究成熟量表的基础上加以创新。量表均采用 Likert 5 点计分法，要求问卷参与者从 1（非常不同意）到 5（非常同意）对每一题项打分。文化遗产数字化传播包含 4 个维度 12 个题项，具体内容根据杨婧言、Jennett、江苏佳等的研究成果修改而成。①②③ 审美体验根据吴恒与何文俊的研究④，保留其中 5 大维度中直接反映机体本身的 3 个维度并设计 11 个题项；旅游行为意愿部分主要参考曹月娟、杨军辉等的研究，设置 4 个题项。⑤⑥

（二）样本地概况

湘江古镇群位于湖南省长沙市北部的望城区内，由乔口、靖港、新康、铜官窑、书堂山、丁字湾 6 个镇（乡、街道）组成⑦，各镇在空间距离上不超过 10 千米，具有一定的邻近性，因此被统称为湘江古镇群。六大古镇中，靖港古镇以历史古迹闻名，木架结构建筑保留较为完整，是中国历史文化名镇；铜官窑古镇保留多处唐代的古窑遗址，是湖南古代陶瓷文化的代表地之一，获评中国特色景观旅游名镇；新康古镇历史上佛教文化较为兴盛，花鼓戏和皮影戏等文化遗产保留众多，是较为著名的"民间艺术之乡"；乔口古镇是著名的商业古镇，历史建筑遗留较多，同时蕴含

---

① 杨婧言. 虚实对话：数字化博物馆的沉浸式传播［D］. 南京：南京大学，2021.

② JENNETT C，COX A L，CAIRNS P，et al. Measuring and defining the experience of immersion in games［J］. International Journal of Human—Computer Studies，2008，66（9）：21.

③ 江苏佳，郑雷，郑立波. 沉浸感制造与沉浸人养成：从沉浸传播角度透视环球影城［J］. 新闻战线，2019（8）：43 - 48.

④ 吴恒，何文俊. 因何而美：旅游审美体验的溯源与机制［J］. 旅游学刊，2022（1）：99 - 108.

⑤ 曹月娟. 红色文化旅游游客服务质量感知对行为意愿的影响研究［J］. 旅游科学，2020（3）：94 - 102.

⑥ 杨军辉，赵永宏. 雾霾天气对国内游客旅游意愿与行为影响研究：以西安为例［J］. 人文地理，2019（6）：136 - 145.

⑦ 李勇，陈晓婷，刘沛林，等. "认知—情感—整体"三维视角下的遗产旅游地形象感知研究：以湘江古镇群为例［J］. 人文地理，2021（5）：167 - 176.

大量的民俗文化资源,入选了全国重点古镇名录;书堂山古镇是唐代著名书法家欧阳询父子的生长地之一,该地保留了欧阳询祖居、书堂古寺等历史文化遗迹。湘江古镇群是长沙文化遗产旅游的重要旅游目的地,且保留了长沙市望城区极具代表性的 90% 的非物质文化遗产,既具备了湖湘文化的底色,又在具体的品牌和文化内涵上有差异化发展,代表了不同特色的文化古镇。近年来六大古镇先后开展了文化遗产活化的工作,其中重要一项就是利用数字化传播的形式让游客接触到古镇的文化遗产内容。因此,本文将研究对象聚焦为长沙湘江古镇群,研究该案例地的数字化传播实践,具有一定的典型意义。

(三)数据收集

本文实地调研收集数据分为两个阶段。第一个阶段,于 2021 年 4 月 9—13 日,前往湘江古镇群的靖港古镇进行预调研,并依据小样本数据的统计分析结果,删除审美体验中信度较低的题项"在古镇的文化遗产数字化体验中,我能够体会到新的思考""在古镇的文化遗产数字化体验中,我认为文化遗产的传承价值非常高",保留其他题项内容。总体上,量表在预调研中具备良好的信度和效度,适用于后续的正式调研。第二个阶段,于 2021 年 5 月 27—30 日进行调研,最终回收问卷 360 份,剔除无效问卷后,得到有效问卷 328 份,有效率为 91.1%。

样本统计显示,女性稍多于男性,其中女性 188 人,占比 57.3%,男性为 140 人,占比 42.7%。就年龄而言,以中老年群体为主,占比 78.6%;就受教育程度而言,总体较好,其中高中及以上学历人群占比 54.1%;就旅游交通而言,大部分是乘坐旅行社大巴来到古镇,占比为 64.4%,其次为自驾游,占比 18.6%,选择公共交通占比较少,为 10.4%,其他交通方式占比为 6.4%;就游客职业而言,企业职员占比 22.2%,事业单位人员占比 13.5%,公务员占比 10.6%,个体商户占比 12.5%,自由职业者占比 6.1%,学生占比 14.4%,离退休人员占比 16.9%,其他占比 3.8%。

四、数据分析与结果

(一)探索性因子分析及信度检验

1. 适用性检验

使用软件 SPSS26.0 对文化遗产数字化传播的 4 个维度及审美体验的 3 个维度按照主成分降低数据集维数据进行适用性检验,其中 KMO 检验值分别为 0.822 和 0.839,Bartlett 球体检验的 x^2 统计值的显著性概率为 0.000,说明完全符合主成分分析的可行性标准。

2. 主成分分析

运用主成分分析法对文化遗产数字化传播、审美体验以及旅游行为意愿的 3 个变量予以探索性因子分析。首先,对文化遗产数字化传播进行多次旋转,结果显示,前 4 个因子的特征根均大于 1,累计方差贡献率达 77.120%,最终确定 4 个主成分。主成分 1 包括视觉冲击、听觉冲击、触觉感知等题项,将其概括为感官刺激;主成分 2 包括场景搭建、场景品质、场景的传递价值等题项,概括为场景构建;主成分 3 包括界面操作、跨时空交流、操作反馈等题项,命名为人机交互;主成分 4 包括为他人评论留言、点赞他人评论、写网络日志等题项,概括为社会交往。其次,对审美体验进行多次旋转,结果显示,前 3 个因子特征根均大于 1,累计方差贡献率达 80.047%,根据前面文献梳理将其分别命名为审美理解、审美共创、审美评判。

3. 信度检验

本文依据 Cronbach's α 系数检验各变量的信度,依据学术界普遍使用的 Cronbach's α 系数大于 0.7 的标准,对模型进行效度检验。经检验,模型的 8 个构念分别为感官刺激、场景构建、人机交互、社会交往、审美理解、审美共创、审美评判、旅游行为意愿,各个构念的 Cronbach's α 系数均大于 0.7,表明问卷有较好的信度。

(二)测量模型检验

1. 模型拟合度

借助 AMOS26.0 软件,利用最大似然法对测量模型进行验证性因子分析。表 1 列明了结构模型检验所得的主要适配指标。结果显示,其所有适配指标的拟合值均在理想范围内,说明本文的文化遗产数字化传播对旅游行为意愿影响模型的整体拟合度良好,以及该概念模型是可以接受的。

表 1　假设模型拟合度检验

配适指标	χ^2	χ^2/df	GFI	AGFI	RMSEA	NNFI	IFI	CFI
理想值	愈小愈好	<3.0	>0.9	>0.8	<0.08	>0.9	>0.9	>0.9
拟合值	406.340	1.625	0.916	0.891	0.042	0.904	0.972	0.971

2. 收敛效度检验

从表 2 可见,各观测变量的标准化因子载荷符合大于 0.6 的标准,表明各因子能够较强地解释假设模型。潜在变量的组合信度(CR)主要用于判别模型的内在质量,若潜在变量的组合信度值在 0.7 以上,表示模型的内在质量理想。由表 2 可知,各潜变量的组合信度系数值均大于0.8,表明模型内在质量佳,量表内部一致性较好。除此之外,各变量的AVE值均大于0.6,且大于最低标准0.5,表示模型收敛效度较为理想。

3. 区别效度检验

区分效度如表3所示,任意两变量间的相关系数均小于各潜变量AVE平方根(对角线标黑数字),仍在可接受范围内,表明不同变量题项间存在一定区分效度。

表2 测量模型验证性因子分析

潜变量	题项	因子载荷	克朗巴哈系数	组合信度（CR）	平均方差萃取量（AVE）
感官刺激	A11	0.794			
	A12	0.830	0.843	0.842	0.640
	A13	0.775			
场景构建	A21	0.777			
	A22	0.876	0.863	0.862	0.675
	A23	0.809			
人机交互	A31	0.822			
	A32	0.794	0.839	0.839	0.635
	A33	0.773			
社会交往	A41	0.805			
	A42	0.777	0.850	0.882	0.714
	A43	0.843			
审美理解	B11	0.867			
	B12	0.862	0.880	0.882	0.714
	B13	0.805			
审美共创	B21	0.820			
	B22	0.857	0.875	0.875	0.701
	B23	0.834			
审美评判	B31	0.840			
	B32	0.806	0.868	0.868	0.686
	B33	0.839			
旅游行为意愿	C1	0.691			
	C2	0.909	0.893	0.895	0.685
	C3	0.769			
	C4	0.918			

表3 相关系数与平均提取方差

变量	感官刺激	场景构建	人机交互	社会交往	审美理解	审美共创	审美评判	旅游行为意愿
感官刺激	**0.845**							
场景构建	0.419	**0.797**						
人机交互	0.398	0.505	**0.822**					
社会交往	0.432	0.487	0.427	**0.800**				
审美理解	0.334	0.446	0.408	0.417	**0.828**			
审美共创	0.476	0.417	0.418	0.485	0.303	**0.837**		
审美评判	0.528	0.576	0.529	0.613	0.388	0.436	**0.845**	
旅游行为意愿	0.525	0.596	0.589	0.589	0.490	0.538	0.617	**0.828**

注:对角线数字为AVE的平方根,对角线下数字为各潜变量间的相关系数。

假设检验。本研究以显著性 $P<0.05$ 为检验标准进行假设路径分析,得到假设检验结果,如表4所示。感官刺激、场景构建、人机交互、社会交往对旅游行为意愿有显著正向的影响,因此,假设H1(a)、H1(b)、H1(c)、H1(d)成立;感官刺激对旅游者审美理解、审美共创、审美评判等均产生显著正向影响,假设H2(a)、H2(b)、H2(c)得到验证;场景构建对旅游者审美理解、审美共创、审美评判等均产生显著正向影响,假设H3(a)、H3(b)、H3(c)得到验证;人机交互对旅游者审美理解、审美评判产生显著正向影响,假设H4(a)、H4(c)得到验证,但人机交互对审美共创的直接影响不显著,拒绝假设H4(b);社会交往对旅游者审美理解、审美共创产生显著正向影响,假设H5(a)、H5(b)得到验证,但社会交往对审美评判的直接影响不显著,拒绝假设H5(c);在审美体验的审美理解、审美共创、审美评判三大维度均对旅游行为意愿产生显著正向影响,假设H6(a)、H6(b)、H6(c)均通过验证。

表4 路径系数估计

假设	路径	Estimate	S.E.	T值	P值	检验结果
H1(a)	感官刺激→旅游行为意愿	0.141	0.055	2.556	＊	接受
H1(b)	场景构建→旅游行为意愿	0.172	0.048	3.582	＊＊＊	接受
H1(c)	人机交互→旅游行为意愿	0.152	0.054	2.795	＊＊	接受
H1(d)	社会交往→旅游行为意愿	0.092	0.042	2.172	＊	接受
H2(a)	感官刺激→审美理解	0.386	0.071	5.404	＊＊＊	接受

（续表）

假设	路径	Estimate	S. E.	T 值	P 值	检验结果
H2(b)	感官刺激→审美共创	0.278	0.074	3.760	＊＊＊	接受
H2(c)	感官刺激→审美评判	0.222	0.080	2.771	＊＊	接受
H3(a)	场景构建→审美理解	0.211	0.065	3.234	＊＊	接受
H3(b)	场景构建→审美共创	0.158	0.069	2.308	＊	接受
H3(c)	场景构建→审美评判	0.194	0.075	2.575	＊	接受
H4(a)	人机交互→审美理解	0.276	0.074	3.730	＊＊＊	接受
H4(b)	人机交互→审美共创	0.117	0.077	1.528	0.126	拒绝
H4(c)	人机交互→审美评判	0.261	0.085	3.066	＊＊	接受
H5(a)	社会交往→审美理解	0.219	0.057	3.848	＊＊＊	接受
H5(b)	社会交往→审美共创	0.245	0.060	4.060	＊＊＊	接受
H5(c)	社会交往→审美评判	0.083	0.065	1.279	0.201	拒绝
H6(a)	审美理解→旅游行为意愿	0.106	0.050	2.121	＊	接受
H6(b)	审美共创→旅游行为意愿	0.125	0.044	2.851	＊＊	接受
H6(c)	审美评判→旅游行为意愿	0.101	0.039	2.554	＊	接受

（三）中介效应检验

本文使用 Bias-corrected Percentile Bootstrap 方法，经过 5 000 次迭代，如果 95％的置信区间不包含 0，则认为中介效应的点估计是显著的。实证结果如表 5 所示，感官刺激与旅游行为意愿的中介路径有 3 条：感官刺激→审美理解→旅游行为意愿，审美理解发挥部分中介效应；感官刺激→审美共创→旅游行为意愿，审美共创发挥部分中介效应；感官刺激→审美评判→旅游行为意愿，审美评判发挥部分中介效应。场景构建与旅游行为意愿的中介路径有 3 条：场景构建→审美理解→旅游行为意愿，审美理解发挥部分中介效应；场景构建→审美共创→旅游行为意愿，审美共创发挥部分中介效应；场景构建→审美评判→旅游行为意愿，审美评判发挥部分中介效应。人机交互与旅游行为意愿的中介路径有 1 条：人机交互→审美评判→旅游行为意愿，审美评判发挥部分中介效应。社会交往与旅游行为意愿的中介路径有 2 条：社会交往→审美理解→旅游行为意愿，审美理解发挥部分中介效应；社会交往→审美共创→旅游行为意愿，审美共创发挥部分中介效应。

表 5　中介效应检验

路径	效应值	SE 值	Bootstrap95％CI		中介效果
			下限 LLCI	上限 ULCI	
感官刺激→审美理解→旅游行为意愿	0.041	0.025	0.004	0.103	支持
感官刺激→审美共创→旅游行为意愿	0.022	0.014	0.003	0.066	支持
感官刺激→审美评判→旅游行为意愿	0.029	0.02	0.004	0.09	支持
场景构建→审美理解→旅游行为意愿	0.023	0.014	0.003	0.066	支持
场景构建→审美共创→旅游行为意愿	0.035	0.021	0.006	0.098	支持
场景构建→审美评判→旅游行为意愿	0.02	0.014	0.001	0.062	支持
人机交互→审美理解→旅游行为意愿	0.015	0.015	−0.002	0.062	不支持
人机交互→审美共创→旅游行为意愿	0.031	0.003	−0.012	0.013	不支持
人机交互→审美评判→旅游行为意愿	0.022	0.015	0.002	0.062	支持
社会交往→审美理解→旅游行为意愿	0.019	0.013	0.001	0.057	支持
社会交往→审美共创→旅游行为意愿	0.026	0.017	0.003	0.074	支持
社会交往→审美评判→旅游行为意愿	0.008	−0.004	0.037	0.01	不支持

五、结论与讨论

（一）研究结论

本文立足主客交互的视角，基于 SOR 理论，构建了文化遗产数字化传播视角下的传播受众审美体验与旅游行为意愿的实证模型，分析了文化遗产传播客体对于传播受众主体的审美体验以及旅游行为意愿等主观内容的影响（图 2）。研究发现：

（1）文化遗产数字化传播直接影响旅游行为意愿，即文化遗产数字化传播的感官刺激、场景构建、人机交互、社会交往各部分要素均对旅游者的重游选择、旅游决策具有显著的正向影响作用，可以提升传播受众对于文化遗产数字化内容的心理关注度。此外，对比各传播要素的影响作用大小，数字化技术传播中的场景要素以及人机互动要素对于传播受众个体是较为看重的两个部分。

（2）除了社会交往，其他三大要素均对审美体验中的审美理解作用最为显著，说明传播受众在面对纷繁复杂的数字化传播信息时，能够主动开启审美机制，选择

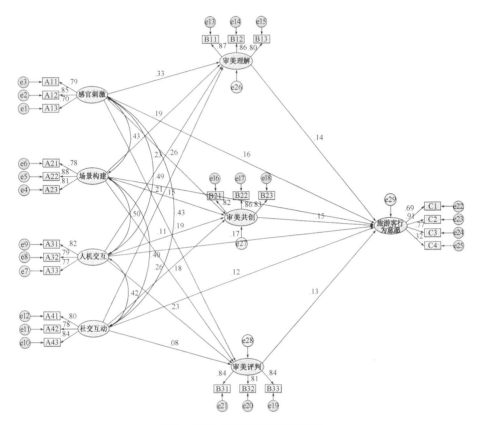

图2 结构方程模型的检验结果

性地获取自己所需的文化遗产美学信息来生成更多认知价值。① 相对于其他审美体验组成部分,文化遗产数字化传播要素对于审美评判作用较小,说明审美评判作为审美体验的认知再加工阶段,具有一定的滞后性,而文化遗产数字化传播中的大众传播模式、互联网模式等虚拟世界的美学信息也有可能失真,相较于线下实体而言,对传播受众审美判断的影响较为不理想。

（3）审美体验的三大维度同时正向作用于旅游行为意愿。其中,审美共创（0.125）、审美理解（0.106）、审美评判（0.101）三大审美体验要素对于传播受众的旅游行为意愿依次减弱,说明传播受众的行为意愿需要受到主客观交互影响下主体能动性的发挥,仅靠审美信息输入或者审美判断是不够的,需要从内心层面唤起

① JUN S H. Travel information processing applying a dual-process model[J]. Annals of Tourism Research,2013(40):22.

传播受众对于文化遗产的美好想象与充分联想,才能从行为层面调动传播受众的旅游积极性。

(4)审美理解作为个体审美体验中较为容易诱发的体验成分,容易受到文化遗产数字化传播要素的影响,而审美评判作为较为复杂的审美体验,需要传播受众的认知再加工,因此在响应程度上相较于审美理解、审美共创不是非常理想。

研究结论在一定程度上说明了在虚拟旅游世界中,信息、环境、媒介等要素对于旅游者审美体验中不同成分的影响具有层次性、不均衡性与局限性。

(二)管理启示

首先,对于数字化转型的历史文化古镇或遗产旅游目的地而言,各级政府在通过数字化技术来实现文化遗产的保护与传承过程中,要进一步强化文化遗产数字化思维,搭建多元传播平台体系。此外,各大古镇要避免以往传统数字化传播中简单的图文推送形式,借助新媒体的技术来搭建三维虚拟场景,让传播受众通过多元平台上的沉浸式体验来获取对于文化遗产的多角度、多感官参与的深度沉浸感知。

其次,整合文化遗产数字化资源,激发传播受众审美情感是实现从单独的供给者角度考量文化遗产数字化传播,转向以传播受众为核心的重要环节。除了线上多媒体技术的使用,遗产旅游地在提取文化遗产的文化、建筑、服饰和场景基础上,构造文化遗产的文字、图片、音频、视频及三维模型数据库,以 VR 沉浸式数字交互体验、3D 数字全景影像、AR 数字交互体验和 XR 沉浸式剧场展演等数字化形式作为主要传播路径。

最后,各大历史文化古镇需要制定文化遗产数字化标准,引导社会对于文化遗产欣赏的正确方向。各级政府应该出台相关的管制措施来对文化遗产数字化传播的内容和形式做出规定,避免过度的"娱乐化"倾向,但是又要激发民众借助手机等移动终端和数字媒体技术有效传播传统手工艺文化,使民众自发保护古镇的文化遗产。

作者简介

贺小荣(1972—),湖南衡阳人,湖南师范大学旅游学院教授、博士生导师。研究方向为旅游目的地管理与文化遗产活化利用。

徐海超(1997—),浙江丽水人,湖南师范大学旅游学院硕士研究生。研究方向为社会文化地理与文化遗产保护。

史吉志(1998—)，山东临清人，湖南师范大学旅游学院硕士研究生。研究方向为农业文化遗产开发与保护。

秦俊娜(1997—)，河南许昌人，湖南师范大学旅游学院硕士研究生。研究方向为文化遗产旅游。

Aesthetic Experience of Cultural Heritage of Ancient Towns in Digital Context — Taking the Changsha Wangcheng Xiangjiang Ancient Town Group as an Example

He Xiaorong   Xu Haichao   Shi Jizhi   Qin Junna

Abstract：Digital technology provides an important media and platform for the dissemination of cultural heritage, and paying attention to the subjective experience and feeling of the target audience is an important part of the optimization of the process. Based on SOR theory, we analyze the relationship among the digital communication of cultural heritage, aesthetic experience, and tourism behavior based on a questionnaire survey and structural equation model (SEM) in the case of the Changsha Xiangjiang ancient town. The study shows that：① Digital communication of cultural heritage directly affects willingness to travel；② digital communication of cultural heritage positively affects aesthetic understanding, aesthetic co-creation, and aesthetic judgment of communication audiences, and the above three dimensions of aesthetic experience positively affect willingness to travel；③ aesthetic understanding, aesthetic co-creation and aesthetic judgment all play a part in mediating the effect of sensory stimulation and scene construction on willingness to travel. Aesthetic judgment partially mediates the effect of human-computer interaction on willingness to engage in tourism behavior, while aesthetic understanding and aesthetic co-creation partially mediate the effect of social interaction on willingness to engage in tourism behavior.

Key words：cultural heritage；digital communication；aesthetic experience；SOR theory；ancient town

博物馆美育促进文化资源转化为文化资本的动力模式探析[*]

徐 望

摘 要:在"博物馆美育"与"文化资本"之间建立一个超链接,是学术视角的切换与博物馆学理论的创新,更是对博物馆美育的全新探索。博物馆美育能够推动文化资源转化为文化资本。探析这一转化过程的动力模式可以发现,动力方向、动力源头、动力机制、动力效应依次为朝向促进文化资本积累转化的教育目标、博物馆的现代化与社会教育职能的发展、文化遗产在"物与人"两个维度上向文化资本转化、文化资本在"物与人"双重维度上进行资本再生产。博物馆美育具有多元化的实施途径,概言之,可分为展览、活动、文创和跨媒介传播四大类。由于博物馆文化具有多元性,博物馆美育能够促进多元内容的文化资本积累。可以认为,博物馆美育的过程包含着文化资源经由资本化后进行文化赋值的运动,浅层的文化赋值是经济层面的,深层的文化赋值是社会层面的。

关键词:博物馆美育;文化资源;文化资本;多元文化

一、引 言

从中共中央发布的一系列文件、提出的一系列命题可见:当前中国处于"新时代","全面建设社会主义现代化国家"是中国社会现阶段的发展定位。在这样一个全民迈向全面美好生活的时代图景下,人民对于美好精神文化生活的需要日益增长,对于学习文化艺术的需要也日益增长。这就必然要求作为公共文化供给一部

---

* 基金项目:本文系国家社科基金艺术学项目"多元融通视域下的新时代文化消费研究"(22BH143)、江苏省文化和旅游科研课题"新时代公共文化跨界融合与导向研究"(21YB11)、江苏省文化和旅游科研课题"文化和旅游公共服务体系城乡一体化建设研究"(22YB08)的阶段性研究成果。

分的社会美育供给(即公共文化服务机构的美育产品与服务供给)在数量与质量层面不断提升,真正实现文化成果为全民共享,美与艺术走向社会大众。社会美育具有显著的公共性和社会性,必然要在社会公域中发挥作用,必然要调动公共文化服务体系的力量,必然要在公共文化服务机构中开展。博物馆不仅是重要的公共文化服务机构,面向社会公众开放,是人民的文化殿堂;而且是与正式教育机构(学校)相对立的非正式教育机构,发挥着社会教育职能,既是社会公众接受终身教育的大众学堂,也是在校学生接受课外教育的第二课堂。美与艺术在博物馆中无处不在,因而在博物馆的社会教育职能中,美育职能极适宜发挥。①

当前,在博物馆学界,对于"博物馆教育"的研究极为丰富,而"博物馆美育"这一提法,尚不显要,也很不充分。教育的涵盖面是多元的,是为人的全面发展服务的,包括德、智、体、美、劳五育。博物馆教育因其教育素材的广博性、教育内容的丰富性、教育形式的多样性,可以实现五育共促,全面育人。"博物馆美育"是社会美育的重要构成部分,专指博物馆对于社会公众(主要是观众)审美情操的涵育,以艺术审美教育为核心内容和首要手段。在中国,对于博物馆等公共文化机构之社会美育职能的发现与研究,是由蔡元培开启的。他提出了"社会美育"的理念,论述了博物馆、美术馆、展览馆等公共文化场所的社会美育功能。他在《对于新教育之意见》(1912)一文中提出:"博物学……在观感一方面,多为美感"②,又在《何谓文化》(1921)、《美育实施的方法》(1922)等文中多次提出博物馆的美育功能。

当前,对于博物馆美育的研究尚且不足,运用的理论、视角和方法也不够多元,亟待突破。在"博物馆美育"与"文化资本"之间建立一个超链接,是学术视角的切换与博物馆学理论的创新,更是对博物馆美育的全新探索。无论是博物馆还是美育方面的研究,都具有学科交叉的性质,文化资本理论具有高度跨界属性,从连接两者到对博物馆美育促进文化资源转化为文化资本的动力模式进行探析,可得出对博物馆美育的全新认识。每一座博物馆都是一座文化资源的"富矿",其通过在社会公域中提供社会教育等公共文化服务,推动文化资源转化为文化资本。博物馆的展览、美育活动、文创产品的开发与销售、文化艺术的跨媒介传播等是博物馆美育的多元途径,这些途径可以促进社会场域和经济场域中多元形态的文化资本

---

① 徐望.博物馆艺术审美时代来临——中国当代博物馆美育理念的政策性强化综述[J].剧影月报,2021(3):63-65.

② 金雅主编,聂振斌选编.中国现代美学名家文丛·蔡元培卷[M].北京:中国文联出版社,2017:28.

生成与积累;并且,博物馆文化具有多样性,决定了博物馆美育所积累的文化资本所蕴含的文化内容亦是多元的。

二、文化资源与文化资本的区别与联系

对博物馆美育促进文化资源转化为文化资本的动力模式进行探析,首先需要明晰文化资源与文化资本的区别与联系,以下从辨析"资源"与"资本"概念开始,进而辨析"文化资源"与"文化资本"概念,最后论述两者之间的联系。以此论证:资源本身不是资本,但可以转化为资本,文化资本是文化资源资本化的产物。

(一)"资源"与"资本"概念辨析

"资源"与"资本"是两个不同的概念。"资源"从词语构成上分析,"资"为财富,"源"为来源,"资源"即财富的来源。资源包括自然资源和社会资源。"资本"在马克思主义唯物史观的政治经济学中被定义为"带来剩余价值的价值"。[1] 狭义的"资本"即指经济资本。由于经济活动是人类的一种社会实践活动,资本并不像自然资源那样是天然存在的,其产生和存在与人类主体的社会实践活动密切相关,因而资本是一种社会场域中的要素。社会场域不仅包括经济活动场域,还包括更广阔的各类社会活动等场域。在社会场域之中看资本运动,有助于用经济活动规律解释各类社会活动规律,为讨论经济资本以外的资本形态提供了合理性,使得广义"资本"的概念和用法广泛存在,如人们常说"自信的资本""骄傲的资本""进步的资本""为人处世的资本"等,这里的"资本"显然并非专指经济资本,而包括经济活动之外的更多社会活动中的"文化资本""社会资本""象征资本"等。布尔迪厄的资本理论,尤其是文化资本理论——就是建立在"场域"这个社会学概念的基础之上的。

资源与资本,最重要的区别在于:前者是以相对静态、客观固在的客体状态存在的,能够且需要被主体开发利用,向后者转化;后者是活态的,是运动不息、流变不息的,始终处于积累、转化、增值、升值的循环运动过程之中,不断进行扩大再生产。前者是后者之所以生成的客观存在的物质或非物质资料源泉,可以向后者转化,也必然要向后者转化;后者是前者的活化和场域化,即以运动的状态进入主体活动的各种场域。

(二)"文化资源"与"文化资本"概念辨析

文化资源是资源的一种,指人类文化实践活动(包括文化教育活动、公共文化

① 马克思. 资本论(第一卷)[M]. 中共中央马克思恩格斯列宁斯大林著作编译局,译. 北京:人民出版社,2018:81.

服务、文化遗产保护、文艺作品创作、文化产品生产、文化产业经营等)中可资利用的,通常作为条件、要素等的各种资源的总和,包括一切有文化价值的自然资源和社会资源。联系博物馆中的文化实践活动尤其是教育、美育活动看,文化遗产是最重要的文化资源,使其在社会文化教育场域中发挥作用,是对这类文化资源的直接开发利用,是促进其转化为博物馆文化资本,并继续向个体和家庭文化资本、社会文化资本转化的有效途径。

尽管"资本"原本是一个经济学概念,"文化资本"这一概念的诞生却是在社会学语境之中,并且最常用于教育领域——文化资本的积累程度与文化教育正相关。布尔迪厄是这一概念的创始人,这一概念是他对马克思政治经济学的资本理论进行非经济学的解读后提出的,首次提出于《资本的形式》(1986)一文中。布尔迪厄指出文化资本有三种形态,每一种都广泛存在于社会生活中。第一种,他称之为"具体的形态",即身体的形态,确切地说是人格的形态,文化资本内化于人们的身体和头脑,固化于人们的习性和性情,反映为文化学识、文化技能、文化教养、文化造诣等,或言文化能力/修养;第二种,他称之为"客观的形态",即产品的形态,文化资本外化于种种文化产品(书画、书籍、工艺品、文化工具、文物等);第三种,他称之为"体制的形态",文化资本制度化于学历、职称、行业执照等资格认证与授予上。直到 20 世纪末,随着文化经济的兴起,"文化资本"这一概念才被经济学家在经济研究领域中提出并使用。思罗斯比在《文化资本》(1999)一文中提出了"文化资本"的经济学定义,即"文化资本是以财富的形式具体表现出来的文化价值的积累"。[①]其或有形,或无形,有形的文化资本即文化的物性载体,如文物、艺术、遗迹等,无形的文化资本即文化内容部分,反映文化价值观,如思想、习俗、信仰、品牌等。《辞海》(第七版)对于"文化资本"的解释为:"泛指任何与文化及文化活动有关的有形及无形资产。"[②]这一定义概观地判断了文化资本的财产属性——无论在社会场域还是在经济场域,文化资本皆是一种财产:在社会实践的场域之中,文化资本是实践主体的"进身之阶",是不可或缺的人生资本,是一笔宝贵的人生财富;在经济活动的场域之中,文化资本是经济资本的变形,是产业经营中的一种以文化价值为价值构成主体的资本要素,其核心价值为文化价值,本身就是文化财富,并能够促进文化财富的形成和增加。

---

① 戴维·思罗斯比,潘飞.什么是文化资本?[J].马克思主义与现实,2004(1):50-55.
② 陈至立.辞海[M].7 版.上海:上海辞书出版社,2019:3886.

（三）文化资源与文化资本的联系

从文化资本的来源看，是文化资源的资本化生成了文化资本——文化资本是文化资源的活化。资源本身并不是资本，资源在转化为资本之前，只是具有潜在的价值而已，相对于直接实现价值增值的资本而言，是静态的，等待被开发的。只有当资源转化为资本，进入资本扩大再生产的运动过程之中，才能将其潜在价值转化为现实价值。对于文化资源而言，其也只有转化为文化资本，才能获得文化价值与经济价值的双重增值，才能最大化地发挥文化的社会效益与经济效益。因此，文化资源是文化资本生成的基础、前提、来源；文化资本是文化资源活化（进行资本运动）的结果和价值体现，两者互为因果，共同推动着社会文化的生产和再生产。①

在教育场域中，文化资源向文化资本转化具有应然与实然性。各类文化资源作为教育主题、教育素材、教育工具等被投入教育活动中，从而发挥教育价值，转化为各种形态的文化资本，增进个体与家庭乃至集体与社会文化资本的积累；并且，文化资源投入教育活动后，通过教育能够扩大其社会影响力，提升其社会文化价值，使其获得了资本式样的可不断增值的价值。特别是在美育场域中，由于美育极具情感渗透性、价值普世性、手段中介性，审美文化资源并非单向地转化为审美文化资本，而是转化为多元文化资本。

三、以美育为津梁整合跨学科的文化资本理论

从文化资本理论的渊源看，该理论经历了从社会学到经济学的学科领域迁移。前者常与教育论题相结合，探讨文化资本的积累与转化对于个人教育发展及阶层迁跃、个体与群体文化习性养成、社会文化风气与文明程度变化等的影响。这些研究路径对于美育同样适用，因为美育本身就是教育的一个分支；加之美育与审美文化关联密切，运用社会学上的文化资本理论来研究其就更加适切。后者多与当代文化产业论题相结合，关注经济性的文化资本运营与增值，虽不可直接用于美育的研究，但以文化艺术产品生产和销售为重心的文化产业客观上发挥着社会美育的功能——消费者通过消费文化艺术产品（看艺术展、看戏、看电影、听音乐会、购买艺术品等）获得审美愉悦，不知不觉中接受了美育，文化消费过程就是美育发生与接受的过程，文化产业的发展发挥着普及艺术和提升社会美感的作用。美育研究者不应否定或忽视这点客观事实。

---

① 徐望.结合文化产业发展重新界定"文化资本"概念[J].艺术百家,2013,29(S2):27-32.

（一）以美育为津梁整合社会学与经济学的文化资本理论

由于不同学科之间存在分界，当前文化资本理论存在不同学科话语不兼容的问题，教育社会学与产业经济学两个学科语境下的理论分隔对立，未能互通互融、互鉴互生。社会学学者运用经典文化资本理论时，几乎不与文化经济学发生关联；经济学者运用新的文化资本理论时，很少采用社会学的视角和方法。这就造成了文化资本理论的分裂问题：对于这一理论，不同学科领域研究者的认识和理解截然不同。这为本文的写作提出了第一个问题：本文究竟采用哪一学科领域中的文化资本理论？

对此，可以回答：社会学的文化资本理论为本文奠定了根本性的理论视阈。这是由本文的研究对象——属于社会美育的博物馆美育所具有的人文色彩、社会学学科色彩决定的；而经济学的文化资本理论亦为本文提供跨学科研究的附加视角，这也是由社会美育的成分复杂性决定的。因此，以美育为津梁整合跨学科的文化资本理论，具有逻辑合理性。[①]

上述这种整合的可行性和可拓展性还在于：美育本身就是一门"边缘交叉学科"，介于教育学、美学、艺术学等学科之间；[②]尤其是社会美育，具有很强的跨学科属性，在宏观层面上，可以融合人文科学（文史哲艺）、社会科学（社会学、教育学、管理学、经济学等）甚至自然科学（脑科学、心理学、医学、生态科学等）。在中观层面上，可以兼容所涉及的多元学科的理论和方法，如：将社会文化学与美学美育史结合起来研究；将社会学的质化与量化研究法用于美育现状与趋势研究；将公共管理学和经济管理学的方法引入艺术教育管理研究中等。在微观层面上，对于更具体、更专门、更特殊的问题必然还要综合所涉及的专业学科的理论和方法。本文所研究的博物馆美育，就必然要与博物馆学相对接；而由于博物馆是重要的公共文化服务机构，在中国，博物馆的主管部门主要是文化相关部门，所以，该研究还必然涉及公共管理学中的公共文化政策研究，涉及艺术学的一级学科"艺术学理论"之下的二级学科"艺术管理"。

（二）跨学科整合的文化资本理论适用于博物馆美育研究

基于文化资本视阈对博物馆美育展开研究，必须采用跨学科的研究范式，要以社会学的文化资本理论为基点；在具体探讨具有经营性的博物馆美育产品与服务

① 徐望.美育与文化资本理论的交互链接与双向新诠[J].当代教育论坛,2021(6):67-76.
② 曾繁仁.美育十五讲[M].北京:北京大学出版社,2012:36.

时,与经济学的文化资本理论发生必要触碰。如此,使博物馆美育研究运用于当代"文化研究"范式,与当代美学、艺术学研究的"文化转向"趋势密切对接,使这一研究广泛且深层地与社会文化、社会教育、文化经济、文化产业、消费文化等理论发生互动。① 并且,博物馆美育研究所处的艺术学学科界域始终不变,引入文化资本理论,可关联"艺术场"理论和"艺术体制"理论考察博物馆文化资本、艺术家文化资本和观众文化资本三者在"艺术场"中的互动和对于"艺术体制"的建构作用,并以此诠解博物馆美育的艺术体制建构意义。而博物馆中的艺术史叙事和艺术美展示等美育过程,都可以用跨学科的文化资本理论进行新的解析。因而,以美育为津梁、以博物馆美育为研究对象,可以整合跨学科的文化资本理论;反之,也只有使用跨学科的文化资本理论,博物馆美育才能被全面地研究。

(三)重构链接博物馆美育的文化资本理论框架

立足文化资本理论视阈,探究美育乃至博物馆美育,具有创新性,有很大的理论探索空间。对此,亟待重构链接博物馆美育的文化资本理论框架(图1),以此说明博物馆美育作为桥梁促进文化资源转化为文化资本的内在机理。该理论框架具有两个层级,第一层级为文化资本的理论渊源,经典理论是以布尔迪厄为代表的社会学领域的文化资本理论,提出了三种形态的文化资本,而"具体形态"的文化资本,即具身化的文化资本是首要的也是最终的形态。伴随着经济结构转型与文化经济崛起,以思罗斯比为代表的经济学领域的文化资本理论迅速升温,关注文化资本的经济与文化价值,联结"经济的文化价值"与"文化的经济价值",聚焦经济性的文化资本的运营活动。以美育为津梁,可以整合跨学科的文化资本理论,社会学的文化资本理论奠定根本视阈,经济学的文化资本理论提供附加视角。进一步,在教育场域之中,将文化资本定性为一种人生资本。并且,以美育为适用域的文化资本并不单指审美文化资本,而是多元文化资本。

第二层级为博物馆美育场域中文化资本的来源,即物(将作为博物馆馆藏的物质与非物质文化遗产统称为"物")的文化资本向人的文化资本的转化,具体的转化途径也就是博物馆美育的多元途径,可大致分为展览、活动、文创、跨媒介传播三大类,可细分多种具体途径,如:展览与导览、讲解、配套活动;公共讲座;公共培训;研学旅游;艺术体验;馆内展演、演艺;文创产品;藏品进教材;出版物;网络宣介与评论;纪录片;综艺节目;自媒体视频;电子游戏等。

---

① 徐国超. 新时期美育跨学科研究的四种范式[J]. 中州学刊,2011(3):239 - 242.

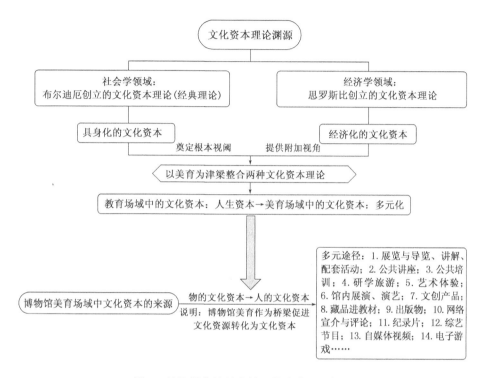

图 1 链接博物馆美育的文化资本理论框架

四、博物馆美育过程中文化资源资本化的动力模式

"文化资本"是一个跨越了社会学与经济学的概念。在社会学语境中,文化资本对于社会结构具有"建构的结构"(structuration structurant,建构化的结构)与"结构的建构"(structuration structurée,被建构的结构)①的双重意义。文化资本对于整个社会结构是一种反身性资本(reflexive capital),关于文化资本的社会学理论即一种反身社会学(reflexive sociology)理论。② 如此,"文化资本"这一概念成了社会文化学、教育社会学、艺术文化学等领域的关键概念。将这一概念和相关理论运用于博物馆美育的探讨是合理且合适的,博物馆是一种重要的社会文化机构。博物馆美育是一种重要的社会教育形式,博物馆即文化资本积累与转化的实体场域,博物馆美育即推动文化资本积累与转化的具体路径。在经济学语境中,文

---

① 高宣扬.布尔迪厄的社会理论[M].上海:同济大学出版社,2004:3.
② 朋尼维兹.布赫迪厄社会学的第一课[M].孙智绮,译.台北:麦田出版社,2002:197.

化被视为一种新型经济资本,对于博物馆美育的研究而言,倘若把具有文化产业属性的博物馆经营业务(如博物馆文创)也看作一种客观存在且与时俱进的博物馆美育的可能性方式,则将拓展博物馆美育研究的学科疆界。① 跨学科的文化资本理论的引入,为博物馆美育的研究提供了多元视角,为探索博物馆美育过程中文化资源如何向文化资本转化打开了新的视野。

(一)动力方向:朝向促进文化资本积累转化的教育目标

"文化资本"这一概念在社会学领域中一经提出,就与教育理论及实践紧密地捆绑在了一起。② 以布尔迪厄创立的文化资本理论看,文化资本是一种隐性资本,其体现出一种"隐性权力"即"文化权力",主要通过教育的途径获得,家庭教育决定了家庭文化资本的多寡,决定了个体先赋性文化资本拥有量;而学校、社会等文化教育活动,对于个体而言,是后致性文化资本的主要来源。由此观之,对于个体而言,教育的主要目标在于促进文化资本积累,以及使文化资本向其他形式的资本转化。可以说,这构成了个体接受教育的内生动力,即教育的内因。而对于整个社会而言,教育的主要目标在于通过增加每个个体的文化资本拥有量,进而提升社会文化资本水平、优化社会文化资本结构。③ 可以说,这赋予了每个个体接受教育的外在动力,即教育的外因。

联系博物馆美育来看,美育是教育的重要构成部分,社会美育是社会教育的重要构成部分,博物馆美育是社会美育的重要实践途径。博物馆美育过程中文化资源资本化的动力方向,即朝向促进文化资本积累转化的教育目标。进一步,可将动力方向在四个层面上进行划分:第一,对于作为教育主体的博物馆而言,博物馆美育过程中文化资源资本化的动力方向为,朝向将文化遗产等博物馆文化资源转化为可进行教育利用的文化资本的目标。博物馆的文化资源主要是馆藏的物质与非物质文化遗产,通过博物馆美育的实践,这些文化遗产将转化为具有教育价值的文化资本。在文化资本形态上,其对应布尔迪厄所说的"客观的形态","是文化留下

---

① 徐望. 文化资本视阈下博物馆美育的起点与进路[J]. 博物馆管理,2022(1):51－60.

② PRINT M. Social and cultural capital in education[J]. International Encyclopedia of Education,2010:97－102.

③ BOURDIEU P. The three stages of cultural capital[J]. Actes De La Recherche En Sciences Sociales,1979,30:3－6.

的痕迹,或文化的具体显现",其价值可通过教育被发现、认识、增加。① 第二,对于作为教育客体(教育接受者)的博物馆观众而言,博物馆美育过程中文化资源资本化的动力方向为,朝向将文化遗产等博物馆文化资源所蕴含的文化精神、文化内容、文化价值观、艺术形式、美学风格等转化为审美经验、审美情感、文化艺术知识等抽象的具身化文化资本的美育目标。在文化资本形态上,其对应布尔迪厄所说的"具体的形态",这一种具身化的"性情"状态②,是主观见之于客观的具体的文化实践经验的产物。第三,对于教育体制而言,博物馆教育虽然是在正式教育体制之外的隐性教育,但可以对正式教育体制进行补益。因此,在这个层面,博物馆美育过程中文化资源资本化的动力方向为,朝向将文化遗产等博物馆文化资源所具有的可促进正式教育的价值转化为文化资本。在文化资本形态上,其对应布尔迪厄所说的"体制的形态",由于这种形态的文化资本被教育体制加以证明、巩固、保障,能够直接转化为经济资本、社会资本和象征资本等,布尔迪厄把这种体制形态的文化资本称为"原始性的财产",意即可以向金钱财富转化的人生的原初财富,是人生的原始资本积累。③ 第四,博物馆美育的实施主体为博物馆,接受客体主要是博物馆观众,而任何社会公众其实都是现实的或潜在的博物馆观众,因此,博物馆美育的受众范围极为广泛。从这个点看,博物馆美育过程中文化资源资本化的动力方向为朝向将文化遗产等博物馆文化资源的社会文化价值最大化开发并转化为具有高度社会性、共享性的文化资本,从而最大化地发挥博物馆应有的公共文化服务效能,提升社会公众的文化获得感、文化幸福感,特别是净化、激发、涵育社会美感,增进、完善、化育社会艺术氛围。

(二)动力源头:博物馆的现代化与社会教育职能的发展

今天的博物馆无论在建设形制上,还是在职能发挥上,都与其原型"私人收藏室"以及早期的"以收藏为中心"的博物馆具有很大区别。今天的博物馆经历了现代化的过程,成为现代公共文化服务体系的重要构成部分,其强调公共性、开放性、文化共享性,日益将注意力由"物"(藏品)转移到"人"(观众),高度重视对人的服务

① BOURDIEU C P. Forms of capital[M]//Handbook of Theory & Research for the Sociology of Education. Oxford:Wiley-Blackwell,2011:132.

② BOURDIEU C P. Forms of capital[M]//Handbook of Theory & Research for the Sociology of Education. Oxford:Wiley-Blackwell,2011:132.

③ BOURDIEU C P. Forms of capital[M]//Handbook of Theory & Research for the Sociology of Education. Oxford:Wiley-Blackwell,2011:132.

和教育。显然,假如博物馆的藏品仅仅收藏在库房之中,秘不示人,那么博物馆的社会教育职能就无从发挥;假如博物馆不把外向性、服务性的社会教育职能作为第一职能,而更多地关注物品收藏以及对藏品的研究,那么博物馆藏品的价值就无法被社会公众认识,博物馆的藏品也就只是具有潜在的社会文化价值的文化资源,而不能转化为具有现实价值且不断升值的文化资本。因此,博物馆美育过程中文化资源资本化的动力源头是博物馆的现代化与社会教育职能的发展。

关于博物馆的现代化,中国博物馆学家苏东海指出:"一个博物馆的现代化是这个博物馆的观念现代化、思想现代化和科学技术现代化的综合体现;现代博物馆是从传统博物馆中生长起来的。"①博物馆的现代化进程的一个本质性特征就是将"秘藏"转化为公共展品,并且大力发挥展览的教育功能,凸显公共文化服务效能。"博物馆现象起源于收藏珍品",古代,前博物馆时期的私人收藏机构与社会公众无关,藏品处于封闭状态之中。②尽管这些珍藏的价值会与时间进行同维度的增值,是"客观形态"的文化资本,具有资本价值,但这种资本价值的积累基本与教育无关;并且,这种价值始终不具备社会性,这些文化财富仅为私人所有,不能促进其拥有者以外的任何主体获得文化资本。这种古代形态的前博物馆机构随着历史的发展被逐渐否定。近代,以1683年英国牛津大学阿什莫林博物馆建立与开放为标志,博物馆的大门开始对社会公众敞开。但是,很长一段时期内(大约从17世纪末到20世纪初),"缪斯神庙"般的神圣性、殿堂性仍旧是博物馆的重要特征,博物馆还未充分地"社会化",其公共文化服务的职能还很薄弱。③尽管其将收藏之物示人,但并不重视挖掘藏品的教育价值,未能实质性地促进这些文化资源转化为具有教育价值的文化资本。直到20世纪,"博物馆现象的现代形态进一步形成",博物馆的社会教育职能取得了突破性的发展,与对物的收藏、对物的研究两个职能一起并列为博物馆的三大重要职能,以"三足鼎立"的形态支撑博物馆的发展。④并且,以2007年国际博物馆协会(ICOM)修订章程时对博物馆下的最新定义为标志,教育职能在国际博物馆界被正式确立为博物馆的第一职能。博物馆的这种以"面向人的教育"为重心的现代化转型为博物馆文化资源转化为社会文化资本提供了现

---

① 苏东海.论博物馆的现代化[C]//博物馆的沉思(卷二):苏东海论文选.北京:文物出版社,2006:194.
② 苏东海.博物馆演变史纲[C]//博物馆的沉思:苏东海论文选.北京:文物出版社,1998:67.
③ 苏东海.博物馆演变史纲[C]//博物馆的沉思:苏东海论文选.北京:文物出版社,1998:69.
④ 苏东海.博物馆演变史纲[C]//博物馆的沉思:苏东海论文选.北京:文物出版社,1998:73.

实可能性。当代,在新的历史条件下,博物馆教育适应时代变化产生了许多新的发展趋势,诸如:博物馆文化艺术跨媒介传播使得博物馆教育的时空范围、接受客体更加广泛;博物馆文化事业与文化产业融合发展推动博物馆文化消费成为大众美育的一种渠道;博物馆在融入"文旅融合"的进程中推动博物馆研学旅游教育项目开发等。今天的博物馆已经成为一个多元教育职能复合体,文化资源转化为社会化的文化资本的途径更加多元,对于社会教育的影响力也更加强大。

(三)动力机制:文化遗产在两个维度上向文化资本转化

博物馆的文化资源主要是其保藏的物质与非物质文化遗产,这些可以统称为"博物馆的物",具有"物证"的属性与意义,能够见证物与物、人与物、人与人之间的关系。这些作为自然史、社会史"见证物"的遗产资源如果仅仅是被博物馆收藏保护、被博物馆工作人员加以研究,而不公开展示、不以展览宣教等形式加以传播,那么其天然价值、文化价值、审美价值等就无法被社会化,更无法实现价值升值;那么其就只是静态的文化资源,而不是活态的文化资本。因此,"博物馆的物"必须与"博物馆的人"(指博物馆服务的人,即博物馆观众)发生联系,被"博物馆的人"参观、认识、欣赏、学习,才能从博物馆文化资源转化为博物馆文化资本,才能实现价值社会化,即使其价值被社会认识,并在各类社会文化活动(文化宣传、文化传播、文化经营、文化艺术创作生产等)中实现价值升值,如扩大文化影响力、增加文化经济价值等。这一转化,是在物的维度上进行的,即"博物馆的物"转化为"物的文化资本"。这一转化,可以在布尔迪厄《资本的形式》一文中找到理论依据,在这篇论文中,布尔迪厄明确地把各种"文化之物"称为"客观形态"的"文化资本"[①],而没有采用"文化资源"的提法。在他的文化资本理论中,社会场域具有和经济场域相似的资本运动规律,具有客观的物化形态的文化资本同样不断进行着资本再生产运动,从而在社会场域内不断实现价值升值。

"博物馆的物"包括物质文化遗产,这点是毋庸置疑的;也包括非物质文化遗产,因为非物质文化遗产的技艺、风俗、知识等亦需要以物态来展现。如展现中国古琴艺术除了无物态的音乐之外,还须展示古琴;展现南京云锦织造技艺时须展示云锦工艺品;展现端午节时,必须展示相关历史人物(屈原等)史料、图像及龙舟、粽子、香包、五毒图、艾草菖蒲、钟馗画、张天师画等。可以说,对任何非物质文化遗产

---

① BOURDIEU C P. Forms of capital[M]//Handbook of Theory & Research for the Sociology of Education. Oxford: Wiley-Blackwell, 2011: 132.

的展示,都必然要经过物态化。并且博物馆作为一种展馆,"展"的功能定位要求其以视觉媒介为主导媒介、以物态化展示为主导展示手段。因此,无论是物质文化遗产,还是非物质文化遗产,在博物馆中都要以物态为主要的展示形态。

"博物馆的物"转化为"物的文化资本",即博物馆文化资源转化为博物馆文化资本,这是在物的维度上实现的第一次文化资源的资本化转化。这为在人的维度上实现第二次文化资源的资本化转化提供了条件。在人的维度上的转化,以对人的教育为目标,同样以"博物馆的物"为原点,而以"博物馆的人"为目标。具体的过程为:"博物馆的物"转化为"物的文化资本",再次转化为"人的文化资本",即博物馆文化资源转化为博物馆文化资本,进而促进博物馆观众的文化资本生成。这是一个文化资本"由物及人"做迁移转化运动的过程,这一过程反映了"博物馆的物"与"博物馆的人"进行交互对接的博物馆"实物教育"①的深层机理,也折射了在社会场域这个文化资本运动场域中,教育对于"人的文化资本"生产与再生产的直接作用。

据此可知,博物馆美育过程中文化资源资本化的动力机制为(图 2):作为博物馆文化资源的文化遗产在两个维度上,分两次向文化资本转化,第一次转化在物的维度上进行,为第二次转化进行了铺垫;第二次转化在人的维度上进行,实现了教育的原定目标。并且,在博物馆美育这个博物馆教育的细分领域中,博物馆文化遗产在两个维度上两次向文化资本转化,对于"博物馆的物",主要促使其审美文化价值实现社会化升值;对于"博物馆的人",则以陶养审美情感、积累审美文化资本为圆心,同时辐射向提升多元文化素养、积累多元文化资本。

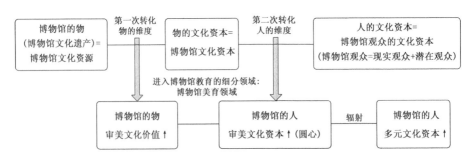

图 2　博物馆美育过程中文化资源资本化的动力机制示意图

---

① 　宋向光.博物馆教育发展即理论建构[M]//物与识:当代中国博物馆理论与实践辨析.北京:科学出版社,2009:119.

（四）动力效应：文化资本在双重维度上进行资本再生产

既然博物馆美育过程中文化资源资本化的动力机制是作为博物馆文化资源的文化遗产在物与人两个维度上，分两次向文化资本转化，那么，动力效应必然是：文化资本在物与人双重维度上进行资本再生产，实现"物的文化资本"价值升值，体现博物馆美育的社会和经济效益；实现"人的文化资本"积累转化，符合文化教育活动的动力方向。

一方面，在物的维度上，博物馆文化遗产等"博物馆的物"通过教育途径转化为"物的文化资本"，使得其中的资本价值不但在社会场域中升值，也可以作为一种经济资本的形式（文化经济资本）进入经济场域，实现价值升值，即同时促进了社会性的和经济性的文化资本再生产。在社会场域中，"物的文化资本"的价值升值通过教育途径直接实现。这是因为教育职能的发挥使得博物馆不仅仅是一个文化容器，更是一种文化传播媒介，通过展览教育、活动教育等途径，"博物馆的物"从文化资源转化为文化资本，产生了文化资本的再生产属性，其文化价值得以社会化，文化影响力得以扩大化，实现了抽象的文化价值的升值。而在经济场域中，"物的文化资本"的价值升值则通过教育，尤其是美育途径间接实现。这得益于博物馆文化事业与文化产业发生交叉融合，关键的一点在于，博物馆中的经营性业务都是博物馆教育，尤其是美育的补充手段，如：博物馆文创产品、博物馆研学旅游项目等为博物馆的现实观众与潜在观众（未曾来到博物馆的更广大的社会公众）提供了接受博物馆美育的普遍途径，这一途径就是文化消费。博物馆通过将"博物馆的物"转化为经济性的文化资本，投入文化经济运营场域，经过文化消费的途径，将博物馆内的文化艺术延伸到馆外，延伸向生活、旅游等多元场景。因此，博物馆文化消费是更加广泛的社会公众接受博物馆美育熏陶的普遍途径，是博物馆美育的必要途径。通过这一途径，"博物馆的物"从文化资源转化为经济性的文化资本，其文化价值得以经济化，实现了可量化的经济价值升值。

另一方面，在人的维度上，"人的文化资本"即博物馆观众（包括现实观众与潜在观众）的文化资本，其积累是通过物与人交互对接，"物的文化资本"作为教育与学习素材，作为"客观形态"的文化资本投入博物馆美育之中，促进"人的文化资本"生成、积累并向其他形式的资本转化。这一效应具体地反映为：博物馆观众经由博物馆美育获得审美情感的陶冶，审美趣味、格调、境界等得到提升，其个体文化习性得以转变。由于文化习性是具身化的文化资本的显性呈现，众多社会个体的文化习性转变可以造成社会整体文化氛围、文化环境、文化风貌的变迁。所以，这一效应最终呈现为社会公众的审美素养整体提升,社会的文化艺术氛围更加浓郁,社会精神文明程度提升。这一效应从根本上反映的是社会文化资本结构的升级。

五、博物馆美育促进多元的文化资本积累

博物馆(Museum)词源"缪斯"(Muse),为古希腊神话中的九位艺术女神。博物馆是各种学科知识和各门技艺的汇集与展示之所,是传承和传播多元文化的重要机构,促进自然科学、社会科学、人文科学的教育、学习、研究。在博物馆美育场域中,所依托的文化资源是来源多、数量多、种类多、形式多、内容多的藏品,实施美育的途径是多元化的,促进多元内容的文化资本积累。

(一)博物馆美育具有多元化的实施途径

博物馆美育实施的途径是多元的,概言之,可分为展览、活动、文创、跨媒介传播四大类。展览中的导览、讲解是重要的展览教育手段;展览分为常设展览和临时特展两种,特展往往会配套设置相关的宣教活动,如讲座、工坊、学营、视频观看、艺术品现场制作展示以及学术研讨会等。博物馆的美育活动内容丰富,形式多彩,常常是展览的一部分,也常常独立开展。博物馆文创发挥着将博物馆内的美与艺术延伸到馆外,延伸向日常生活的大众美育、生活美育之作用。博物馆文化艺术的跨媒介传播是博物馆与时俱进的必然,跨媒介文化传播使得跨时空美育成为现实。此外,由于博物馆的建筑设计、环境设计、陈列设计等本身具有很高的艺术性和审美价值,博物馆是一个处处充满美感的空间,其空间之美亦具有普遍的社会美育功能。

(二)博物美育促进多元内容的文化资本积累

博物馆天然地象征着"文化大集合",以包罗万象的方式对多元文化内容进行收藏和展示。因此,博物馆美育与学校美育、家庭美育的重要区别之一就是在文化内容构成方面具有多元性。学校美育、家庭美育所借助的素材、使用的手段主要是艺术,如学校开设美术、音乐等艺术课程,家庭培养孩子学习琴棋书画等;两者难以在美育素材的类别上、数量上与博物馆比肩,美育手段也较为单一。以文化资本的视角观之,学校美育、家庭美育主要生成和积累审美(与艺术)文化资本,这类文化资本所蕴含的文化内容主要指向美学与艺术,是比较单一的。

博物馆美育的情形则大不相同:"缪斯"是博物馆的代名词,是博物馆的象征符号,多才多艺的缪斯征示着博物馆的文化多元性。博物馆美育所借助的素材、使用的手段都远不止于艺术。博物馆美育的最主要素材是博物馆中的物。博物馆中的

物,有艺术品也有非艺术品,有文物也有日常之物,有有形的物也有无形的"非物质文化遗产",这些物是多元文化内容的载体,除艺术之外,还承载着政治、历史、民族、社会、自然、地理、科技等知识。

并且,艺术(这里指艺术的技艺、技术)不是博物馆美育的最主要手段。和学校美育、家庭美育把注意力集中在训练受教育者掌握各门类艺术技艺上不同,博物馆一般不以艺术培训的方式来开展美育活动,不会简单地开设书法班、美术班、钢琴班等,也不以训练受教育者学会各门类艺术技艺为美育目标。作为公共文化场馆的博物馆开展美育活动,注重普及性,避免开展设有艺术技艺门槛的具有排他性的活动,多开展技艺要求低而文化趣味浓的艺术体验活动,可以发挥审美情趣激发、艺术兴趣启蒙的作用;作为缪斯文化实体载体的博物馆开展美育活动,注重与本馆文化相结合,以艺术审美教育为圆心,同时辐射向地域文化、历史文化以及自然科学教育,彰显博物馆美育的"博大"特色。

因此,博物馆美育是百科全书式的美育。博物馆美育所生成和积累的文化资本,绝非内容单一的审美与艺术文化资本,而是内容多元的文化资本。

六、结 语

由上可见,博物馆美育能够推动文化资源转化为文化资本。对这一转化过程的动力模式进行提炼,可总结为,这一转化始终朝向着推动文化资本积累转化的教育目标,要体现博物馆的社会教育职能;这一转化之所以能够实现,根本原因在于博物馆的现代化进程日益凸显其开放育人、公共服务的基础职能;这一转化实现了文化资本"由物及人"的迁移转化,博物馆的物质与非物质文化遗产在"物"与"人"的两个维度上转化为文化资本;这一转化推动着文化资本在"物"与"人"的双重维度上进行资本再生产,实现了经济与文化效益的统一。

文化遗产、当代艺术品等是一个国家一个民族宝贵的文化资源,这些文化资源被博物馆发掘、整理、收藏、保护、研究、展示,实现文化价值的社会化,以此发挥社会教育作用,使得静态的文化资源转化为活态的、价值不断升值的、具有社会化价值的文化资本。对于"博物馆的物"即文化遗产,通过博物馆美育,其价值能够被博物馆发掘、被观众认识、被社会扩大、被市场增加,实现文化赋值;对于"博物馆的人"即观众,通过博物馆美育,其文化素养能够获得全面提升,能够更好地积累具身化文化资本。可以认为,博物馆美育的过程包含着文化资源经由资本化后进行文化赋值的运动。浅层的文化赋值是经济层面的,即博物馆文化资本进入经济资本的运营轨道,创出博物馆文化品牌、带动博物馆文化消费、激活博物馆文创产业等;深层的文化赋值是社会层面的,是博物馆文化资本为文化基因、文化传统、文化造物等赋值,为人与社会赋值,关乎人的审美情感涵育和文化习性养成,关乎社会的学习氛围形成和文化风尚塑造等。①

作者简介

徐望(1985—),江苏南京人,南京艺术学院紫金文创研究院特约研究员,江苏省文化艺术研究院副研究员。研究方向为艺术文化学与文化政策。

---

① GOLINELLI G M. Cultural heritage and value creation: Towards new pathways[M]. Springer, 2015.

Analysis on the Dynamic Mode of Museum Aesthetic Education to Promote the Transformation of Cultural Resources into Cultural Capital

Xu Wang

Abstract：The establishment of a hyperlink between "museum aesthetic education" and "cultural capital" is a switch of academic perspective and innovation of museology theory, and it is also a new exploration of museum aesthetic education. Aesthetic education in museums can promote the transformation of cultural resources into cultural capital. Analyzing the dynamic mode of the transformation process, it is found that the direction of the power, the source of power, the power mechanism, and the power effect are as follows: towards the educational goal of promoting the accumulation and transformation of cultural capital; the modernization of museums and the development of social education functions; cultural heritage transformed into cultural capital in the two dimensions of 'things and people'; cultural capital for capital reproduction in the dual dimensions of 'things and people'. Museum aesthetic education has a variety of implementation methods. In a nutshell, it can be divided into four categories: Exhibition, activity, cultural creation, and cross-media communication. Due to the diversity of museum culture, museum aesthetic education can promote the accumulation of cultural capital of diverse contents. It can be considered that the process of museum aesthetic education includes the movement of cultural value-added after cultural resources are capitalized. The shallow cultural value is economic, and the deep cultural value is social.

Key words：museum aesthetic education；cultural resources；cultural capital；multiculture

身份、技术与精神:景德镇手工陶瓷匠人的多重文化逻辑[*]

邓文杰

摘　要:本文基于文化学视角考察认为,景德镇手工陶瓷(简称"景陶")匠人在建构景陶文化过程中,已然呈现出独特的多重文化逻辑体系,即身份逻辑是理解景陶匠人文化演变的重要参照;技术逻辑是技术内部体系对外部社会化过程的适调;精神逻辑是景陶文化生活方式的经验沉淀与理论总结。可见,景陶匠人的多重文化逻辑就是对景陶文化社会性的塑造,亦是对社会伦理和社会秩序的规范,更是从理论层面为促进社会再生产和维护民族手工技艺文化发展与秩序稳定提供新思路,进而推进民族文化的正向发展。

关键词:匠人;陶瓷文化;技艺传承;景德镇;场域

一、引　言

古往今来,景陶文化的发展实质是景陶匠人对技术环境建构与匠人文化塑造的发展,其包含了景陶匠人的制度文化、技术文化、精神文化等内容。景陶匠人是推进景陶文化发展的外源动力,景陶匠人技艺则是促进景陶匠人文化发展的内源核心。当前学界对景陶匠人文化研究大多聚焦于三个层面:一是聚焦当代社会宏观环境影响,对景陶从业群体和手工技艺复兴发展进行研究,如对景陶社区的"生

---

*　基金项目:本文系广东省社科基金青年项目"清代海上丝绸之路中外陶瓷工匠文化交流研究"(GD21YYS07),国家社科基金重点项目"中华工匠制度体系及其影响研究"(18AZD024)、"当代陶瓷文创业现象研究"(2021SDKYB058)的阶段性研究成果。

产地到艺术区的变迁"①研究、对"景漂"聚集地的"溪川文化景观的个案"②分析、对景陶生态文化的"陶瓷工匠与作坊的保护"③探究等系列议题。二是以陶瓷器物为例,从"审美""设计""思想"等微观层面出发,对景陶匠人造物进行分析,如借助艺术批判探析"陶瓷艺术的边界与境界"④、应用产品系统设计解析"景德镇产品设计的构成因素研究"⑤、追溯陶瓷精神文化历程的"'和同'思想与景德镇陶瓷文化"⑥等。三是以史学考古为源,对不同历史时期的匠人、技艺、器物、地理等予以考证性研究。无论是对景德镇"宋代青白瓷人物雕塑"⑦技艺成就的探索,还是基于民窑陶业器物的发展而对"明末清初景德镇陶瓷发展史的再认识"⑧,或是从地理时空维度对"历史时期景德镇陶瓷文化景观"⑨演变的揭示等。虽然景陶匠人文化研究层面是多样的,但在田野考察中发现,景陶匠人文化在其发展过程中已然出现了独特的多重文化逻辑。

本文基于文化学方法,深描景陶匠人文化中既有的多重文化逻辑关联,解析景陶匠人的身份、技术和精神与社会文化之间的相互形塑与建构关系,重新勾勒出景陶匠人文化的产生与发展形态,阐明新时期匠人文化与匠人精神追求的社会性认同,进而为维护民族手工技艺文化发展与秩序提供新思路。

二、景陶匠人变化的身份逻辑

千百年来,陶业匠人的技艺传承无论是为了满足社会产业的需求还是附属于

① 方李莉.超越现代性的景德镇发展模式:从生产地到艺术区的变迁[J].民族艺术,2020(5):130-147.

② 王永健.后工业社会城市艺术区的景观生产:景德镇陶溪川个案[J].民族艺术,2019(2):139-146.

③ 王清丽,马莉.文化生态学视阈下的景德镇陶瓷工匠与作坊的保护[J].艺术评论,2018(12):144-149.

④ 李砚祖.陶瓷艺术的边界与境界[J].陶瓷学报,2014(1):90-91.

⑤ 王爱红.景德镇陶瓷产品系统设计的构成因素:以洗脸盆为例[J].装饰,2015(11):134-135.

⑥ 朱景林."和同"思想与景德镇陶瓷文化[J].江西社会科学,2015(11):134-138.

⑦ 张嗣苹,张甘霖.宋代青白瓷人物雕塑:看景德镇陶瓷的成就及发展[J].文艺争鸣,2010(14):90-92.

⑧ 彭涛.对明末清初景德镇陶瓷发展史的再认识:试论"转变期"或"过渡期"提法的局限性[J].东南文化,2011(4):77-84.

⑨ 詹嘉,赵传玉,袁胜根.历史时期景德镇陶瓷文化景观的演变[J].农业考古,2009(6):201-206.

亲属血缘的关联，皆与匠人身份相交织。

（一）明前匠人的"官民身份"

自古陶业技艺传承便与匠人身份息息相关，相传"神农遂耕而种之，作陶冶斤斧，为耒耜锄耨，以垦草莽"①。可推测"耕且陶"的状态在远古时期便已出现。西周时期，开始出现设抟埴之工为"陶人、旊人"②二官，直至战国，则如孟子言"以粟易械器者，不为厉陶冶，陶冶亦以其械器易粟者，岂为厉农夫哉？"③故"百工之事，固不可耕且为也"。④ 可见，由西周至春秋时期，陶业体系已逐渐从农耕中分化独立，后至秦代陶俑上出现的"宫彊、宫系、宫得等"⑤更明确了陶业匠人身份的独立化和专属化。至此，由秦代至近代之前，陶业匠人便主要以"官府工匠"和"民间工匠"两种身份，遵循着技艺传承的路径发展。一方面，官府工匠的技艺传承，主要以"匠籍制"为依据，技术传授具有一定的强制性，且需"物勒工名，以考其诚"。⑥ 另一方面，民间工匠的技艺传承，属于自由的传承形式，其中嵌入了血缘、地缘、业缘、姻缘等关系网络。究其原因，一是手工技艺娴熟与否，须经千百年或数代人的摸索与积累；二是氏族关系中的血缘及姻亲等所形成的组织关系，可以凝聚家族的核心力量；三是封建经济时期，匠人在遵循封闭的技艺传承体制的同时，可避免同领域从业者过快增长的竞争压力。

为此，在"匠籍制"和"氏族制"背景下，无论是官府还是民间身份的匠人技艺传承，均存有封闭性、专职性、排他性等传承特征，"谋生""服役""传技"为这一时期技艺传承的主要功能。

（二）明清匠人的"雇佣身份"

明代虽沿袭元代匠籍制，但逐渐有所宽松和优免。如洪武十二年"命工部月给米赡之"⑦，洪武二十四年"令工匠役作、内府者、量其劳力，日给钞贯"⑧等，纵然较

---

① 马骕纂.绎史（一）[M].刘晓东，等点校.济南：齐鲁书社，2001：23.
② 周礼·仪礼·冬官考工记[M].崔高维校点.沈阳：辽宁教育出版社，1997：84.
③ 孟子·滕文公上[M].弘丰，译注.北京：中国文联出版社，2016：108.
④ 孟子·滕文公上[M].弘丰，译注.北京：中国文联出版社，2016：108.
⑤ 袁仲一.秦陶文综述[J].秦文化论丛，2008：27.
⑥ 礼记[M].胡平生，张萌，译注.北京：中华书局，2017：346－347.
⑦ 江苏省地方志编纂委员会办公室供稿.江苏省通志稿·大事志[M].南京：江苏古籍出版社，1991：344.
⑧ 李东阳，等撰.大明会典·卷之一百八十九[M].申时行，等重修.扬州：广陵书社，2007：2587.

前朝匠人待遇有所改善,但仍遭受严重盘剥。至明中后期,官窑开始衰落。"正统元年,浮梁民进瓷器五万余,偿以钞"。[①] 此时已出现支付酬劳获取民间产品的形式。嘉靖九年,"官搭民烧"方式日益盛行,嘉靖之后,除"住坐匠"外,大部分工匠已获得了相对自由的工作环境,随着"官匠"与"民匠"身份的融合,技艺传承方式也逐渐趋同。此外,明代后期受瓷商资本控制的影响,经营性家庭作坊、资本手工场以及业务性分包瓷坊兴起,从事陶业人员剧增,由此便出现了"雇佣"身份的匠人。一方面,雇佣式工匠通过详细的分工,精简技术步骤,提高工作效率;另一方面,雇佣工匠符合手工业大生产的需求,以低廉的价格和高效的手段提升了生产的效益。"雇佣"匠人的出现打破了以往家族式擅技的封闭性与世袭性,工匠技艺传承的"谋生""服役""传技"功能逐渐向"谋利""产能""高效"转变。与此同时,行会组织应运而生,逐渐形成了具有行业管辖权的"府",地域性特质的"帮",职业分工的"行"。

行会组织的出现,逐渐破除了部分氏族式的垄断,并对雇佣工匠的期限、数量、惩戒、费用、技艺等相关内容进行了明确的规定,一定程度上平衡了技艺传承与手工业生产之间的矛盾,维持了匠人职业的相对稳定性。

(三) 现代匠人的"学子身份"

鸦片战争之后,无论是陶业还是其他手工业,皆趋向衰弱。但此期间,陶业逐渐涌现了一批现代教育模式的教学机构,此类机构的出现无疑开创了陶业匠人的新"学子"身份。

以景德镇陶业为例,最初于清宣统二年,由日本留学归来的张浩先生建立"中国陶业学堂",次年更名为"江西省立饶州陶业学校",民国 33 年(1944 年)由"江西省立陶业学校"和"浮梁县立陶瓷职业学校"合并为"江西省立陶瓷专科学校",新中国成立后,相继成立了"景德镇陶瓷美术技艺学校""景德镇陶瓷学院""景德镇陶瓷职业学校"等。这类职业教育机构的设立,其目的是满足日益现代化的社会生产需求,进而谋划出一种替代传统技艺传承的新教育模式。虽然新教育模式使技艺传承中不再具有传统的契约与人身依附关系,取而代之的是平等的师生关系,但是,无论何种形式的技艺传承,仍须日常技艺实践经验的积累。为此,不管是传统的技艺传承还是现代的职业教育,仍须凭借技艺高超的师父(教师)通过口传心授、耳提面命、言传身教等方式,将经验加以传授。

概言之,陶业匠人身份的嬗变与技艺传承模式的更迭有着必然的联系,其核心

---

① 张廷玉,等撰. 明史第二册·卷八十二·食货六[M]. 长沙:岳麓书社,1996:1173.

遵循着技术实践的形式发展。在此过程中,景陶匠人与技术共同建构起的"场域"保障了景陶匠人技艺传承的独立发展。

三、景陶匠人的技艺传承逻辑

溯源概览,景陶匠人技艺传承形式时常受到社会文化变迁的影响而发生嬗变,但景陶匠人与技术共建的"场域",历经上千余年而渗透于景陶文化内核,在此场域中技术与文化已融为一体,进而演变为一种与技术相关的社会化传承关系。

(一)技术的社会化传承

"技术构成了一种新的文化体系,这种文化体系又构建了整个社会"[1],对技术的社会性解析便是理解"技术"与"社会"关联的基础。为此,解析景陶匠人技术的社会化传承,须从"技术与社会关系"的互动性关联展开。

景陶匠人技术的社会化传承作为景陶文化不断向前发展的重要催化剂,其本质便是社会文化现象的一种。正如马克思所言"各种经济时代的区别,不在于生产什么,而在于怎样生产,用什么劳动资料生产"。[2] 而这"怎样生产""用什么劳动资料生产"就是技艺呈现的具体技术性内容,它直接决定了物质生产与社会需求的现实关联,进而间接地塑造其社会上层建筑和精神文化生活的样貌。为此,景陶匠人技术的社会化传承可以理解为社会文化语境下,匠人借助技术传承手段,表达对追求现实物质生活与精神文化的意义。然而,景陶匠人技术的社会化传承除了显性意义之外,还存有一种隐性的"守成"效用。近代以来,技术文化日益丰富,人们在追求技术创新的同时,忽略了盲目跟风所带来的未知灾难,因为技术创新本质上就是"不断地破坏旧结构,不断地创造新结构"。[3] 此时"破坏性创造"是人类为财富积累而进行的有意创新,从而导致人们逐渐将先进技术视为发展的唯一标准,正如"科学为我们铺就了一条更有效的征服外部环境的途径,最终也为人类控制自我提供了一种渠道"。[4] 在这个通道上,技术让人们在看清事物发展的同时,还遮蔽了

---

① WINNER L. Autonomous technology[M]. Cambridge, Mass: MIT Press, 1977: 17.
② 马克思恩格斯选集(第二卷)·资本论[M]. 中共中央马克思恩格斯列宁斯大林著作编译局,译. 北京:人民出版社,2012:172.
③ 约瑟夫·熊彼特. 资本主义、社会主义与民主[M]. 吴良健,译. 北京:商务印书馆,2017:147.
④ 刘易斯·芒福德. 技术与文明[M]. 陈允明,王克仁,李华山,译. 北京:中国建筑工业出版社,2009:285 - 286.

另一种或多元化的可能。故而有必要将人们从社会单项发展的技术创新中抽离，关注时常被忽视的技术的"守成"效用，即技术的社会化传承在建构尤其是维护社会伦理规范与政治秩序方面的作用。为此，在经济发展新时期，同样需要重视技术的社会化传承内涵的精神意义与隐性效用。

鉴于此，通过对景陶技术的社会化传承内涵的解读，可重新获取技术实践所传达的文化信息，了解技术实践主体是如何通过归训形式等使人归化，理解匠人意识形态与技术文化之间的相互渗透与作用。

（二）技术的实践道德化传承

景陶技艺传承实践的核心价值即为授艺者将自己的知识体系转移到学艺者身上的过程，此处的知识体系包含了知识、技术和品德等综合"实践性认知"。实践性认知是指学艺者在学习实践过程中对客观世界认知的结果，它包括了对习得信息的描述和学习经验的总结。为此，在学艺者学习实践过程中，授艺者对学艺者的道德品行培养与技能实践是同步进行的。从技术造物与道德文化发展的关系看，造物是满足于大众需求层面的创造性活动，作为造物者就要对公众生活、自然环境、社会发展等肩负起相应的社会责任，而社会责任的兑现，必然是造物主体道德品行的再塑造过程，对造物主体的内在品德的塑造，也是技艺传承中重要的组成部分。

景陶技艺传承中"实践性认知"体系引导下的教育模式，会对学艺者未来的技艺发展产生影响，除了可能会出现统一的技术风格传承外，还会形成一种沿袭的技术流派。虽然，技艺传承的教育方式并不完全符合当下对知识多元化的萃取，但是，这样的教育却能保证学艺者在技术实践的同时提升自己的道德品行修养，加深对景陶技艺内涵文化的认知。诚如"不管何种知识形态，都是具身化的，只有在手艺人身上才是活态的"[①]，若只是针对景陶技艺传承而言，如此的教育模式不失为一种直接且有效的方法。

（三）技术的空间网络化传承

景陶技艺传承除了受到技术的社会化传承和实践道德化传承的作用之外，还受到技艺传承体系中"惯习"与"场域"的共建空间网络化传承的影响。技艺传承体系中，"惯习"是指技艺传承所沿袭的实践，是一种可预见的主体行为表现。譬如，景陶技艺传承体系中，学艺者皆遗有授艺者相似的技艺和秉性。"惯习"是授艺者的行为、感知和思想等相关的内容，通过学艺者的自我捕捉所建构起的习得场域。

---

① 孙发成. 传统工艺活态保护中的"身体"价值与"活态"空间[J]. 民族艺术，2020(4):58.

此处"惯习"并非"习惯",它是个体在特定的环境中由过去至现在所处的环境所形成的,即"完型结构";而惯习反向也会帮助个体塑造出当下与未来的实践活动,即"建构结构"。这两种结构形成了"实践偏向体系",其中包含了个人感知、价值鉴别与实践行为。因此,"惯习"既是个体所处物质环境所生成的"完型结构",同时亦是依据自身结构所形成的"建构结构",但是"惯习"并不能作为一种独立的存在,而是作为现实实践中的媒介,即如布迪厄等所认为的,实践是一种处于"惯习"与"场域"之间所关联的"双向的模糊关系"①或是"一种无意识的关联"②。为此,在技艺传承的实践过程中,营造出一种特殊的"场域"。

在这个场域中,授艺者与学艺者之间的"教""受"关系,逐渐转变为认知、情感、感知等复合型关系。首先,复合型关系的转变需要认知的沉淀。技艺传承知识体系的形成主要以实践形式传播,其蕴含着隐性知识传播的特征,从而技艺传承知识体系一定程度上具有独占性和排他性,是一种长期创造和积累的结果。其次,技艺传承限定了授艺者与学艺者之间结成如同亲缘的联合。这种联合是"圈"式的,要入"圈"就必须通过拜师才能入内,圈内有着自己的组织体系和制度规范,因此入圈后便可立即明确自己的位置。同时,技艺传承也是一种契约关系,授艺者与学艺者之间有着相应的义务和责任,通过合乎其理的仪式,宣告圈内的其他人员相互监督。最后,授艺者与学艺者会逐渐构建起独特的亲密关系。授艺者在传授技艺的同时,也会有意识地让学艺者自主完成某些具体的技艺流程,以期让自己的技艺传人能在日后的生活实践中较快领悟到技艺实践的精髓。

可见,景陶匠人与技艺在传承实践发展过程中,共建起交叉意义场域,尤其在社会化传承、实践道德化传承和空间网络化传承上呈现出互为一体、古今交错的景陶技术社会文化场域。

四、新时期景陶匠人的精神逻辑

景陶技术社会文化场域,是景陶匠人精神的具象表征,它的普适功能及其内生价值是新时代弘扬优秀传统民族文化中不可或缺的养分和瑰宝,尤其是其所蕴含的严谨性与公共性,显露出的精进、笃守、朴质等方面更是应内化为本国人民的文

---

① 布迪厄,华康德. 实践与反思:反思社会学引导[M]. 李猛,李康,译. 北京:中央编译出版社,2004:172-173.

② BOURDIEU P. Sociology in question[M]. London:Sage Publications Ltd,1993:76.

化素养和品行底蕴。

（一）被遮蔽的景陶匠人精神

尽管景陶匠人精神带有鲜明的民族人文理性特征，但是当下景陶匠人精神已受到社会现代性发展的冲击与遮蔽。究其原因，主要有以下几点：

一是主体价值的遮蔽。现代机械化的发展，使人追崇高效的生产，原本由陶业匠人手作的设计、拉坯、施釉、烧制等生产流程被机械化生产模组所分解，匠人成为只负责其中某一机械化操作的"木偶"，与手作造物的关系越发疏远。诚如"工匠手作叙述被机械时间介入而形成'时间的泰勒主义'，流水线上的产品因此缺少了手的温度与手作的印记"。① 为此，在手作叙事时间与空间被压缩的机械时代，匠人精神的主体价值和归属感也容易随之消散。

二是科学技术的遮蔽。科学技术不仅推进了生产关系的变革，也促成了匠人造物的式微。高速发展的科学技术瓦解了匠人体系的关系网络和空间场域，大众对新科技的习得适应替代了对手作技艺的尊崇与敬畏，人的精神需求逐渐被机械技术所奴役，造物行为背后所蕴含的民族文化价值被漠视，机械理性逐渐占据主导地位，价值理性却趋于边缘化。

三是消费文化的遮蔽。日益求新的消费文化在某种程度上影响了匠人手作的发展，手作之物已难完全实现日常化与生活化，部分手作器物也逐渐成为博物馆或非遗保护的"展示物"。在现代消费文化影响下，大众消费价值取向趋于单一，经济发展逐渐成为衡量价值需求的主要标准，"直播""电商""网红"等快速消费模式的推崇，导致人们一味追求产能、规模、速度等，反而对造物技艺、审美、价值等追求变得麻木，甚至使部分匠人弱化甚而丧失了基本的职业操守，出现了以次充好、以假乱真等乱象。

社会现代性变迁是现代化发展的必然结果，虽然有其先进性的一面，但与之匹配的制度、观念、价值的缺失却造成了匠人文化的消逝。可见，若在科技文化高速发展时忘却了主体能动的价值批判，反而容易被新技术所奴役。

（二）新时期陶瓷匠人精神的解蔽

海德格尔提及"存在者整体的遮蔽状态并非事后才出现的，也不是囿于我们对

① 潘天波.时间性向度的工匠精神：重建困境与可能回答[J].西北师大学报（社会科学版），2017(1)：59.

存在者始终只有零碎的了解的原因"。① 只有理解民族精神内涵,才能实现具有现实意义的匠人精神价值的解蔽。鉴于此,发展景陶匠人精神,所具有的现实意义主要有以下几点。

第一,精进精神。景陶匠人追求造物的精益求精,俨然铸就了严谨细腻的工匠精神品格,其制器与创作保持了高标准的职业追求与敬业态度。景陶技艺的严谨精神主要体现在器物空间、方向、态势等制器规约上,抑或说,结构、装饰、色泽、技法无不精益求精,体现出景陶匠人对严谨制器的诉求。此外,早在元代,朝廷设置的"枢府"所制御用之器,便是"俱千中选十,百中选一"。② 可见,景陶匠人制器的严谨精神是在长时间内化与外因的交织影响下形成的,并深刻影响着匠人制器美学的文化取向。

第二,笃守精神。就景陶的实用性而言,大部分日常器物是为民众所服务的,并非全是基于自我价值展现的创作冲动,因此支配景陶匠人制器及其精神的权利是客观社会所赋予,而不是私人。虽然手作器物并非都是匠人自主意愿的造物行为,但是,景陶匠人精神的"笃守性"作为景陶技艺传承的严谨精神是值得敬畏的。景陶匠人的笃守精神已然超越景陶技艺的物性之上,并由此汇集成传统景陶技艺中弥足珍贵的文化特质。

第三,质朴精神。景陶匠人在器物创作思维及其风格上,显示出对"朴质"精神的追求。"朴质"精神的追求意味着景陶匠人造物拥有其自身完整的自然统一性,并不形成人为的分裂,匠人造物所追求的就是器物的本源,也就是本真、本色、本我的存在意义。在此意义之上,朴质精神不仅显现了造物自然的本性美,更是"朴素而天下莫能与之争美"③的风格诉求,为一些"新造物"精神的追求提供必要启示。

第四,适用精神。无论是民间日用之器还是御用礼仪之器,它们都是景陶匠人为"用"而创作造物,强调"致用节用""物为人用""因材施技"等。景陶匠人不仅传承了精湛技艺与制器传统,还形成了超越技艺美学表达而迈向更为宽广的生命价值与生活意义,这"对于消解教育的功利化及保护日益消失的工匠群体,特别是对复兴传统工艺文化及传统手艺产业,其意义或价值也是不可小觑的"。④ 景陶匠人

① 马丁·海德格尔.海德格尔的存在哲学[M].唐译,译.长春:吉林出版集团有限责任公司,2013:146.

② 蓝浦,郑廷桂.景德镇陶录图说[M].连冕,译注.济南:山东画报出版社,2004:121.

③ 庄子·外篇天道[M].方勇,译注.北京:中华书局,2015:207.

④ 潘天波.工匠精神的社会学批判:存在与遮蔽[J].民族艺术,2016(5):25.

的生态美学功能表现出边界性文本的意义,从而发挥出作为景陶匠人文化在当代社会中的价值。

(三)作为信念与体验的精神传承

景陶匠人的心理认同层面,在匠人精神传承中起到了最为核心的作用。心理认同过程是匠人在实践过程中,对景陶技艺各要素和内容的选择、记忆、存储、使用和体验的过程。换言之,景陶匠人精神的形成,是基于匠人对技艺追求的"信念"与"体验",进而影响学艺者的认知、情感和意识的心理过程,从而实现群体意识深层次的渗入和积累,构成群体性认同核心。一方面,"信念"关乎原初知识的反思,是经验塑造的认同,是一种关系性的预设。例如,制陶技艺中"拉坯"器型尺寸的把控和造型的多变,便是众多匠人对娴熟技艺追求的"信念","信念"在这种技艺场域中内化,成为一种潜意识的认同。另一方面,景陶技艺行为体验是存于日常生活和技艺教学中的具体制度对行为的规范,在这一过程中会产生长期的情感刺激,进而形成自觉行为的同时,产生相应的情感与态度。诚如,"当一代人把他们的手工和肢体的技术知识传递给下一代时,其中所包含的权威和传统,和语言的传递一样多"[①]。如尊师重道的礼节、爱岗敬业的态度、培根铸魂的担当等,皆源于授艺者与学艺者之间日常相处对等的情感唤醒和沉淀。

景陶技艺中"信念"与"体验"的精神传承,与景陶技艺"场域"和"惯习"密切相关,因为它默许了一种特殊的技艺传承权利关系的存在,即"领袖"(授艺者)主导话语权的沿袭。这种权利关系对匠人的精神空间进行了再构,使"传统"被予以默认,反向强化了匠人精神传承的实质,推进了景陶匠人精神传承的发展。进一步而言,景陶匠人精神空间包含特殊信仰的场域,如同"通过范例来学习就是服从权威。你服从师傅是因为你信任师傅的行为方式,尽管你无法详细分析和解释该行为的有效性。……一个社会想要把个人知识的积累保存下去就必须服从传统"[②]。此时,精神空间包含了"权威""绝技""传统"等景陶技艺所涉及的具体内容。此外,精神空间中还存有隐性的社会关系网络,精神空间的社会关系网络内层是以授艺者为核心的师徒关系,外层是与师徒相关联的关系网络。外层的关系网络主要由家人、同行、朋友等组成,亦是师徒关系的"他者",通过他者的存在,从而起到了维系和发

---

① 马塞尔·莫斯,爱弥尔·涂尔干,亨利·于贝尔. 论技术、技艺与文明[M]. 蒙养山人,译. 北京:世界图书北京出版公司,2010:77.

② 迈克尔·波兰尼. 个人知识:朝向后批判哲学[M]. 徐陶,译. 上海:上海人民出版社,2017:62 - 63.

展景陶匠人精神传承的作用。

总体而言,厘清景陶匠人精神的遮蔽原因及弘扬景陶匠人精神,有补于当代技艺从业者创作的价值取向及生命意义,解析信念与体验的精神传承实质,更增益于理解景陶匠人文化的内涵及发展趋势。

五、景陶匠人的多重文化逻辑关系

景陶匠人发展的动态过程塑造了景陶文化的具体情景,但此情境并不是完全按照单主体文化的内在逻辑而发展的,而是由匠人文化体系中多重文化逻辑要素相互作用的结果。在此,多重文化逻辑主要指在景陶文化背景下,匠人、技术、精神三者之间的互动关系,以及这三个主体所反映出的三种逻辑——匠人身份逻辑、技艺传承逻辑和匠人精神逻辑所建构的实质。

(一)多重文化逻辑的实质

首先,匠人身份的确立是匠人身份逻辑的主旨。从"百工之事,皆圣人之作也"[①]可得知,传统文化语境中的匠人身份被给予了高度的肯定,然而随着近代社会"西学东渐"和工业化时代的发展,对"匠人身份"形成了曲解。譬如,阿伦特对"创造之人"与"劳动之兽"的分割,或"人与世界之物打交道的方式与物被生产出来的方式完美匹配:工业革命以劳动取代了所有手工业"[②]的言论,或"贵族将贸易和生产视作粗鄙的行业,与尊严和自尊无法并存,而目前,现代精英也得出了相同的结论"[③]等观点,皆是对"匠人身份"的污名化表达,因为从整体上来看,"匠人身份"不仅是其专属的"职业"特征,还蕴含着对特定技术性社会内容的继承与理解。

其次,技术实践的社会化、实践道德化和空间网络化是技艺传承逻辑的实质。景陶技艺传承在匠人实践过程中必然会形成其独特的文化"场域",这种文化场域是以技术为核心的实践主体,将技艺传承中"显性"和"隐性"知识进行转译和传递的空间。此外,鉴于"工匠文化体系实质就是工匠集群所创生的文化聚集区,并由一定数量的特质文化及其子文化构成的文化集丛"[④],景陶技艺传承的场域空间形成了诸多"技术"所建构的现实意义的关联。

---

① 周礼·仪礼·冬官考工记[M].崔高维校点.沈阳:辽宁教育出版社,1997:77.
② 汉娜·阿伦特.人的境况[M].王寅丽,译.上海:上海人民出版社,2009:90.
③ 杰夫·摩根.蝗虫与蜜蜂:未来资本主义的掠夺者与创造者[M].钱峰,译.北京:中国人民大学出版社,2014:109.
④ 潘天波.工匠文化的周边及其核心展开:一种分析框架[J].民族艺术,2017(1):26.

最后,匠人精神价值的追求是匠人精神逻辑的内在体现。近现代社会文化的发展过程中,匠人精神逐渐被淡化,这是因为:其一,从业群体"逐利"意识的过度膨胀致使部分从业者漠视"匠人精神"存在与初心的追求,故匠人精神自然也难以被铭记;其二,工业化的兴盛与发展,导致机械化思维的固化,加之西化教育的持续渗透,从而使得匠人精神文化长时间被间接遮蔽而衰微。所以,介于"匠人精神"是"一种定型化的文化形态或理想价值观"①,我们坚持文化自信,就必须从民族技艺传承视野中解蔽被现代性所遮蔽的匠人精神,从社会发展的需求出发,继承与弘扬本民族优秀传统文化内核。

鉴于此,景陶文化与技术的多重文化逻辑,说明了景陶技艺与景陶文化存有尚未明晰的"技术—社会"内在关联及意义。因此,需要深化对多重文化逻辑架构的分析,以明晰景陶匠人文化在建构景陶文化中的直接关联特征及现实意义取向。

(二) 多重文化逻辑的关联

在社会文化语境中,景陶匠人的多重文化逻辑不仅具有其自然的属性,还具有社会的属性。一方面,景陶匠人的身份、技术与精神建构了景陶文化形成的基础,行为主体的技术性实践是实现景陶文化意义和价值的根本,在此,景陶匠人的多重文化逻辑所蕴含的文化精神和技术价值影响了景陶文化的形成。另一方面,景陶匠人的多重文化逻辑存有主体关联的多样性。首先,景陶匠人文化是通过不同的文化逻辑主体相互整合形成的特定文化;其次,景陶匠人的多重文化逻辑要素的契合为景陶文化提供了较为稳定的发展基础;最后,多重文化逻辑可将多元文化要素进行组合创造,可为适应社会文化的发展而进行转变。进一步而言,景陶匠人的多重文化逻辑自身就是一个文化建构的模板,借助匠人身份转变、技艺传承和匠人精神的三重逻辑,可以认识到景陶文化特有的知识、技能、伦理和价值等。因此,对于具体的景陶匠人的多重文化逻辑分析与评价,不能脱离其自身所处的具体文化语境,以西方技术和科学的评价体系去衡量和判定它们的价值。为此,从弘扬与发展景陶匠人文化的内涵精神价值来看,民族技艺传承是弘扬"民族自信"的重要保障,或可解决"国强匠弱"等相关问题,弘扬匠人精神亦是复兴传统文化的重要途径。

景陶匠人的多重文化逻辑就是对景陶文化社会性的塑造,因此,我们在积极参与探索和重塑社会文化体系的过程中,应当重视多重文化逻辑建构的价值与效益,充分发挥出多主体引导的人文文化的规范与作用,弱化和消解现代性社会扩展所

① 潘天波.工匠精神的社会学批判:存在与遮蔽[J].民族艺术,2016(5):19.

引发的对社会秩序的冲击和影响。

六、结 论

景陶匠人文化是理解景陶文化体系的重要文化参照,其多重文化逻辑的建构昭示出景陶文化变迁发展所形成的文化驱动要素,厘清景陶匠人的多重文化逻辑发展规律可以充分理解多主体建构文化社会的功能与形式。为此,明晰景陶匠人文化的多重文化逻辑内涵将有助于地方性知识社会的重塑,推进民族文化的正向发展。故而推之,大致可得出以下结论:

第一,景陶匠人的多重文化逻辑形成了其独特的身份逻辑、技艺逻辑和精神逻辑。身份逻辑是理解景陶匠人文化演变的重要参照,匠人身份在不同时期的转变说明了景陶匠人文化受制于技艺传承社会化转型的影响与作用。技术逻辑不仅是指技术系统内部诸多要素之间维持秩序的过程和状态,更为重要的是指技术内部体系通过不同形式和路径形成对外部系统要素的适调,以及形成相适应的社会化的过程。精神逻辑是景陶文化生活方式的经验沉淀与理论总结,前者体现在风俗、习惯、伦理和生活中,构成隐性文化的基础,后者则表现为自我意识、生产、创造和表达中,构成外显文化及其社会共识。因此,景陶匠人的多重文化逻辑是景陶文化形成的具体内容。

第二,景陶匠人的多重文化逻辑关系的相互作用建构了景陶文化内核。因为多重文化逻辑关系对景陶文化存有"型塑"的作用,所以景陶文化在特定的社会情境或空间场域中所延展出的并不是其内在的自然逻辑与规律的发展,而是由景陶匠人的多重文化逻辑内部诸多综合要素的关联所构建出的产物。因此,景陶匠人的多重文化逻辑体系就是对景陶文化的社会建构、协调和选择等诸多逻辑关系内容进行整合,塑造所建构的文化社会形态。

第三,景陶匠人的多重文化逻辑研究拓宽了景陶文化研究的新题域。以往景陶文化研究关注影响其具体发展的变革性技术要素,忽略了由技术"守成"所带来的对社会伦理规范和社会秩序稳定的作用,尤其是在当下,技术"革新"绝不是我们唯一所要关注的重点,而恰好需要珍惜那些时常被人忽视或濒临灭绝的传统文化内涵,从理论层面进行研究或对促进社会再生产和维护民族手工技艺文化发展与秩序稳定有着巨大的潜力与作用。

作者简介

邓文杰(1988—　),广东兴宁人,广东技术师范大学美术学院副教授。研究方向为陶瓷文化、工匠文化、文化传播等。

Identity, Technology and Spirit: Multicultural Logic of Jingdezhen Craftsmen

Deng Wenjie

Abstract: From the perspective of culture, the craftsmen of Jingdezhen Handmade Ceramics ("Jing pottery" for short) have presented a unique multi-cultural logic system in the process of constructing Jingdezhen Handmade Ceramics social culture. Identity logic is an important reference to understand the cultural evolution of Jing pottery craftsmen. Technical logic is the adaptation of the internal system of technology to the external socialization process. Spiritual logic is the experience and theoretical summary of the life style of Jingdezhen handmade ceramics culture. It can be seen that multiple cultural logic of Jingdezhen ceramics by hand workman is the shaping of the Jingdezhen ceramic culture sociality, also is the standard of social ethics and social order, but also from the theoretical layer in order to promote the social reproduction and maintain national craftsmanship culture development and order stability provides a new train of thought, promoting the positive development of national culture.

Key words: craftsmen; ceramic culture; artistry inherit; Jingdezhen; field domain

大运河文化带之扬州段书法碑刻人文景观研究

摘　要:本文从大运河文化带这一国家文化战略视角出发,以文化带上的原点城市——扬州为例,探讨清代中叶的地方书法景观是如何受到大运河直接或间接的影响的,并试图从纪念碑性的角度论证大运河作为巨型文化遗产的书法史证据。康熙、乾隆年间帝王的多次南巡催生了大运河扬州段的书法碑刻景观,本文选取了其中三种具有纪念碑性的典型——御制碑刻、官方碑刻、诗歌碑刻,来探讨文化景观的政治意涵,论证了碑刻书法风格与内容之间的紧密联系,揭示了这一"崇高"艺术风格背后的政治性来源。书法作为景观存在的环境人文交互性在过往的书法学研究中不被重视,而在围绕大运河文脉的相关研究中,书法景观的地域文化史地位及其形成背后的自然与人文、现实与历史、皇权与地方等因素交织的复杂性常被低估。事实上,书法景观的历史构建受到外部条件诸如地理环境、政治因素、历史情境、人文风尚的影响和制约,因此,本文创新性地选取了更为宏观的文化史研究视角切入扬州段书法景观的研究,以助人们更全面和客观地理解水利工程与历史文脉之间的关联。

关键词:大运河文化带;纪念碑性;碑刻;书法景观

一、引　言

2017年6月,中共中央办公厅建议,以大运河为核心打造"大运河文化带",从国家战略高度审视大运河功能,使之成为中华文脉的重要标志。习近平总书记更是对大运河文化带做出了系列重要指示,将大运河文化带的建设提升到了国家战略高度,中国大运河由此迈入了时代新篇章。京杭大运河扬州段沿岸拥有一批保存完好的书法碑刻景观,多为清朝中叶的官方性纪念碑题材,目前,终点北京段已有相关研究,原点扬州段的研究尚属空白。事实上,书法艺术的涵盖面深广,不但是属于皇家士族的主流精英文化,亦具有实用性、纪念性、个性等更为广阔的社会、政治、人文色彩。大运河扬州段的文化历程更是与江南的地域文化与书法文化紧密交织,因此,本文将从深受大运河文化带哺育的地域性书法景观入手,以加深对大运河文化带"靠多点联动形成合力的战略空间布局"的理解。

大运河文化作为一种综合性质的"运河城市群域性文化",与运河流域上密布串联的城市文明之间关联紧密。扬州城与运河的共生关系源远流长,扬州位于中国水路交通大动脉长江和京杭大运河的交汇处,拥有 2 500 年历史,不但享有"运河第一城"的美名,又作为大运河申遗的牵头城市,更是江南文化的代表性名城,是深受大运河哺育的地域文化代表,故本文选取了清代城市文明的见证——大运河扬州段具有纪念碑性的文化遗产书法碑刻景观来作为研究对象,以拓宽大运河文化带的既往文化覆盖面,加深学界对于沿岸城市文化与运河母体之间联系的理解。

从环境人文研究的视角来看,书法景观本身就是"由于书法家活动有意识地改造自然环境而形成的一种比较特殊的文化形态,也是一种地理复合体。它不仅反映了人类活动的物质文化特征,也反映了其非物质文化特征,是附加在自然景观上的人类特殊的艺术活动形态"①。无论是书法碑刻的景观还是碑刻书法风格的嬗变,都不是单一、割裂的书法现象,需要从更宏观的政治历史背景、人文地理学和地域文化性的角度去加以欣赏和辨析。

二、书法景观的纪念碑性

清代历任皇帝对运河的治理都比较重视,尤其是康熙、乾隆都曾六度南巡,亲自指导河工和盐业。南巡是当时的重大国事,乾隆南巡主要包括巡视河工、观民察吏、笼络士族、阅兵祭陵等几个方面,这既是重要的政治事件,也是文化事件,直接催生了运河沿岸独特的书法文化景观,故运河扬州段的书法景观可以被视作大运河文化和康乾盛世的一个缩影。这些书法景观或与围绕运河的公共性事务比如河工相关,或是由政治性事件比如乾隆南巡所主导的文化产物,这些出于官方行为、政治意味浓重、本身又是以纪念碑为载体的公共性政治景观,具有纪念碑性。

"纪念碑自然包含了纪念性雕塑、碑碣、坟墓、边界、标识等建筑物,也包括纪念性文字等其他物品……依照狭义的纪念碑概念,它只是表示建造一个'石碑'对特

---

① 吴慧平,司徒尚纪.书法景观的文化地理浅释[J].地理科学,2002,22(6):757 - 762.

定情形、地点、事件的纪念和记忆。"①"纪念碑性"在《新韦伯斯特国际英文词典》中被定义为"纪念的状态和内涵"。学者巫鸿将"纪念碑性"和"纪念碑"之间的关系比作"内容"和"形式"的联系。他认为："只有一座具有明确'纪念性'的纪念碑才是一座有内容和功能的纪念碑。因此，'纪念碑性'和回忆、延续以及政治、种族或宗教教义有关。'纪念碑性'的具体内涵决定了纪念碑的社会、政治和意识形态等多方面意义。"②因此，本文在研究碑刻的"纪念碑性"内涵时，多注重其与书法景观的历史背景、政治、民族、社会意识形态等多方面的联系，更加突出其作为一种政治文化的功能属性。

值得注意的是，中西方"纪念碑"通常都是作为政治景观呈现的，然而，"中西方在纪念碑这一特殊的建筑形制和符号系统中所反映的意义和含义差异甚大。如果说西方的纪念碑具有所谓的'纪念碑性'的话，那么，中国的政治景观所对应的是'崇高性'"。此处的崇高性与西方美学体系中的崇高感意涵不同，并非指在形态上具有强大的物质力量和高尚的精神力量，能够对人产生鼓舞作用、带动社会的进取力量，给人以一种敬畏和伟大的审美体验感。③ 而是受到了世俗权力的影响，被"低俗化"即"世俗化""权力化"了。其中的主要原因在于："在中国历史上崇高性存在着一条明显和明确的由神圣到世俗的演化轨迹，这与朝代更叠，外来因素影响有关，特别是崇高性原本是建立在确立帝王权威、建立礼化阶序、服务社会生活、遵守常伦规约、监督日常实践等功能。崇高的神圣与伦理的世俗总是相生相伴，而且这种关系会在建筑、艺术、工具、符号等方面全方位地呈现出来。"④因此，本文中提到的纪念碑性书法石刻所具有的"崇高感"意指其皇权色彩和政治意味，尽管有时它们借助了"崇高"的形式特征为表意手段，但本质上却远离了"崇高"的美学意涵。

书法碑刻景观本身具有建筑性和艺术性的双重属性，这两种属性均可被归结于核心："纪念碑性"。从建筑性的角度来看，碑刻是一件人造物，是为了将某些人类业绩或事件（或两者的综合）保存于后人心中这一特定目的而竖立起来的建

---

① 彭兆荣.论纪念碑性与崇高性[J].文化遗产,2017(4):69-74.

② 巫鸿.中国古代艺术与建筑中的"纪念碑性"[M].郑岩,李清泉,译.上海:上海人民出版社,2009:5.

③ 彭兆荣.论纪念碑性与崇高性[J].文化遗产,2017(4):69-74.

④ 彭兆荣.论纪念碑性与崇高性[J].文化遗产,2017(4):69-74.

筑。① 其内容多与公共性政绩和个人建树有关,其形制多为大理石等不朽之物构筑的长方体,其地理位置多位于有历史或自然特征的地方。建筑目的是纪念有功绩的或显赫的人或重大事件;从艺术性来看,碑文多采用古老的字体例如隶书、篆书和楷书,辅以正大、宽博、稳重、朴厚的风格特征。在审美体验上旨在为人营造出一种崇高感、不朽感和仪式感,这本质上也是为了凸显所纪念对象的权威性。立碑的目的决定了内容与材质,亦决定了碑文的书写风格。运河沿岸碑刻书法风格选择上的政治性考量远高于艺术性追求,这是其具有"纪念碑性"特征的直接体现。

三、大运河扬州段书法景观的情况概述

大运河扬州段沿岸的书法景观以碑刻为主,其制作时间大抵始于清代,参与制作的群体主要是以帝王和士大夫为核心的文化精英阶层。通过在扬州城的实际田野考察,本文将大运河扬州段的、具有典型纪念碑性的书法碑刻按照来源大致分为三类:御制碑刻、官方碑刻、民间碑刻。最后一种的纪念碑性不强,因此本文不单独展开而代之以内容为诗歌的碑刻来探讨文化景观的政治意涵。

中国古代的石刻制作有着极为悠久的发展历史。根据赵超先生的分类,古代专用文字石刻制作作品大致可分为刻石(包括碣)、摩崖、碑、墓志、经版及各类佛教刻经、买地券及镇墓券、镇墓石。② 本文将主要研究建于清朝的、运河沿岸的、具有纪念碑性的书法碑刻景观,它们除了具有政治纪念意义和宣传教化功能,亦具有文化艺术价值。

四、御制碑刻景观研究

从诞生性质上来看,大运河的兴建属于公共性质极强的交通工程事件,观赏性及工艺性较强的石碑成为运河文化纪念石刻的首选形制。兴建大运河不仅仅是为了解决交通问题和促进经济发展,解决水患问题亦是其一项重要任务。扬州地处南北运河交汇点,水道交错纵横,社会民生长久以来受水患影响程度颇深,清代自康熙执政以来投入大量人力物力财力对黄淮水域河道进行治理。督察河工是康熙和乾隆两代帝王南巡工作的重要内容,目前置于扬州天宁市中的《南巡记碑》正是

---

① 阿洛伊斯·李格尔.对文物的现代崇拜:其特点与起源[M]//陈平,译.北京:中国民族摄影艺术出版社,2017:216.
② 赵超.中国古代石刻概论[M].北京:中华书局,2019:15.

兴建运河治理水患的标志性的纪念碑石刻。

　　该石碑制作于乾隆四十九年(1784 年),横 2.63 米,纵 1.27 米,碑座正面和侧面有莲花花瓣纹饰,石碑四边刻有青龙及火焰纹饰,空隙处填补以云纹,碑文内容及铭文书法是乾隆皇帝亲自撰文并御笔题写,刊刻工艺十分精湛,是一块典型的御制碑。清代官方的御制碑一般由帝王或奉敕大臣撰文书写,碑石制作的资金由朝廷提供,而帝王书写的石碑一般称为御书碑。御制石碑通常是官方书法趣味展现的重要物质媒材,中古时期的一篇书法史文献《采古来能书人名》有这么一段记载以佐证:"颍川锺繇,魏太尉;同郡胡昭,公车征。二子俱学于德升,而胡书肥,锺书瘦。锺有三体:一曰铭石之书,最妙者也;二曰章程书,传秘书、教小学者也;三曰行狎书,相闻者也。三法皆世人所善。"①

　　可见早在汉魏之际,书法史便已形成了使用场景与书体选择相呼应的传统。从东汉以来,隶书作为通行正体,被广泛地置于各种体现官方意志的视觉环境之中。唐代之后楷书又进入了正体书法的序列。清代御制碑大都使用楷书或者隶书,一方面是出于这种古老的传统;另一方面,制作御制碑往往出于政治目的,碑文内容一般涉及民生大事,这使得字体选择及书法风格要符合这种政治文化氛围。《南巡记碑》是乾隆皇帝六次南巡后的一个纪念产物。碑文内容如"河工关系民命,未深知而谬定之庸碌者,唯遵旨而谬行之,其害可胜言哉,故予之迟之又迟者,以此而深惧予之子孙自以为是,而后之司河者之随声附和,而且牟利其间也"。又"与其有聚敛之臣,宁有盗臣,在他事则可,在河工则不可,河工而牟利,宣泄必不合宜,修防必不坚固。一有疏虞,民命系焉,此而不慎可乎? 然而为君者一二日,万几胥待躬亲,临堪而后剔其弊,日不暇给焉,则乃应于敬天明理,根本处求之思过半矣,予举两大事而皆幸以有成者"等,可见言辞肃穆。独特的政治目的和特定的文辞风格决定了乾隆皇帝一改往日潇洒随性的文人意趣,尽管使用了赵孟頫精致优雅的楷书风格,但他尽力保持一种严谨的运笔姿态和结体的处理方式,使得整体篇章的书法风格传达出一种静穆的气质,传递着皇家的威严端重,以配合《南巡记碑》作为政治景观的特殊需求。由此可见,政治性在纪念碑性中往往是第一性的。碑刻书法的政治性还凌驾于个人的书写趣味和书法风格之上,这一点在碑刻书法风格的选择上也有所体现,篆书、隶书、楷书等字体于审美体验上往往给人一种崇高感,凸显出皇家地位的尊崇。

---

① 　张彦远辑录.法书要录[M].范祥雍点校.上海:上海古籍出版社,2013:10.

五、官方碑刻景观研究

此外,嵌于扬州市邗江区大明寺欧阳祠东山墙外的《重浚保障河记碑》虽非御制碑,不过从性质上来看亦是一块政绩纪念意义鲜明的官方性石刻。它记载了雍正年间因保障河的河道淤塞,扬州知府尹会一主持疏浚河道的政绩。保障河位于蜀冈大明寺脚下,由清平桥绕法海寺,南经红桥、古渡桥至南门响水桥闸东,通向古运河水道。故而《重浚保障河记碑》是兴建和维护大运河工程的一个直接产物。碑文内容极富文采,生动地记载了运河两岸"春水柳荫,游船歌吹咽岸塞川"的秀丽景色,还详细论述了"百货鼓枻其间,田畴资以灌溉"等运河通航带来的惠民之举,重点纪念了保障河再次疏通之后对于扬州当地民生改善的重大意义。

《重浚保障河记碑》保存完好,字口清晰。同样是为了配合地方政府的纪念意图,石碑字体选择了仪式感更强的隶书。从碑文书法风格上来看,书手显然是受到了东汉《曹全碑》隶书的风格影响。在晚明清初以前,隶书的范本较为单一。隶书风格的范本来源主要以制作于黄初元年(220 年)的《受禅表碑》为基准。《受禅表碑》的隶书风格最明显的特征便是体势方广,法度森严,隶书的横画多是方折起笔,折刀头收尾,撇捺的收尾具有很强的修饰性。①《重浚保障河记碑》的隶书舍弃"折刀头"的处理方式,多用"蚕头燕尾"的笔法亦呼应了当时隶书的新时尚。白谦慎曾指出在晚明艺术文化领域中整体上有两个非常值得关注现象:其一是古代经典权威的式微,其二是尚"奇"美学的蔓延。具体到隶书领域,即是取法范本与审美趣味发生了极大改变。一些书法家在选取临摹范本时,是否出自古代名家之手已不再重要。《曹全碑》于晚明出土后,随即成为文化精英学习隶书的新范本。清初的著名学者朱彝尊和王澍都曾收藏过《曹全碑》拓片并有临摹作品传世。《重浚保障河记碑》正是这股隶书新风潮下的产物。然而,政治意图和文辞内容又限制了其书法必须保持严谨端庄的用笔方式,《重浚保障河记碑》的隶书体势方广以及缺失灵动的意趣大概也由此而来。

相较于书法艺术对于审美性的一般追求,纪念碑性质的书法石刻侧重于表达官方政治性意图、增强宗法制度和政府威权对地方社会的凝聚力,至此书法风格上

---

① 注:元代篆刻家吾衍曾概括过《受禅表碑》一类隶书的形式特征:"隶书,人谓宜扁,殊不知妙在不扁,挑拨平硬如'折刀头',方是汉隶。"王世贞. 艺苑厄言[C]//崔尔平点校. 明清书论集. 上海:上海辞书出版社,2011:141.

往往选择正大、宽博、稳重、厚朴的美学特征以营造出崇高感、不朽感和仪式感。"纪念碑性"的核心美学意涵正是在于对宏大事物的崇尚,这正暗合了中央皇权对于地方、官府对于民间社会的集权统治需求和威权赋予色彩,由此,我国建筑、艺术中的"纪念碑性"被清朝统治阶级充分地挖掘、利用和发挥,纪念碑性的书法景观屹立于运河之畔,成为权力的象征,以静默无声的方式塑造着清政权崇高、不朽的自身定位,企图以物质文化与艺术氛围的感染力来保障自身的统治地位。因此,纪念碑性的书法景观本质上可以被视作封建时代政府的一种文化统治手段,这被广泛应用于历史长河中的封建宗法制社会。

六、诗歌碑刻景观研究

治理水患与改善民生是兴建大运河的重中之重,但并非其全部面向。除了自然地理环境的改变,大运河的兴建还为扬州提供了相当多的文学艺术景观,尽管它们同时也作为政治景观存在。扬州地处江淮,水网密布,以水乡风光名闻天下。明清两代,鄱阳湖、高邮湖几多泛滥,故在高邮湖旁开凿多条人工河以避险,后演变为南北直通的河道,京杭运河的发展至此达到鼎盛。在乾隆皇帝多次的沿运河南巡途中,扬州秀丽的自然风光与江南深厚的人文底蕴吸引了他,他曾九次前往扬州大明寺平山堂拜谒欧阳修,作诗三十八首。其中有三首诗歌被制作成石碑立于大明寺西苑御碑亭中。最知名的一首是乾隆于乾隆十六年(1751 年)第一次巡访扬州所作的《辛未春仲平山堂诗碑》。初春的扬州风光以及平山堂的欧阳修遗迹使得乾隆皇帝的赵体行书颇具抒情性,点画圆润俊逸,结体安排疏朗开阔。后两首诗碑的书法风格与情绪张力大致相类。这可以被看作乾隆皇帝向文化偶像的一种模仿和致敬,亦是他向自己汉文化精英身份的一种靠拢。除了个人对诗词雅文化和逸然书法风格的喜好之外,清朝皇帝在江南地区的题词行为背后亦颇具政治作秀意味。康熙和乾隆都以喜好江南文化著称,然而乾隆的文化统治政策却极为严酷,在位期间大兴文字狱,民族政策亦是以满人为重、排斥汉臣,他的执政理念与他的个人喜好之间似乎出现了割裂。本文认为清朝皇帝的帝王属性远大于其个人属性,体现在诗歌纪念碑上依然是政治属性远大于艺术价值,碑刻和诗歌所具有的文化艺术价值被清朝皇帝用于拉近同汉族文化精英的心理距离,碑刻景观所发挥的政治文化功能往往在于强化汉人士族的政治向心力,以巩固清朝统治的正统地位,但这种政治作秀并不会妨碍到帝王"重满抑汉"的实质性政治主张,还能在反清情绪最为强烈的江南地区起到笼络人心的政治效果。由此,作为江南文教昌盛之地又发生过"扬州十日"惨剧的扬州城就成了清朝帝王理想的政治秀场,并且这种文化统治手段的影响力将会通过大运河流向周边的城市群域。因此,此类诗歌类碑刻的书法风格虽与前文迥异,但本身作为纪念碑性书法景观的政治本质属性依然不容被撼动。

帝王之外,扬州的运河风物还吸引了不少文化精英。嵌于邗江区大明寺的《重游平山堂口占七绝诗碑》便是一个典型案例,见图1。

图1 重游平山堂口占七绝诗碑

该题刻诗歌描绘了大运河沿途风物以及平山堂周围的景致。如"青芦袅袅漾微风,笑指前溪是处通"唯美地描绘了扬州运河泛舟之景。碧水、杨柳、白鹭、楼宇等意象暗指沿途风物之美。此题刻由晚清大臣陈士杰撰文书写,作为曾国藩的门生,他在河工、教育等方面颇有成就。《重游平山堂口占七绝诗碑》题刻书法从运笔提按来看,属于晚清帖学一路的脉络,用笔灵动飘逸,体势外拓,结体偏方,单字牵丝连带,字字独立,具有清朝文士书法碑刻的审美代表性。类似的诗歌碑刻与官方碑刻和御制碑刻一同体现了清朝文化精英阶层的书法意趣,文人碑刻虽亦有纪念意义,却在碑刻内容上的政治意味隐退之后体现出书者个性、灵动的文人意趣来,展现出文化艺术的永恒魅力,点缀着运河沿岸,成为研究清史的重要文化遗产。

七、结 论

碑刻景观本身即政治、艺术、历史、文化相互交融的产物,大运河扬州段的兴建与疏通为扬州地方书法文化史的拓展提供了重要契机,塑造了一系列经典的书法文化景观。根据党中央关于大运河文化带建设的精神指示,我们要充分认识大运河文化带建设的重大意义,努力打造好、保护好、传承好、利用好大运河这一线性活态的巨型文化遗产。本文呼吁对大运河沿岸的书法文化景观予以更多的关注和保护,这是大运河繁盛历史的实物见证,亦是大运河古老文脉的精神留存。

本文结合了碑刻创作的时代背景和相应的政治事件来剖析碑刻书法所蕴含的历史价值和政治文化底蕴,除了能让人更真切地感受到远去时代的繁华图景,更深刻地意识到昔日统治阶级的政治手段和清朝多民族文化融合演化的过程,以及书法碑刻在其中起到的政治、文化作用和历史价值;还能让今人体会到民族精神团结、政治文化进步、中华文明发展之不易,从而更加珍惜当下的繁荣富强。这有助于加强民族文化共同体的凝聚力,实现"大运河文化带是传承中华文明和凝聚民族精神的重要标识"的文化功能。本文对于大运河文化带视阈下书法人文景观的研究还有助于大众形成一种文化自觉意识,意识到民族瑰丽的艺术形式与民族伟大的水利工程之间息息相关、相辅相成的关系,从而意识到中华文明作为一个统一的有机体,各部分相互成就,凝聚成中华文明强盛的生命力,源远流长、生生不息,有助于大众树立起对中华民族的文化自信,让中华民族屹立于世界文明之林。

作者简介

孙程程(1994—),江苏南京人,东南大学艺术学院博士生。研究方向为文艺美学。

Study on Cultural Landscape of Calligraphic Inscriptions in Yangzhou Section of the Grand Canal's Cultural Belt

Sun Chengcheng

Abstract: From the national cultural strategic perspective of the Grand Canal's cultural belt, this paper takes Yangzhou, the origin city of the cultural belt, as an example to discuss how the local calligraphy landscape in the mid-Qing Dynasty is directly or indirectly affected by the Grand Canal, and tries to illustrate the Grand Canal as the huge cultural heritage from a monumental perspective in calligraphy history. Six southern tours of emperors during the reign of Kangxi and Qianlong led to the emergence of the calligraphic landscape in Yangzhou section of the Grand Canal. This paper selects three typical monumental examples: imperial inscriptions, official inscriptions and poetry inscriptions to explore the political implications of the cultural landscape, demonstrate the close relationship between the style and contents of calligraphic inscriptions, and reveal the political sources behind this sublime artistic style. The environmental and cultural interaction of calligraphy landscape has not been paid much attention in the past studies of calligraphy. However, in relevant studies of the Grand Canal, the regional cultural history's status of calligraphy landscape and the complexity of the interweaving of nature and humanity, reality and history, imperial power and local factors behind the formation are often underestimated. In fact, the historical construction of calligraphy landscape is influenced and restricted by external conditions such as geographical environment, political factors, historical situation and humanistic fashion. Therefore, this paper innovatively adopts a more macroscopic perspective of cultural history to study the calligraphy landscape in Yangzhou section, so as to help people understand the relationship between hydraulic engineering and ancient civilization more comprehensively and objectively.

Key words：The Grand Canal's cultural belt；monumentality；calligraphic inscriptions；calligraphy landscape